金景芳全集

金景芳 著

吕文郁 舒大刚 主编

舒星 编校

第一册

上海古籍出版社

圖書在版編目（CIP）數據

金景芳全集 / 金景芳著；吕文郁，舒大剛主編 —
上海：上海古籍出版社，2015.8（2022.9 重印）
　　ISBN 978－7－5325－7553－4

　　Ⅰ.①金… Ⅱ.①金… ②吕… ③舒… Ⅲ.①史學—
中國—古代—文集 Ⅳ.① K220.7–53

　　中國版本圖書館 CIP 數據核字（2015）第 042476 號

上海市新闻出版專項資金項目

金景芳全集
（全十册）

金景芳　著

吕文郁　舒大剛　主編

舒　星　編校

上海古籍出版社出版發行
（上海市閔行區號景路 159 弄 1–5 號 A 座 5F　郵政編碼 201101）
　　（1）網址：www.guji.com.cn
　　（2）E-mail：guji1@guji.com.cn
　　（3）易文網網址：www.ewen.co
上海世紀嘉晉數字信息技術有限公司印刷
開本 890×1240　1/32　印張 169.375　插頁 54　字數 4,250,000
2015 年 8 月第 1 版　2022 年 9 月第 5 次印刷
ISBN 978－7－5325－7553－4
K·2002　定價：980.00 元
如有質量問題，讀與承印公司聯繫

金景芳先生

金景芳先生全家福

金景芳先生與“文革”後首屆研究生

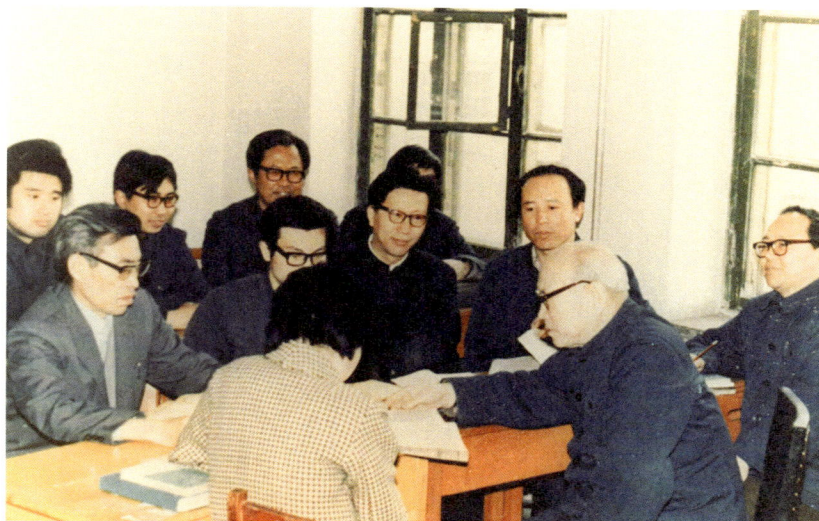

金景芳先生與學生

我以极兴奋的心情，看到了你们闹澜这个新的学术园地。你们要爱护它，努力把它办好，通过在这个园地上的锻炼，使你们成为科学战线上一支最优秀的队伍。

为

春秋文范发刊题

金景芳 十二月七。

金景芳先生手迹

首先说，我没有上过大学，这是由于我少年时家境贫寒，我父亲是手工业工人收入微薄，无力供给我上大学。我的最高学历是初级师范本科毕业，毕业后，至今七十余年，我一直从事教学工作，我教过初等小学、高等小学、初级中学、高级中学、大学本科生、硕士生、博士生，所有各级学校的学生我都教过了。

一切事物都有两重性，我认识到我的家贫也有好处，正因为我家贫，所以我读书特别勤奋，我过去在初小、高小、初师读书时，每次考试除有三五次例外，总是名列第一，1929年辽宁省教育厅在厅长吴家象任内，为了创新教育，举行教育局长考试，当时我已任教五年，准与大学毕

《金景芳全集》總目録

史學編

第八册

子學編

第十冊

·附　録·

學術評價

《金景芳全集》序

舒大剛

金景芳先生(1902—2001)是我國 20 世紀著名的歷史學家、經學家。早年曾入樂山復性書院學習,得馬一浮、謝無量等先生指授。終生游教庠序,研經習典,著作等身,學開一派。從事中國古代史和儒家經學研究八十餘年,在先秦史學、孔學、《易》學、《書》學、《春秋》學、諸子學等領域,都有極高造詣。平生出版著作 16 種,編撰講義 3 種,發表文章一百餘篇,是 20 世紀不可多得的成果豐富、觀點鮮明的學術大師。收集整理金先生的學術論著,不僅是緬懷前輩學人,紹述師門學統的需要,也是重溫歷史,總結上代學術成果,實現學術繼承與創新的需要。

一、與世紀同行:教學科研的一生

先生字曉邨,遼寧義縣人。生於清光緒二十八年(1902),卒於公元 2001 年,身歷清、民國、共和國三個時代,壽登百祀,幾與 20 世紀相始終。先生一生游歷,約分三個時期:自幼年至壯年(即 35 歲前),活動於遼寧義縣、通遼、瀋陽等地,足迹未出"東三省"。日本侵華期間(35 至 45 歲),則輾轉於陝西、安徽、湖北、湖南與重慶、四川等地,奔波於大半個中國。建國之後,主要定居於吉林長春,在大學從事教育與科研工作達半個世紀。

先生本是農家子,幼而聰慧,長而力學,卒成一代名家。先生 7 歲習珠算,穎異非常,被家人視爲早慧。9 歲入小學堂,由於學習

勤奮，成績優異，考試成績常位居年級第一；先生酷嗜讀書，於"新
學"知識外，還在課外遍習《四書》《三國志》《東周列國志》等國學讀
物。13 歲初等小學卒業，入讀高等小學半年，由於學校停辦而輟
學，在家務農。14、15 歲繼續完成高小學業。17 歲考上奉天第四
師範學校。在學期間，先生對國文、數學、英文三課非常用功，成績
優秀。同時還在國文老師張脣韜指導下，於課外大量閱讀《古文觀
止》《古文辭類纂》《國語》《楚辭》《莊子》《老子》《周易》《史
記》等書，對《老子》《周易》尤爲用心，打下堅實的國學基礎。1929
年，新任遼寧省教育廳長吳家象爲刷新教育，決定通過考試委任各
縣教育局局長。先生通過系列考試，以總分第一名的成績被錄取，
被委任爲通遼縣教育局局長，時年 29 歲。次年調任遼寧省教育廳
股長。在此工作期間，先生頗受著名史學家、時任遼寧省教育廳廳
長的金毓黻先生賞識，自後先生在生活、學業、工作等方面得其助
力甚多。1931 年"九一八"事變爆發，先生不願做亡國奴，於 1936
年潛離瀋陽，取道北京，徑赴西安。經金毓黻先生介紹，入東北大
學任工學院院長秘書。未幾，"西安事變"爆發，先生復從西安經徐
州至南京，投奔金毓黻先生。金毓黻先生旋赴安慶任安徽省政府
委員兼秘書長，先生亦隨從至安慶，做省府秘書處秘書。1937 年
"七七"事變後，金毓黻離任，先生亦離開安慶至武漢暫住。次年，
入東北中學任教，居於河南、湖北之間的雞公山。同年，徐州戰事
吃緊，又隨校遷湖南邵陽縣之桃花坪。旋因長沙大火，又離開桃花
坪，經由漵浦、辰溪、晃縣、貴陽、重慶，最後遷入四川威遠縣之靜寧
寺。受聘爲東北中學教務主任。

　　先生執掌東北中學教務期間，因整頓內務，招致校內"三青團"
忌恨，國民政府教育部電令先生離職。先生遂於 1940 年 9 月離
校，赴四川樂山入馬一浮主講之復性書院，問業於馬一浮、謝無量
等大儒，時年 39 歲。此一期間，先生主攻《周易》與《春秋》，撰《易
通》《春秋釋要》二稿，《易通》初用馬克思唯物辯證法解《易》，大得

謝無量先生好評,繼獲民國政府教育部獎勵;後書采用《史記》資料,斥何休"王魯新周"之陋,蒙馬一浮先生嘉許特多,初展學術才識。

1941 年,先生從復性書院結業,又經金毓黻介紹,赴四川三臺入東北大學,任文書組主任,後升任中文系講師、專任講師。1945 年,先生 44 歲,被東北大學聘爲副教授,《易通》亦由商務印書館出版。8 月日寇投降,翌年,先生從三臺經重慶、南京、上海,乘海船,至塘沽,轉陸路,回到闊別十年的故園。

回瀋後,繼續在東北大學執教。1947 年,升任教授。1948 年又因東北解放戰爭,隨東北大學内遷北京。共和國建立以後,先生回瀋,曾在東北文物管理處工作,後調任東北圖書館研究員兼研究組組長。1954 年,先生 53 歲,調入長春東北人民大學(即今吉林大學)歷史系任教,直至 99 歲辭世,整整於此工作 45 个春秋。先生數十年潛心學術與教育,鞠躬盡瘁,死而後已。先生之系統從事中國上古史、易學、孔子及先秦學術文化的研究和探討,開創"金氏學派",以及他在政治上、學術上經歷的風風雨雨、酸甜苦辣,都主要是定居長春以後的事情。

晚歲,日本、韓國和中國臺灣地區等地組織和學人每欲邀請先生往訪,終因年事已高而未能成行。

先生初則受知於著名史學家金毓黻,金毓黻係當代史學史、東北史、清史大家。蒙金毓黻多方嘉掖提拔,先生卒得其學術經世、實學救國之精髓。繼師從馬一浮、謝無量諸名宿,馬、謝二先生皆當代碩儒,尤善宋明理學,先生受業經年,雖自謙"未嘗得其真道,不足語於升堂入室,還在數仞夫子之墻之外"(《金景芳學術自傳》),但其一生治學,注重理論思辨,注重探究形上之學,特別是畢身維護中華文化,其所取於二先生者多矣。當然,先生師從馬、謝諸師時間較短,所受影響畢竟有限,究其平生得力處,實仰賴發奮自學、勤勉苦思、孜孜不倦,卒成一代學術宗師。

先生一生教書育人，民國時期曾任通遼縣教育局局長、東北大學教授等職。共和國時期曾任吉林大學圖書館館長、歷史系主任、名譽主任，主要從事教學、科研工作，是國家首批部聘中國古代史專業博士生導師，兼任國家古籍整理出版工作領導小組顧問、中國孔子基金會顧問、國際儒學聯合會顧問、東方易學研究院顧問、中國先秦史學會顧問、吉林省史學會顧問、吉林省《周易》學會顧問。①

先生平生潛心治學，成就斐然，出版有《易通》、《學易四種》、《周易講座》、《周易全解》、《〈周易·繫辭傳〉新編詳解》、《中國奴隸社會的幾個問題》、《論井田制度》、《中國奴隸社會史》、《孔子新傳》、《〈尚書·虞夏書〉新解》等學術著作 16 部，發表學術論文一百餘篇；在中國古史分期、《周易》研究、孔子研究、井田制度、宗法制度、中國古代典章制度研究、中國古代文獻研究、中國古代思想文化研究等學術領域均有精深造詣，並卓有創見，自成特色，學開一派。先生年二十餘即開始執教，八十餘年，桃李滿天下，弟子遍寰中，形成了史學界氣度不凡的"金氏學派"。活躍於學術界的金門弟子及其豐碩成果，集中展現了金氏學派的學術實力和學術成就。

二、窮神知化：《周易》與《春秋》研究

先生治學，大致分爲三個時期：早年窮經，中年治史，晚年側重於形上之學。

先生早年愛讀《詩》、《書》、《易》、"三禮"、"三傳"、《國語》、《老子》、《莊子》等經子百家之書，而"尤精於《易》及《春秋》兩經"②。

①　以上生平傳記，可參金先生自著《金景芳學術自傳》，巴蜀書社，1993 年。

②　羅繼祖：《金曉邨教授九五壽言》，載《金景芳九五誕辰紀念文集》，吉林文史出版社，1996 年。

方其抗戰期間於輾轉流徙之中,內憂外患,國難當頭,遇困者數,遭厄者再。原始要終,欲效西伯而演《周易》;內夏外夷,願學孔子以修《春秋》。1939 年於遷校途中購得傅子東譯列寧《唯物主義與經驗批判主義》,附錄有《談談辯證法問題》,讀而有悟,時覺辯證法許多原理與《周易》中一些疑難之解,可以彼此契合,互相發明,遂以辯證思想解《易》,頓感渙然冰釋,怡然理順。遂竭一冬之力撰成《易通》一書。這是中國學人運用馬克思主義唯物辯證法指導《周易》研究的早期著作,也是先生早年的成名之作,是書 1942 年獲當時教育部著作發明三等獎,1945 年由商務印書館正式出版。

《易通》共分十章:第一章《〈周易〉之命名》、第二章《〈易〉學之起源與發展》、第三章《先哲作〈易〉之目的》、第四章《〈易〉之體系》、第五章《〈易〉之特質》、第六章《論象數義理》、第七章《筮儀考》、第八章《〈周易〉與孔子》、第九章《〈周易〉與老子》、第十章《〈周易〉與唯物辯證法》。本書自立宗旨曰:"中國哲學綜爲二大宗派,而以孔、老二大哲人爲開山。二哲之思想結晶,則在《易傳》與《老子》。是二書體大思精,並爲百代所祖。而尤以《易傳》爲最正確、最有體系。洵吾炎黃胄裔所堪自詡之寶典!"又自立戒條:"不自欺欺人,不枉己徇人,不立異,不炫博,貴創,貴精,貴平實,貴客觀。"從《易通》之謀篇佈局及自立"戒條"已可見其體大思精、立意高遠、自成體系。書中批評漢儒象數、宋儒圖書,而力標孔子《易傳》、王弼《略例》、程子《易傳》,自表撰此一書"目的在求真理"(《自序》)!書中一再說:《易》之用在發明宇宙真理,以爲人生準則。"(第一章)"先哲作《易》其目的在將其已由變動不居之宇宙現象中所發見之自然法則及社會法則,用著卦等符號衍變之方式表出之,以作人生行爲之指針。""具體以言,則即'天之道'與'民之故'。以今語釋之,則即自然法則與社會法則。"(第三章)在象數與義理關係上,書云:"《易》兼象數義理","象含於卦,而卦者,《易》之體也;數生於著,而著者,《易》之用也。故象數備而《易》之體用該矣,焉有歧象數而言

理尚得謂之《易》乎?"(第六章)易言之,象數都是爲義理服務,同時
也是不能脫離義理而獨立存在的。在孔子與《易傳》的關係問題
上,本書相信司馬遷"孔子晚而喜《易》,《序》、《彖》、《繫》、《象》、《說
卦》、《文言》",提出"研究孔子學說當以六經爲準,尤當側重《易》與
《春秋》"。並從孔子的哲學基礎、人生觀、論仁、論誠等方面列舉數
十節目,論證孔子思想與《易傳》內容的一致性(第八章)。用同樣
的方法,書中又對老子與《周易》的關係進行了比較,得出"老子哲
學與《易》不同:《易》爲唯物的、積極的、進步的、社會的、實證的哲
學,老子則爲唯心的、消極的、保守的、個人的、內省的哲學"的結
論,兩者不是同一體系(第九章)。該書尤爲特出的是在國統區運
用唯物辯證法原理解釋《周易》,感慨:"中國之《周易》與西土之唯
物辯證法,事隔幾千年,地距幾萬里,而其說若合符節,洵屬大奇!"
通過互證,書中發現:辯證法三大法則即對立統一、否定之否定、質
變與量變,皆與《周易》暗相符合(第十章)! 這在風雨如磐的年代,
無異石破天驚,驚世駭俗! 故謝無量先生題辭贊曰:"《易》道廣大,
無所不包,善讀者乃能觀其通耳。此編綜孔、老之緒言,并合以當
世新學之變,可謂得《易》之時義者。由是而不已,《易》道不難大明
於今日也!"

　　1940 年秋,先生方入樂山復性書院,馬一浮要他讀《傳燈錄》、
《法華經》,先生本醉心六經,歸本孔學,對此當然不感興趣;及讀了
熊十力《新唯識論》、《佛家名相通釋》等書,遂加譏評,惹得馬先生
不高興。於是堅持自學,廣讀書院所藏正續《清經解》,特別是對
《春秋》三傳用力特深,撰成《春秋釋要》一篇,收入復性書院論叢
《吹萬集》中。此文繼承傳統治經先求義例的方法,立《春秋》"名
義"、"宗旨"、"原始"、"筆削"、"大義"、"微言"六目,對其義例、原
理、主旨、書法以及孔子與《春秋》之關係等問題,進行了系統考述。
其獨特之處,在於因讀《史記》"主魯親周"語,而悟何休"黜周王魯"
之說非;謂"三世"、"內外"特以遠近詳略而異辭,不可並爲一談。

此外在《春秋》釋名上,以爲得名上古以年爲"春秋"之衡言,非別有深意,立論皆冥思苦想,匠心獨運,平實雅正,能發前人所未發,足釋前賢之宿疑。馬一浮閱後欣然題辭:"曉邨以半年之力盡讀'三傳',約其掌録以爲是書";"豈所謂箴膏肓、起廢疾者耶!"對先生之說十分欣賞。

三、由經入史:古代社會史研究

55歲以後,先生執教東北人民大學(即今吉林大學)歷史系,從中文改業史學。方其從文學而入於史學,頗覺事事新鮮,樣樣陌生,自覺"必須從頭學起","既要學習馬列理論,又要學習歷史知識"。於是發憤忘食,樂以忘憂,憑着堅韌不殆之毅力和原本具有的雄厚經學、文獻學功底,很快便進入角色,不到兩年時間就寫出《易論》(上、下)和《論宗法制度》兩篇長文。兩文抓住《易》學和上古制度主要問題,不炫怪,不刻意趨新,立論宏闊,邏輯嚴密,論證系統,滔滔汩汩,博辯無礙,以深厚的學術功力,站在了學術研究的前沿與峰巒之上。

寫《易通》之時,先生以辯證法爲指導,於論證中處處見其思想精華;而今結合歷史唯物論,又從《周易》字裏行間見到古代社會面貌及歷史演變之軌迹。故《易論》不僅僅講《周易》著卦之結構和應用,而且大講《周易》產生之時代背景和社會結構。把易學、經學、史學融匯爲一,站在馬克思主義理論的高度論述,形成了一系列有關中國上古社會、思想、學術的系統看法。文章開宗明義指出:"《周易》是歷史的產物,是人類認識在具體歷史條件下長期發展的結果。論其形式,不可否認是陳舊的、卜筮的形式,而其內容在當時卻是新生的、先進的哲學內容。這個具有舊的卜筮形式與新的哲學內容的矛盾統一體,就是《周易》一書的本質特點。"爲了說明"《周易》是歷史的產物",先生廣徵博引、析微闡幽,從生產水平和

認識水平兩個方面研究和論證了殷、周社會足以產生《周易》這部
"卜筮形式與新的哲學內容的矛盾統一體"的特殊歷史,回顧了從
卜筮到《周易》的演變過程,其中涉及殷周社會性質、婚姻形態、繼
承制度、社會思潮、土地制度等等,然後論斷"《周易》是人類認識在
具體歷史條件下長期發展的結果"。先生對《周易》和上古社會的
看法,構成了自己研治先秦史的特色之一,學人稱"金派的史學體
系的基礎是在這時奠基",可謂中的之語。

張之洞嘗曰:"由經學入史學,而史學可信。"驗之先生之學術
實踐亦信然。當近世社會西學東漸,全盤西化、歷史虛無等謬論甚
囂塵上,一般激進人士視中國經學如土苴屎溺,除了毒素別無可
取。先生以歷史唯物眼光視之,則景象迥然。自謂:"解決中國原
始社會與奴隸社會分期問題不可不研究經學,解決中國奴隸社會
內部的階級問題不可不研究經學,解決宗法問題不可不研究經學,
解決井田問題不可不研究經學,解決中國哲學史中'天'的問題不
可不研究經學,解決中國古代的官制、禮制、兵制、學制等問題不可
不研究經學。"①幾乎有關古代歷史發展、社會結構、學術思想、名
物制度、家庭倫理等所有問題,無一不可從經學中找到材料和答
案。先生正是憑着對經學認識的升華,很快實現了從舊式儒者向
新型史家的轉變。

孟子曰:"觀水有術,必於其瀾。"金老治學措意於大者、要者,
貴成系統。其先秦史研究著書 16 部,撰文一百餘篇,在古史研究
的許多領域皆有創獲,表現在古史分期、階級結構、宗法制度、井田
制度、《周易》和孔子等一系列重要問題上。他精於"三禮",善說制
度,早年供職遼寧省教育廳寓居瀋陽之時,曾購得署名"李審用"的
《三禮古注》等書,即深入研讀,自謂"以後對'三禮'感興趣即從此

---

① 金景芳:《經學與史學》,載《歷史研究》1984 年第 1 期。

開始"①;又說:"生平最喜讀《周易》、《春秋》、'三禮'。"②其於《易》有《易通》、《易論》、《學易四種》、《周易講座》、《周易全解》、《〈周易・繫辭傳〉新編詳解》及論文數十篇,其於《春秋》則有《釋要》及主要依據"三傳"材料撰成之《中國奴隸社會史》,於"三禮"則主要有《論宗法制度》、《論井田制度》及《〈周禮〉淺談》、《〈周禮〉〈王制〉封國之制平議》等宏文。

宗法制度是先秦史中非常重要的問題,它關係到對先秦時期統治集團內部關係如何調整、財産如何分配、權利如何轉移,甚至也影響到禮制、司法如何處理等問題。它正式誕生於周初,盛行於西周而下的先秦時期,其殘餘形式(或修正形式)對秦漢而下整個中國古代社會都有深遠影響。古今學人多有論及,然而許多學者對宗法制度的認識卻是不足的。如將君統與宗統混爲一談,說天子是天下之大宗、諸侯是一國之大宗、大夫是自己采邑的大宗云云,建國初期的許多史學大家都如是說。金老《論宗法制度》③力排衆議,運用馬克思主義"兩種再生産理論",認爲宗法制産生於周代,是統治者因應統治秩序的需要,運用政治手段對血緣關係進行的改造、限制和利用,目的是隔斷血緣關係對天子、諸侯之君權的干擾,同時又利用宗族等血緣關係對君權起捍衛作用。這是西周設立宗法制度的實質。所以,天子、諸侯代表的君統是政權系統,強調的是政治關係;卿大夫代表的宗統是家族系統,強調的是血緣關係。兩者雖有共同性,但區別是主要的。在君統系統中,主要講君臣關係、尊卑關係;在宗統系統中,主要講兄弟關係、血緣關係。這個原則叫"門內之治恩揜義,門外之治義斷恩"(《禮記・喪服四制》)。這"恩"、"義"兩個字就是對君統、宗統兩個不同系統的本質

① 金景芳:《金景芳學術自傳》,巴蜀書社,1993年。
② 金景芳:《治學二題:讀書與科研》,載《文史哲》1982年第6期。
③ 金景芳:《論宗法制度》,載《東北人民大學人文科學學報》1956年第2期。

概括。周代是一個以領土財産爲基礎的奴隸制國家,在國家的政體中,宗法血緣關係影響再大,也要讓位於政治關係、君臣關係。天子、諸侯作爲天下共主或一國之君,首先要强調的是自己的政治地位和政治權威,所謂"溥天之下,莫非王土;率土之濱,莫非王臣"(《詩經·小雅·北山》),正是對這一權威的真實寫照,所以君統與宗統不可能是統一的。君統第一,宗統第二,宗統服從君統,這是極爲自然的。説"天子是天下大宗,諸侯是一國大宗",其所以不對,正在於它混淆了中國奴隸社會的政治關係和血緣關係。雖然周代的天子、諸侯大都是由大家族的族長轉化來的,但是他們一旦成爲天子、成爲國君,就成爲天下之人的王,一國之人的君。天下非一姓之天下,國家非一姓之國家,在"民不祀非族"的時代,王和國君怎能再是他們的大宗子? 這一根本問題得到了解決,至於宗法制與分封制、嫡長子繼承制的關係,宗法實施的範圍和起止時代,爲何大宗百世不遷、小宗五世則遷等問題,也一並得到很好的解決。

井田制也是中國古代史研究中的重大課題。井田制涉及中國奴隸社會土地所有制問題,是中國奴隸社會賴以存在和發展的經濟基礎。對井田制缺乏瞭解,就不能正確認識中國奴隸社會,也不能真正瞭解中國上古史。胡適曾撰《井田制有無之研究》(華通書局,1930)認爲"豆腐乾塊"式的井田制是"絶不可能實行"的。後之郭沫若、范文瀾等先生雖承認中國有井田制,但是認爲孟子所説的"井田制"是"烏托邦"(郭著《奴隸制時代》)、"是一種空想"(范著《中國通史簡編》第一編),而他們自己所描繪的"井田制"卻没有文獻根據,出於杜撰,無助於問題的解決。先生通過對馬列經典文獻與中國古代典籍的綜合考察,認爲"西方的農業公社或馬爾克,同中國古文獻上記載的井田制是一樣的",説明在人類社會早期用條塊分割法進行土地分配和管理在許多民族中都曾經實行過。並廣搜《周禮》、《孟子》、《爾雅·釋地》、《詩經·魯頌》毛傳及《小雅·出車》和《鄘風・干旄》、《國語・周語》等文獻中記載,撰《井田制的發生和發展》①、《論井田制度》②等系列論文,對井田制度的發生、發展、形制、管理和消亡過程進行了全面探討,指出井田制就是中國古代農村公社的土地制度。先生是最早以馬克思、恩格斯古代公社的理論研究井田制的學者之一,先生的成果對於推動井田制研究的深入開展做出了重要貢獻。

關於古代社會的結構(或稱階級和階級鬥爭)問題,是研究古代歷史不可迴避的問題。建國以來由於受斯大林學説和階級鬥爭理論的影響,史學界幾乎衆口一詞地認爲:奴隸社會的階級鬥爭是奴隸和奴隸主的鬥爭,奴隸反抗奴隸主的階級鬥爭推翻了奴隸制度等等。金老通過研究馬克思、恩格斯、列寧的有關論述,結合中國古代的歷史實際,撰文指出③:這種説法不符合事實。馬克思在研究古羅馬史時指出:"古代的羅馬,階級鬥爭祇是在享有特權的少數人内部進行,祇是在自由富人與自由窮人之間進行,而從事生產的廣大民衆即奴隸,則不過爲這些鬥士充當消極的舞臺臺柱。"④在"我們的時代,資產階級時代,卻有一個特點,它使階級對立簡單化了。整個社會日益分裂爲兩大敵對的陣營,分裂爲兩大相互對立的階級:資產階級和無產階級"(《共產黨宣言》)。在奴隸制時代,階級不是簡單化爲兩大直接對立的階級,階級的對立是以等級的形式表現出來的,而不是直接以奴隸與奴隸主之間的矛盾出現。斯大林簡化奴隸社會的階級存在與階級鬥爭的説法是不符合實際的。先生的這一重要論斷在八十年代初衝破了學術禁區,起到了爲古代史學研究中的階級和階級鬥爭問題正本清源的作

---

① 金景芳:《井田制的發生和發展》,載《歷史研究》1965 年第 4 期。
② 金景芳:《論井田制度》,載《吉林大學社會科學學報》1981 年第 1 至第 4 期。
③ 金景芳:《論中國奴隸社會的階級和階級鬥爭》,載《中國社會科學》1980 年第 3 期。
④ 《馬克思恩格斯全集》第 16 卷,第 406 頁。

用。

先生在中國古史分期問題上更是獨樹一幟，鮮明地提出了"秦統一封建"説，並成爲這一説的代表。中國古代史分期是建國以後史學界討論最爲熱烈的問題，被稱爲中國史研究的"五朵金花"之一。歷史學界曾召開大型會議展開專門討論，《歷史研究》編輯部先後編輯出版專題論集①。後來由於毛澤東正式指示采用郭沫若"戰國封建説"，問題的討論方轉入沉寂。金老雖然没有參加五十年代的分期大討論，卻於 1962 年在中華書局出版的《中國奴隸社會的幾個問題》一書中，基本概述了自己有關古史分期的看法。1978 年在長春再次舉辦中國古代史分期討論會，先生撰《中國古代史分期商榷》上下兩編，首次對"欽定"的郭氏理論提出異議。文章上編專門就郭老分期提出"八點意見"：

一、馬克思主義所説的奴隸制是一種形態還是兩種形態；二、夏代尚有待於地下發掘物證明，這個觀點是可以商量的；三、人犧人殉能證明殷代是典型的奴隸社會嗎；四、關於井田制問題；五、"溥天之下，莫非王土；率土之濱，莫非王臣"講的不是土地所有制問題；六、"初税畝"三個字没有"極其重大的社會變革的歷史意義"；七、《左傳》上的"三分公室"、"四分公室"講的是兵制，同"初税畝"毫不相干；八、魯三家、齊田氏是完成社會變革的新興的地主階級嗎？ 分別從概念上（奴隸制形態）、"戰國説"理論依據和史料依據等方面，展開了系統商榷。

文章的下編則系統闡述了金老自己的分期觀點。金老指出中國奴隸社會與封建社會的區別在於："中國奴隸社會的經濟基礎主要是井田制，即土地公有制；而中國封建社會的經濟基礎是土地私有制。中國奴隸社會的政治制度是分封制，而中國封建社會的政

---

① 《中國的奴隸制與封建制分期問題論文選集》、《中國古代史分期問題討論集》，三聯書店，1956 年、1957 年。

治制度則爲郡縣制。中國奴隸社會的意識形態主要是禮治,而中國封建社會的意識形態則主要是法治。所以中國奴隸社會向封建社會的轉變,從經濟基礎和上層建築來説,實際上就是從井田制、分封制和禮治向土地私有制、郡縣制和法治的轉變。"特徵既已明確,用來考量中國上古史的歷史實際,就自然會得出正確的結論。這就是史學界所稱"金派"的"秦統一封建説"!

金老認爲,由原始社會進入奴隸社會,應以國家的産生爲標誌。私有制和階級的出現是階級社會産生的原因,而不是標誌。因此,"中國奴隸社會的上限應從夏后啓殺益奪權之日開始,下限終於秦始皇統一中國"。中國奴隸社會共"經歷了夏商西周、春秋和戰國三個階段"。具體地講,"夏還帶有過渡性質,商則已完成了過渡,至西周而達到全盛。至春秋,則是中國奴隸社會的衰落時期,戰國則是中國由奴隸社會向封建社會轉變的時期"。此外,金老還撰有《馬克思主義關於奴隸制社會的科學論斷與中國古代史分期》①、《關於中國原始社會向奴隸社會過渡的討論》②等文章,以及後來出版的《中國奴隸社會史》③專著,都對古史分期問題討論中的一些不正確觀點提出了商榷,進一步加強了自己的分期學説。

金老的"秦統一封建説",其意義不僅僅在於在其他諸説之外添立新説、創立了自己的學派,而在於基本弄清了中國奴隸社會與封建社會的本質特徵、中國奴隸制("東方的家庭奴隸制")與希臘羅馬奴隸制("古代的勞動奴隸制")的異同,糾正了部分學人在討論分期問題時,誤將兩種奴隸制概念混淆使用而不顧中國實際的不恰當做法;同時也很好地解釋了中國古今學人對本國社會的經典概述,認爲"三王"(夏商西周)、"五霸"(春秋)、"七雄"(戰國)等

---

① 載《社會科學戰綫》1985 年第 1 期。
② 金景芳:《關於中國原始社會向奴隸社會過渡的討論》,載《吉林大學社會科學學報》1978 年第 5 至第 6 期。
③ 金景芳:《中國奴隸社會史》,上海人民出版社,1983 年。

概念,基本上可以反映出中國奴隸社會發展的不同階段。不僅將馬列理論與中國社會具體實際相結合,而且將當代學術研究與前代經典論説相結合。史論結合,新舊互證,説服力强,越來越多地爲學人所接受。

四、學究天人:孔學與哲學研究

20世紀八十年代初,是先生的學術豐産時期。先是齊魯書社出版了先生的論文集——《古史論集》(1981),繼之上海人民出版社出版了先生的學術專著《中國奴隸社會史》(1983)。前者收文22篇,係先生數十年研究上古史論文之精萃;後者四十餘萬言,係先生研究先秦史的系統學術著作,兩書是先生治史成就的最高代表。其時先生已年登八秩,猶精神矍鑠,筆耕不輟,看到多年心血凝成的碩果,其喜其樂,可想而知!

先生晚年常對弟子們説:我老矣,寫完某本書,送走某批學生,就不打算再寫再招了。還曾將自己的雅號取名爲"知止老人"。可是在這一點上,先生常常不能如願。他一生的學養積累,一生的治學經歷,使他進入學究天人、洞達幽微的境界。一個博學而化的學者面對改革開放、民族文化復興的春天,怎能無動於衷、停頓不前,而傚夫子"予欲無言"呢! 於是先生不顧春秋已高仍繼續從事寫作,並把主要精力轉到對《周易》和以孔子爲代表的儒家學派研究上來。

1979年《哲學研究》第六期、第十一期接連刊載了先生《西周在哲學上的兩大貢獻》、《關於孔子研究的方法論問題》兩篇論文,自是一發不可止,《戰國四家五子思想論略》(1980)、《孔子思想述略》(1981)、《中國古代思想的淵源》(1981)、《中國奴隸社會上升時期的思想》(1982)、《〈孫子〉十三篇略説》(1982)、《研究中國古代史必須繼承孔子這一份珍貴的遺産》(1985)、《説易》(1985)、《孔子與六經》(1986)、《我對孔子的基本看法》(1986)、《孔子對〈周易〉的偉大貢獻》(1987)、《關於〈周易〉作者問題》(1988)、《關於〈周易〉研究的若干問題》(1988)、《孔子所說的仁義有沒有超時代意義》(1989)、《論孔子思想的兩個核心》(1990)、《孔子的天道觀和人性論》(1990)、《孔子與現代化》(1990)、《孔子的這一份珍貴遺産——六經》(1991)等一大批研究先秦思想學術的論文,先後問世。對易學、儒學與先秦諸子思想的研究提出了一系列精闢的見解。

　　1985 至 1986 年度,先生以 84 歲高齡主辦了全國最早也是當時唯一的"《周易》研討班",擔負起培養高校中青年《易》學愛好者和中國傳統文化教育者和研究者的重任。耄耋之年的老人,不辭辛勞,每周堅持給學員授課,析微闡幽,妙論珠聯。一年下來,其講稿《周易講座》經助手吕紹綱整理,由吉林大學出版社出版(1987)。同年,匯集先生多年研《易》心得的又一本專著《學易四種》,由吉林文史出版社出版。逾一年,先生又與助手吕紹綱完成六十餘萬字的《周易全解》,由吉林大學出版社出版(1989);再逾一年,集中體現先生孔學思想、由助手吕紹綱與學生吕文郁協助完成的《孔子新傳》,在湖南出版社出版(1991)。同年,總結先生八十年代研究上古學術思想的論文集《金景芳古史論集》,亦由吉林大學出版社出版。至是,先生仍未將自己的學術研究工作劃上句號。1996 年先生又以 94 歲高齡指導吕紹綱完成《〈尚書·虞夏書〉新解》,由遼寧古籍出版社出版。越兩年,先生親自編撰《知止老人論學》(東北師範大學出版社,1998);同年,先生以"生命不息,奮鬥不止"的精神,親自口授,由學生張全民整理完成《〈周易·繫辭傳〉新編詳解》,由遼海出版社出版。

　　綜觀先生晚年的主要研究成果,要在《周易》與孔學兩大主題。《周易》是中國古代的重要經典,自漢以來被奉爲儒家六經之首、大道之源,對中國思想學術史影響極大,人謂不研究《周易》,即無以認識中國傳統文化,並非誇張之辭。先生弱齡嗜《易》,刻苦鑽研,至老彌篤。先生不囿舊説，博綜漢宋，兼審清儒，群言淆亂折諸己，衆理紛呈衡以用。先生視《周易》爲哲學著作，運用馬列主義觀點，結合經學、史學的方法研究《周易》，多窺古人未至之境，在衆多的《易》學成果中卓爾不群，自成一家。張岱年先生説："景芳先生對於《易》學造詣尤深，早年著《易通》，晚年又著《學易四種》、《周易講座》等書，闡明易學的義理，擯斥關於象數的迷信，同時堅信孔子作《易傳》的記載。"①頗能反映金老的易學特點。唐嘉弘先生亦謂金老易學："方法科學，論證嚴密，破治《易》二蔽，成一家之言。"②

在孔子研究上，先生亦堪稱一代大家。除與弟子合作的《孔子新傳》一書外，還發表了專題論文二十餘篇。從研究孔子的方法、所依據的史料，到思想内容、歷史貢獻以及孔子思想的現代意義、孔學在歷代的流傳等方面，都進行了系統探究，形成了先生別具特色的孔學研究體系。先生常説："中國有孔子，毋寧説是中華民族的光榮。"③又説："孔子是中華民族長期以來精神文明的最突出的代表。在孔子這份遺產裏，蘊藏着很多極爲珍貴的東西，正有待於我們繼承。那種民族虛無主義全盤否定祖國歷史文化遺產的做法，是非常錯誤的。"④

先生認爲孔子留給後人的珍貴遺產大要有二：一是文獻，即六經；二是思想，即仁義、時中。先生堅信自《史記》以來傳統所説孔子删定六經的説法，認爲："六經是孔子竭盡畢生之力學習先代歷史文化，經過選擇整理並加進自己的見解而著成的。"⑤因此他對

---

①　張岱年語，見《金景芳九五誕辰紀念文集》，吉林文史出版社，1996年，第1頁。

②　唐嘉弘：《〈周易〉研究中的傾向性問題》，同上引，第358頁。

③　金景芳：《孔子思想述略》，載《中國哲學史》1981年第2期。

④　金景芳：《研究中國古代史必須繼承孔子這份珍貴的遺產》，載《人文雜誌》1985年第1期。

⑤　金景芳：《孔子這一份珍貴遺產——六經》，載《吉林大學社會科學學報》1991年第1、2期。

六經與孔子無關的説法持批判態度。先生認爲:"孔子編著六經的
方法是不一樣的。他對《詩》、《書》是論次,對《禮》、《樂》是修起,對
《春秋》是作,對《易》則是詮釋。"所以,研究孔子的思想必須研究
"六經",而不能僅僅局限於《論語》。先生曾在《孔子新傳序》説:
"真正的孔子之學,主要是六經和《論語》。七十子後學的記述和
《孟子》、《荀子》二書的一部分,也應包括在内。在上述著作中,最
能反映孔子思想的,首推《易傳》,其次是《春秋》,再次是《論語》。"
在六經中,《周易》與《春秋》對研究孔子之所以重要,是因爲先生認
爲《易傳》中有孔子對《易》"天之道"與"民之故"的系統闡述,《春
秋》是孔子"撥亂反正"的"正名"之作,是孔子政治思想的集中表
現。

先生認爲孔子學説有兩個核心:"一個是'時',另一個是'仁
義'。'時'是基本的,'仁義'是從屬的。'時'偏重在自然方面,'仁
義'偏重在社會方面。孔子特別重視'中',實際上'中'是從'時'派
生出來的。孔子還特別重視'禮',實際上'禮'是從'仁義'派生出
來的。"①金老還特別重視古爲今用,研究和探討孔子思想的精華
與糟粕,指出其時代局限性和有超時代的永恒性:"孔子所講仁義,
不僅有時代性,也有超時代性。""孔子所講的仁,實際上是當時存
在的血族關係;孔子所講的義,實際上是當時存在的階級關係。仁
的'親親爲大',義的'尊賢爲大',就是它們在實質上反映當時存在
的這種關係的確鑿證據。"因此"孔子所講的仁義有時代性,在它們
的上面有階級的烙印,是没有問題的"。但是,它又具有明顯的超
時代性:"孔子所講的仁義,在戰争年代固然多'見以爲迂遠而闊於
事情'。然而從積極意義來説,它不僅有時代性,而且有超時代性。
無論到什麽時候,如果真正能够行仁,使人人親如兄弟,如果真正

---

① 金景芳:《論孔子思想的兩個核心》,載《歷史研究》1990 年第 5 期。

能够行義,使社會實現安寧秩序,有什麼不好呢?"①

　　針對歷代封建統治者都抬出孔子的招牌愚弄民衆,金老研究孔子十分强調區別"孔學"與"儒學",明確反對"今人稱孔學爲儒學,往往把孔學與儒學並爲一談"的做法,説:"因爲今人所謂儒學,實際上包括漢儒和宋儒之學。據我看來,漢儒、宋儒雖然打的都是孔子的旗號,實際上他們所傳承的多半是孔子學説中的糟粕,至於精華部分他們並没有傳承,反而肆意加以歪曲和篡改。因此,今日應把真正孔子之學正名爲孔學,以與漢儒之學、宋儒之學相區別。"(《孔子新傳序》)

　　此外,金老晚年對《尚書》的研究也成就斐然,頗多獨得之見。與助手吕紹綱合作撰寫的《〈堯典〉新解節選》(1992)、《〈甘誓〉淺説》(1993)、《〈皋陶謨〉新解》(1993)、《〈甲子鈎沉〉》(1993)、《〈禹貢〉新解前言》(1994)、《〈湯誓〉新解》(1996)、《〈盤庚〉新解》(1996)等一批學術論文以及《〈尚書·虞夏書〉新解》一書,就是先生新見解的代表之作。因篇幅所限,這裏就不一一敍述了。

　　先生晚年致力於形上學的研究,除了他對易學、孔學的特殊愛好以外,主要原因還在於關注現實、關注人生的强烈憂患意識。綜觀中國近代史,熱血青年、愛國志士爲了尋求救國救民的真理,許多人漂洋渡海,從事"西學"研究。而西學者又分化出兩大派別,一是主張"全盤西化",認爲中國不徹底西化没有出路;一派是"洋爲中用"(或稱"中體西用"),主張將西方有用的東西借鑒來以爲中用。但無論是"全盤西化"論,或是"洋爲中用"論,都對中國傳統的文化,特別是對傳統的儒家和易學肆意貶低和醜化。對此,一批學人又反其道而行之,自西學而回歸中學,特別是儒學或佛學,對現代新學(或西學)展開抗争,從而促進了現代新儒學的産生。先生的業師馬一浮、熊十力以及梁漱溟等老一代新儒家經歷先西後中、

――――――――――

　　① 　金景芳:《孔子所講的仁義有没有超時代意義》,載《孔子研究》1989年第3期。

堅守宋明理學的歷程,就是證明。先生沒有重走業師的治學道路,更沒有全盤否定中國傳統文化,而是對近代思潮產生的原因和背景進行了深刻反思,運用馬克思主義批判繼承的理論,走自己的學術道路。

他不止一次地指出:"談孔子與現代化,首先要解決的一個問題,這就是'五四'及其以後長時期批孔,而今天卻大張旗鼓地紀念孔子,到底誰對誰不對? 我説都對。原因是時代不同了。前此是革命時代、戰爭年代,而今天是和平年代、建設年代。好似冬衣裘,夏衣葛,沒有什麼奇怪的。""中國有句老話,叫做'治世尚文,亂世尚武',我看是對的。今日中國正是革命已取得勝利,進入和平建設的時期,作爲中國傳統文化代表的孔子,自然應予以重視了。"①又指出:"中國自孔子生時起,一般説,凡是治世都尊孔,凡是亂世都反孔。其道理在於孔子的學説對維護社會安寧秩序有利,對破壞社會安寧秩序不利。而社會當革命時期重在破,不破除舊秩序,不能建立新秩序。社會當建設時期,也就是建立新秩序的時期重在立,不能再破了。再破,舊的新的將同歸於盡,不會有好結果。""中國自'五四'至中華人民共和國成立是革命時期。革命時期批孔是正確的。因爲它有利於推倒帝國主義、封建主義、官僚資本主義三座大山。今日不同了,今日中國正在進行社會主義建設,對孔子這樣一個有重大影響的歷史人物,就不能不重新加以評價了。""看來我們今日就行動起來,努力做承繼孔子這一份珍貴的遺產的工作是不會有過錯的。"(《孔子新傳序》)

對於用西學否定孔學、用馬列反對孔子的做法,金老不以爲然,認爲今天研究和宣傳孔子:"這不是説:我們不應該向西方學習馬克思列寧主義,不應該向西方學習科學技術。我們不願意落後挨打,怎能不學習這些東西? 不過我們有一個取捨標準,就是看它

---

① 金景芳:《孔子與現代化》,載《書林》1990 年第 3 期。

是不是真理,是不是有益於人民,而不是什麼中或西、新或舊。今日我們中國已經站起來了。現正在從事偉大的社會主義建設,乃竟有人喪失民族自信心與自尊心,用民族虛無主義的眼光看待中國傳統文化,這是很不應該的!"①又説:"孔子是中國兩千多年以前的人物。'五四'以前長期被稱爲聖人,受人崇拜;'五四'以後卻截然相反,打倒孔子、批判孔子的呼聲,響徹全國。同是一個孔子,爲什麼前後的看法如此懸殊呢?""'五四'以前,中國社會是封建、半封建的社會,孔子思想能爲這個社會的政治服務;'五四'時期和'五四'以後,中國社會正在或已經發生鉅大變化,即正在或已經被新民主主義或社會主義所代替,這時孔子思想不但不能爲這個社會的政治服務,反而是前進道路中的障礙,必須清除。""過去長時期在搞革命,人們對待孔子大都强調政治方面,這無疑是對的。今天我們黨正在領導全國人民進行建設,重視祖國歷史文化遺產,改從學術方面看待孔子就應當提到日程上來。"②話語雖然平實,但卻表達了當代知識分子的共同心聲,飽含了一代學術大師對社會、對民族的高度責任感,也是先生一生究《易》得其"隨時之義"的具體反映。

　　從方法上講,金老晚年研究思想學術,又與早年純經學的研究大不相同。早年金老研究經學雖然自勵以"貴平實,貴客觀",其《易通》力求探討真理;作《春秋釋要》,又力黜何休公羊學"非常異義可怪之論",但是由於所受傳統經學獨尊思想的影響,難免對經典有過信之處,如相信"伏羲畫卦",對"觀卦制器"一節也信而不疑。金老晚年治形上之學則加入了更多的歷史方法。用治史的方法來治經,講究實證地、歷史地、一分爲二地看待問題,金老五十年

①　金景芳:《孔子所講的仁義有没有超時代意義》,《孔子研究》1989 年第 3 期。
②　金景芳:《研究中國古史必須承繼孔子這份珍貴的遺產》,載《人文雜誌》1985年第 1 期。

代撰寫《易論》即有成功的嘗試,其上篇專從時代背景方面考察《周易》的產生和形成,指出:"《周易》是歷史的產物,是人類認識在具體歷史條件下長期發展的結果。""《周易》哲學思想的形式,無疑是依賴於社會實踐,它是那個時代的生產水平與認識水平的反映。"等等,都表明了這一點。晚年更加强調《周易》與時代的關係,正如唐嘉弘先生所云:"金老在研究《周易》時,總是把《周易》放在先秦夏、殷、周三代歷史範疇,從一定的時間和空間及其演變過程去分析《周易》。"並對金老關於殷易《歸藏》與《周易》反映了不同的親親、尊尊歷史和傳弟、傳子不同繼承制的探討大加欣賞:"金老歷史主義的以社會的發展變化來研究卜筮的發展變化。由於方法的科學,在解決問題和分析問題時,自然得到合符歷史實際的觀點。"張豈之總結金老的思想史研究方法也說:"思想史研究和中國社會史研究的結合,這是金老學術研究中的另一個注意焦點。""應當指出,金老在中國社會史研究中,是做出了很大成績的。他的《中國奴隸社會的階級結構》、《中國古代史分期商榷》、《論井田制度》、《馬克思主義關於奴隸制的科學概念與中國古代史分期》等論文,實際上構成了金老關於中國古代社會史理論體系的基礎。而金老關於中國古代思想史和經學史的若干觀點都與他的社會史觀點密切聯繫着,形成一個整體。金老的研究成果充分顯示他是一位有系統的社會史理論的古史專家、古文獻學家和思想史家。"[①]都是知人之談。

五、儒林新韻:先生的事業與傳人

李錦全贊先生九五壽辰之詩曰:"曾將鐵筆驚風雨,每把金針

---

① 　張豈之:《金老與中國思想史研究》,載《金景芳九五誕辰紀念文集》。

度與人。""已隨學府開新運,更向儒林續逸篇。"①先生亦自謂:"平生無多嗜好。如果説有嗜好,就是讀書。""我平生最大的樂事,一是我教出一大批的學生,一是出版了十幾本書。"②一生執教,樂育人才,這就是金景芳師的世紀人生。先生耕耘於三尺講壇,歷時八十餘年。尤其執教吉林大學時曾任圖書館長、歷史系主任,桃李滿天下,弟子遍九州。據學人統計,接受先生之教的親傳弟子可達五百餘人。

先生自 1961 年開始招收研究生,1978 年又作爲首批博士生導師,招收和培養博士研究生,吉林大學也就成了國內重要的先秦史和古代思想文化研究高級人才的培養重鎮。自此之後,在慎擇人才、嚴格培養的思想下,先生共招收和指導了 16 名碩士和 24 名博士。這些碩士俊彦、博士弟子,分佈四方,各守師業,北起黑龍江、吉林、遼寧、内蒙、山西、北京,南至江蘇、廣東、湖南、湖北、海南、東自山東、上海、安徽,西至陝西、貴州、四川,都有先生受業弟子,可謂"自西自東,自南自北,無思不服"!先生弟子中,目前有博士生導師十多人,碩士生導師二十多人,是許多院校、科研機構和文化教育部門的中堅力量,在不同領域和崗位繼承和弘揚先生的學術事業。

先生學風純正,治學範圍寬廣,在先秦史、古代思想史、歷史文獻學、經學、易學和先秦諸子等諸多領域都卓有建樹,故其學術觀點被學術界譽爲"金派"。先生又循循善誘,因材施教,引而不發,金針屢授,故所培養之門人弟子專業紮實,方法得當,而且不拘一格,研究面廣。如今活躍在學術界的先生弟子,立足於先秦歷史和制度、先秦文獻與古代思想、學術等領域,能向上下旁側縱深開拓,儼然成爲學術界不可小視的學術生力軍。

---

① 李錦全詩,見《金景芳九五誕辰紀念文集》。
② 金景芳著、吕文郁整理:《金景芳學述》,浙江人民出版社,1999 年,第 1 頁。

"儒門道脈傳千古，天地長留草木春。"太上有立德，其次有立功、立言，先生著作等身，學開一派；年高德劭，道德文章，足爲一代師範。立德、立言、立功，兼而有之。先生立己立人、達己達人，培育大批後學，頗具大儒風範。先生之德、言、功三者，皆足以稱不朽於後世！先生所創之學派，弟子門生，薪火相傳，後繼有人，學術事業將長盛不衰。

爲了繼承金老的學術成就，弘揚金老開創的學術事業，我們曾經在金老自編《古史論集》、《金景芳古史論集》、《學易四種》、《知止老人論學》、《金景芳自選集》等基礎上，選編過《金景芳學案》（三冊，陳恩林、康學偉、舒大剛主編）、《金景芳儒學論集》（二冊，舒大剛、舒星等編），對金老的學術成果進行了初步整理和傳播。現又在各方贊助和支持下，將金老平生所發表文章和出版著作，以及部分未刊手稿和講義，進行全面收集整理，編成《金景芳全集》。《全集》收錄金老著作 16 部、未刊講義 3 部、論文一百餘篇，共約五百餘萬字，分裝十冊。末附學人回憶和評論文字及相關資料。金老各個時期的學術成果既匯於此，而有關先生之評論和記錄亦畢聚於茲，其於先生固是一學術紀念之豐碑，而於後學亦無異於問津學術之梯航矣！

謹述先生學術生平於上，以求教於大方之家。其所未備，幸有教焉。

弟子舒大剛沐浴敬誌

专　著

易　　通

（據商務印書館 1945 年原版）

目　錄

自　序

　　中國哲學，綜爲二大宗派，而以孔、老二大哲人爲開山。二哲之思想結晶，則在《周易》與《老子》，是二書也，體大思精，並爲百代所祖，而尤以《周易》爲最正確、最有體系，洵吾炎黄胄裔所堪自詡之寶典也。

　　惟《易》理淵奧，不易喻曉，自來學者，多試求解決，而或蔽於成見，或取其斷章，率强古經以就己意，罕能客觀持平作系統之研討，是以解者愈多而《易》義愈晦。景芳幸生此科學昌明之世，多所借鏡，而自弱齡嗜《易》，沉潛垂二十年，博觀冥契，悠然有得，因筆之於篇，顏曰《易通》。疏舛知所不免，然《易》蘊略可睹矣。

　　竊謂《易》兆基於伏羲，而發展於神農以後，至周初而造極，經孔子而光大。孔子殁後，中經秦火，《易》以卜筮之書獨完，而漢人傳授多歧，卦氣爻辰已雜異端，升降旁通尤滋迷惑。下逮陳、邵牽附圖、書，穿鑿象數，而《易》學遂晦。有清經學，復絶前古，獨於《易》理，鮮所發明。惠、張掇舊，癬等嗜痂；焦氏三書，功同制楮。蓋變互旁通之説行，而《易》之爻例亂；假借引申之言用，而《易》之辭例混。雖或巧合，適以益梦。"君子於其所不知蓋闕如也"，不宜强自穿穴，横生轇轕。而皮、梁諸儒，乃盛稱之；雖王引之之精洽，亦譽焦氏爲"鑿破混沌"，何哉？余謂皮、梁諸人，縱非"阿其所好"，亦屬"千慮一失"，不足爲訓也。

　　近載以還，皮傳尤甚，或假之以證科學，或本之以説文字，逞臆穿鑿，彌滋巧説。夫坤坎二卦，誠與坤水二字古文相似，自餘六卦，將何以説？且伏羲何緣獨制此等八字，而於一二之數，人鳥之名，反闕焉不傳？直迄神農之世，猶恃結繩以爲治歟？蓋《説文解字敍》引伏羲畫卦，亦謂八卦利用符號以表意象，與文字之理略同，應視之爲造字之先河耳。乃彼西人拉克伯里（《支那太古文明論》）謂《易》卦爲古文，於一字之中，包含衆多之義，本其説以釋《離》卦。而國人淹雅如劉師培者，亦循其例，而演及坤屯二卦，未免嗜奇之過也。至《易》之爻象，雖或偶涉科學，究在常識範圍，正不必神奇其事，郢書而燕説也。

綜觀秦漢以來，説《易》之書，無慮百數；揚搉以言，當以王弼爲魁。而其所長，尤在《略例》，精圓朗潤，六通四闢，自非深於《易》者不辨，未可以其年少而遂少之。其次莫如程傳，反復曉譬，擇語甚精，亦可謂獨有心得者也。余謂研《易》貴尚思辨，而不以考證爲高，囿於漢學，終無是處。而惜乎宋人又多爲圖、書所誤也。至如《易林》、《太玄》、《元包》、《潛虛》、《洞極》諸書，雖醇疵互見，未爲典則，而仰規前哲，淵源有自，要爲《易》學之別子，"離之雙美，合之兩傷"，似不宜以僭聖爲嫌也。

余草此編，純本研究態度，目的在求真理。經始之日，私立戒條，期必遵守。

（一）不自欺欺人　"知之爲知之，不知爲不知。"心未有安，輒便削稿，決不强書就己，因而隱匿證據，曲解證據，以自欺欺人。

（二）不枉己徇人　以真理爲歸，決不隨俗俯仰，以要虛譽。

（三）不立異　凡所論述，力求愜心當理，決不矯誣立異，以"嘩衆取寵"。

（四）不炫博　徵引以足資證佐爲度，凡離奇之説，近似之見，謬悠之談，一概屏棄。

（五）貴創　事爲前人所未發，或語焉不詳，而確知其爲真理者，推闡務求精審，人所熟知者，則從簡約，力以盲從附和、拾人牙慧爲戒。

（六）貴精　辨理力求簡當精確，不持兩可之見，而支蕪其詞。

（七）貴平實　去取矜慎，以理之確鑿有據，至當不易者爲貴，不以平凡淺近爲羞。

（八）貴客觀　純就原書，分析綜合以推尋條例，不以己意專輒武斷，凡門戶之見，新舊之爭，皆不令闌入吾心。

草稿既畢，復自循文檢討，祇論"順"論"仁"援據《中庸》"宗廟之禮……"、"仁者，人也……"兩段，語有旁溢。然亦以其關涉古代名物制度，爲常人所忽，而稽古之士，又聚訟紛紜，莫衷一是。因不憚詞費，以己意略加辨定，仍以精核簡要爲主。自餘則不合戒條者蓋寡。

此編計分十章。前七章，爲《易》之自身研究；後三章，則論及與《易》有關之重要書說或人物。每章之節目字數多寡，一以内容之繁簡爲衡，不强求齊一。

第一章爲《周易》之命名。雖亦頗拾前人緒餘，而選擇取捨，及抉發義蘊之處，似不雷同。

第二章爲《易》學之起源與發展。純本史學眼光，作忠實之敍述，所取材料，前人似未注意及之。

第三章爲先哲作《易》之目的。以《易傳》爲據，不鑿空臆斷。

第四章《易》學之體系。本科學見地，窮究底蘊，不固陋自守。

第五章《周易》之特質。此章爲全編之重心，故文字較多。關於《易》之排列次序，象爻辭句，占用九六，俱作分析縝密之研究，多發前人所未發，尤以解"大衍之數五十"謂有脱文，爲最大膽而堅信不疑之收穫。

第六章論象數義理。主張不同前人，而亦敢於自信者也。

第七章筮儀考。根據《儀禮》經注以破朱熹《易本義》筮儀之陋（清王懋竑《白田雜著》，力辨《筮儀》非朱子作，然流行最久）。

第八章《周易》與孔子。孔子與《周易》關係最爲密切，世人或習焉不察，因作綜合研究，推尋其條貫，以確定孔子之真面目，而證明其哲學基礎實出於《易》。

　　第九章《周易》與老子。老子與《周易》,其哲學體系,截然兩途,而説者多混。如:王弼注《易》於《乾象》曰:"夫形也者,物之累也。"注《復象》,曰:"寂然至無,是其本矣。"注《恒六》,曰:"静爲躁君,安爲動主。"注《睽·上九》曰:"恢詭譎怪,道將爲一。"……皆義雜老莊,而近人更有謂爲主張唯物及民主革命者,因詳加考辨,以證其失。

　　第十章《周易》與唯物辯證法。《周易》與新興哲學唯物辯證法,其應用之根本法則,不謀而合,因取以印證,藉資發明。

　　編校藏事,乃略論説《易》各家之得失,並掇取本書之編述、緣起、態度、要領,弁諸簡端。莊子謂蘧伯玉行年六十而知五十九之非,則吾兹編也,豈敢自信爲定説乎? 異日有得,尚擬續加增訂。

　　博雅君子,幸有以教我!

　　　　　　　　——義縣金景芳自序於四川静寧寺之精舍

第一章　《周易》之命名

一、周爲代名。

二、《易》之名，有取於變易，而兼涵易簡、不易二義；宋儒更説以交易，其實交易、易簡、不易，皆自變易一義引申。

《周易》稱周，舊有二解：

（一）解爲周代，源於《易緯》，孔穎達《正義》主之，後人從此説者最多。

（二）解爲周普周密，源於鄭玄《易贊》及《易論》，賈公彦《周禮疏》主之，清儒姚配中、黄以周、皮錫瑞皆以此説爲是。

按：周以代名解，應爲定論，以《易》書成於周人也。考《繫辭傳》、《論語》、劉略、班志，無周易連名者，蓋初祇稱《易》，周則後人所加，義與《周書》、《周禮》無殊也。

《易》之名有取於變易，而兼涵易簡、不易二義。宋儒更説以交易，其實交易、易簡、不易皆自變易一義引申而來。

《説文》引秘書説曰：“日月爲易，象侌昜也。”

按：侌昜今陰陽字，易字之象，取《繫辭傳》語“日往則月來，月往則日來，日月相推，而明生焉”以解之，義更顯明。蓋陰陽“變易”，其本訓也。“交易”之意，與變易不殊，祇以指兩體之互易，其實即變易也。而宇宙現象盈虚消長，純循自然，無容造作，豈不“易簡”？至“不易”之義，何以亦謂由變易一義引申？是須加以詳解。

《爾雅·釋詁》以徂爲存，以亂爲治，以故爲今，近人吕思勉《字例略説》以“反訓”名之，謂爲“文字兹乳最要之例”，其説曰：

蓋知識日廣，言語必隨之而廣。然言語非可憑空創造也，故有一新觀念生，必先以之與舊觀念相比附。其觀念而相類也，則小變其音，以示順承；其觀念而不相類也，則亦小變其音以示違逆。逆順之情雖異，而其語之必有所本則同。此各國文字，語尾之所以有變化也。

呂說殊有理，總之，此類反訓字例，在古時固屬習見，不足爲異也。

《易》之名，兼有變易、易簡、不易三義，説始於《易緯·乾鑿度》，而鄭玄《易贊》及《易論》取之。緯書怪誣淺陋，誠足非議，然爲西漢之書（緯書成於哀平），亦往往混有古義，學者宜善加別擇，不宜一概抹殺。交易之説，由宋人發之（朱熹《本義》已云），所謂對待之易（交易）與流行之易（變易）也。

《易》之用，在發明宇宙真理，以爲人生準則，其形式以卦爻等符號顯之。宇宙間之物事，就已過去言之，謂爲静止，固無不可，然苟細察其現在與將來，則固無時不在變動之中。《易》之書：用卦象與繫辭以彰既往，所謂"卦之德方以知，知以藏往"。用揲著與變占以察方來，所謂"著之德圓而神……神以知來"（《繫辭傳》語，説詳第四章）。其理全法宇宙，故以變易名書。"易簡"，則取其變由自然。"不易"則就盈虛消長，生成變化，窮變通久之常理言之。《易緯》以位解之，謂"天在上，地在下，君南面，臣北面，父坐子伏"亦通，然非"不易"之精義也。

《繫辭傳》曰："生生之謂易。成象之謂乾，效法之謂坤，極數知來之謂占，通變之謂事，陰陽不測之謂神。"

又曰："大衍之數五十，其用四十有九。分而爲二以象兩。挂一以象三。揲之以四，以象四時。歸奇于扐以象閏。五歲再閏，故再扐而後挂。天數五，地數五，五位相得而各有合。天數二十有五，地數三十，凡天地之數五十有五；此所以成變化而行鬼神也。……是故四營而成易，十有八變而成卦。八卦而小成。引而伸之，觸類而長之，天下之能事畢矣。……子曰：'知變化之道者，其知神之所爲乎！'"

又曰："參伍以變，錯綜其數，通其變遂成天地之文，極其數遂定天下之象，非天地之至變，其孰能與于此！"

又曰："爻也者，效天下之動者也，是故吉凶生而悔吝著也。"

又曰："《易》之爲書也，不可遠，爲道也屢遷，變動不居，周流六虛，上下無常，剛柔相易，不可爲典要，惟變所適。"

按：以上所引各條，有說卦者，有說著者，要可爲"變易"之證。

《繫辭傳》曰："乾以易知，坤以簡能。易則易知，簡則易從。……易簡而天下之理得矣。"

又曰："夫乾，確然示人易矣。夫坤，隤然示人簡矣。爻也者，效此者也；象也者，像此者也。"

又曰："夫乾，天下之至健也，德行恒易以知險。夫坤，天下之至順也，德行恒簡以知阻。"

豫《彖傳》曰："天地以順動，故日月不過而四時不忒，聖人以順動，則刑罰清而民服。"

按：以上四條，可爲"易簡"之證。

《繫辭傳》曰："易，窮則變，變則通，通則久。"

蠱《彖傳》曰："'先甲三日，後甲三日'，終則有始，天行也。"

剝《彖傳》曰："君子尚消息盈虛，天行也。"

復《彖傳》曰："反復其道，七日來復，天行也。"

豐《彖傳》曰："日中則昃，月盈則食，天地盈虛，與時消息，而況于人乎？況于鬼神乎？"

按："窮變通久，消息盈虛，終則有始，反復其道"，爲自然及社會之發展全程中之規律運動，亙古不改，可爲不易之證。

《繫辭傳》曰："《易》與天地準，故能彌綸天地之道。……範圍天地之化而不過，曲成萬物而不遺，通乎晝夜之道而知，故神无方，而《易》无體。"

又曰："古者包犧氏之王天下也，仰則觀象于天，俯則觀法于地,觀鳥獸之文與地之宜,近取諸身,遠取諸物,于是始作八卦,以通神明之德,以類萬物之情。"

又曰:"夫易廣矣!大矣!……廣大配天地,變通配四時,陰陽之義配日月,易簡之善配至德。"

按:以上三條,可視爲總論,實兼含變易、易簡、不易三義。

第二章 《易》學之起源與發展

第一節 卦與筮之發生

一、伏羲畫卦，其時或有卜，斷無有筮。

二、筮之興也，至早在神農之世。

三、重卦當與用筮同時，或差在前。

四、用筮至遲當在虞夏以前。

八卦肇畫於伏羲，古今無異辭，説當不誤；第在伏羲之世，是否已重爲六十四卦，並是否已如《繫辭傳》所云，用之"以通神明之德，以類萬物之情"，世代湮遠，無憑考信，殊難質言。余謂伏羲畫卦以符號表示意象，條分宇宙物事之形性，由大別之陰陽，進爲類別之八卦，精奧簡括，實奠易學之基礎。然在是時，卜或有之，斷無有筮。筮之興也，至早當在神農之世。請申言之：

卜用龜（《曲禮》曰："龜爲卜。"），當爲漁獵社會之產物。而伏羲氏始作網罟，以佃以魚。

筮用蓍（《曲禮》曰："策爲筮。"鄭注："策或爲蓍。"），當爲耕稼社會之產物，而神農氏始作耒耜，教民稼穡。

《論衡・卜筮篇》云："子路問孔子曰：'豬肩羊膊，可以得兆，雚葦藁芼，可以得數，何必以蓍龜？'孔子曰：'不然！蓋取其名也，夫蓍之爲言耆也，龜之爲言，舊也，明狐疑之事，當問者舊也。'"

《曲禮》疏引劉向説云："蓍之言耆，龜之言久，龜千歲而靈，蓍

百年而神,以其長久,故能辨吉凶。"(《白虎通》説略同)

　　按:龜之取名爲舊爲久,根據文字學"聲先於形,義統於聲"之理論,則古人所以名龜爲舊之音(《説文》:"龜,舊也。"段注謂"以叠韻爲訓"。)。必由熟見此物,而知其老壽,故以舊或久發聲呼之,後制文字,遂象其形而聲無改;然則卜之用龜,其爲漁猟社會之産物,決矣。蓍,草屬,在漁獵社會,當不注意,何由知其爲蓍?(《説文》:"蓍,從草,耆聲,生千歲,三百莖。")伏羲之世,佃漁方興,距耕稼之期尚遠,固不能用之筮卦以決疑也,吾故曰:"伏羲氏時,卜或有之,斷無有筮;筮之興也,至早當在神農之世。"

　　僖四年《左傳》:"……公曰:'從筮!'卜人曰:'筮短龜長,不如從長。'"

　　《曲禮》鄭注:"大事卜,小事筮。"

　　《周禮·筮人》:"凡國之大事,先筮而後卜。"鄭注:"當用卜者,先筮之,即事有漸也。"賈疏:"筮輕龜重,賤者先即事。"

　　《禮記·表記》:"天子無筮"。鄭注:"謂征伐、出師、若巡守也;天子至尊,大率皆用卜也。"

　　按:以上四條所説,周人尚重卜而不重筮,可知筮定較卜爲晚出。

　　重卦當與用蓍同時,或差在前;以卦不重,未足以筮,則蓍爲無用;而重卦以寓象,固非不可能之事。惟卦究重於何人,筮究興於何世,書闕有間,考定爲難。余謂至遲當在虞夏以前。

　　《書·洪範》:"七、稽疑。擇建立卜筮人……汝則有大疑,謀及乃心,謀及卿士,謀及庶人,謀及卜筮。汝則從,龜從,筮從,卿士從,庶民從,是之謂大同。……汝則從,龜從,筮從,卿士逆,庶民逆,吉。卿士從,龜從,筮從,汝則逆,庶民逆,吉。庶民從,龜從,筮從,汝則逆,卿士逆,吉。汝則從,龜從,筮逆,卿士逆,庶民逆,作内吉,作外凶。龜筮共違於人,用静吉,用作凶。"

　　按:《洪範》九疇,以今語釋之即大法九章,當爲古代帝王相傳珍守之法典（至晚當爲舜作或更在前）。何以明之？

《洪範》首段敍其事曰："惟十有三祀，王訪於箕子。王乃言曰：'嗚呼！箕子！惟天陰騭下民，相協厥居，我不知其彝倫攸敍。'箕子乃言曰：'我聞在昔，鯀陻洪水，汩陳其五行，帝乃震怒，不畀洪範九疇，彝倫攸斁。鯀則殛死，禹乃嗣興，天乃錫禹'洪範'九疇，彝倫攸敍。'"

考《史記·周本紀》"十一年十二月戊午，師畢渡津。……二月甲子昧爽，武王至於商郊牧野"。則是周武王以十二年克殷，十三年而訪於箕子。經文"天"字凡兩見，"帝"字一見，"天"、"帝"皆指天子而言，非謂上天上帝也。《詩·大雅·板》"上帝板板，下民瘁瘴"。《毛傳》"'上帝'，以稱王者也"。又《板》詩"天之方難，無然憲憲。天之方蹶，無然泄泄"，鄭箋："'天'，斥王也。"可證古時帝王亦通稱天，而《書》"天"與"下民"對舉，例以《詩》之"上帝"、"下民"，則"天"與"上帝"皆指天子也。《洪範》此段，以今日通用文言意譯，當如下：

十有三年，武王訪於箕子，戚然興嘆而言曰："箕子！夫天子，位在民上，所以匡之直之，輔之翼之，而俾人民各得其所者也；今我位爲天子，不知綱常倫理其何以釐然有敍，相安而不相擾乎？"箕子對曰："我聞在昔，鯀治洪水而陻塞之，逆亂五行之性，帝乃震怒，不與以大法九章，倫常乖紊，鯀終死於放逐。洎禹繼之而起，帝傳之位，授之以大法九章，倫常序理，天下以治。"（按《漢書·五行志》注："應劭曰：'陰，覆也；騭，升也；相，助也；協，和也；倫，理也；陻，塞也；汩，亂也。'"今余所譯，雖有增字足意之嫌，但仍以詁訓爲主，初不敢違也。）

蓋武王克殷，以箕子爲殷室故老，因就而訪焉，問以治道。箕子遂以所藏之歷代帝王相傳珍守之法典《洪範》九疇獻之，且告之曰：此乃夏室舊物，禹所得於舜者，因述其始末，史官乃取以冠諸篇首。漢人不察，而以"天"爲上天，"帝"爲天帝。《史記·宋微子世家》以"問天道"解之,已屬失實(按《洪範》九疇,皆爲政綱要,無言天道之事),而緯書《尚書中候》,更以"元龜負書赤文朱字"附會之,尤爲怪妄。後人變本加厲,臆造黑白點子,遂令迷蒙千載,莫可究詰,可勝浩嘆!

由以上之論證,可知《洪範》斷爲虞夏之法典,而其中已載有卜筮,且言之綦詳,予以知筮之發生,至遲當在虞夏以前也。

第二節　筮已發生,《易》尚未作,其間發展情形

一、筮爲巫史所掌。

二、《周易》以前之筮書,其卦名與筮法當與《周易》略同;所不同者,僅排列次序,象爻文辭,占用七八九六數事。

筮之初興,當掌於巫史,以其時尚在神權時代,一切學術,均含育於宗教之中,未能"拔戟自成一隊"。蓋蒙昧之世,哲史等學,與宗教相混,非第中土然也;徵諸世界各國,莫不皆然也。

《世本·作篇》:"巫咸作筮。"

按:《世本》謂"巫咸作筮",蓋亦"牟夷作矢,揮作弓,伯益作井"之比,未足爲據,而謂筮爲巫所掌,則似較可信。

《周禮·筮人》:"筮人掌三易以辨九筮之名。……九筮之名,一曰巫更,二曰巫咸,三曰巫式,四曰巫目,五曰巫易,六曰巫比,七曰巫祠,八曰巫參,九曰巫環,以辨吉凶。"

按:此段文字,自來解者不同,茲先列舉舊說,然後再斷以己意。

鄭《注》:"此九巫讀皆當爲筮字之誤也。更,謂筮遷都邑也。咸,謂僉也,謂筮衆心歡否也。式,謂筮制作法式也。目,謂事衆筮其要所當也。易,謂民衆不說,筮所改易也。比,謂筮與民和比也。

祠，謂筮牲與日也。參，謂筮御與左右也。環，謂筮可致師否也。"

　　清孫詒讓《周禮正義》："鄭意巫皆筮之壞字。劉敞、陳祥道、薛季宣並讀九巫如字，謂巫更等，爲古精筮者九人，'巫咸'即《世本》作筮之巫咸，'巫易'，易當爲易，即《楚辭·招魂》之巫陽。莊存與說同，其說與鄭異，而略有根據。……'更，謂筮遷都邑也'者，此並無正文，以意說之。"余謂九筮本義，雖不可考；而鄭以所筮之事解之，實屬望文生義，謬誤顯然；誠不如照本字巫解之，較有根據。總之：古時筮與巫之關係，最爲密切，此亦可爲筮掌於巫之一證。

　　《史記·太史公自序》："昔在顓頊，命南正重以司天，火正黎以司地。唐虞之際，紹重黎之後，使復典之，至於夏商，故重黎氏世序天地。其在周，程伯休甫其後也。當周宣王時，失其守，而爲司馬氏。司馬氏世典周史。……談爲太史公。……太史公既掌天官不治民……。太史公執遷手而泣，曰：'余先周世之太史也，自上世常顯功名於虞夏，典天官事，後世中衰，絕於余乎？汝復爲太史，則續吾祖矣！'"

　　按：史爲天官，其源出於重黎之司天司地，則巫史同源，定不誣矣。

　　夫筮已發生，《易》尚未作，其間演進之情形如何？古籍湮亡，誠難詳考，然亦可論其略也。

　　《周禮·大卜》："大卜掌三易之法：一曰《連山》，二曰《歸藏》，三曰《周易》。其經卦皆八，其別皆六十有四。"

　　《禮運》："孔子曰：'我欲觀夏道，是故之杞，而不足徵也，吾得《夏時》焉。我欲觀殷道，是故之宋，而不足徵也，吾得《坤乾》焉。《坤乾》之義，《夏時》之等，吾以是觀之。'"鄭注："'得《坤乾》'，得殷陰陽之書也，其書存者有《歸藏》。"《正義》引熊安生曰："殷《易》以坤爲首，故曰《坤乾》。"

　　襄九年《左傳》："穆姜薨於東宮。始往而筮之，遇艮之八☶☶。史曰：'是謂艮之隨☶☶。隨其出也，君必速出！'姜曰：'亡！是於《周易》曰，隨，元亨利貞，无咎……’”《正義》曰：“《周易》以變爲占，占九六之爻。……其《連山》、《歸藏》以不變爲占，占八七之爻。二《易》並亡，不知實然以否，世有《歸藏易》者，僞妄之書，非殷《易》也。假令二《易》俱占七八，亦不知此筮爲用《連山》，爲用《歸藏》，所云‘遇艮之八’不知意何所道，以爲先代之易，其言亦無所據，賈、鄭諸儒相傳云耳。先儒爲此意者：此言遇艮之八，下文穆姜云‘是於《周易》’，《晉語》公子重耳，筮得貞屯悔豫，皆八。其下司空季子云，‘是在《周易》’（按今《晉語》無周字）並於遇八之下，別言《周易》，知此遇八，非《周易》也。”

　　按：大卜掌三《易》，《周易》以外，別有《連山》、《歸藏》；孔子之宋，得《坤乾》以爲殷道考徵之資料；而《左》、《國》諸書記占，皆於遇八之下，別言《周易》；由此可知在《周易》撰著以前，定有二種或數種筮書，流傳於世。

　　又：大卜三《易》，其經卦皆八，其別皆六十有四；孔子所得之殷書名《坤乾》；其他如《左》、《國》諸書所記，雖占辭不必援用《周易》，而卦名艮屯豫等，與《周易》無別。由此更可知，在《周易》以前之筮書，其卦名、筮法（用蓍）當與《周易》略同；所不同者，或僅排列次序，象爻辭句，占用七八、九六，數事而已。

　　至神農首艮，曰《連山》；黃帝首坤，曰《歸藏》（漢人舊説）；夏曰《連山》，殷曰《歸藏》（張華《博物志》説，《隋書·經籍志》從之）。《連山》藏於蘭臺，《歸藏》藏於大卜（桓譚《新論》）；《連山》八萬言，《歸藏》四千三百言（《新論》）；或係晚出之説，或係臆度之辭，皆不足據也。

第三節　《周易》之制作與表彰

　　一、《周易》作於文王，無確據，然亦當爲周初作品。

　　二、《周易》卦爻辭例，不無因仍舊文。

三、《周易》發揮光大，由於孔子。

《周易》作於何人？今之愚夫愚婦，皆能答出其爲周文王；然此亦近是之説，實無確據也。

《繫辭傳》曰：“《易》之興也，其于中古乎？”

又曰：“《易》之興也，其當殷之末世，周之盛德邪？當文王與紂之事邪？”

按：《易傳》祇此二條，言及《易》之作者，語意復疑而未決；餘則泛稱聖人。兹列舉如下：

“夫《易》，聖人所以崇德而廣業也。”

“聖人有以見天下之賾，而擬諸其形容，象其物宜，是故謂之象。聖人有以見天下之動，而觀其會通，以行其典禮，繫辭焉以斷其吉凶，是故謂之爻。”

“是故蓍之德圓而神，卦之德方以知，六爻之義易以貢，聖人以此洗心退藏于密，吉凶與民同患，神以知來，知以藏往，其孰能與于此哉？古之聰明睿智神武而不殺者夫！……聖人以此齊戒以神明其德夫！”

“子曰：‘書不盡言，言不盡意。’然則聖人之意，其不可見乎？子曰：‘聖人立象以盡意，設卦以盡情僞，繫辭焉以盡其言，變而通之以盡利，鼓之舞之以盡神。’”

按：以上三條係《繫辭傳》文。

“昔者聖人之作易也，幽贊于神明而生蓍，參天兩地而倚數……”

“昔者，聖人之作易也，將以順性命之理……”

按：以上兩條係《説卦》文。

昭二年《左傳》：“晉侯使韓宣子來聘……觀書於太史氏，見《易象》與魯《春秋》，曰：‘周禮盡在魯矣！吾乃今知周公之德，與周之所以王也。’”《正義》曰：“《易·繫辭》云：‘易之興也，其當殷之末世，周之盛德邪？當文王與紂之事邪？'鄭玄云：'據此言，以《易》是文王所作，斷可知矣。且史傳讖緯，皆言文王演《易》。演，謂爲其辭以演説之，《易經》必是文王作也。'但《易》之爻辭，有'箕子之明夷，利貞'。箕子明夷，乃在武王之世，文王不得言之。又云：'王用亨於西山。'又云：'東鄰殺牛，不如西鄰之禴祭，實受其福。'二者之意，皆斥文王。若是文王作經，無容自伐其德。故先代大儒鄭衆、賈逵等，或以爲卦下之彖辭，文王所作；爻下之象辭，周公所作，雖復紛競大久，無能決當是非。"

綜觀以上所引，可知謂《易》爲文王作，乃是揣度之辭，並無有力證佐。《史》、《漢》質言，殊欠慎重；後儒紛辨卦爻爲文爲周，尤難定讞；似不如仍以《易傳》與左氏爲據，定爲周初作品，較爲允當。事之難考其實者，宜守"闕如"之義，不宜憑臆專輒也。

又《周易》雖爲殷末周初作品（或確爲文王所演），然亦恐非憑空結撰之事，其卦爻辭例，不無因仍舊文。其痕迹可考者，約有數事：

《洪範》曰："七、稽疑。擇建立卜筮人，乃命卜筮，曰雨，曰霽，曰蒙，曰驛，曰克，曰貞，曰悔，凡七。卜五，占用二，衍忒。立時人作卜筮，三人占則從二人之言。"鄭玄曰："二衍貳（《史記》忒，作貳），謂貞悔也。……內卦曰貞。貞，正也。外卦曰悔，悔之言晦也，晦猶終也。卦象多變，故曰衍。悔，一作甿。"

《國語·晉語》："公子親筮之，曰：尚有晉國，得貞屯悔豫皆八也。筮史占之，皆曰：'不吉。閉而不通，爻無爲也。'司空季子曰：'吉。是在《周易》皆利建侯。'"韋昭注："筮史筮人……以《連山》、《歸藏》占此兩卦，皆言不吉，……以《周易》占之，二卦皆吉也。"

按：韋注謂筮史以《連山》、《歸藏》占之，未必得實，然其書，必爲當日通行而歷史較《周易》差久之二種或數種筮書，則無疑問。

由《洪範》、《晉語》之文可證在《周易》尚未出世以前，貞、悔、吉等字，已爲筮占之所習用。由此可以推知《周易》彖象之中，所數見不鮮之術語或成語，如：元、亨、利、貞、吉、凶、悔、吝、无咎；乃至孚、屬、渝、勿用、有言、有攸往、无不利、利涉大川、先甲後甲、先庚後庚、八月、七月、匪寇婚媾、西南、東北等等，亦當有若干因用舊文者，惜不可考矣！

《論語·述而》："子曰：'加我數年，五十以學《易》，可以無大過矣。'"

《史記·孔子世家》："孔子晚而喜《易》，序《彖》、《繫》、《象》、《說卦》、《文言》。讀《易》韋編三絕，曰：'假我數年，若是我於《易》則彬彬矣。'"（《漢書·藝文志》、《儒林傳·序》說略同）。

按：二書所記，大同小異，當同出一源。時距孔子非遠，自屬可信。加以今傳《十翼》，引"子曰"處，不一而足，縱未可信爲孔子手編，亦當爲門人所輯，與《論語》、《中庸》同科。蓋《周易》在孔子以前，雖已包蘊精義，而知之者鮮，尚未脫占候範圍，神秘氣氛非常濃厚，至孔子出，而樂此忘疲，純以哲理眼光推闡，探賾索隱，曲暢旁通，而哲學之體系以立，而寡過之教化以行。抑不特易學然，其他諸經亦莫不如此。

《四庫全書總目提要·經部易類》說："聖人覺世牖民，大抵因事以寓教，《詩》寓於風謠，《禮》寓於節文，《尚書》、《春秋》寓於史，而《易》則寓於卜筮。"

按：《提要》數語，洞中窾要，孔子自述所學，曰"述而不作，信而好古"。蓋孔子真孟子所謂"集大成而終條理之"之聖人也。六經删述，皆因舊典以垂教，而此等舊典，一經孔子之手，頓改故觀，而覺其廣大精微，奧義無窮；非孔子善於附會，實緣其眼光鋭利，胸襟洞朗，復益之以浩博之學問、裕饒之經驗、卓絶之毅力，故能觸處皆覓真理，模楷百代，有由然也。

第三章　先哲作《易》之目的

一、總述。

二、《易》之構成要件。

三、蓍與卦之性質。

四、《易傳》之説。

五、解"開物成務"。

六、結論。

先哲作《易》，其目的在將其已由變動不居之宇宙現象中所發見之自然法則及社會法則，用蓍卦等符號衍變之方式表出之，以作人生行爲之指針。

蓋《易》之構成要件有二：曰卦，曰蓍。

自作《易》而言，則："物生而後有象，象而後有滋，滋而後有數。"（僖十五年《左傳》韓簡語）——"物"爲實物（包括物、現象、過程等）；"象"與"滋"，爲兩儀、四象、八卦、六十四卦；"數"爲筮。是卜先生而筮後起。

自用《易》而言，則"用蓍以求數，得數以定爻，累爻而成卦"（《易·乾·初九》正義文）。爲先用蓍而後得卦。

要之，《易》之主體，在蓍與卦。

蓍與卦，其性質不同。《繫辭傳》曰："是故蓍之德圓而神，卦之德方以知，六爻之義易以貢。……神以知來，智以藏往。"

按：方圓神智，知來藏往，對待成文，含義各別。蓋圓以言其變動，方以言其靜止，智以明其藏往，神以示其知來。易以貢，則兼蓍卦而言,謂因其變易而告人以吉凶趨避也(易,變也。貢,告也)。故蓍與卦性質各異,而相須以備,相得益彰者也。

惟蓍與卦所表示之內容爲何? 所謂"圓而神,方以知,神以知來,知以藏往",其所含之具體意義何在? 是已涉及作《易》目的問題。《繫辭傳》曰:"子曰:'夫《易》何爲者也? 夫《易》開物成務,冒天下之道,如斯而已者也;是故聖人以通天下之志,以定天下之業,以斷天下之疑。……是以明于天之道,而察于民之故,是興神物,以前民用。'"

按:此段文字,分析解釋之,當如下:

(一)"神物"——謂蓍與卦;

(二)"天之道"——謂自然法則;

(三)"民之故"——謂社會法則;

(四)"前民用"——謂爲人生行爲之指針;

(五)"開物成務"——"開物",謂蓍之用;"成務",謂卦之用;

(六)"冒天下之道"——指蓍卦之用;

(七)"通天下之志,定天下之業,斷天下之疑"——言《易》之用,與"前民用"意相同,祇語有詳略虛實之分耳。

"開物成務",以今語釋之,"開物"即創作發明,所謂"知來之神"。"成務"即歸納之,整理之,而推尋其原理原則,所謂"藏往之智"。"開物成務",亦即孟子所謂"金聲而玉振之",始終條理之事。《孟子·萬章》曰:"集大成也者,金聲而玉振之也。金聲也者,始條理也;玉振之也者,終條理也。始條理者,智之事也;終條理者,聖之事也。"

"始條理"即"開物","終條理"即"成務"。《孟子》稱聖稱智,與《易》之稱神稱智不同者,義各有當也。

宇宙現象,遷流無已,嚴密以言,祇有"已往"、"未來"而無"現在"。已往者,變之成果,可視爲靜態,易於考知,《易》以卦之象包之,所謂"方以知,知以藏往"。未來者,變之行進,則純爲動態,難以推尋,易以蓍之數明之,所謂"圓而神,神以知來"。故蓍與卦所表示者,包括宇宙已往、未來之全部現象,即所謂"冒天下之道",亦即所謂"開物成務"。具體以言,則即"天之道"與"民之故"。以今語釋之,則即"自然法則"與"社會法則"。語其用,則爲"通天下之志,定天下之業,斷天下之疑"。簡言之,曰:"以前民用。"釋以今語,則即爲"人生行爲之指針"也。

第四章　《易》之體系

一、《易》爲形而上學。其方法，純用符號以表抽象觀念。

二、《易》之符號，在化繁複爲簡單，而尋求其條理。

三、《易》之符號有三：(1)基本符號——陰陽兩儀；(2)類別符號——乾坤等八卦；(3)種別符號——乾、坤、屯、蒙等六十四卦。

《易》爲形而上學，其方法，純用符號以表示抽象觀念，理與數學正同。數字之一、二、三、四、……皆抽象觀念也，試舉數字"一"爲例。此"一"也，固可用作名數，如一人、一斤、一里，或竟專指某人某物，如：張甲、趙乙、白牝馬、黃菊花。然演算時，則不必計及；苟或計及，殊覺不便。進而例諸代數公式如$(a+b)^2=a^2+b^2+2ab$，尤其不可滯於一事一物，如謂a、b爲專指某固定數字，即失代數之真價值矣。《易》之符號也，亦正如是。"--"爲兩儀之陰，"—"爲兩儀之陽，此"--"、"—"祇以表示對立二種抽象性質，固不宜定指爲何物也。推之八卦亦然。"☰"乾，爲純陽，代表剛健性質。謂之爲天可，謂之爲君可，謂之爲夫，爲首，爲馬，爲金，爲玉……亦無不可，皆由對待以起義，其本身祇一符號也。推之他卦，乃至六十四卦，三百八十四爻，亦莫不皆然。此《繫辭傳》所以謂之"神无方而易无體"也。

學問公例，在化繁複爲單簡，而推尋其條理。自然科學然、社會科學然，易之爲用也亦然。

《繫辭傳》曰："聖人有以見天下之賾而擬諸其形容，象其物宜，是故謂之象。聖人有以見天下之動而觀其會通，以行其典禮，繫辭焉以斷其吉凶，是故謂之爻。"

夫"天下之賾"，至繁複也，而"擬諸其形容，象其物宜"，以卦之符號表之，則簡單矣。

"卦之德方以知……知以藏往"，《易》之静態時，涵蓋萬象也。"蓍之德，圓而神……神以知來"，《易》之動態時，蕃變無方也。"觀其會通"，爲察其行徑與要歸，是推尋條理之功夫。"行其典禮"則得其原理原則，以爲常行之標準。典，常也。禮，履也。"繫辭焉以斷其吉凶"者，則如指針之表示方向，亦所謂"神以知來"也。

《易》之符號體系，大別有三：

（一）基本符號　--、—兩儀是也。先哲以人爲宇宙中之一員，欲明人生，自須先明宇宙；而宇宙至大也，至賾也，飛潛動植，洪纖高下，形形色色，怪怪奇奇，枝節以求，焉能得其綫索？彼經"仰觀俯察，遠取近取"，而見萬物之生也，由於天氣與地質；動植之生也，由於雌雄或牝牡。執是義而遍觀焉，則見有晝有夜，有寒有暑，有日有月，有山有水，乃至萬形根於方圓，萬聲發於闔闢，萬數不外奇偶……罔不具對立之兩種性質，因而大徹大悟，乃命其一爲陰，以--表之；命其一爲陽，以—表之。--與—，合稱兩儀。儀者，配也，匹也。兩儀相對之義，非專指天地而言。舉其全體，則名爲太極，《繫辭傳》曰："《易》有太極，是生兩儀。"太極即兩儀，兩儀即太極，一以示其全，一以示其分耳。

（二）類別符號　☰、☷、☳、☴、☵、☲、☶、☱乾、坤、震、巽、坎、離、艮、兑，八卦是也。《繫辭傳》曰："《易》有太極，是生兩儀，兩儀生四象，四象生八卦，八卦定吉凶，吉凶生大業。""兩儀生四象"者，即："—"儀變爲⚌——太陽，⚎——少陰。"--"儀變爲⚍——少陽，⚏——太陰。其演變孳生也，有似生物之細胞分裂，又似數學之運算過程。此四象也，固可指爲象某整體分殊之特定物，如：春、夏、秋、冬……然縱無實物可象，亦不害其爲真理。一如代數學之虚根（$\sqrt{-3}$），在實物雖未必有這種情形，而其爲真理，則固不可易也。

四象更進,則爲八卦。即"⚏"變爲☰、☱——乾、兌,"⚍"變爲☲、☳——離、震,"⚎"變爲☴、☵——巽、坎,"⚏"變爲☶、☷——艮、坤。

"八卦而小成"(《繫辭傳》語),概括宇宙間事物之形態或性質,爲八大類型。《說卦》曰:

乾,健也。坤,順也。震,動也。巽,入也。坎,陷也。離,麗也。艮,止也。兌,說也。

乾,爲馬。坤,爲牛。震,爲龍。巽,爲雞。坎,爲豕。離,爲雉。艮,爲狗。兌,爲羊。

乾,爲首。坤,爲腹。震,爲足。巽,爲股。坎,爲耳。離,爲目。艮,爲手。兌,爲口。

乾,爲天。坤,爲地。震,爲雷。巽,爲風。坎,爲水。離,爲火。艮,爲山。兌,爲澤。

乾,爲父。坤,爲母。震,爲長男。巽,爲長女。坎,爲中男。離,爲中女。艮,爲少男。兌,爲少女。

八大類型既立,用以表示單一物事之形性,固已足用;然無錯綜變化,假之以說明宇宙人生間互相關涉之蕃變事態,仍有所不給。於是"因而重之"而生種別符號六十四焉。

(三)種別符號 ䷀、䷁、䷂、䷃、䷄、䷅……乾、坤、屯、蒙、需、訟……等,六十四卦是也。《繫辭傳》曰:"八卦成列,象在其中矣。因而重之,爻在其中矣。剛柔相推,變在其中矣。繫辭焉而命之,動在其中矣。"

又曰:"八卦而小成,引而伸之,觸類而長之,天下之能事畢矣。"

按:"八卦成列",謂八類別符號,成一序列。"象在其中",謂可用此八類別符號,以表象單一物事之形性。"因而重之",謂八卦中之每一卦，其上重複以八卦。如：☰，則變爲☰、☱、☲、☳、☴、☵、☶、☷，即乾、夬、大有、大壯、小畜、需、大畜、泰等八卦也。其他七卦皆依此法以重之，則共爲六十四種別符號。"爻在其中"，指每一種別符號，皆以基本符號之"‑‑"、"—"爲其構成之原料。而此種別符號中之基本符號，參伍錯綜，或剛或柔，不可方物。作《易》者悉心辨析，縝密編排，起乾、坤而迄既濟、未濟，剛柔推遷，雜而不越，以法象宇宙間自然與人生之發展運動複雜蕃變事態，故曰："剛柔相推，變在其中。"夫此六十四卦三百八十四爻已足法象一切，所未備者，祇待説明耳，故曰"繫辭焉而命之"。所以謂之"動在其中"者，"蓋繫辭之所説明，僅限於卦之德"，即：已經發現過，或法象時認爲已知者之事態，其內容比較固定，所謂"卦之德方以知……知以藏往"也（説已見第三章）。而《易》之用，則在知來，（《説卦》曰："數往者順，知來者逆，是故《易》，逆數也。"）即於變動"不可方物"之中，而察其幾微，以決疑明惑，指示何去何從，如是，卦不足以盡之，而有待於蓍焉。筮用蓍，揲蓍得卦，至無定也，而於無定之中，"探賾索隱，鈎深致遠"，以定其吉凶，所謂"蓍之德圓而神……神以知來"也（見第三章）。《繫辭傳》曰："是故君子居則觀其象，而玩其辭；動則觀其變，而玩其占；是以自天祐之，吉无不利。"

按：象與辭，卦之德也；變與占，蓍之德也。前者，方而有定；後者，圓而無定。無定之理，即由有定之理而演繹之，故曰："繫辭焉而命之，動在其中矣。"

此六十四種別符號，雖可該一切理，然係由八類別符號孳衍而來，而以蓍窮其變，故曰"八卦而小成，引而伸之，觸類而長之（此句謂蓍），天下之能事畢矣"。

第五章 《周易》之特質

第一節 《周易》之排列次序

一、以反對爲次。

二、以乾、坤居首。

三、以既濟、未濟居末。

《易》之哲學，奠基於伏羲，演進於神農以後，迄周初而完成。故《周易》一書，其卦名、筮法等等，不無因仍舊日筮書之迹，而所獨具之特質，則在排列次序，象爻辭句，占用九六數事（説已詳第二章第二節）。兹先述其排列次序。

《周易》六十四卦，皆兩兩反對，而以乾、坤居首，既濟、未濟居末，夫豈偶然哉！誠有精義，大可翫索也。

《繫辭傳》曰：“是故闔户謂之坤，闢户謂之乾，一闔一闢謂之變，往來不窮謂之通。”

又曰：“子曰：‘天下何思何慮？天下同歸而殊途，一致而百慮，天下何思何慮？日往則月來，月往則日來，日月相推，而明生焉。寒往則暑來，暑往則寒來，寒暑相推，而歲成焉。往者屈也，來者信（信，古伸也）也，屈信相感，而利生焉。尺蠖之屈，以求信也。龍蛇之蟄，以存身也。精義入神，以致用也。利用安身，以崇德也。過此以往，未之或知也。窮神知化，德之盛也。’”

又曰：“神農氏没，黄帝堯舜氏作，通其變，使民不倦；神而化之,使民宜之。《易》,窮則變,變則通,通則久;是以自天祐之,吉无不利。"

按:《易》六十四卦,皆兩兩反對;自乾、坤起,每二卦可視爲一組,或一環,共成三十二組。此三十二組中,其每組前一卦,即所謂由"闔"而"闢",由"往"而"來",由"屈"而"伸",由"窮"而"通",逐漸推移之時。其後一卦,即所謂由"闢"而"闔",由"來"而"往",由"伸"而"屈",由"通"而"窮",逐漸演化之時。"闔"而又"闢","往"而又"來","屈"而又"伸","窮"而又"通",是即所謂變。一"闔"一"闢",一"往"一"來",一"屈"一"伸",一"窮"一"通",是即所謂"不窮",亦即所謂"殊途"、"百慮"。至"明生"、"歲成"、"利生"、"宜之",則所謂"同歸"、"一致"也。知此之實,謂之"知化"。窮此之理,謂之"窮神"。"窮神知化",與"精義入神"不殊,皆所以"崇德"、"致用",是《易》之旨也。"過此以往"概屬異端,非不知也,不必知也。

《易》六十四卦,何爲以乾、坤二卦居首?《繫辭傳》曰:"乾、坤其《易》之緼邪! 乾、坤成列,而《易》立乎其中矣。乾、坤毀則无以見《易》,《易》不可見,則乾、坤或幾乎息矣。"

又曰:"子曰:'乾、坤其《易》之門邪? 乾,陽物也;坤,陰物也。陰陽合德,而剛柔有體,以體天地之撰,以通神明之德。其稱名也,雜而不越。于稽其類,其衰世之意邪?'"

按:《易》六十四卦,乾爲純陽,坤爲純陰,餘則參伍錯綜,變換不可方物,實以全宇宙人生複雜變動之物事爲典型而仿象之,吾人觀察宇宙間自然與人生,第見其擾攘紛紜而惶惑,則將毫無所得。必也,詳審分析,尋其因素所在,而比較之,研究之,迨至確有心得,然後無論此種事物,循何方式,如何配置,構成如何現象,皆有綫索可按,而不虞其叢雜繁亂,惝怳迷離。乾、坤二卦,《易》之二大因素也,其餘之卦,皆此乾、坤二卦所參互錯綜者也,故曰:"乾、坤其《易》之緼。"又曰:"乾坤成列而《易》立乎其中矣。"如是,吾人如欲知《易》，必須先知乾、坤，故曰："乾、坤其《易》之門。"作《易》者，欲揭其奧以示人，故六十四卦以乾、坤居首。

乾，純陽，故稱"陽物"。坤，純陰，故稱"陰物"。"陰陽合德，而剛柔有體"者，謂乾、坤錯綜，以成其餘六十二卦也。"以體天地之撰，以通神明之德"，所以明作《易》之用。"撰"者，具也。"天地之撰"，謂天地所貢呈之現象也。"神明之德"，則指發展運動之機緘及規律而言。前者，形而下之"器"；後者，形而上之"道"。先哲作《易》，所以效其"器"而合其"道"，故曰："以體天地之撰，以通神明之德"也。

"其稱名"，則謂六十四卦名。"雜而不越"，蓋其初視之，一似紛然雜陳，而細繹之，條理井然，各有精義也。

夫乾、坤之交錯變化，以成《易》；反之，"乾、坤毀則無以見《易》"矣。"易不可見"則是變化已至盡端——既濟六爻剛柔皆正而當位之時——故曰："乾、坤或幾乎息矣。"

然則卦之次序，既濟、未濟何以居末也？

《繫辭傳》曰："《易》不可見，則乾、坤或幾乎息矣。"

又曰："《易》之爲書也，原始要終，以爲質也！六爻相雜，唯其時物也。"

《序卦》曰："物不可窮也，故受之以未濟終焉。"

《雜卦》曰："既濟，定也。"

間嘗觀察人情物理，而知其所以紛紜擾攘之故，一言以蔽之，曰："由於不均衡。"不均衡者，一有餘，一不足，而其勢必趨於均衡。故吾人所見爲紛紜擾攘者，乃正趨赴均衡之過程中所生之現象也。

雷之發聲，由於電有陰陽，不均衡也；風之吹拂，由於氣有疏密，不均衡也；水之流動，由於勢有高下，不均衡也；國之爭戰，由於人有文野，不均衡也。推之自然人生，一切現象，莫不皆然。凡其發聲，吹拂，流動，爭戰，皆所以求均衡，既均衡，則無此等現象矣。

《易》之法象，理亦正然。乾、坤開始，一純剛，一純柔，最不均衡之時也。既濟殿末，六爻剛柔皆正而位當，已達均衡之時也。中間六十卦，剛柔錯雜，則由最不均衡逐漸趨赴均衡之時也。既濟剛柔皆正而位當，所謂"定也"。已達均衡，則易不可見而乾、坤幾乎息矣。

《易》之爲書也，首乾、坤，所以原其始；末既濟、未濟，所以要其終。《易》之"質"非它，乾、坤錯變而逐漸達於既濟之爲也。"六爻相雜"，積成六十卦，則爲演變過程中之各階段與各現象，故曰"唯其時物"也。

然則宇宙萬象，有皆達均衡之一日乎？曰"無"！姑無論宇宙萬象，種性繁雜，因其互相關涉，互相影響，已永無均衡之一日；而每一物其不均衡之性，實已含孕於其均衡之時也。作《易》者有見及此，故於既濟之後，隨朕以未濟，而《序卦》且告之曰："物不可窮也，故受之以未濟終焉。"

第二節　《周易》之象爻辭句

（甲）爻位通例

一、位例：(1)位名，(2)陰陽，(3)三才，(4)尊卑，(5)中，(6)上下初終，(7)交際進退。

二、爻例：(1)卦主，(2)當位不當位，(3)應，(4)乘承，(5)往來。

每相反對二卦，構成全《易》演變進程中之一環。而此環中之每一卦，亦自成一單位，而代表一時期之社會。此一單位，乃由兩個類別符號——八卦——複合而成。在下者曰內卦，亦曰下卦。在上者曰外卦，亦曰上卦。因此每卦六爻之位置，又有數種假定。

(1)位名：其次序，由下而上，曰初，曰二，曰三，曰四，曰五，曰上。

(2)陰陽：初、三、五等奇數，爲陽位。二、四、上等偶數，爲陰位。

(3)三才：初二兩爻，爲地位。三、四兩爻，爲人位。五、上兩爻，爲天位。

(4)尊卑：位在上者，爲尊，爲貴；在下者，爲卑，爲賤。通以五爲君位。

(5)中：二、五位居內外二卦之中，因稱中。（有稱黄者，黄亦中也）

(6)上下初終：初位，爲初爲下。上位，爲終爲上。首、尾、角、趾、亢、潛之類，皆自上下初終之義引申者也。

(7)交際進退：三、四位居內卦外卦之交，因稱際，稱或，稱疑，稱商，稱進退，稱次且，皆自相交一義引申者也。

每一卦，就其在六十四卦中演進之地位言，則曰時；就其本身所含之剛柔符號言，則曰物。《繫辭傳》曰：“六爻相雜，唯其時物也。”王弼《略例》曰：“夫卦者，時也，爻者，適時之變者也。”因之一卦六爻，其每爻所居之位置，亦曰時；其每爻爲剛或柔，亦曰物。《繫辭傳》曰：“爻有等，故曰物。”因此，視其爻之位置，及各爻間之關係，又有數種假定。

(1)卦主：王弼《略例·明象》曰：“六爻相錯，可舉一以明也；剛柔相乘，可立主以定也……夫少者，多之所貴也；寡者，衆之所宗也。一卦五陽而一陰，則一陰爲之主矣；五陰而一陽，則一陽爲之主矣。夫陰之所求者，陽也；陽之所求者，陰也。陽苟一焉，五陰何得不同而歸之？陰苟隻焉，五陽何得不同而從之？故陰爻雖賤，而爲一卦之主者，處其至少之地也。或有遺爻而舉二體（內卦外卦）者，卦體不由乎爻也。”

按：王説“卦主”最確。徵諸《彖辭》，亦無不合也。

(2)當位不當位：陽爻居陽位，陰爻居陰位，曰“當位”；亦曰“得位”，亦曰“得正”。陽爻居陰位，陰爻居陽位，曰“不當位”（此爲通例，《乾》上九，需上六，則另有説）。

（3）應：陰爻與陽爻，應。陽爻與陰爻，應。王弼《略例·明卦適變通爻》曰：“夫應者，同志之象也。”

（4）乘承：二爻相比，上於下曰“乘”，下於上曰“承”。

王弼《略例·明卦適變通爻》曰：“承乘者，逆順之象也。”邢璹注：“陰承陽，則順；陽承陰，則逆。”

（5）往來：自下而上者，曰“往”；自上而下者，曰“來”。

（乙）彖辭

一、卦名二例，（1）由單一構成體取義，（2）由複合構成體取義。

二、彖辭大義及其用字。

三、判斷吉凶之標準：（1）中，（2）正，（3）應，（4）爻，（5）名，（6）時。

四、彖傳精語。

每卦取象，約之于名，著之于彖，而暢發其義于爻。彖者論其全，而爻則辨其分；彖者道其常，而爻則窮其變，此彖與爻之別也。

六十四卦之卦名，根據《彖傳》發明，可括爲二例。

（1）視其卦爲單一構成體，先確定卦主，然後再審察各爻間相互關係所發生之意義，而定之。如：師䷆、比䷇、小畜䷈、履䷉、同人䷌、大有䷍、謙䷎、豫䷏、臨䷒、觀䷓、噬嗑䷔、賁䷕、剥䷖、復䷗、无妄䷘、大畜䷙、頤䷚、大過䷛、遯䷠、大壯䷡、損䷨、益䷩、夬䷪、姤䷫、萃䷬、升䷭、渙䷺、節䷻、中孚䷼、小過䷽、既濟䷾、未濟䷿等三十二卦是。

（2）視其卦爲複合構成體，審察二體之象，複合以後所發生之新意義而定之。如：乾䷀、坤䷁、屯䷂、蒙䷃、需䷄、訟䷅、泰䷊、否

䷐、隨䷐、蠱䷑、坎䷜、離䷝、咸䷞、恒䷟、晉䷢、明夷䷣、家人䷤、睽
䷥、蹇䷦、解䷧、困䷮、井䷯、革䷰、鼎䷱、震䷲、艮䷳、漸䷴、歸妹䷵、
豐䷶、旅䷷、巽䷸、兌䷹等三十二卦是。

象辭大義：在即卦之情況，而斷定其歸趣，告人以吉凶趨避，其
用字頗爲統一，計有下列九種。

（1）元　　始也，大也，善之長也。

（2）亨　　通也，嘉之會也。

（3）利　　宜也，義之和也。

（4）貞　　正也，事之幹也。

（5）吉　　得之象。

（6）凶　　失之象。

（7）悔　　得之微。

（8）吝　　失之微。

按：《繫辭傳》曰："悔吝者，憂虞之象也。"

又曰："悔吝者，言乎其小疵也。"

又曰："憂悔吝者，存乎介。"（介，纖介也。謂小小疵病。）

（9）无咎　　無過。

《繫辭傳》曰："无咎者，善補過也。"

又曰："震无咎者，存乎悔。"（震，動也）

象辭判斷吉凶之標準，綜合象傳所述，可得通則數項如下：

（1）中，（2）正，（3）應，（4）交。

茲列舉《象傳》以證之。

乾："大哉乾乎！ 剛鍵中正，純粹精也。"（《文言傳》）

蒙："'匪我求童蒙，童蒙求我'，志應也。'初筮告'，以中也。"

需："需有孚，光亨貞吉。""位乎天，位以正中也。"

訟："'訟有孚窒，惕，中吉'。剛來而得中也。……'利見大
人'，尚中正也。"

師："剛中而應，行險而順，以此毒天下而民從之，吉，又何咎

矣。”

比：“‘原筮，元永貞无咎’。以剛中也。‘不寧方來’，上下應也。”

同人：“柔得位得中而應乎乾，曰同人……文明以健，中正而應，君子正也。”

大有：“柔得尊位，大中，而上下應之，曰‘大有’。其德剛健而文明，應乎天而時行，是以‘元亨’。”

謙：“‘謙亨’，天道下濟而光明，地道卑而上行。”

豫：“剛應而志行，順以動‘豫’。”

臨：“說而順，剛中而應，大亨以正，天之道也。”

觀：“大觀在上，順而巽，中正以觀天下。”

噬嗑：“柔得中而上行，雖不當位，‘利用獄’也。”

无妄：“動而健，剛中而應，大亨以正，天之命也。”

大畜：“‘利涉大川’，應乎天也。”

大過：“剛過而中，巽而說行，利有攸往，乃亨。”

坎：“‘維心亨’，乃以剛中也。”

離：“柔麗乎中正，故‘亨’。”

咸：“咸，感也。柔上而剛下，二氣感應以相與，止而說，男下女，是以‘亨利貞取女吉’也。”

恒：“巽而動，剛柔皆應，‘恒’。”

遯：“‘遯亨’，遯而亨也，剛當位而應，與時行也。”

家人：“‘家人’，女正位乎內，男正位乎外，男女正，天地之大義也。”

睽：“說而麗乎明，柔進而上行，得中而應乎剛，是以‘小事吉’。天地睽，而其事同也。男女睽，而其志通也。萬物睽，而其事類也。睽之時用大矣哉！”

蹇：“‘蹇利西南’，往得中也。”

解：“‘其來復吉’，乃得中也。”

益："'利有攸往',中正有慶。"

姤："剛遇中正,天下大行也。"

萃："順以説,剛中而應,故聚也。"

升："巽而順,剛中而應,是以大亨。"

困："'貞大人吉',以剛中也。"

井："'改邑不改井',乃以剛中也。"

革："革,水火相息,二女同居,其志不相得,曰革。"

鼎："柔進而上行,得中而應乎剛,是以'元亨'。"

艮："艮其止,止其所也;上下敵應,不相與也;是以'不獲其身,行其庭,不見其人无咎'也。"

按:艮之時,貴止;所謂"時止則止,時行則行,動静不失其時,其道光明",故以"上下敵應,不相與"爲善,此變例也。

漸："進得位,往有功也。……其位,剛得中也。"

歸妹："歸妹,天地之大義也;天地不交而萬物不興,歸妹,人之終始也。'征凶',位不當也。"

旅："柔得中乎外而順乎剛,止而麗乎明,是以'小亨旅貞吉'也。"

巽："剛巽乎中正而志行,柔皆順乎剛,是以'小亨,利有攸往,利見大人'。"

涣："剛來而不窮,柔得位乎外而上同。"

節："'節亨'剛柔分而剛得中,……説以行險,當位以節,中正以通。"

中孚："柔在内而剛得中,説而巽,孚乃化邦也。"

小過："柔得中,是以'小事吉'也。剛失位而不中,是以'不可大事'也。"

既濟："'利貞',剛柔正而位當也。'初吉',柔得中也。"

未濟："'未濟亨',柔得中也……雖不當位,剛柔應也。"

按:"中"、"正"、"應"、"交",雖爲判斷吉凶之標準,而此四者,又爲卦名與卦時所決定。蓋卦名與卦時，實象爻諸義之源泉也。

王弼《略例》云："故舉卦之名，義有主矣。觀其彖辭，則思過半矣。"（《明象》）

又云："夫時有否泰，故用有行藏。卦有小大，故辭有險易。一時之制，可反而用也。一時之吉，可反而凶也。……故名其卦，則吉凶從其類。存其時，則動静應其用。尋名，以觀其吉凶。舉時，以觀其動静。"（《明卦適變通爻》）

《易》以時爲貴，觀《易》者，不可滯於一途。《彖傳》、《文言》稱"時"、"時行"、"時用"、"時義"之例甚多。兹列舉於次：

豫："天地以順動，故日月不過而四時不忒；聖人以順動，則刑罰清而民服。豫之時義大矣哉！"

隨："'大亨貞无咎'，而天下隨時。隨之時義大矣哉！"

頤："天地養萬物，聖人養賢以及萬民；頤之時義大矣哉！"

大過："剛過而中，巽而説行，'利有攸往'，乃亨；大過之時大矣哉！"

遯："'遯亨'，遯而亨也。剛當位而應，與時行也。'小利貞'，浸而長也。遯之時義大矣哉！"

蹇："'蹇利西南'，往得中也。'不利東北'，其道窮也。'利見大人'，往有功也。'當位貞吉'，以正邦也。蹇之時用大矣哉！"

睽："天地睽，而其事同也；男女睽，而其志通也；萬物睽，而其事類也。睽之時用大矣哉！"

解："天地解而雷雨作，雷雨作而百果草木皆甲坼。解之時大矣哉！"

姤："天地相遇，品物咸章也。剛遇中正，天下大行也。姤之時義大矣哉！"

革："天地革而四時成，湯武革命，順乎天而應乎人。革之時義大矣哉！"

旅："旅之時義大矣哉！"

坎:"天險,不可升也。地險,山川丘陵也。王公設險以守其國。險之時用大矣哉!"以上十二卦(皆《彖傳》),贊"時義"者六,贊"時用"、"時"者各三,已可謂叮嚀反復,語重心長也矣! 此外言時處尚多,茲更撮舉如下:

乾:"大明終始,六位時成,時乘六龍,以御天。"

"終日乾乾,與時偕行。"

"亢龍有悔,與時偕極。"

坤:"坤道其順乎! 承天而時行。"

大有:"應乎天而時行。"

賁:"觀乎天文以察時變,觀乎人文以化成天下。"

遯:"剛當位而應,與時行也。"

損:"二簋應有時,損剛益柔有時,損益盈虛,與時偕行。"

益:"天施地生,其益无方,凡益之遭,與時偕行。"

艮:"艮止也。時止則止,時行則行,動靜不失其時,其道光明。"

豐:"日中則昃,月盈則食,天地盈虛,與時消息,而況于人乎? 況于鬼神乎?"

小過:"過以利貞,與時行也。"

蒙:"'蒙亨'以亨行時中也。"

隨:"大亨貞无咎,而天下隨時。"

升:"柔以時升,巽而順,剛中而應,是以大亨。"

以上言時者,凡十三卦。而觀、恒、節、革之言"四時不忒","四時變化","天地節而四時成","天地革而四時成"不與焉。

又《彖傳》有言"天地之心"者,一處:

復:"復其見天地之心乎?"

言"天地之情"者一處:

大壯:"正大而天地之情可見矣!"

言"天地萬物之情"者凡三處:

咸：“天地感而萬物化生，聖人感人心而天下和平，觀其所感，而天地萬物之情可見矣。”

恒：“天地之道，恒久而不已也。‘利有攸往’，終則有始也。日月得天而能久照，四時變而能久成，聖人久于其道而天下化成，觀其所恒，而天地萬物之情可見矣！”

萃：“‘王假有廟’，致孝享也。‘利見大人亨’，聚以正也。‘用大牲吉，利有攸往’，順天命也。觀其所聚，而天地萬物之情可見矣！”

言“天地之大義”者凡二處：

家人：“家人女正位乎內，男正位乎外；男女正，天地之大義也。”

歸妹：“歸妹，天地之大義也。天地不交而萬物不興。歸妹，人之終始也。”

言“天行”者凡三處，而《大象》“天行健”不與焉：

蠱：“先甲三日，後甲三日，終則有始，天行也。”

剝：“君子尚消息盈虛，天行也。”

復：“‘反復其道，七日來復’，天行也。”

言命者凡三處，而《乾》之“各正性命”，《說卦》之“窮理盡性以至于命”不與焉：

无妄：“大亨以正，天之命也。”

革：“湯武革命，順乎天而應乎人。”

言“天之道”者一處：

臨：“大亨以正，天之道也。”

言“其道窮也”凡四處：

比：“‘後夫凶’，其道窮也。”

蹇：“‘不利東北’，其道窮也。”

節：“‘苦節不可貞’，其道窮也。”

既濟：“終止則亂，其道窮也。”

按:《彖傳》發明《易》理,精奧切至,所宜深玩,茲就管見,略加申釋:"蓋天地之心",爲生生;"天地之情",爲正大;"天地萬物之情",爲"感應相與";"恒久不已",聚之之道爲精誠感格;"天之行",爲"消息盈虛,終則有始";"天之道"爲"大亨以正";"天地之大義",爲相交而正。至言"其道窮"者,則謂時當變通也。

(丙)爻 辭

一、彖象區別。

二、變通之義。

三、爻辭義例。

四、爻象所貴:(1)中正,(2)當位,(3)順承,(4)有與。

王弼《略例》下云:"凡彖者,統論一卦之體者也;象者,各辯一爻之義者也。"

按:象即爻辭。蓋彖者,統一卦而論之;象,則但論其卦中之某一爻也。

又《略例·明爻通變》云:"卦以存時,爻以示變。"

《易·繫辭傳》云:"剛柔者,立本者也;變通者,趣時者也。"

韓注:"立本況卦,趣時況爻。"

按:卦以表時世,其爲否爲泰,爲剛爲柔,已立爻辭之大本。爻則相其所處位之高下、順逆、遠近、內外,與其所具德之剛柔、淑慝,而爲變通,以各趣其時。

《易》言變通之義甚詳,茲列舉而申論之:《繫辭傳》曰:"化而裁之,謂之變。推而行之,謂之通。"

又曰:"闔戶謂之坤,闢戶謂之乾。一闔一闢謂之變,往來不窮謂之通。"

又曰:"易,窮則變,變則通,通則久。"

又曰:"變動以利言,吉凶以情遷。"

又曰:"日往則月來,月往則日來,日月相推,而明生焉。寒往則暑來,暑往則寒來,寒暑相推,而歲成焉。往者屈也,來者信(同伸)也;屈信相感,而利生焉。"

按:變由於窮,窮者,往之屈也;變則有通,通者,來之伸也。口有呼吸,斯氣不窮;孔有開閉,斯聲不窮;弦有張弛,斯用不窮;物有生死,斯化不窮;推之宇宙人生一切物事,未有不變而能常久者也。變也者,化而裁之之謂也;裁者,裁制,蓋化之將窮也,則須制而變之,使另轉一方向,而求其通。然此之變也,必須純任自然,毫無造作,然後推而行之,始通而得吉。否則私智穿鑿,變而不當,則反不通而凶也。故曰"變動以利言,吉凶以情遷"。革之《象傳》云:"革而當,其悔乃亡。"亦此意也。

變通之義既明,則變通為趨時之用,可不煩言而解。

韓非曰:"是以聖人不期修古,不法常可,論世之事,因為之備。"(《五蠹》)

又曰:"世異則事異……事異則備變。"(《五蠹》)

按:韓非之語,雖以明法,殊可假以說《易》。蓋"論世之事",乃知"世異則事異";"因為之備",是以"事異則備變"。世事何如?易以卦表之,所謂"剛柔者立本"。為備何如?《易》以爻表之,所謂"變通者趨時"。第爻之變通,又因位德而不同,所表示者,殊為複雜而詳密耳。

卦有六爻,其繫辭之義例如何?《易·繫辭傳》曰:"其初難知,其上易知,本末也。初辭擬之,卒成之終。若夫雜物撰德,辯是與非,則非其中爻不備。"

按:中爻謂二、三、四、五等四爻,對初與上而言,故曰中。王弼、韓康伯專就二、五兩中爻解說殊誤。蓋爻辭通例,初上兩爻,義舉始終,中間四爻,則辯其剛柔順逆,安危當否,所該甚多;故曰"雜物撰德,辯是與非,則非其中爻不備也"。王弼《略例·辯位》以"象無"初上得位失位之文"，因謂"初上者，是事之終始，無陰陽定位"，不爲無見。而謂事不可無終始，卦不可無六爻，初上雖無陰陽本位，是終始之地也。統而論之，爻之所處，則謂之位，卦以六位爲成，則不得不謂之"六位時成"，尤通論也。

《繫辭傳》曰："二與四同功而異位，其善不同，二多譽，四多懼，近也。柔之爲道，不利遠者，其要无咎，其用柔中也。"

"三與五同功而異位，三多凶，五多功，貴賤之等也。其柔危，其剛勝邪？"

按：二與四皆陰位，三與五皆陽位，故曰"同功"。二與三位在下，而四與五位在上，故曰"異位"。"二多譽"，"四多懼"，"三多凶"，"五多功"，六十四卦之通例也。蓋"二多譽"，在得中，"五多功"，在得中居貴；"三多凶"則在賤而不中，"四多懼"，則在不中而近；"柔之爲道不利遠者"，故四雖不中，得无咎也。辜較論之，三五之位，柔爻爲危，剛爻爲勝。

王弼《略例•明卦適變通爻》云：

> 夫卦者，時也；爻者，適時之變者也。夫時有否泰，故用有行藏；卦有小大，故辭有險易。一時之制，可反而用也，一時之吉，可反而凶也；故卦以反對，而爻亦皆變。是故用無常道，事無軌度，動静屈伸，唯變所適。故名其卦，則吉凶從其類；存其時，則動静應其用；尋名以觀其吉凶，舉時以觀其動静，則一體之變，由斯見矣。
>
> 夫應者，同志之象也。位者，爻所處之象也。承乘者，逆順之象也。遠近者，險易之象也。内外者，出處之象也。初上者，終始之象也。
>
> 是故遠而可以動者，得其應也。雖險而可以處者，得其時也。弱而不懼於敵者，得所據也。憂而不懼於亂者，得所附也。柔而不憂於斷者，得所御也。雖後而不敢爲之先者，應其始也。物競而獨安於静者，要其終也。

　　故觀變動者，存乎應。察安危者，存乎位。辯逆順者，存乎承乘。明出處者，存乎外內。遠近終始，各存其會。辟險尚遠，趣時貴近。比、復好先，乾、壯惡首。明夷務闇，豐尚光大。

　　吉凶有時，不可犯也；動靜有適，不可過也。犯時之忌，罪不在大；失其所適，過不在深。動天下，滅君主，而不可危也；侮妻子，用顏色，而不可易也。故當其列貴賤之時，其位不可犯也；遇其憂悔吝之時，其介不可慢也。觀爻思變，變斯盡矣。

　　按王弼此論，深得易理，故備載於此，學者宜刻心焉！

　　吾觀全《易》爻象通例，慮無不以中、正、當位、順承、有與爲貴。故此數事，雖謂爲《周易》繫辭之標準可也。學者持此以求，庶不致墮入五里霧中。茲條舉於次：

　　(1) 中正：“中正也。”（姤九五，井九五）“以中正也。”（需九五，訟九五，豫六二，晉六二）“中直也。”（同人九五，困九五）“位正中也。”（比九五，隨九五，巽九五）“居位中也。”（節九五）“正位也。”（渙九五）“以中節也。”“中未光也。”（夬九五）

　　按：直，亦正也。計中正變文有八，爲卦凡十有五，無一不吉者。（夬九五，雖云未光，亦得无咎）

　　(2) 中：“中以行正也。”（未濟九二）“中以行願也。”（泰六五）“中以爲志也。”（損九二）“中以自考也。”（復六五）“中以爲實也。”（鼎六五）“中不自亂也。”（履九二）“其位在中。”（歸妹六五）“其事在中。”（震六五）“文在中也。”（坤六五）“衍在中也。”（需九二）“牽復在中。”（《小畜》九二）“以中也。”（大壯九二）“以中行也。”（師六五）“以中道也。”（既濟六二）“得中道也。”（蠱九二，夬九二，離六二，解九二）“得中也。”（巽九二）“得尚於中行。”（泰九二）“中有慶也。”（《困》九二）“中心得也。”（謙六二）“中心願也。”（《中孚》九二）“中无尤也。”（大畜九二）“中未變也。”（萃六二）“能久中也。”（恒九

二)"未出中也。"(坎九二)"積中不敗也。"(大有九二)

綜計言中之變文二十有五,爲爻凡二十有八,無一凶者。至泰六四"中心願"猶内心願,復六四"中行獨復"謂六四在二三五上四陰中間,本偕四陰並行,而己獨復於初九;益六三六四言"中行"乃謂二五,非指本爻,皆非例也。

(3)當位:"位正當也。"(履九五,否九五,兑九五,中孚九五)"位當也。"(臨六四)"當位疑也。"(賁六四)"位不當也。"(否六三,履六三,豫六三,臨六三,噬嗑六三,睽六三,震六三,兑六三,中孚六三,未濟六三,晉九四,夬九四,萃九四,小過九四,大壯六五)"雖不當位。"(需上六,困九四)"未當也。"(解九四)"未得位也。"(旅九四)"久非其位。"(恒九四)

綜計當位異文有三,爲卦凡六。不當位異文有六,爲卦凡二十有一。考六十四卦初爻,無當位不當位之文,需上六稱"不當位",而其餘六十三卦上爻,亦無當位不當位之文,則王弼《略例》辯位"初上是事之終始無陰陽定位"之説,爲有據矣。

(4)順逆:"舍逆取順。"(比九五)

按此卦逆指上六,順謂初二三四四陰;卦以比爲名,義與他卦微别也。

"順以從上也。"(頤六五)"順以巽也。"(蒙六五,家人六二,漸六四)"順以聽也。"(需六四)"順以則也。"(明夷六二)"順在位也。"(家人六四)"順也。"(涣初六)"順不害也。"(咸六二)"上下順也。"(蒙上九,意謂:下六五順上也。)"上巽也。"(《萃》六三)"從上吉也。"(訟六三)"以從貴也。"(鼎初六)"與上興也。"(賁六二)"承上道也。"(節六四)"承以德也。"(蠱六五)"志上行也。"(晉六二)"自上祐也。"(損六五)"上合志也。"(《小畜》六四,《升》初六)"志舍下也。"(隨六三)"絶類上也。"(《中孚》六四)"尚賓也。"(觀六四)"順相保也。"(漸九三)"行不順也。"(《蒙》六三)"乘剛也。"(屯六二,豫六五,噬嗑六二,困六三,震六二)

綜計順之變文二十有四,爲爻凡二十有七,皆柔承剛。逆之變文二,爲卦凡六,皆柔乘剛。

(5)有與:"有與也。"(困九四)"遇剛也。"(睽六三)"志在下也。"(困九四)"失上下也。"(剝六三)"志在外也。"(泰初九,渙六三)"无與也。"(井九二)"未有與也。"(剝六二)"敵剛也。"(同人九三)

綜計有與之變文五,爲卦凡六,皆剛柔應。無與之變文三,爲卦亦三,皆剛柔不應。

(6)比應無剛:"獨遠實也。"(蒙六四)

按:剛爲實,蒙卦四陰爻,惟六四比應無剛,故云"獨遠實也"。

第三節　《周易》之占用九六

一、用蓍本義:(1)作蓍在以"幽贊神明",(2)用蓍在以得數,(3)解"參天兩地而倚數",(4)解"觀變于陰陽而立卦"。

二,筮法:(1)"大衍之數五十"下脫五字,(2)"其用四十有九"謂佈筴祇用此數,(3)解分二,(4)解挂一,(5)解揲四,(6)解歸奇,(7)解再扐,(8)解四營十八變,(9)解二篇之策,(10)解小成、引申、觸類,(11)解"顯道神德行"。

三、用九用六:(1)名九名六取三變之本數,(2)解"老陽老陰皆變",(3)解《周易》以變爲占"。

四、占辭。占筮之時,衍蓍得卦,變化無方,須由筮者根據舊辭義例,而辯其卦象動靜,時位得失,剛柔順逆,斟酌擬議,另定新辭。

《周易》占用九六,與前世筮書之用七八者不同,說已見前,茲更細加分疏。

一、用著本義

《易・説卦》曰："昔者聖人之作《易》也，幽贊于神明而生著，參天兩地而倚數，觀變于陰陽而立卦，發揮于剛柔而生爻，和順于道德而理于義。窮理盡性以至于命。"

《易・繫辭傳》曰："生生之謂易，成易之謂乾，效法之謂坤，極數知來之謂占，通變之謂事，陰陽不測之謂神。"

又曰："……參伍以變，錯綜其數，通其變遂成天下之文，極其數遂定天下之象，非天下之至變，其孰能與于此！"

又曰："是故著之德圓而神，……神以知來。"

又曰："是以明于天之道，而察于民之故，是興神物以前民用，聖人以此齋戒以神明其德夫！"

又曰："探賾索隱，鈎深致遠，以定天下之吉凶，成天下之亹亹者，莫大乎著龜。是故天生神物，聖人則之；天地變化，聖人效之。"

蓋《易》之名，有取於"生生"，"生生"者，變易之謂也。所謂天地變化，聖人效之。變易之法象爲乾、坤。全部《周易》，皆乾、坤之交錯變易也。故稱乾、坤爲"易之緼"、"易之門"（説詳第五章第一節）。然"卦之德方以知"，"知以藏往"，而短於知來，聖人爲彌此缺憾，因創用著之法。用著之意，即所謂"幽贊神明"也。"幽"者，隱暗；"贊"者，佐助；"神"者，"陰陽不測"；"明"以言其前知也，以今語釋之，"幽贊神明"即隱助不可測度之陰陽具體的出現，以成《易》成爻成卦也。所謂"圓而神"者，此也；所謂"興神物"者，此也；所謂"生神物"者，亦此也。後人誤解神字，遂多怪誕之説，抑知"怪力亂神"，固夫子所不語也。

乾初九，孔《疏》引先儒説云：

"後代聖人以《易》占事之時，先用著以求數，得數以定爻，累爻而成卦，因卦以生辭。"

故蓍之用也,在以得數,其本身固與子路所謂"蒮葦藁芼"不殊。筮之用蓍,取其名爲蓍,與卜之用龜,取其名爲舊,意正等耳,奚靈怪之足云? 故曰:"參天兩地而倚數。""極數知來之謂占。""參伍以變,錯綜其數。"

"通其變遂成天下之文,極其數遂定天下之象。"

"參天兩地而倚數"一語,自來解者皆誤,兹更疏通證明之。蓋天地者,即《繫辭傳》所謂:

"天一,地二。天三,地四。天五,地六。天七,地八。天九,地十。"

即於基數中十個數字,區別其奇偶,而命之爲天地也。"參天兩地"者,即《繫辭傳》所謂:"天數五,地數五,五位相得而各有合。天數二十有五,地數三十,凡天地之數,五十有五,所以成變化而行鬼神也。"

"天數五",一三五七九,奇數凡五也。"地數五",二四六八十,偶數亦五也。"五位相得",即天一與地二,天三與地四,天五與地六,天七與地八,天九與地十,形成五個對立的統一體。"而各有合",則五奇數相加之和,爲二十有五,即所謂天數也。五偶數相加之和,爲三十,即所謂地數也。"凡天地之數五十有五,所以成變化而行鬼神",亦即"參天兩地而倚數也"。"參兩"與"參伍"語意略同,意猶參錯、參雜。後儒以實數釋之,目爲三二、三五,徒滋巧説,而反扞格不通。故參天兩地者,即五天數與五地數相與參雜,而成五十有五,爲大衍之數也(説詳下筮法)。占者即立此蓍數,而求數定爻定卦。故一則曰"而倚數",再則曰"所以成變化而行鬼神也"。

"參天兩地而倚數"之義,已如上述。"觀變于陰陽而立卦"者,即揲蓍得數,視其陰陽老少,依次定爻,而成所占之卦也。"發揮于剛柔而生爻"者,即推論一卦,欲詳其剛柔順逆之奧,因乃辨之于爻也。"和順于道德而理于義,窮理盡性以至于命"者,即于卦爻繫辭,存此精義,以戒占者之用也。"參伍以變",是卦之事。"錯綜其數"，是蓍之事。"通其變遂成天下之文"，是繫辭之旨。"極其數，遂定天下之象"，是用蓍之旨。前者"知以藏往"，後者"神以知來"。有卦與蓍，自足以"盡天下之至變"而"彌綸天地之道"矣。故曰："探賾索隱，鈎深致遠，以定天下之吉凶，成天下之亹亹者，莫大乎蓍龜。"龜字無義，連類而及之，祇以足文耳。

二、筮法

《繫辭傳》曰："大衍之數五十，其用四十有九。分而爲二，以象兩。挂一，以象三。揲之以四，以象四時。歸奇于扐，以象閏。五歲再閏，故再扐而後挂。"

"天數五，地數五，五位相得，而各有合，天數二十有五，地數三十，凡天地之數，五十有五，此所以成變化而行鬼神也。"

"乾之策二百一十有六，坤之策百四十有四，凡三百有六十，當期之日，二篇之策，萬有一千五百二十，當萬物之數也。"

"是故四營而成易，十有八變而成卦，八卦而小成，引而伸之，觸類而長之，天下之能事畢矣。"

按："大衍之數五十"有脫文，當作"大衍之數五十有五"，脫"有五"二字。大衍之數，即下文"成變化而行鬼神"之"天地之數"。"衍"者，推演。"大衍"者，言其含蓋一切，示與基數之十個數字有別，蓋數之奇偶，分天分地，猶卦之兩儀，有--有一。衍成基數，猶《乾》《坤》等之八卦，祇屬小成，而不足以應用者也。迨"參天兩地"而成"五十有五"，則可應用之以"求數"，"定爻"，"成卦"乃"成變化而行鬼神"，因以大衍名之。不然，則此處"五十"爲無據，而下文"五十有五"爲剩語，"絜靜精微"（《禮記・經解》）之教，斷無此種文例也。

"其用四十有九"，謂筮占之策，祇用五十有五中之四十有九也。"五十有五"不全用者，何也？曰全用則不能分二，挂一，揲四，歸奇而得數也。凡此皆聖人之巧思,取天地之數而象兩,象三,象四,象閏等等,法象恢宏,所以鄭重其事;亦猶筮之用蓍,卜之用龜,祇以取其耆舊而問之,初無別意也。借曰不然,今日之擲錢,亦可以得卦,奚以蓍爲? 故蓍之策,卦之畫,亦猶今日數學公式之用 a、b、c、d、x、y、z 然,學者不務求其變化精蘊,顧窮究此種代字之根源,驚爲靈怪,亦可謂大惑也矣! 兹附録先儒之説於後,識者辨之:

(1)京房説。"五十者,謂十日,十二辰,二十八宿也,凡五十。其一不用者,天之生氣,將欲以虛來實,故用四十九焉"(孔《疏》引)。

(2)馬融説。"《易》有太極,謂北辰也。太極生兩儀,兩儀生日月,日月生四時,四時生五行,五行生十二月,十二月生二十四氣。北辰位居不動,其餘四十九轉運而用也"(同上)。

(3)荀爽説。卦各有六爻,六八四十八,加乾、坤二用,凡有五十,乾初九,"潛龍勿用",故用四十九也。(同上)

(4)鄭玄説。"天地之數,五十有五,以五行氣通,凡五行減五,大衍又減一,故四十九也"(同上)。

(5)姚信董遇説。"天地之數五十有五者,其六以象六畫之數,故減之而用四十九"(同上)。

(6)王弼説。"演天地之數,所賴者五十也,其用四十有九,則其一不用也,不用而用以之通,非數而數以之成,斯《易》之太極也。……夫無不可以無明,必因於有,故常於有物之極,而必明其所由之宗也"(《韓注》引)。

(7)朱熹説。"大衍之數五十,蓋以河圖中宮天五乘地十而得之,至用以筮,則又止用四十有九,蓋皆出於理勢之自然,而非人之知力所能損益也"(《本義》)。

(8)姚配中説。"大,大數也;天地之數五十五,減其小數五,以象五行,用其大數五十以演卦,故曰'大演之數五十'。五十者,參天兩地,減五亦參天兩地,減一,象太樞也。《洪範》'一五行',五行

俱生於一,合之則五,故減五以象五行。五者,五行之生數。中央
數也;五行成數,皆以五合生數,則成數之中,俱各有五"(《周易姚
氏學》)。

按以上諸説,或牽附《圖》、《書》(朱熹、姚配中),或雜以《老》、
《莊》(王弼),或憑臆穿鑿(京房、馬融、荀爽),皆毫無根據;較爲傑
出者,乃在姚信、董遇二人,然謂六爲象六畫,亦無當於易理也。蓋
全《易》不言五行,亦猶《洪範》不言八卦。所謂"太極生兩儀",兩儀
即一太極;"分而爲二以象兩",當其未分之時,亦象太極,非於兩儀
之外,別有所謂太極,一如《老子》所謂"有物混成,先天地生,寂兮
寥兮,獨立而不改,周行而不殆,可以爲天下母,吾不知其名,字之
曰道"者也。姚配中"參天兩地",與吾説似同而實異,檢其釋《説
卦》可知。

"分而爲二以象兩"者,即將所用的四十九策,信手分爲二部,
以象天地,在左者象天,在右者象地。

"挂一以象三"者,即將左手分得之策,抽取其一,挂之右手,以
象天地人三才。天"資始"而地"資生",人有"裁成輔相"、"參贊化
育"之功,故與天地,並稱三才。

"揲之以四以象四時"者,即將左右分得之策,各四四數之,等
於各以四除,以象一歲分爲春夏秋冬四時也。

"歸奇于扐以象閏"者,"奇"者,畸零也,謂揲四之餘數也。此
餘數多寡,雖難預定,然可斷知其僅限於幾種情形。蓋全策四十有
九,去挂一則爲四十八,此四十八分左右,如左策揲四之餘爲一,則
在右者,定餘三;反之左策揲四之餘爲三,則在右者定餘一;同理則
左餘二,右亦餘二,左餘四,右亦餘四,理甚簡單,粗具數學知識,即
能計算也。"扐"者,指間(從馬融説。虞翻謂奇爲所挂之策,扐爲
所揲之餘。丁壽昌《讀易會通》且以古扐仍肜泐勒古音近通用證
之;核以經文,知爲非是,故不從)。"歸奇于扐"者,即將揲四之餘,
歸勒於指間(自來解爲左手,挂一之策亦謂此時並懸於左手小指

間,左右揲四之餘,則分勒左手中三指之兩間。經無明文,姑仍之)。"以象閏"者,象四時之餘日也。曆法積餘成閏。

"五歲再閏故再扐而後挂"者,下文"四營而成易,十有八變而成卦","四營"者,"分二"、"挂一"、"揲四"、"歸奇",綜計四度經營也。"十有八變而成卦",蓋一卦六爻。則三變而成一爻,亦即三易而成一爻。每一變四營,計挂一次,扐二次。(左揲四之餘扐一次,右揲四之餘扐一次)一變,象五歲,再扐象再閏。朱熹曰:"一挂、再揲、再扐,而當五歲。蓋一挂,再揲,當其不閏之年;而再扐當其再閏之年也。""而後挂"者,一變(易)已成,又合揲過之策,四度經營而成二變也,言挂者,省詞。五歲再閏,古之曆法然也。"四營而成易",說已詳前。"十有八變而成卦",則三變而成一爻(亦略見前),此三變中之第一變,照前推算,其挂扐策數總合,不五則九。(一扐一,一扐三,或再扐俱二,加挂一皆五。再扐俱四,加挂一為九)其第二、第三兩變,挂扐總合,不四則八。何則? 未成一爻,則仍用第一變時揲過之策,即挂扐除外之策,左右合之,依舊四營以成二變;三變則遞用二變揲過之策;如此依數學計之,則二變未經分二象兩之時,其總策數不四十,則四十有四(一變挂而為九,則四十矣。為五,則四十有四矣)。如為四十,分成二部,挂一後,而以四揲之,左策餘一,則右策定餘二;左策餘三,則右策定餘四。反之,左策餘二,右策定餘一;左策餘四,右策定餘三。故云挂扐總合,不四則八。三變用二變揲過之策,則其筴之總數為四十,或三十六,或三十二;依前法計之,而知其挂扐總合不四則八。如三變皆多,即一變時挂扐總合為九,二變、三變挂扐總合皆為八,則為老陰。三變皆少,即一變時挂扐總合為五,二變、三變皆為四,則為老陽。同理,二少一多為少陰,二多一少為少陽,少陽或少陰,則得爻為━或━━。老陽或老陰,或得━、━━之變爻。"累爻成卦",一卦六爻,則"十有八變"矣。

"《乾》之策(同筴,著之單位曰策)二百一十有六。《坤》之策,百四十有四,凡三百六十,當期之日"者,何謂也?曰:《乾》之六爻,皆爲老陽,其每爻三變,挂扐總和爲一十有三,揲過之策爲三十有六,六爻則揲過之策,共爲二百一十有六矣。《坤》之策百四十有四,理亦猶是。《乾》、《坤》策數之合,爲三百有六十。"當期之日"即略當同一歲之日數也。

"二篇之策,萬有一千五百二十,當萬物之數",即謂:上下經六十四卦,凡陽爻百九十有二,每爻策數三十六,計共得六千九百一十二;陰爻百九十有二,每爻策數二十四,計共得四千六百零八,合之則得萬有一千五百二十,"以當萬物之數"焉。

"八卦而小成,引而伸之,觸類而長之,天下之能事畢矣"者,何謂也?曰"八卦而小成",蓋謂:八卦,止以表八種單一物事之性態,而無變化,尚不足以應用。"引而伸之",則成六十四卦,即所謂"因而重之,爻在其中矣"。"觸類而長之"則謂卦不足用,而復濟之以蓍。蓍之應用,與卦之應用,理實相類,有蓍則六十四卦之變化,又增長矣,故曰"觸類而長之"。"天下之能事畢矣",意謂:有卦與蓍,凡天下所能之事,法象皆盡也。"顯道神德行,是故可與酬酢,可與祐神"者,何謂也?曰:"顯道"謂卦,可用以顯示已往之道理;"神德行"謂蓍,可用以伸出未來之德行(神者伸也)。禮:主人酌酒進賓曰"獻",賓酌酒答主人曰"酢",主人先酌酒自飲,然後又酌酒飲賓曰"酬",酬酢意猶應對。"可與酬酢"者,言卦之用,即所謂"八卦以象告,爻象以情言"也。"可與祐神"者,言蓍之用。"祐"之意猶助,即所謂"贊于神明"也。(解見本節一)

三、用九用六

《乾》初九孔《疏》引第二說云(第一說非是,故不取):

"老陽數九,老陰數六,老陽老陰皆變。《周易》以變者爲占,故杜元凱(預)注襄九年《左傳》'遇艮之八'及鄭康成注《易》皆稱'《周易》以變者爲占，故稱九、稱六。所以老陽數九、老陰數六者，以揲蓍之數，九遇揲則得老陽，六遇揲則得老陰。其少陽稱七，少陽稱八'，義亦準此。"

按孔《疏》後段未晰，茲更加以申明。蓋衍策以定爻，而每爻成於三變，三變中每變掛扐總合之數，如皆少，則爲老陽（說已見前），老陽掛扐之數，合計之爲十三（一變掛扐五，二三變，掛扐皆四），則其餘策，定爲四十九減十三之數，即三十六。此三十六，以四揲之（即除以四）得九，故云"老陽數九"也。同理老陰掛扐之數爲三多，合計之爲二十五（一變，掛扐九。二三變，掛扐皆八），則其餘第二十四，以四揲之，得六，故云"老陰數六"也。所以取揲過策數而爲應者，則姚配中所謂"其揲之以四者，本數也。所餘者，餘數也"。其說甚是。名九名六者，蓋取三變之本數也。

何謂"老陽老陰皆變"？蓋三變定爻，兩多一少，則爲少陽，可以單一記之，而取其本數名之爲七；兩少一多，則爲少陰，可以拆一記之，而取其本數名爲八；而老陽三少老陰三多，不可更以單拆記之，故謂之爲變也。

"《周易》以變爲占"與"蓍之德圓而神"、"神以知來"之旨合，而有契於宇宙人生自然之理，洵爲最進步之法象也。

四、占　辭

《易》之卦爻繫辭，其用僅以藏往，而不盡適於占筮；占筮之時，衍蓍得卦，變化無方，須待筮者，根據舊辭義例，而辨其卦象動靜，時位得失，剛柔順逆，斟酌擬議，另定新辭。昧者不察，輒謂《易》書象象，亦已該括無遺，可以應用一切，殊大誤也，茲略引《左傳》古占法以證之。

莊二十二年："陳厲公，蔡出也，故蔡人殺五父而立之。生敬仲，其少也，周史有以《周易》見陳侯者，陳侯使筮之，遇觀䷓之否

☰，曰：是謂‘觀國之光，利用賓於王’。此其代陳有國乎？不在此，其在異國，非此其身，在其子孫。光，遠而自他有耀者也。坤，土也；巽，風也；乾，天也。風爲天於土上，山也。有山之材，而照之以天光，於是乎居土上，故曰：‘觀國之光，利用賓之於王。’庭賓旅百，奉之以玉帛，天地之美具焉，故曰：‘其在後乎？’風行而著於土，故曰：‘其在異國乎？’若在異國，必姜姓也。姜，大嶽之後也，山嶽則配天，物莫能兩大，陳衰此其昌乎？”

僖十五年：“初，晉獻公筮嫁伯姬於秦，遇歸妹☲☱之睽☲☱。史蘇占之曰：‘不吉。’其繇曰：‘士刲羊，亦無衁也；女承筐，亦無貺也；西鄰責言，不可償也；歸妹之睽，猶無相也。震之離，亦離之震，爲雷爲火，爲嬴敗姬；車脫其輹，火焚其旗，不利行師，敗於宗丘。歸妹睽孤，寇張之弧，姪從其姑，六年其逋，逃歸其國，而棄其家，明年其死於高梁之虛。’”

僖十五年：“晉饑，秦輸之粟，秦饑，晉閉之糴，故秦伯伐晉。卜徒父筮之吉。涉河，侯軍敗，詰之。對曰：‘乃大吉也。三敗，必獲晉君。其卦遇蠱☴☶，曰，千乘三去，三去之餘，獲其雄狐。夫狐蠱，必其君也。蠱之貞，風也；其悔，山也；歲云秋矣，我落其實，而取其材，所以克也。實落材亡，不敗何待？’三敗及韓。”

成十六年：“公（晉厲公）筮之，史曰：‘吉！其卦遇復☷☳曰：南國蹙，射其元王，中厥目。國蹙王傷，不敗何待？’”

襄二十五年：“……武子（崔杼）筮之，遇困☵☱之大過☴☱，史皆曰‘吉’。示陳文子，文子曰，夫從風，風隕妻，不可娶也。且其繇曰，‘困于石，據于蒺藜，入于其宮，不見其妻，凶’，‘困于石’，往不濟也；‘據于蒺藜’，所恃傷也；‘入于其宮，不見其妻，凶’，無所歸也。”

昭五年：“初，穆子之生也，莊叔以《周易》筮之，遇明夷☷☲之謙☷☶，以示卜楚丘。曰，是將行而歸爲子祀，以讒人入，其名曰牛，卒以餒死。明夷，日也。日之數十，故有十時，亦當十位，自王以下，其二爲公，其三爲卿。日上其中，日食爲二，旦日爲三。明夷之謙，明而未融，其當旦乎？故曰，爲子祀。日之謙當鳥，故曰'明夷于飛'。明夷之未融，故曰'垂其翼'。象日之動，故曰'君子于行'。當三在旦，故曰'三日不食'。離，火也。艮，山也。離爲火，火焚山，山敗，於人爲言，敗言爲讒，故曰：'有攸往，主人有言。'言必讒也。純離爲牛，世亂讒勝，勝將適離，故曰其名爲牛。謙不足，飛不翔，垂不峻，翼不廣，故曰其爲子後乎？吾子亞卿也，抑少不終。"

按：《左氏》所載，應定爲古占法，雖其人賢否不齊，未必皆屬聖人之徒；其解説亦未免任意穿鑿，不與《十翼》義例相類；然而占變之辭，多由自擬，不盡援用《易》經舊文，則斷可知矣。

第六章　論象數義理

一、《易》兼象數義理。

二、象寓於卦而數生於蓍。

三、象數備而《易》之體用該，不得歧象數而言義理。

《易》兼象數義理，自來學者，見多偏至。

《四庫全書總目提要·經部·易類》云：“《左傳》所記諸占，蓋猶大卜之遺法，漢儒言象數，去古未遠也。一變而爲京、焦，入於禨祥；再變而爲陳、邵，務窮造化，《易》遂不切於民用。王弼盡黜象數，說以老、莊。一變而胡瑗、程子，始闡明儒理。再變而李光、楊萬里，又參證史事，《易》遂日啓其論端，此兩派六宗已互相攻駁……”

觀《提要》所志，及先儒書說，象數義理，儼成攻駁對峙之局。余則謂是皆由於未明象數義理之真義，而妄興雀角鼠牙之獄者也。

按：象寓於卦，而數生於蓍。天、地、水、火，卦之象也；七、八、九、六，蓍之數也。卦象無窮，一篇《說卦》未能盡。蓍數難定，六爻剛柔不可知。“卦之德方以知”，“知以藏往”；“藏往”者，以天地爲量，《說卦》枚舉豈能盡。“蓍之德圓而神”，“神以知來”，“知來”者，妙造化爲言，剛柔未揲孰預知；乃言象者，局於《說卦》，是不明象也；言數者，牽於圖、書，是不知數也。卦以寫象，而象由分別乃顯；天地對舉則天爲陽，止指天，則不可以云陽也。肢體並稱，則乾象首，止指首，則不可知爲乾也。推之：以言動物，則“乾爲馬，坤爲牛”；以言室家，則“乾爲父，坤爲母”；以言邦國，則“乾爲君”，“坤爲

臣”，皆由分別而顯。是故其有説者，可以説明；其無説者，可以例
起。善乎王弼之言也！“爻苟合順，何必坤乃爲牛；義苟應健，何必
乾乃爲馬？而或者定馬於乾，案文責卦，有馬無乾，則僞説滋漫，難
可紀矣。互體不足，遂及卦變，變又不足，推致五行，一失其原，巧
喻彌甚，縱復或值，而義無所取”，非深於《易》者，不能知也。蓋《説
卦》舉其一隅，而三隅可反。不然，天地之大，品類之蕃，物情之變，
而欲一一枚舉，以一篇盡之，豈可得乎？《説卦》之辭，朱熹已云：
“其間多不可曉，求之於經，亦不盡合。”惜乎！不及悟此，猶疑“王
弼、伊川之説有未盡”，而謂“《易》之取象，必已具於大卜之官，今不
可復考”也。

　　夫象含於卦，而卦者，《易》之體也；數生於蓍，而蓍者，《易》之
用也，故象數備，而《易》之體用該矣，焉有歧象數而言理，尚得謂之
《易》乎？然吾所謂象，隨時之象，因物而異，因事而異，不以《説卦》
爲限，非苟爽虞翻之象也。吾所謂數，揲蓍之數，分二挂扐，祇以定
爻，實與《圖》、《書》無涉，非陳搏、邵雍之數也。世有識者，其以吾
説爲然乎？否乎？

第七章　筮儀考

一、士冠筮日。
二、士喪筮宅兆。
三、特牲饋食筮日。
四、少牢饋食筮祭日。
五、要例。

朱熹《本義·筮儀》，杜撰成篇，未爲典則。先秦問蓍儀節應以《儀禮》爲據。兹撮録數條，以備參考。

一、《士冠禮》筮日

"士冠禮，筮于廟門。（鄭注："廟謂禰廟。"《公羊》何注："生稱父，死稱考，入廟稱禰。"庿，古廟字。"廟門"，廟門外）主人玄冠，朝服，緇帶，素韠，即位於門東，西面。（門外東方，面向西。下仿此。冠帶，禮服）有司如主人服，即位於西方，東面北上。（注："有司"，主人之吏。"西方"、"北上"者，有司多人，以立位在北者爲上也）筮與席、所卦者具饌於西塾。（注："筮"，謂蓍也。"所卦者"，所以畫地記爻。"具"，俱也。"饌"，陳也。"西塾"，門外西堂也。"所卦者"，兼有木、方二物。木，以畫地記爻；方，以寫所得之卦；"席"，蒲席；方，版也，猶今之用紙）布席於門中，闑西，閾外，西面。（"布席"，將坐以筮也。"闑"，門中央所竪短木也。"閾"，門限）筮人執筴，抽上韇，兼執之；進，受命於主人。（注："筮人"有司主三易者。

“櫝”，藏筴之器。“兼”，并也。“進”，前也，自西方而前。櫝有上下；下櫝向上承之，上櫝向下冒之，筴在櫝中。執筴即執櫝。抽上櫝見蓍，示有事也。櫝猶盒，從革，當以皮爲之）宰，自右少退，贊命。（注：“宰”，有司主政教者。“贊命”，佐主人告所以筮也。宰本在西方，今來至東方，由主人之右贊命也）筮人許諾，右還，即席坐，西面。卦者在左。（注：“東面受命，右還，北行。就席。‘卦者’有司主畫地識爻者。”卦者，亦坐）卒筮，書卦，執以示主人。（注：“‘書卦’者，筮人以方寫所得之卦。”卦者，寫卦。筮人，示卦。“卒”畢也）主人受眡，反之。（以卦還與筮人，令占吉凶。“眡”古文視字）筮人還東面旅占。卒，進告吉。（注：“‘旅’，衆也。”告吉於主人也）若不吉則筮遠日，如初儀。（注：“‘遠日’，旬之外。”“初儀”自即席坐西面以下，至告吉）徹筮席。（注：“‘徹’，去也。”“徹”今俗作撤）宗人告事畢。（注：“宗人，有司主禮者。”）

二、《士喪禮》筮宅兆

筮宅冢人營之。（注：“‘宅’，葬居也。‘冢人’有司掌墓地兆域者。‘營’猶度也。”）掘四隅，外其壤。掘中，南其壤（注：“爲葬將北首也”）。即朝哭，主人皆往兆南，北面。免絰。（注：“‘兆’，域也，所營之處；‘免絰’者，求吉，不敢純凶。”“免絰”，免，去也，去其首絰腰絰）命筮者，在主人之右。（“命筮”者，宰也。在主人右，亦北面）筮者東面，抽上櫝，兼執之，南面受命。（“東面”有司位。“南面受命”向主人）命曰：‘哀子某，爲其父某甫筮宅，度兹幽宅兆基，無有後艱。’（注：“言爲其父筮葬居，今謀此以爲幽冥居兆域之始，得無後將有艱難乎；艱難，謂有非常，若崩壞也。‘某’主人名。‘某甫’死者之字。”）筮人許諾。不述命，右還，北面，指中封而筮。卦者在左。（注：“‘述’，循也；既受命，而申言之，曰述。‘不述’者，士禮略。‘中封’中央壤土也。”士坐筮）卒筮，執卦以示命筮者。命筮者受，視，反之。東面旅占。卒，進，告於命筮者，與主人，占之曰從。（注："'從'猶吉也。"）主人經，哭，不踴。若不從，筮擇如初儀。（注："更擇地而筮之。""經"復著經。"踴"，跳也）歸，殯前北面，哭，不踴。

三、《特牲饋食禮》筮日（鄭《目録》云特牲饋食之禮，謂諸侯之士以歲時祭其祖禰之廟之禮。）

特牲饋食之禮不諏曰：（注："祭祀自孰始，曰'饋食'。'饋食'者，食道也。諏，謀也。士賤職褻，時至事暇，可以祭，則筮其日矣；不如少牢大夫，先與有司，於廟門諏丁巳之日。"）"特牲"一豕。及筮日：主人冠玄端，即位於門外，西面。子姓兄弟，如主人之服，立於主人之南，西面北上。（注："所祭者之子孫。言'子姓'者，子之所生。小宗祭，而兄弟皆來與焉；宗子祭，則族人皆侍。"）有司，群執事，如兄弟服，東面北上。席於門中，闃西，閾外。筮人取筮於西塾，執之，東面受命於主人，宰自主人之左贊命。命曰："孝孫某，筮來日某，諏此某事，適其皇祖某子，尚饗。"（注："士祭曰'歲事'，此言某事，又不言妃者，容大祥之後，禫月之吉祭。'皇'，君也，言君祖者，尊之也。'某子'者，祖字也，伯子仲子也。"大祥三年喪之二十五月祭名。禫則二十七月除服之祭名）筮者許諾，還，即席西面而坐。卦者在左。卒筮，寫卦；筮者執以示主人。（注："士之筮者坐，著短由便。"《大戴記》天子著長九尺，諸侯七尺，大夫五尺，士三尺）主人受，視，反之。筮者，還，東面，長占卒，告於主人，占曰吉。（注："'長占'以其年之長幼，旅占之。"）若不吉，則筮遠日如初儀。（注："'遠日'，旬之外日。"）宗人告事畢。

四、《少牢饋食禮》筮祭日（鄭《目録》云："諸侯之卿大夫，祭其祖禰之廟之禮。羊豕，曰少牢。"）

少牢饋食之禮：日用丁巳。（注："'内事用柔日'。必'丁巳'

者，取其令名，自丁寧，自變改爲謹敬。必先諏此日，明日乃筮。”
“内事用柔日”，《曲禮》文。内事，指宗廟之祭。“剛日”，甲、丙、戊、
庚、壬五奇。“柔日”，乙、丁、己、辛、癸，五偶）筮旬有一日：（注：
“‘旬’十日也。以先月下旬之巳，筮來月上旬之巳。”）祭前十日，爲
散齋致齋之期。致齋於内，散齋於外。齋之日，思其居處，思其笑
語，思其志意，思其所樂，思其所嗜。齋三日，乃見其所爲齋者（《禮
記‧祭義》文）。筮於廟門之外。主人朝服，西面於門東。史朝服，
左執筮，右抽上韇，兼與筮執之，東面，受命於主人。（注：“‘史’家
臣主筮事者。”）主人曰：“孝孫某，來日丁亥，用薦歲事於皇祖伯某，
以某妃配某氏，尚饗。”（注：“丁未必亥也；直舉一日，以言之耳。
‘薦’進也，進歲時之祭事也。‘伯某’，且字也；大夫或因字爲氏，
《春秋傳》曰：魯無駭卒，請謚與族，公命之以字爲展氏”，是也。其
仲叔季，亦曰仲某，叔某，季某。‘某妃’，某妻也。合食曰‘配’，‘某
氏’若言‘姜氏’‘子氏’也。”某妃配於某氏之上。別其爲元妃繼妃
也）史曰，‘諾’。西面於門西，韇上鞍，左執筮，右兼執韇以擊筮。
（注：“將問吉凶焉。故擊之以動其神。”）遂述命，曰：‘假爾大筮有
常，孝孫某，來日丁亥，用薦歲事於皇祖伯某，以某妃配某氏，尚
饗。’乃釋韇，立筮。（注：“‘卿大夫蓍五尺’，立筮由便。”）卦者在
左，卦以木。卒筮，乃書卦於木，以示主人，乃退占。（注：“‘卦者’，
史之屬也。‘卦以木’者，每一爻畫地以識之。六爻備書於版，史受
以示主人。‘退占’東面旅占之。”）吉，則史韇筮，史兼執筮與卦，以
告於主人，占曰‘從’，（“韇筮”謂藏筮於韇也。）乃官戒：宗人命滌，
宰命爲酒，乃退。（注：“‘官戒’戒諸官也；當其祭祀事者，使之具其
物，且齋也。‘滌’，溉濯祭器，掃除宗廟。”）若不吉，則及遠日，又筮
日如初。（注：“‘遠日’，後丁若後巳。”）

　　按：經文簡古，卒難通曉，因雜引注疏間附己見以釋之，力求簡
明，注外各家姓字，一概從略。

　　尋繹前記，可得要例數則：

（1）蓍之長短，以尊卑爲等差：天子九尺，諸侯七尺，大夫五尺，士三尺。

（2）蓍平時有櫝盛之。櫝有蓋，有底，當屬皮制，圓柱形。

（3）士蓍短，坐筮。大夫以上則立筮。

（4）筮者須著禮服，有卦者爲助手。

（5）筮時畫爻以木，書卦於版。

（6）“喪”筮宅兆於兆南。“冠”、“祭”則於廟門外。

（7）筮時，筮人先受命於主人，主人或主人之宰贊命有命辭。筮人有時亦有述命辭。

（8）得卦須先示主人，然後旅占告從。

又按：古人問蓍，大率表示慎重，未必純出迷信，今則此儀久廢，以作歷史觀之可也。

第八章 《周易》與孔子

第一節 論孔子思想

一、孔子爲中國唯一哲人。

二、孔子思想，解者各異。

三、研究孔子，當以六經爲準，尤當側重《易》與《春秋》。

四、《易傳》與《春秋》爲最成熟之作品。

五、《易傳》與《春秋》價值相等。

孔子爲中國唯一哲人，累代崇拜，歷二千餘年而不歇，洵吾炎黃胄裔，所堪自詡之一事。惟其根本思想，畢竟如何？則以各人認識之淺深，觀點之不同，解說不無種種之差異。余謂研究孔子學說，當以六經爲準，尤當側重《易》與《春秋》。蓋《論語》等書乃由弟子隨時筆錄，薈萃成篇，亦先儒語錄之比，片詞隻義，僅可藉以窺見孔子之聲音笑貌，未宜視爲具有完整體系之記載，不如六經爲孔子手自删定，而《易》與《春秋》之義例，又皆是孔子獨出心裁，前無所承；且二書皆成於晚年，《春秋》絕筆於獲麟，在孔子卒前一年。《史記·孔子世家》謂"孔子晚而喜《易》，序《彖》、《繫》、《象》、《説卦》、《文言》"，乃最成熟之作品。吾觀《易傳》、《春秋》二書之價值，實相等倫，未易先後。

"《春秋》推見至隱，《易》本隱以之顯。"按：《史記》此語，用以説明《易》與《春秋》二書性質，最得要領。蓋《春秋》因事見義，事至顯白，而義闡精微；大《易》由理生象，理本幽隱，而懸象著明。前者據史實而窮其義理，後者根義理而著其象變，一則由見辨隱，一則自隱達顯，二者相須而備，孔子垂教之精意也。

《春秋》之作也，非以其事其文爲貴，所貴者，乃在其義。

孟子曰："晉之《乘》，楚之《檮杌》，魯之《春秋》，一也。其事則齊桓、晉文，其文則史，孔子曰：'其義則丘竊取之矣。'"（《離婁》）

《史記·太史公自序》曰："上大夫壺遂曰：'昔孔子何爲而作《春秋》哉？'太史公曰：'余聞董生曰，周道衰廢，孔子爲司寇，諸侯害之，大夫壅之；孔子知言之不用，道之不行也，是非二百四十二年之中，以爲天下儀表；貶天子，退諸侯，討大夫，以達王事而已矣。'子曰：'我欲載之空言，不如見之於行事之深切著明也。'夫《春秋》上明三王之道，下辨人事之紀，別嫌疑，明是非，定猶豫，善善惡惡，賢賢賤不肖，存亡國，繼絕世，補敝起廢，王道之大者也。

……《春秋》以道義。撥亂世，反之正，莫近於《春秋》。《春秋》文成數萬，其指數千，萬物之散聚，皆在《春秋》。《春秋》之中弒君三十六，亡國五十二，諸侯奔走不得保其社稷者，不可勝數。察其所以，皆失其本已。故《易》曰：'失之毫釐，差以千里。'故曰：'臣弒君，子弒父，非一旦一夕之故也，其漸久矣。'故有國者，不可以不知《春秋》。前有讒而弗見，後有賊而不知。爲人臣者，不可以不知《春秋》。守經事而不知其宜，遭變事而不知其權。爲人君父而不通於《春秋》之義者，必蒙首惡之名。爲人臣子而不通《春秋》之義者，必陷篡弒之誅，死罪之名。其實皆以爲善爲之，不知其義，被之空言，而不敢辭。夫不通禮義之旨，至於君不君，臣不臣，父不父，子不子。夫君不君則犯，臣不臣則誅，父不父則無道，子不子則不孝，此四行者，天下之大過也。以天下之大過予之，則受而弗敢辭。做《春秋》者，禮義之大宗也。夫禮禁未然之前，法施已然之後。法之所爲用者易見，而禮之所爲禁者難知。"

又《孔子世家》云："子曰：'弗乎！弗乎！君子病殁世而名不稱

焉。吾道不行矣！吾何以自見於後世哉？'乃因史記作《春秋》，上至隱公，下訖哀公十四年，十二公。據魯親周故殷，運之三代，約其文辭而指博，故吳楚之君自稱王，而《春秋》貶之曰子；踐土之會，實召周天子，而《春秋》諱之曰：'天王狩於河陽。'推此類以繩當世，貶損之義，後有王者，舉而開之，《春秋》之義行，則天下亂臣賊子懼矣。孔子在位，聽訟文辭，有可與人共者，弗獨有也；至於為《春秋》，筆則筆，削則削，子夏之徒不能贊一辭。弟子受《春秋》，孔子曰：'後世知丘者以《春秋》，而罪丘者亦以《春秋》。'"

　　觀孟子及史遷所述，可知《春秋》旨在"道義"，"以為天下儀表"，其體制與記事之史殊科。孔子作此之動機，在"病歿世而名不稱"（亦見《論語》，惟病作疾）。因"道不行"乃著書"以自見於後世"。其言曰："我欲載之空言，不如見之於行事之深切著明也。""載之空言"，猶講述理論；"見之於行事"，猶證以實例。故《春秋》二百四十二年之行事，皆應作實例觀，而其是非筆削之精義，乃真孔子所欲載之理論也。《春秋》之用，在"上明三王之道，下辨人事之紀，別嫌疑，明是非，定猶豫，善善惡惡，賢賢賤不肖，存亡國，繼絕世，補敝起廢"，以發明王道，因而"貶天子，退諸侯，討大夫"。孔子以布衣之身，執筆以行王者之政，有嫌僭越，故曰"後世知丘者以《春秋》，而罪丘者亦以《春秋》"也。（孟子説：《春秋》，天子之事也。是故孔子曰：知我者其惟《春秋》乎！罪我者其惟《春秋》乎！"與《史記》小異。見《滕文公下》）

　　夫孔子贊《周易》，作《春秋》，意甚深，旨甚大，而後儒淺昧，不能究宣，橫滋怪妄之説。於《春秋》則解以"新周"、"王魯"、"感生"、"受命"，於《周易》則亂以"爻辰"、"卦氣"、"納甲"、"旁通"，翳障重重，不易理董；而以《春秋》為尤甚，居今日而著手研究，則經文有無殘缺成問題，三傳莫衷一是成問題，疏説參互牴牾成問題，於是昔日之所謂"深切著明"者，今乃沈淪幽翳，莫可究詰，是《春秋》未必亡於秦火，而實亡於經生，可慨也已！余於治《易》之餘，進考《易》

與孔子學說之關係，因附論如此，亦欲使學者知《易》與《春秋》二者
相須而備，有同等價值，而孔子學說之結晶，實在於是也。

第二節　　孔子之哲學基礎

一、孔子出而易學嚴正，體系亦立。

二、孔子之哲學基礎在《周易》，其一生言行，胥以此爲出發點。

三、學《易》在"知命"，而"知命"在"履信"、"思順"、"尚賢"，孔
子所獨具之精神，端在於此。

"《易》成三聖，世歷三古"，本皆以言哲學也，而義寓於卜筮，通
者甚鮮。在孔子前，掌筮之人，慮無不附以神秘色彩，觀《左傳》所
記，"其名爲牛"（昭五年），"在異國必姜姓"（莊二十二年）之類，率
皆以意穿鑿，毫無理據。自孔子出，而"韋編三絕"，"假年以學"著
成"十翼"，純以義理發揮，不涉怪異，而《易》學嚴正，體系亦立。吾
人今日得以知《易》者，"十翼"實爲津涉鈐鍵，苟無"十翼"，則《易》
書雖存，斷難通識。夫"十翼"所論，未必皆與前古二聖吻合無間，
而理不可易，故雖謂《易》爲孔子作，亦無不可也。"十翼"中之《文
言》，專論《乾》、《坤》二卦，以其爲"《易》之縕"、"《易》之門"。《大
象》則隨象垂教，精約該備。《繫辭傳》以下，所以明作《易》之通義
也。《象傳》小象發揮義例，尤爲淵粹。觀吾以上各章所述，或可以
得其梗概矣。故《周易》實爲孔子之哲學基礎，其一生言行，胥以此
爲出發點也。

孔子自述曰："五十而知天命。"（《論語・爲政》）又曰："加我數
年五十以學《易》。"（《論語・述而》）"學《易》"與"知天命"皆在"五
十"，於以知"學《易》"即所以"知天命"也。何謂"天命"？宇宙變化
之法則也。蓋"天"者宇宙之簡稱，"命"者以言變化中之物態，均循
自然之規律，而各有局限，有莫可如何者焉。如人之生而孆者不能

妍，短者不能長；殀殤者，難冀老彭；柔弱者，難期賁獲。推之如孔顏之"固窮"，沛公之"天授"，李廣之"數奇"，武侯之"盡瘁"，皆所謂命也。夫天之命，既爲變化之產物，則不能知；天之命，既各有局限，而莫可如何，則不必知，而孔子矻矻焉必欲知之，何也？曰，命雖生於變化，而變化固有一定之規律；命雖各有局限，而在可能範圍之中，人力亦可以轉移之也。

《繫辭傳》曰："《易》：'自天祐之吉无不利。'（《大有·上九》爻辭）子曰：'天之所助者，順也，人之所助者，信也；履信思乎順，又以尚賢也；是以自天祐之，吉无不利也。'"

按：孔子此語，本以釋《大有·上九》爻辭之義。蓋上九、六五，以爻序論之，爲柔承剛，故稱"順"；六五陰爻，故稱"信"，例與☲中二爻皆陰，卦名《中孚》相同。上九爲陽，故稱"尚賢"，綜合其義，而云"履信思乎順，又以尚賢也"。然此理實爲孔子一生所服膺弗失者，故不厭再三稱之，又特於此鄭重釋其義。蓋"順"者，順於命也，故天助之。"信"者，信於道也，故人助之。"履信思乎順"，即行道而不餒於命。顧猶未盡，復繼之曰"又以尚賢也"。嗚呼！是即所謂"知其不可而爲之者歟"（《論語·憲問》）？孔子所獨具之精神，端在於此。蓋所貴於知命者，乃在明瞭宇宙變化之法則，以求得人生行爲之法則，而此行爲法則，非以順應自然爲已足，乃在"裁成輔相"，以增進人類之幸福。夫然，則孔子所明瞭之宇宙變化法則爲何？斯正極關重要之問題，俟於下文詳論之。

第三節　孔子所發現之人生行爲法則

一、總說

(1)《易》之名，有取於變，宇宙萬物無時不在變動之中。(2)聖人即於變動不居之中，發現人生永久之真理。（3）永久真理，爲：
時、中、正、順、應。（4）時、中、正、順、應，爲《易》卦爻判斷吉凶悔吝
之義例，亦即孔子所恃以"從心所欲不逾矩"者。

　　《易》之名，有取於變，全《易》六十四卦，皆變之爲也。蓋作
《易》者，有以見宇宙萬物，無時不在變動之中，其變之規律，則爲一
正一反，一往一來，一屈一伸，一窮一通，皆由不均衡以漸趨於均
衡，而均衡之中，又孕不均衡焉。故《易》卦以反對爲序，首《乾》、
《坤》而終以《既濟》、《未濟》。（説詳第五章第一節）夫宇宙萬物，既
無時不在變動之中，而變動之法則，恒爲一正一反之規律運動，則
人生之法則，將何以求得之乎？聖人即於此變動不居之中，發現人
生永久之真理。其真理爲何？曰時，曰中，曰正，曰順，曰應。凡此
數事，爲全《易》卦爻判斷吉凶悔吝之義例，亦即孔子所服行終身，
而恃以"從心所欲不逾矩"者也。

二、釋時

　　（1）時，即因時代環境事宜之不同，而各爲適當必要之措置。
（2）時之一字，實爲孔子之基本哲學。（3）時之用，恒與權偕。

　　何謂時？即因"時代"、"環境"、"事宜"之不同，而各爲適當必
要之措置；此種措置之方式，初無一定，即所謂"因時制宜"，"因地
制宜"，"因人制宜"，"因事制宜"者也。
　　孔子曰："我則異於是，無可無不可。"（《論語・微子》）
　　孟子曰："孔子之去齊，接淅而行；去魯，曰：'遲遲吾行也，去父
母國之道也。'可以速則速，可以久則久，可以處則處，可以仕則仕，
孔子也。……孔子，聖之時者也。"（《孟子・萬章下》）
　　夫孟子私淑孔子者也，其平生所尊崇之人物，無有過於孔子，

而知孔子亦最深。今稱孔子，曰“聖之時”，而孔子自述，亦曰“無可無不可”。“無可無不可”，即時字之説明也。故時之一字，實孔子之基本哲學。

《論語·子路》曰：“子貢問曰：‘何如斯可謂之士矣？’……曰：‘敢問其次？’曰：‘言必信，行必果，硜硜然小人哉！抑亦可以爲次矣。’”

《孟子·離婁下》曰：“孟子曰：‘大人者，言不必信，行不必果，惟義所在。’”

《論語·子路》曰：“葉公語孔子曰：‘吾黨有直躬者，其父攘羊，而子證之。’孔子曰：‘吾黨之直者異於是，父爲子隱，子爲父隱，直在其中矣。’”

又《先進》曰：“子路問：‘聞斯行諸？’子曰：‘有父兄在，如之何其聞斯行之？’冉有問：‘聞斯行諸？’子曰：‘聞斯行之。’公西華曰：‘由也問聞斯行諸，子曰有父兄在；求也問聞斯行諸，子曰聞斯行之。赤也惑，敢問？’子曰：‘求也退，故進之；由也兼人，故退之。’”

又《衛靈公》曰：“子曰：‘可與言而不與言，失人；不可與言而與之言，失言；知者，不失人亦不失言。’”

綜觀所引，而知“言必信，行必果”，孔子謂之“小人”，則其心目中之大人，即孟子所稱之“言不必信，行不必果”者也。葉公曰“其父攘羊，而子證之”者，爲直，而孔子之所謂直，乃在“父爲子隱，子爲父隱”者也。同一問也，而答由答求互異；同一言也，而“失人”、“失言”有殊，斯所謂時也。執時以應萬變，則圓通而不窮矣。

時之用也，恒與權偕。

《論語·子罕》：“子曰：‘可與共學，未可與適道；可與適道，未可與立；可與立，未可與權。’”

《孟子·離婁上》：“淳于髡曰：‘男女授受不親，禮與？’孟子曰：‘禮也。’曰：‘嫂溺，則援之以手乎？’曰：‘嫂溺不援，是豺狼也。男女授受不親，禮也；嫂溺援之以手者，權也。’”

又《告子》曰："孟子曰：'魚，我所欲也；熊掌，亦我所欲也，二者不可得兼，舍魚而取熊掌者也。生亦我所欲也，義亦我所欲也，二者不可得兼，舍生而取義者也。'"

又《盡心上》："子莫執中，執中爲近之，執中無權，猶執一也；所惡執一者，爲其賊道也，舉一而廢百也。"

按：孔子敍爲學之次第，始曰"共學"，"共學"者，與之共同嚮於學；次曰"適道"，"適道"者，遵於正路，不歧於異端也；最後，"與權"，"與權"者，權衡輕重，乘時以御變也。權之本訓爲稱錘，以衡程物，物有輕重，錘之繫處，亦必隨之而前後移動，平而後已，因之銖兩無差；故權之爲用，即在於變易求平，以識物之輕重，用以處事，理亦如是。"男女授受不親，禮也"，事之常也；"嫂溺則援之以手"，事之變也。蓋爲嫂溺之時，援之以手，則傷禮，坐視不救則傷仁；權其輕重，不得不取仁而略禮也；倘此際而猶守常拘禮，不務達變用權，於心安乎？若然，是禮反爲殺人之具，非豺狼而何？推之，"舍魚而取熊掌，舍生而取義"，亦用權之事也。"子莫執中"頗亦近道。"執中而無權"，則"執一"也。"執一而廢百"，故"隨時"爲貴。而權實其應用時之工具也。

三、釋中

（1）人事萬變，中爲簡以馭繁之準。（2）中，括中、和二義。（3）中之爲用，斷非"鄉原"之謂。（4）中，爲唯一最高之道德標準。

隨時用權，至無定也；無定則持守爲難，人事萬變，將以何爲簡以馭繁之依據，孔子因示之以中，中也者，不偏不倚，無過不及之謂，實括中、和二義。

《禮記·中庸》孔《疏》："按：鄭《目錄》云：'名曰中庸者，以其記中和之爲用也。庸，用也。'"

按：鄭君釋中，得其旨矣。蓋當其"喜怒哀樂之未發"，不偏不倚，"謂之中"；當其"發而皆中節"，無過不及謂之和。和非他，言中之用，無不中節，實中之異名也。以今語分之，前者爲名詞之中，後者爲動詞之中，動詞之中，今讀去聲，義與和字相同。

《說文·口部》："咊，相應也。"段注："古唱和字，不讀去聲。"

按：咊、和古今字。今曰和平、溫和，皆自相應一義引申而得，非其本訓也，其本訓實與動詞中義訓中節者不殊。故中必釋以中和，而後體用始該。

中之爲用，斷非"鄉原"之謂。

《孟子·盡心下》："萬章問曰：'孔子在陳曰：盍歸乎來！吾黨之小子，狂簡進取，不忘其初，孔子在陳，何思魯之狂士？'孟子曰：'孔子不得中道而與之，必也狂狷乎？狂者進取，狷者有所不爲也。孔子豈不欲中道哉？不可必得，故思其次也。''敢問何如斯可謂狂矣？'曰：'如琴張、曾皙、牧皮者，孔子之所謂狂矣。''何以謂之狂也？'曰，其志嘐嘐然，曰'古之人，古之人'夷考其行，而不掩焉者也。狂者又不可得，欲得不屑不潔之士而與之，是獧也，是又其次也。孔子曰：'過我門而不入我室，我不憾焉者，其惟鄉原乎？鄉原德之賊也。'曰'何如斯可謂之鄉原矣？'曰'何以是嘐嘐也？言不顧行，行不顧言，則曰古之人，古之人。行何爲踽踽涼涼？生斯世也，爲斯世也，善斯可矣。閹然媚於世也者，是鄉原也。'萬子曰：'一鄉皆稱原人焉，無所往而不爲原人，孔子以爲德之賊，何哉？'曰'非之無舉也，刺之無刺也，同乎流俗，合乎污世，居之似忠信，行之似廉潔，衆皆悅之，自以爲是，而不可與入堯舜之道，故曰德之賊也。'孔子曰：'惡似而非者，惡莠，恐其亂苗也；惡佞，恐其亂義也；惡利口，恐其亂信也；惡鄭聲，恐其亂樂也；惡紫，恐其亂朱也；惡鄉原，恐其亂德也。'君子反經而已矣。經正則庶民興，斯無邪慝矣。"

鄉原之同流合污，"閹然自媚於世"，實非中和，而有似於中和，故孔子特深惡之，目爲"德之賊"。蓋隨時非逐物，而致和非合同。

逐物而合同者，不能自主，與物俯仰者也；隨時而致和者，配道與義，中以制變者也。二者毫釐之差，千里之謬，洵不可不辨。

《中庸》曰："仲尼曰，君子中庸，小人反中庸。君子之中庸也，君子而時中；小人之反中庸也，小人而無忌憚也。"

又曰："子曰：'舜其大知也與：舜好問而好察邇言，隱惡而揚善，執其兩端，用其中於民，其斯以爲舜乎？'"

又曰："子曰：'……人皆曰："予知"，擇乎中庸，而不能期月守也。'"

又曰："子曰：'回之爲人也，擇乎中庸，得一善，則拳拳服膺而弗失之矣。'"

歸納四條，可得三義：曰時中，曰用中，曰擇中。舜之用中，先以周察功夫，以善爲的，辨明事理之兩端，知其孰爲過，孰爲不及，舉其中而用之於民。回之擇中，注視日常行事，就實踐中，選擇隨時用中之各種措置，何者成果爲善，取而守之，奉爲原理原則，以爲應用時之準備。前者爲實施之方法，後者爲進修之功夫，而二者皆非局於一理，執固不化，與子莫之執中無權，大異其趣，乃所謂時中也。

《中庸》曰："子曰：'道之不行也，我知之矣！知者過之，愚者不及也。道之不明也，我知之矣！賢者過之，不肖者不及也。'"

《論語・先進》曰："子貢問：'師與商也孰賢？'子曰：'師也過，商也不及。''然則師愈與？'子曰：'過猶不及'。"（《禮・孔子燕居》文與此小異。）

又《雍也》曰："子曰：'中庸之爲德也其至矣乎，民鮮久矣。'"（《中庸》與此小異）

觀此可知中庸爲唯一最高之道德標準，反此則爲過與不及也。

四、釋正

(1)正者，正當不舛錯，正直不邪曲。(2)爲政而求"人官物曲"，無不正當，莫若"正名"。(3)正與時中之義一貫。

隨時用中，雖可泛應曲當，而理涉玄虛，不易把捉，未可語之中人以下，聖人因又示之以正。正也者，正當不舛錯，正直不邪曲之謂也。正當正直，今雖分別，古止一義。

《説文·正部》云："正，是也，從一。一以止。"段注："江沅曰：一所以止之也。如乍之止亡，毋之止姦，皆以一止之。"

又《是部》云："是，直也，從日正。"段注："十目燭隱則曰直，以日爲正則曰是。從日正會意，天下之物莫正於日也。《左傳》曰，正直爲正，正曲爲直。"

《説文·乚部》："直，正見也，從十目乚。"段注："謂以十目視乚，乚者無所逃也。"

《説文》解正曰是，解是曰直，解直曰正見，則正之一字，兼具正當正直二義。古但以是説之，初無分別。

《論語·顏淵》云："季康子問政於孔子。孔子對曰：'政者，正也；子帥以正，孰敢不正。'"(《哀公問》小異)

又《子路》云："子曰：'其身正，不令而行；其身不正，雖令不從。'"

又云："子曰：'苟正其身矣，於從政乎何有？不能正其身，如正人何？'"

又《季氏》云："子曰：'求！周任有言曰：陳力就列，不能者止。危而不持，顛而不扶，則將焉用彼相矣？'"

又《子路》云："子路曰：'衛君待子而爲政，子將奚先？'子曰：'必也，正名乎！'子路曰：'有是哉！子之迂也，奚其正？'子曰：'野哉！由也。君子於其所不知，蓋闕如也。名不正，則言不順；言不順，則事不成；事不成，則禮樂不興；禮樂不興，則刑罰不中；刑罰不中，則民無措手足。故君子名之，必可言也，言之，必可行也，君子於其言，無所苟而已矣。'"

又《顏淵》云："齊景公問政於孔子。孔子對曰：'君君，臣臣，父父，子子。'"

又《易·家人·象傳》云："父父，子子，兄兄，弟弟，夫夫，婦婦，而家道正；正家而天下定矣。"

以上計七條，前三條屬正直之正，後三條屬正當之正，中一條周任之言，即《少儀》所謂"事君者，量而後入，不入而後量"也。服官者，量力任積，力不勝者不就，如是，鮮不正當矣。爲政而求"人官物曲"，無不正當，則"正名"二字，實其秘要。其義則名實相副，其例則君君，臣臣。蓋名各有分，能盡其分，則名正而實副。君盡君道，臣盡臣道，父子兄弟夫婦……一一盡其職分，而當之無愧，是謂名正而天下治矣。

正與時中之義一貫，蓋能時中，則未有不正者，第時中義較抽象，不如正之近具體耳。

五、釋順

(1)順者，相從有序之謂。(2)疏釋引證文字中之名物制度：(甲)"郊社"，(乙)"宗廟"，(丙)"禘嘗"，(丁)"序昭穆"，(戊)"序爵"，(己)"序事"，(庚)"旅酬"，(辛)"燕毛"。

孟子曰："夫物之不齊，物之情也：或相倍蓰，或相什百，或相千萬，子比而同之，是亂天下也。"(《滕文公上》)

蓋能正名，則此不齊之物，不期而各有秩然之班序，是即所謂順也。順者，相從有序之謂，反是則爲逆，逆斯亂矣。在《易》陰承陽曰順，陰乘陽曰逆。其取象也，陰小陽大，陰賤陽貴，陰虛陽實，陰小人陽君子，故以陽先陰後，陽上陰下爲順，否則爲逆。兹復以事例證之。

《孟子·離婁上》：

"孟子曰：'天下有道，小德役大德，小賢役大賢；天下無道，小役大，弱役强。斯二者，天也；順天者存，逆天者亡。'"按孟子此語，與孔子贊《易》義例正同。

《中庸》：

"子曰：'……宗廟之禮，所以序昭穆也；序爵，所以辨貴賤也；序事，所以辨賢也；旅酬，下爲上，所以逮賤也；燕毛，所以序齒也。……郊社之禮，所以事上帝也，宗廟之禮，所以祀乎其先也；明乎郊社之禮，禘嘗之義，治國其如示諸掌乎？'"

按此段文字，有涉古代名物制度，不甚通俗，須先加以疏釋。

（甲）郊社："郊"，祭天地之禮；"社"，祭社稷之禮。

《曲禮下》：

"天子祭天地，祭四方，祭山川，祭五祀，歲徧。諸侯方祀，祭山川，祭五祀，歲徧。士祭其先。"

《禮運》云：

"孔子曰：於乎哀哉！我觀周道，幽厲傷之，吾舍魯何適矣？魯之郊禘，非禮也，周公其衰矣。杞之郊也，禹也；宋之郊也，契也；是天子之事守也。故天子祭天地，諸侯祭社稷。"（二語亦見《王制》）

又云："故國有患，君死社稷謂之義，大夫死宗廟謂之變。"（鄭注："變當爲辯，聲之誤也。"辯，猶正也。）

《孝經》云："……然後能保其社稷，而和其民人，蓋諸侯之孝也。"（《諸侯章》）。

又："……然後能守其宗廟，蓋卿大夫之孝也。"（《卿大夫章》）

又："……然後能保其禄位，而守其祭祀，蓋士之孝也。"（《士章》）。

又："……謹身節用,以養父母,此庶人之孝也。"(《庶人章》)。

《荀子・禮論》："郊止乎天子,而社止於諸侯,道及士大夫(按"道"當作祖)。所以別尊者事尊,卑者事卑,宜大者巨,宜小者小也。"

參校諸文,可得結論如下:

天子祭天地,諸侯祭社稷,卿大夫祭宗廟,士祭其先,庶人養父母,而上可以包下。

其義,則荀子所謂所以別尊者事尊,卑者事卑,宜大者巨,宜小者小。

郊者,天子冬至祭天於圜丘之上,夏至祭地於方澤之中。圜丘在南郊,方澤(亦稱方丘)在北郊,故總稱祭天地曰郊。

社,土神;稷,穀神。二神同功,故同堂別壇(《獨斷》說),簡稱社。穀,土所生也,故稱社,亦可該稷。

《禮記・祭法》云:"天子爲群姓立社,曰大社;王自爲立社,曰王社。諸侯爲百姓立社,曰國社;諸侯自爲立社,曰侯社。大夫以下成群立社,曰置社。"

周制,"左祖右社"(《考工記》文),社稷在路門外西方(用孫詒讓說)。每歲再祭,《白虎通》所謂"春求秋報"也。

祭天地祭社稷之意義,蓋"所以報本反始也"(《禮・郊特牲》文)。

(乙)宗廟

《白虎通義》(《藝文類聚》引):"宗者,尊也;廟者,貌也。象先祖之尊貌也。"

《公羊》桓二年,何注:"所以必有廟者,緣生時有宮室也。孝子三年喪畢,思念其親,故爲之立宗廟,以鬼享之。"

觀此可知,宗廟爲祭先人之宮室;其義則象先祖之尊貌,以鬼享之也。

宗廟之數,古以爵位尊卑不同,而有等差。

《禮記·王制》："天子七廟,三昭三穆,與大祖之廟而七。諸侯五廟,二昭二穆,與大祖之廟而五。大夫三廟,一昭一穆,與大祖之廟而三。士一廟。庶人祭於寢。"

按《禮器》文略同,《祭法》有壇墠,似不足據,孫希旦《集解》已疑之。

《穀梁》僖十五年:

"……因此以見天子至於士皆有廟。天子七廟,諸侯五,大夫三,士二,故德厚者流光,德薄者流卑。"

《荀子·禮論》："故有天下者事十世(注十當爲七),有一國者事五世,有五乘之地者,事三世。有三乘之地者,事二世。持手而食者,不得立宗廟。所以別積厚者流澤廣,積薄者流澤狹也。"

按《穀梁》"士二廟",謂"適士"(《祭法》)。

宗廟數目等差之意義,則《荀子》所謂"積厚者流澤廣,積薄者流澤狹"也。

《儀禮·喪服傳》："禽獸知母,而不知父。野人曰,父母何算焉。都邑之士,則知尊禰矣。大夫及學士,則知尊祖矣。諸侯及其大祖,天子及其始祖之所自出。尊者尊統上,卑者尊統下。"

觀《儀禮》所説,可知先王因人情以制禮,非出自私意安排。

(丙)禘嘗

禘嘗,天子諸侯宗廟之祭名。夏商制,春曰礿,夏曰禘,秋曰嘗,冬曰烝。周制,春曰祠,夏曰禴(同礿),秋曰嘗,冬曰烝。是謂"時祭"。周制尚有"殷祭"二(殷,盛也,大也),曰禘曰祫。五年一禘,三年一祫。禘之爲諦,審禘昭穆尊卑之差也。周制,大王王季以上遷主,祭於后稷廟。文武以下,則穆之遷主,祭於文王廟,昭之遷主,祭於武王廟,未毀之廟,各於其廟,不升合食,故須審諦,無遺失也。其尸(尸,神象。今以畫像,古以幼童爲之):后稷廟,稷尸一,昭穆尸各一。文王廟,文王尸一,穆尸共一。武王廟,武王尸一,昭尸共一。祫之爲言合。其祫祭之尸,則毀廟之主,陳於太廟,立昭穆二尸。未毁廟之主，皆升合食於太祖廟，而各立尸也。

按：郊禘之義，舊説紛紜，兹經爬梳校理，略定如上。緣古語用字多混，郊，本爲祭天地，而祈報籍田，亦稱郊。禘，本爲周制殷祭，而郊天配祖，時祭，亦稱禘。先儒因此聚訟不休。《中庸》"禘嘗"今定爲孔子約舉宗廟"時祭"之祭。

（丁）序昭穆

《周禮・小宗伯》鄭注："自始祖之後，父曰昭，子曰穆。"

按：古禮，廟位、墓位、主位、祭位，皆以昭穆爲次。蓋廟位，太祖廟居中，二世（太祖子）、四世、六世，爲昭，居左。三世、五世、七世，爲穆，居右。廟皆並列。墓位，則昭左穆右，以次南列（見《周禮・冢人》）。禘祭時列諸主（諸神主）在太祖廟堂。太祖之主在西壁東向，太祖之子爲昭，在太祖之東而南向，太祖之孫爲穆，對太祖之子而北向，以次東陳。在北者曰昭，在南者曰穆，所謂父昭子穆也。時祭殷祭，助祭之位，亦昭左穆右，以次排列。何休謂昭取其向明，穆取其北面當敬（《公羊》文二年注）。余則謂昭穆命名，亦似有取於陰陽之義焉。

序昭穆之意義：《禮記・祭統》云："夫祭有昭穆，昭穆者，所以別父子、遠近、長幼、親疏之序，而無亂也。是故有事於大廟，則群昭群穆咸在，而不失其倫，此之謂親疏之殺也。"（"殺"，漸也，差也。）

（戊）序爵

宗廟助祭者，因爵有貴賤，而位次不同。

《文王世子》："其在宗廟之中，則如外朝之位，宗人授事，以爵以官。"

按：天子外朝之位，王南向，三公北面東上（"東上"以在東者爲上），"孤東面北上，卿大夫西面北上。"（《周禮・司士》文）其士，門西東面北上（《禮》孔《疏》）。"諸侯之朝：卿西面北上，大夫北面東上，士門西東面北上"（《禮》孔《疏》）。孫希旦謂："同姓助祭，未獻以前，群昭群穆，皆在阼階下西面，以齒爲序。至獻之，則其爲卿大夫者，自依卿大夫之班次，旣獻，而改就卿大夫之位。"

（己）序事

助祭以執事爲榮，其事之支配，則以官級爲次。如"司徒奉牛牲，司馬奉羊牲"（《周禮》文）。其意，則以示其人之德能，有賢否大小之差也。

（庚）旅酬

"旅"，"序也"（《鄉飲酒禮》鄭《注》。《中庸》孔《疏》以衆釋之，未的）。"酬"，先酌酒於觶（"觶"酒器，容三升）。自飲之，然後再酌實於觶，以飲人，其觶奠而不授（即飲人者，實觶置於地，俟其自取，不以手授），曰"酬"，酬之意，爲勸飲也。

"旅酬"之禮，於宗廟祭畢行之。祭宗廟，卿大夫一日而畢，旅酬即行於即日。天子諸侯二日而畢，則於第二日繹祭，祭畢行之。

士禮"旅酬"，見於《儀禮·特牲饋食禮》。其禮，男助祭者，族人與來賓，以年齒爲序，分別兩隊（族人東，賓西），於庭中行之。

起始：賓酬長兄弟（族人長者）。其次，長兄弟酬衆賓。再次衆賓酬衆兄弟。如此依次序酬之，交錯以徧。女則在房中行之，內賓與宗婦，其儀節略如男子。

大夫"旅酬"，見於《儀禮·有司徹》，儀文與士禮微別，而分成兩隊，交錯相酬，自長而少，則不殊。天子諸侯旅酬之禮，無考，儀節當亦不同。

"旅酬"自長而少，以下爲上，其用意則以示惠澤由上及下，故曰"旅酬下爲上，以逮賤也"。

（辛）燕毛

"燕"，燕飲。"毛"，毛髮。"燕毛"也者，祭畢，留同姓脫屨升堂，坐而飲酒，其席次不復論爵論官，祇論年齒，以髮色爲次也。""燕"安也，坐於堂較立於庭爲安也。又私也，《毛詩·楚茨》"備言燕私"。《傳》："燕而盡其私恩。"《箋》："祭祀畢,歸賓客之俎,同姓則留與之燕,所以尊賓客,親骨肉也。"燕以盡私恩,親親之道,故尚齒。

按:"旅酬"已不禁笑語,非如祭祀時之莊嚴隆重;至"燕"則"爵無算"(不限次數)。"樂無算"、"不醉無歸"與祭已無關,乃私飲也。

古時名物制度,因年代湮遠,兼以先儒多有誤解,今人不能盡曉。茲依舊説折衷,略如上述。由此可知:郊社禘嘗之禮,本皆以"報本反始",而寄旨極深。蓋郊社尊尊,禘嘗親親,其儀節如宗廟之"序昭穆"、"序爵"、"序事"、"旅酬"、"燕毛",或則親親,或則尊賢,或則重能,或則慈幼,或則敬長,無不先後相從,秩然有序,是所謂順也。舉此道而治國家,或法親親,或法尊賢,或法重能,或法慈幼,或法敬長,皆令先後有序,得其倫理,則謂"如示諸掌",夫豈過哉?("示諸掌"又見《論語》及《禮記·仲尼燕居》)

《禮運》云:"四體既正,膚革充盈,人之肥也。父子篤,兄弟睦,夫婦和,家之肥也。大臣法,小臣廉,官職相序,君臣相正,國之肥也。天子以德爲車,以樂爲御,諸侯以禮相與,大夫以法相序,士以信相考,百姓以睦相守,天下之肥也。是謂大順。大順者,所以養生送死事鬼神之常也。故事大積焉而不苑("苑"音鬱,積也),並行而不繆,細行而不失,深而通,茂而有間,連而不相及也,動而不相害也,此順之至也。故明於順,然後能守危也。"

按此論,闡發"順"義,至詳至晰,他縱有説,蔑以加矣。

六、釋應

(1)應者,和也。(2)《易》之應爻,必陰陽異質。(3)時、中、正、順、應,理實一貫。應者,和也。

《乾文言》:"子曰:'同聲相應。'"

　　按：此與《書》之"八音克諧，無相奪倫"，理正一致。蓋聲者，宮、商、角、徵、羽、變宮、變徵，凡七。相當於西樂之 do，re，me，fa，so，la，si。音者，金、石、絲、竹、匏、土、革、木，凡八。同奏一聲，雖因管、絃、鐘、磬各種發音樂器之不同，不無洪纖強弱之殊，而聽之則覺和諧悅耳，是所謂應也。

　　《論語·爲政》："子曰：'君子周而不比，小人比而不周。'"

　　又《子路》："子曰：'君子和而不同，小人同而不和。'"

　　又《衛靈公》："子曰：'道不同不相爲謀。'"

　　又《里仁》："子曰：'德不孤，必有鄰。'"

　　《曲禮上》："毋雷同。"

　　《易·睽·大象》："上火下澤，睽。君子以同而異。"

　　《孟子·公孫丑下》："孟子曰：'……得道者多助，失道者寡助。寡助之至，親戚畔之。多助之至，天下順之。'"

　　《大學》："道，得衆則得國，失衆則失國。"

　　按：《易》例皆陰陽異質謂之應，同陰同陽，則不謂之應。王弼《略例》曰："應者，同志之象也。"同志則有助，助多則得吉。故應者，非"雷同"之謂，乃"同而異"是貴，亦猶樂之發音體不同，而同時合奏一曲，則由其音色各異，反覺和諧悅耳，如近日更近爲二部合唱，或三部四部合唱，高低各部之音，同時歌奏，尤爲優美中聽；苟不喻此，顧以若干同種樂器，合奏單一之音，第覺其嘈嘈可厭，焉有移人之效？故和，非同也，君子殊途同歸，乃可以言和；小人中無所主，俯仰隨人，止可謂之同，不可以言和也。"比"者合於其黨，"周"則洽於衆心，此君子小人所由分，亦和與同之又一義。"德不孤必有鄰"，蓋堅信真理不泯人心，並世必有同志也。"道不同不相爲謀"，則已知其不可以和，而不強求同也。故君子隨時用中，履正達順，而尤貴有應。有應者，有助也。"得道者多助，失道者寡助"，"道得衆則得國，失衆則失國"，此應之所以爲貴，然非比與同之謂，聖人於此三致意焉。

　　時、中、正、順、應數事,爲大《易》判斷吉凶之標準,亦爲孔子所發現之人生行爲法則,具如上述。然斯數事也,文雖區別,理實一貫。蓋時則能中,中則能正,正則能順,順則能應,此必至之符也。操此樞要,以御天下之變,自能因應無窮,而有"位育"之功焉。

第四節　　論仁

　　一、仁爲孔子行道立教之原動力,亦與《易》理相契合。

　　二、仁字非它,直法天地之生。

　　三、仁字含三要義:(1)二人以上。(2)相親。(3)相親之具體表現,爲以人之好惡爲取捨之標準。

　　四、行仁之方爲恕。

　　五、恕者"己欲立而立人,己欲達而達人","己所不欲,勿施於人"。

　　六、忠恕常並舉之義。

　　七、仁爲社會的行爲,其本原在欲生。

　　八、仁者人心,亦天心。

　　九、聖人非順應自然,乃參贊自然。

　　十、行仁之具體方法。

　　十一、言仁可該義。

　　十二、仁者行必合義;合義,定與禮協。

　　十三、愛物僅藉以涵養仁心,以爲愛人之用。

　　十四、五倫。

　　十五、禮之大體。

　　十六、禮與義皆仁之事。

　　十七、仁者不貪生怕死,亦不反對五刑。

　　十八、智仁勇並稱之義。

　　十九、仁者必有勇。

孔子哲學之根基，或由學《易》有得，或由生活體認，而與《易》理暗合，要之不出時、中、正、順、應數事。所謂智者，知此也；所謂禮者，履此也；所謂義者，宜此也；所謂誠者，成此也。種種德目，皆自時、中、正、順、應數事推衍而來。故此時中正順應，實我先哲以宇宙人生全體爲對象而研究所得之最高行爲法則，可以普遍應用者也。然尚有一事，可謂孔子行道立教，"栖栖皇皇"，"席不暇暖"之原動力，而亦與《易》理相契合，則仁是也。

《繫辭傳》曰："生生之謂易。"

又曰："天地之大德曰生。"

按：《易》以宇宙變化爲象，宇宙變化，瞬息不停，是即所謂"生生"，故"天地之大德"，亦可以一言蔽之，曰"生"而已矣。戴震曰："生生者仁也。"（《讀易繫辭論性》）實爲確詁。蓋仁者，既欲善己之生，又欲善人之生，更欲善天下萬物之生。故仁字非它，直法天地之生生而已。

《説文·人部》："仁，親也，從人二。"

又《心部》："恕，仁也。"

仁：從人二會意，義訓爲親，音讀同人，則知仁之一字，內容實具三種條件。

（1）爲二人以上之相與。一人不可以言仁也。

（2）此二人以上相與，須相親，情誼由此達彼。不相親，則不可以言仁也。（《説文·見部》："親，至也。"）

（3）相親之具體表現，須以人之好惡爲取捨之標準。否則亦非仁也。（人之好惡，謂全人類之共同好惡）

《中庸》曰："仁者，人也。"其義正復如此。行仁之方，則爲恕，故恕字亦訓仁。

《論語·里仁》："子曰：'參乎！吾道一以貫之。'曾子曰：'唯！'子出。門人問曰：'何謂也?'曾子曰：'夫子之道，忠恕而已矣。'"

又《衛靈公》:"子貢問曰:'有一言而可以終身行之者乎?'子曰:'其恕乎!己所不欲,勿施於人。'"

《中庸》:"子曰:'……忠恕違道不遠,施諸己而不願,亦勿施於人。'"

《論語·雍也》:"子曰:'夫仁者,己欲立而立人,己欲達而達人,能近取譬,可謂仁之方也。'"

《孟子·盡心章上》:"孟子曰:'强恕而行,求仁莫近焉。'"

孔夫子一生,稱仁不絕口,而其"一以貫之"之道,必在忠恕,其告子貢,亦舉此恕,斥爲可以終身行之;蓋仁乃德之定名,恕其行之之方法,必行恕,乃能至仁也。

恕也者,"己欲立而立人,己欲達而達人","己所不欲,勿施於人"也。蓋我行一事,如依於仁,則須審知對方之好惡,以定取捨;對方之好惡,雖不可知,然可以自身之好惡忖度之,所謂"近取譬"也。"近取譬"之見諸實施,即爲《大學》"絜矩"之道。所謂"所惡於上,毋以使下。所惡於下,毋以事上。所惡於前,毋以先後。所惡於後,毋以從前。所惡於右,毋以交於左。所惡於左,毋以交於右"。

忠恕常並舉,何也?蓋就一己言,則曰忠。兼人己言,則曰恕。忠恕原爲一事,祇緣立言之時,意旨所指不同,而有二名也。忠,言其盡己之心。恕,言其推己及人。不忠,則其所施於人者,與中心相違,豈可謂之恕。不恕,則其行爲之取捨,非其本心之好惡,亦自不得謂之忠矣。並舉忠恕而示人以爲仁之方,既簡易,又明晰,此亦先哲之一大發明,第後人習焉而不察耳。

仁爲社會的行爲,其本原,則在欲生。因己之欲生,以知人之欲生,以知天下萬物之欲生,因而創法度,造器械,俾人群物類,不但無傷生害生之事,且進而滿足其生,豐富其生,使之皆有幸福可享,是之謂仁。仁者,人心也,亦天心也,何言之?《禮運》云:"飲食男女,人之大欲存焉;死亡貧苦,人之大惡存焉。"

《孟子·告子上》：“告子曰：‘生之謂性。’”

又：“告子曰：‘食、色，性也。’”

按：古生、性二字通用，《周禮·大司徒》“以土會之法，辨五地之物生”。杜子春讀生爲性。《大戴禮·禮三本》：“天地者，性之本也。”《史記·禮書》性作生（孫詒讓引丁晏説）。解性爲生，應是古義，告子之説，未可非也。蓋生機爲生物所同具，乃基於天者，莫之爲而常自然，不可思議，是宇宙之機緘，天地之秘奧，人生之至寶，社會之根柢也。人生而知飲食，長而知男女之欲，其誰教之？抑匪特人也，動物亦莫不皆然。抑匪特動物也，植物亦莫不皆然。蓋植物之吸取營養，傳粉受精，亦與動物無異。夫此飲食一事，以言快樂，則采取之，製造之，咀嚼之，消化之，排泄之，直爲此新陳代謝作用，而辛苦一生，疲於奔命，《莊子》云：“人，上壽百歲，中壽八十，下壽六十，除病瘐死喪憂患，其中開口而笑者，一月之中，不過四五日而已矣。”所謂快樂者何在？即性交一事，損精神，戕軀體，縱令生子，而孕育之，長養之，教誨之，敝精瘁力，所謂快樂何在？然而食色之欲，祇患有餘，不患不足，所恃以維持生命，綿延種嗣，斯真天地之妙用，生機之顯現處也。是故人類社會，一切文化，皆以生爲基礎，爲原動力。設無人類，或人不欲生，則社會不存，奚有文化？夫此生機，固可解爲由於物質之構造組織中之元素分子、原子、電子某質量排列之不同，而自動自變，所具之性能，非別有物焉以主宰之者；然此質量之多寡，排列之順序，凡同類者皆相近似，而觀生物之各種器官，如神經，如耳目……種種組織，決非偶然之事，實至巧妙，不可索解。總之人有此生機，以爲社會之基礎及原動力，則固毫無疑義者也。仁原於生，故可謂之人心，而生機基於自然，故亦可謂之天心也。

人之生機，常患有餘，而欲他人之生也，常患不足，於是人與人之間，不免抵觸相殘，反以害生。聖人有見於此，因提示此仁，以爲消息，裁其有餘而補其不足，故聖人非順應自然，乃參贊自然者也。

泰《大象》："天地交泰。后以裁成天地之道，輔相天地之宜，以左右民。"

《中庸》："唯天下至誠，爲能盡其性，能盡其性，則能盡人之性；能盡人之性，則能盡物之性；能盡物之性，則可以贊天地之化育；可以贊天地之化育，則可以與天地參矣。"

觀《易》與《中庸》所述，可知聖人之所以爲聖人，端在有"裁成輔相"，"參贊化育"之功，所謂"履信，思順，又以尚賢"者，亦此意也（説見本章第二節）。

聖人非特説仁而已也，又有實行之具體辦法。

《中庸》："修道以仁。仁者，人也，親親爲大。義者，宜也，尊賢爲大。親親之殺，尊賢之等，禮所生也。"（哀公問政，孔子答語。）

《孟子・盡心上》："孟子曰：'君子之於物也，愛之而弗仁；於民也，仁之而弗親。親親而仁民，仁民而愛物。'"

蓋"仁者，人也"，所謂"人心也"（《孟子》語）。故仁非他，祇完成人人欲生之天性而已。完成之方法，則爲忠恕；其對象則爲親、民、物；其次第則爲"親親而仁民，仁民而愛物"，故曰"親親爲大"也。《大學》曰："物有本末，事有終始，知所先後，則近道矣。"蓋從事一事，須審辨其先後次第，人之愛其所親，與愛民愛物較，自有親疏厚薄之殊，縱謂世間有人己兼愛，愛仇如己之人，究屬特例，未可一概也。

《禮記・祭義》："子曰：'立愛自親始，教民睦也；立敬自長始，教民順也。教以慈睦，而民貴有親；教以敬長，而民貴用命。孝以事親，順以聽命，錯諸天下，無所不行。'"

《論語・學而》："有子曰：'孝弟也者，其爲仁之本與！'"

按"立愛自親始"及有子語，與"親親爲大"義相足。

仁之妙用，爲裁有餘而補不足，以求物我並生，是"裁成輔相"之功，亦即所謂義也。義之訓爲宜，（《説文・言部》："誼，人所宜也。"誼，義本字。《説文》解同《中庸》）謂"裁成輔相"，各得其分所宜也。言仁實已該義，義不過析出其中性質之一部，而確切説明之，以曉人耳。義行非一，而"尊賢爲大"，所謂"立敬自長始"也。

"親親之殺"何謂也？《禮記·喪服小記》："親親，以三爲五，以五爲九，上殺，下殺，旁殺，而親畢矣。"

《禮記·大傳》："上治祖禰，尊尊也。下治子孫，親親也。旁治昆弟，合族以食，序以昭穆，别之以禮義，人道竭矣。"

又："四世而緦，服之窮也。五世祖免（"免"，音問，喪禮去冠括髮之物。"祖免"，喪服之最輕者。）殺同姓也。六世親屬竭矣。"

又："自仁率親，等而上之至於祖。自義率祖，順而下之至於禰。是故人道親親，故尊祖。尊祖，故敬宗（"宗"，大宗、小宗）。敬宗，故收族。收族，故宗廟嚴。宗廟嚴，故重社稷。重社稷，故愛百姓。愛百姓，故刑罰中。刑罰中，故庶民安。庶民安，故財用足。財用足，故百志成。百志成，故禮俗刑。（注："刑，猶成也。"）禮俗刑，然後樂。"

孫希旦《集解》曰："先王之制服，'至親以期斷'（《三年問》文），'加隆焉'（同上），則三年，而其漸殺也，極於三月，由親有遠近，故服有隆殺也。（亦由哀有深淺）

"'親親以三爲五'者，己上親父，下親子，並己爲三。又以父而親父之父，則及祖；以子而親子之子，則及孫；是'以三爲五'也。

"'以五爲九'者，己上親祖，下親孫，爲五。又以祖而親祖之父祖，則及曾祖、高祖；又以孫而親孫之子孫，則及曾孫、玄孫；是'以五爲九'也。

"'上殺'者，謂服之由父而上，而漸殺者也。'至親以期斷'，服父加隆，故三年。祖由期殺，應大功，加隆故期。曾祖由期殺，應小功，高祖應緦麻，而曾祖高祖乃正尊，不敢以大功小功旁尊之服服之。（按《喪服傳》："小功者，兄弟之服也，不敢以兄弟之服服至尊也。"）故曾祖則減其日月，重其衰麻，而服齊衰三月。高祖從齊衰三月無可殺，故與曾祖同也。

"'下殺'者，謂服之由子而下，而漸殺者也。子服父加隆至三年。父尊，自適（同嫡）子外，但以本服報之，故期。孫爲祖加隆至期。祖尊，亦以本服報之，故九月。曾孫服曾祖齊衰三月，曾祖報服亦三月，而曾孫卑，正服緦麻。玄孫自緦麻三月無可降，故與曾孫同也。

"'旁殺'，謂由己而殺己之昆弟，由父祖而殺父祖之昆弟，由子孫而殺子孫之昆弟也。昆弟至親，故期。從父昆弟大功，從祖昆弟小功，族昆弟緦麻，此皆己之昆弟，由己而旁殺者也。世叔父從期殺宜九月，而服父三年，世叔父與父一體，故加至期。從祖父既疏，加所不及，從大功而殺，故五月。族父又疏，故緦麻。此外無服也。此皆父之昆弟，由父而旁殺者也。祖加隆故至期，而從祖疏，加亦不及，據大功而殺，故五月。族祖又疏，故緦麻。曾祖據期殺，本應五月，曾祖之昆弟，據五月而殺，故三月。此外無服。此祖及曾祖之昆弟，由祖及曾祖而殺者也。父爲子期，昆弟之子宜九月，而昆弟之子，爲世叔父加期，世叔父旁尊，不足以加尊，故報服期。從父昆弟之子，服從祖父母無加，故正報五月。族兄弟之子，正報緦麻。此子之昆弟，由子而漸殺也。祖爲孫大功，兄弟之孫，服從祖小功，報亦小功。從父兄弟之孫，服族祖緦麻，報亦緦麻。族曾孫爲族曾孫緦麻，報亦緦麻。此外無服。此孫及曾孫之昆弟，由孫及曾孫而殺者也。

"'上殺'極於高祖，'下殺'極於玄孫，'旁殺'又極於高祖之所出而止，故曰親盡。蓋其由隆而遞殺，極乎九族，而此外無可復推也。"

孫氏解《喪服小記》，極爲詳晰。至云"其由隆而遞殺，極乎九族，而此外無可復推"，余則謂非無可推，蓋以其親盡情疏，雖云同姓，亦與路人無甚差異，故聖人制禮，以此爲限耳。

《大傳》"上治"、"下治"、"旁治"之文，與小記略同，而側重禮之實。蓋喪服之制，乃"稱情而立文"（《三年問》文），禮之文，以情實爲本,情有等差,禮緣殊異,如此親親,而人道竭矣。

"四世服窮,五世袒免,六世親屬竭。"則雖同姓,與塗之人,情文俱相埒矣。

《大傳》推論親親之效,極有系統,爰備録之,以資參考。

"尊賢之等"如《孟子·萬章下》、《禮·王制》、《周禮·春官·典命》、《夏官·司士》、《秋官·司儀》所記,公侯伯子男,卿大夫士,爵命有差,禄食有等,班位有次,以至封坼、宫室、車旗、衣服、禮儀,莫不有制,是所謂尊賢有等也。以今制況之,則文官之特、簡、薦、委,武官之將、校、尉、士,銓敍不同,亦其類也。

"親親之殺,尊賢之等"語其大較,蠢愚皆知,辨其精微,賢智或昧。古先聖王,悉心斟酌,審其親疏貴賤,詳定節文,皆因人情以制中,以爲一世常行,使其賢者不得過,不肖者不敢不及,是禮之原也。

《曲禮上》:"夫禮者,所以定親疏,決嫌疑,别同異,明是非也。"

按此數語,解説禮之爲用,甚是明確。蓋禮之精義,尤在於判斷其疑似,而辨明其是非也。

《論語·顔淵》:"顔淵問仁。子曰:'克己復禮爲仁。一日克己復禮,天下歸仁焉。爲仁由己,而由人乎哉?'顔淵曰:'請問其目。'子曰:'非禮勿視,非禮勿聽,非禮勿言,非禮勿動。'顔淵曰:'回雖不敏,請事斯語矣。'"

按顔淵爲孔門高弟,其問仁也,孔子告之以"克己復禮"。及"問其目",亦唯告以視聽言動,一遵於禮而已。良以禮者,爲仁之簡易途徑也。人之仁者,行必合義。合義之實,定與禮協。何則?義自仁生,而禮由義出也。仁道其理,精而難至,禮辨其迹,粗而易循;學者有志乎仁,固捨禮末由也。

人類社會,以人爲主體,聖人言仁,亦以人爲對象,所謂"親親"者,以原其始;"愛物"者,以道其極;實則愛物,僅以涵養人心,以爲愛人之用,物非其標的也。何以知之? 架屋則取木石,祭祀則用犧牲,斬伐殺害,固聖人之所不禁也。

《論語・述而》:"子釣而不綱,弋不射宿。"

《孟子・梁惠王上》:"君子之於禽獸也,見其生不忍見其死,聞其聲不忍食其肉,是以君子遠庖廚也。"

夫孔子以"不綱"、"不射宿"爲仁,則何如不釣不弋?孟子所稱之君子,以"不忍見其死"、"食其肉"爲仁,則何如不殺之死,不食其肉?而乃曰"君子遠庖廚"者,何哉?斯正足以證明聖人言仁,止以人爲對象,物則由人而及之耳,愛物非其目標也。此點爲儒釋根本不同處,不可不辨。

仁爲社會的行爲,乃以全人類爲對象者也。而人事複雜,經緯萬端,止知"親親爲大",當涉世時,仍覺茫無條貫,持循爲難,古先聖王,因綜覈人群,辨其相互關係,區爲五類,命曰五倫,以統攝一切。

《孟子・滕文公上》:"人之有道也,飽食暖衣,逸居而無教,則近於禽獸,聖人有憂之,使契爲司徒,教以人倫,父子有親,君臣有義,夫婦有別,長幼有敍,朋友有信。"

又:"夏曰校,殷曰序,周曰庠,學則三代共之,皆所以明人倫也。"

《中庸》:"天下之達道五……曰君臣也,父子也,夫婦也,昆弟也,朋友之交也。五者天下之達道也。"

五倫猶言五類。亦稱"人倫"者,因行此人道,仁乃得爲人,而自別於禽獸也。亦稱"達道"者,因欲達仁,須完滿人道,而此五者,乃其必由之路徑也。

"克己復禮爲仁",而"經禮三百,曲禮三千"(《禮器》文),豈不令人惶惑?聖人綜其大體爲五。

(1)冠,(2)婚,(3)喪祭,(4)朝聘,(5)射鄉。

《禮記・昏義》:"夫禮,始於冠,本於昏,重於喪祭,尊於朝聘,和於射鄉,此禮之大體也。"

"禮始於冠"者,因冠爲成人之始,蓋必成人,乃能責其行成人之禮也。

《禮記·冠義》:"凡人之所以爲人者,禮義也。禮義之始,在於正容體,齊顔色,順辭令。容體正,顔色齊,辭令順,而後禮義備;以正君臣,親父子,和長幼。君臣正,父子親,長幼和,而後禮義立。故冠而後服備,服備而後容體正,顔色齊,辭令順。故曰冠者,禮之始也。是故古者聖王重冠。……成人之者,將責成人禮焉。責成人禮焉者,將責爲人子,爲人弟,爲人臣,爲人少者之禮行焉。將責四者之行於人,其禮可不重與? 故孝弟忠順之行立,而後可以爲人,而後可以治人也……。故曰:冠者禮之始也,嘉事之重者也。"

"禮本於昏"者,以夫婦爲人倫之始,實社會文化之起點也。

《易·序卦》:"有天地,然後有萬物;有萬物,然後有男女;有男女,然後有夫婦;有夫婦,然後有父子;有父子,然後有君臣;有君臣,然後有上下;有上下,然後禮義有所錯。"

《禮記·昏義》:"昏禮者,將合二姓之好,上以事宗廟,而下以繼後世也,故君子重之。敬慎重正,而後親之,禮之大體,而所以成男女之別,而立夫婦之義也。男女有別,而後夫婦有義;夫婦有義,而後父子有親;父子有親,而後君臣有正。故曰,昏禮者,禮之本也。"

《序卦》推究人類社會之原起,最爲明晰。蓋當遂古之世,人知有母,而不知有父,其時兩性間隨意配合,止可稱爲男女,並無所謂夫婦,更安有父子? 迨至制有夫婦之別,然後始有父子之分。既有夫婦父子,因依血統關係,而別爲家族。有家族,則因營求生活,互爭雄長,遂有小群,而發生主屬關係,是即所謂君臣。有君臣則有上下,有上下則辨其親疏貴賤是非邪正,於是禮義興焉。故曰"昏禮者,禮之本也"。據後世言之,則《昏義》所謂"男女有別,而後夫婦有義;夫婦有義,而後父子有親;父子有親,而後君臣有正"。其意義亦異常重大,故曰"禮本於昏"。

禮"重於喪祭"者,所以重事死亡也。重事死亡,非謂其有知,其用意有二:

(1)所以達其愛敬之情。

(2)所以養其仁厚之心。

《禮記・三年問》:"凡生天地之間者,有血氣之屬,必有知。有知之屬,莫不知愛其類。今是大鳥獸,則失喪其群匹,越月逾時焉,則必反巡過其故鄉,翔回焉,鳴號焉,蹢躅焉,踟蹰焉,然後乃能去之。小者至於燕雀,猶有啁噍之頃焉,然後乃能去之。故有血氣之屬者,莫知於人,故人於其親也,至死不窮。"(《荀子・禮論》文與此小異)

以上可爲重喪祭所以達其愛敬之情之説明。

《荀子・禮論》:"禮者,謹於治生死者也。生,人之始也。死,人之終也。終始俱善,人道畢矣。故君子敬始而慎終,終始如一,是君子之道,禮義之文也。夫厚其生而薄其死,是敬其有知而慢其無知也,是姦人之道,而倍叛之心也。君子以倍叛之心,接臧穀,猶且羞之,而況以事其所隆親乎?故死之爲道也,一而不可得再復也,臣之所以致重其君,子之所以致重其親,於是盡矣。"

《論語・學而》:"慎終追遠,民德歸厚矣。"(孔注"慎終"者,喪盡其哀。"追遠"者,祭盡其敬)

以上兩條,可爲重喪祭所以養其仁厚之心之説明。

朝聘之禮:據"三禮"、"三傳"所志,其名稱、時間、次數、儀節,參差歧互,莫衷一是。兹經參校,歸納通義如下。

(1)朝者,見也。爲諸侯見天子,及諸侯自相見之禮。

(2)聘者,問也。爲諸侯使卿大夫問天子,及諸侯使大夫自相存問之禮。天子使人問諸侯,亦曰聘。

(3)朝聘制禮之義。

《御覽》引《白虎通》云:"所以制朝聘之禮何? 所以尊君父,重孝道也。夫臣之事君,猶子之事父,欲全臣子之恩,一統尊君,故必朝聘也。”

《大戴禮·朝事》：“是故一朝，而近者三年，遠者六年。有德焉，禮樂爲之益習，德行爲之益修，天子之命爲之益行，然後使諸侯世相朝，交歲相聞，殷相聘，以習聘考義，政刑一德，以崇天子。故曰：‘朝聘之禮者，所以正君臣之義也。’”

《穀梁傳》隱十一年云：“天子無事，諸侯相朝，正也。考禮修德，所以尊天子也。”

朝聘之禮，所以“尊天子”，“正君臣”，義在尊尊，故曰禮“尊於朝聘”。

“和於射鄉”者，“射”謂鄉射。州長春秋以社會民，而射於州序之禮也。“鄉”謂鄉飲酒。此鄉飲酒乃黨正每歲十二月蜡祭以禮聚民，而飲酒於序以正齒位之禮，非鄉大夫三年賓賢能之禮也。（“射”謂鄉射，“鄉”謂鄉飲酒，用孫希旦《集解》說）

《禮記·鄉飲酒義》：“鄉飲酒之禮，六十者坐，五十者立侍，以聽政、役，所以明尊長也。六十者三豆，七十者四豆，八十者五豆，九十者六豆，所以明養老也。民知尊長養老，而後乃能入孝弟。民入孝弟，出尊長養老，而後成教，成教而後國可安也。君子之謂孝者，非家至而日見之也，合諸鄉射，教之鄉飲酒之禮，而孝弟之行立矣。”

按射鄉之禮，本在敦睦鄉里情感，而仍以孝弟爲教，蓋不孝弟則無敬讓，勢將趨於爭奪，安望其能和睦？故曰“禮和於射鄉”。

《禮記·經解》云：“故朝覲之禮，所以明君臣之義也。聘問之禮，所以使諸侯相尊敬也。喪祭之禮，所以明臣子之恩也。鄉飲酒之禮，所以明長幼之序也。婚姻之禮，所以明男女之別也。夫禮禁亂之所由生，猶坊止水之所自來也。故以舊坊爲無所用而壞之者，必有水敗。以舊禮爲無所用而去之者，必有亂患。故婚姻之禮廢，則夫婦之道苦，而淫辟之罪多矣。鄉飲酒之禮廢，則長幼之序失，而爭鬥之獄繁矣。喪祭之禮廢，則臣子之恩薄，而倍死忘生者眾矣。聘覲之禮廢，則君臣之位失，諸侯之行惡，而倍畔侵陵之敗起矣。”

按《經解》所論極爲剴切，故備錄於此。

總結上文，可知仁爲社會的行爲，以生爲根柢，其爲在裁有餘而補不足，以達人己並生。人之欲己之生也，常有餘；欲人之生也，常不足；平之之道，莫善於恕。恕以行仁，而辨其是非邪正親疏貴賤，則義也。飾以節文，則禮也。禮與義，皆因事立名，舉其特點以示人，其實皆仁之事也。

恕爲行仁之方，故不與禮義對舉，此《中庸》“修道以仁”之義，及禮義與仁之相互關係也。

或疑仁以生爲根柢，則仁者必貪生怕死，或反對五刑。曰否否不然。蓋仁者以人己並生爲目的，我之生也，如無害於人，自以善其生爲仁，戕其生爲不仁。然有時因我之生也，而害及他人，乃至一世之人，乃至後世之人，是生已有傷於義，仁者必不苟焉求生矣。

《論語・衛靈公》：“子曰：‘志士仁人，無求生以害仁，有殺身以成仁。’”

《孟子・告子上》：“生亦我所欲也，義亦我所欲也，二者不可得兼，舍生而取義者也。”

以上兩條，可爲仁者非貪生怕死之證。夫貪生怕死，乃人之天性，正無容諱言，一切刑賞勸懲，胥以此爲根據，聖人唯恐此貪生怕死之天性，過度發展，以至不顧他人而相殘相害也。因教之以仁義，俾抑其有餘，而勉其不足，豈有仁者反而貪生怕死以害仁乎？

若夫反對五刑，尤非仁者之心，蓋刑期於無刑（《僞古文尚書・大禹謨》），其在《易》：“頤中有物，曰噬嗑。”（《彖傳》）☲噬，嚙也；嗑，合也。以象上下之間，有物間隔，當用刑法去之，乃得亨通。”（孔《疏》）故《大象》曰：“雷電噬嗑，先王以明罰敕法。”謂用明以察之，威以勝之，消除頑梗，以得大通，則刑罰又安可廢乎？

《禮記・表記》：“子曰：‘以德報德，則民有所勸；以怨報怨，則民有所懲。'"

《大學》:"……唯仁人,放流之,進諸四夷,不與同中國。此謂:'唯仁人爲能愛人,能惡人。'"

《論語·里仁》:"子曰:'唯仁者能好人,能惡人。'"

以上三條,爲仁者不反對五刑之證。

又仁字,孔子每與智、勇對舉。

《中庸》:"智仁勇,三者天下之達德也,所以行之者一也。或生而知之,或學而知之,或困而知之,及其知之一也。或安而行之,或利而行之,或勉强而行之,及其成功一也。子曰:'好學近乎智,力行近乎仁,知耻近乎勇。知斯三者,則知所以修身;知所以修身,則知所以治人;知所以治人,則知所以治天下國家矣。'"

《論語·子罕》:"子曰:'智者不惑,仁者不憂,勇者不懼。'"

又《憲問》:"子曰:'君子道者三,我無能焉。仁者不憂,智者不惑,勇者不懼。'子貢曰:'夫子自道也。'"

按:智仁勇並稱爲三達德。德者,得也,成功之謂(《韓非子·解老》:"德者,道之功。"),言由斯三者,可底於成功也。智爲仁之準備功夫,勇爲仁之實行力量,無智以先之,則仁或失之不中;無勇以後之,則仁或虛而無實,名雖有三,實則止一仁也,故曰"所以行之者一也"。

"或生而知之,或學而知之,或困而知之。"所知者何事?知此仁也。"或安而行之,或利而行之,或勉强而行之。"所行者何事?行此仁也。知之者智也,行之者勇也,要之,皆仁之僕隸,言仁則可該三德也。古今中外之成功立業者,莫不依於三德,今語曰,熱誠、識見、膽力,亦其事也。

好學,非智也,而近於智;力行,非仁也,而近於仁;知耻,非勇也,而近於勇。斯三者,聖人所舉以示人之簡易入德方法也。

知者,"知人"(《論語·顏淵》),故不惑。仁者,"愛人"(同上),故不憂。勇者果於行,故不懼。

或疑仁者無勇,亦誤。

《論語·憲問》:"子曰:'……仁者,必有勇;勇者,不必有仁。'"

又《子罕》:"子曰:'三軍可奪帥也,匹夫不可奪志也。'"

又:"子畏於匡。曰:'文王既没,文不在兹乎?天之將喪斯文也,後死者不得與於斯文也;天之未喪斯文也,匡人其如予何?'"

又《述而》:"子曰:'天生德於予,桓魋其如予何?'"

《易·大象》:"澤滅木,大過。君子以獨立不懼,遯世無悶。

雷風,恒。君子以立不易方。

澤無水,困。君子以致命遂志。"

《孟子·公孫丑上》:"昔者曾子謂子襄曰:'子好勇也?吾嘗聞大勇於夫子矣。自反而不縮(縮,直也),雖褐寬博,吾不惴焉?自反而縮,雖千萬人,吾往矣。'"

以上諸條,爲仁者必有勇之證。

第五節　論　誠

一、孔子哲學以仁爲目標,以時爲方法。

二、誠者真實無僞。

三、誠信對舉之義。

四、孔子哲學純以實證爲根據。

綜觀孔子哲學,以仁爲目標,以時爲方法。自時推衍者,有中正順應;自仁滋生者,有忠恕義理智勇。名目雖多,實則時、仁二字,可以盡之。然尚有一事,尤關重要,則誠是。

《中庸》:"誠者,物之終始,不誠無物,是故君子誠之爲貴。誠者,非自成己而已也,所以成物也。成己,仁也。成物,知也。性之德也,合外内之道也,故時措之宜也。故至誠無息。不息,則久;久,則徵;徵,則悠遠;悠遠,則博厚;博厚,則高明。博厚,所以載物也;高明,所以覆物也;悠久,所以成物也。博厚配地,高明配天,悠久無疆。如此者,不見而章,不動而變,無爲而成。"

按:《中庸》此段,揭發誠字義蘊,及誠與仁智時之關係,警醒精確,無與倫比。蓋誠者,真實無僞。人生一切言行,如不本以真實,則與不言不行何異,安能望其有成?故曰"誠者,物之終始,不誠無物"也。"至誠無息"則《易》所謂"天行健"也,誠之爲義與《乾·文言》"大哉乾乎!剛健中正,純粹精也",《大畜》"剛健篤實輝光,日新其德"不殊也。

誠信二字對舉,則誠謂發於己者,真實不欺;信謂及於人者,言行不違。一則常指動機,一則常指結果,是爲二者之辨,渾言不別也。《論語》言信處,不一而足,兹約舉之。

《論語·學而》:"曾子曰:'吾日三省吾身,……與朋友交而不信乎?'"

又:"子曰:'道千乘之國,敬事而信……'"

又:"子曰:'弟子,……謹而信……'"

又:"子夏曰:'……與朋友交,言而有信……'"

又:"子曰:'……主忠信……'"(亦見《子罕》)

又:《爲政》:"子曰:'人而無信,不知其可也;大車無輗,小車無軏,其何以行之哉?'"

又《衛靈公》:"子張問行。子曰:'言忠信,行篤敬,雖蠻貊之邦行矣。言不忠信,行不篤敬,雖州里行乎哉?立則見其參於前也,在輿則見其倚於衡也,夫然後行。'子張書諸紳。"

又《顏淵》:"子貢問政。子曰:'足食,足兵,民信之矣。'子貢曰:'必不得已而去,於斯三者何先?'曰:'去兵。'子貢曰:'必不得已而去,於斯二者何先?'曰:'去食。自古皆有死,民無信不立。'"

又:"子曰:'君子,義以爲質,禮以行之,孫以出之,信以成之,君子哉!'"

以上十條,皆記言信之事。

《論語・爲政》："子曰：'由！誨汝知之乎？知之爲知之，不知爲不知，是知也。'"

"子張學干禄。子曰：'多聞闕疑，慎言其餘，則寡尤；多見闕殆，慎行其餘，則寡悔，言寡尤，行寡悔，禄在其中矣。'"

又《八佾》："子曰：'夏禮吾能言之，杞不足徵也。殷禮吾能言之，宋不足徵也。文獻不足故也，足則吾能徵之矣。'"（《禮運》、《中庸》與此小異）。

又《述而》："子不語怪力亂神。"

又："子曰：'蓋有不知而作之者，我無是也。'"

又《衛靈公》："子曰：'吾猶及史之闕文也。有馬者，借人乘之，今亡矣夫！'"

以上六條皆存誠履信之事。蓋孔子哲學，純以實證爲根據，此亦其獨有之精神，不可與"索隱行怪"、"攻乎異端"者等量而齊觀也。

此外尚有敬字，亦孔子所恒言；顧以其僅屬於做人做事之態度，與哲學關涉較淺，故不具論。

第九章 《周易》與老子

第一節 總　說

一、孔子與老子，爲我國歷史上兩大哲人；《周易》與《老子》，爲我國哲學上兩大經典。

二、承學之士直視《老》、《易》爲千古二大啞謎。

三、《老》、《易》屬哲學，以研究普遍原理爲職志。

四、孔子哲學純出於《易》，老子哲學與《易》大異其趣。

　　孔子與老子，爲我國歷史上兩大哲人，《周易》與《老子》爲我國哲學上兩大經典。以其人格之偉大、思想之精深，遂乃皐牢百代，獨步千古。二千年來，百家群籍，浩如烟海，沿流溯源，幾乎無不以此二書爲其本根，學者有志於中國哲學，固捨此莫由也。惟以其書，詞簡旨隱，不易喻曉，兼以國人崇奉二哲，有如神明，坐是益增神秘氣氛，承學之士，直視同千古二大啞謎，群思致力以求解決，而說者愈多，其義愈晦。王輔嗣、周茂叔諸人，混而同之，不倫不類，已不足式；而方士道士者流，更以五行干支、丹鼎符籙之說相附益，尤滋迷惑。晚近因受科學漸染，國人憬然以舊說爲非，而敢於疑古，妄造臆說，亦數見不鮮。如：疑《易》爲前世逸編，甚至詆爲初民崇拜生殖器之遺迹，而以革命唯物等義，歸諸《老子》，率皆逞臆而談，不足爲訓。良以《老》、《易》二書，本屬哲學，以研究普遍原理爲職志，寄旨圓通，不落形迹，非如考辨古代名物制度，其得失易於察

見；故淺嘗者，可以隨意附會，而覃精者不易窮其奧突。余於治
《易》之餘，兼論孔老。蓋孔子哲學，純出於《易》，而老子哲學，則與
《易》大異其趣。以下即本此旨疏證之。

第二節　　老子之哲學基礎

一、《周易》所注意者在有，《老子》所注意者在無。

二、老子之哲學，以無作出發點。

三、老子哲學屬"唯心"一派。

《周易》、《老子》二書，觀察宇宙現象，認爲變動不居，而此變動
不居之運行，恒表現正反兩種性態，此點則同。惟對於宇宙現象，
所以變動不居，其主因何在？解釋乃大違異。蓋《周易》所注意者，
在有；而老子所注意者，在無。

《易·繫辭傳》曰："是故易有太極，是生兩儀。"

又："一陰一陽之謂道。"

又："陰陽不測之謂神。"

又："天地設位，而《易》行乎其中矣。"

又："形而上者，謂之道。形而下者，謂之器。化而裁之，謂之
變。推而行之，謂之通。舉而措之天下之民，謂之事業。"

據上所引，可知《周易》言有不言無，言陰陽天地不言陰陽天地
以前。其所謂"兩儀"，即"太極"也。"陰陽"即"道"也，亦即"神"
也。蓋"太極"象其全，而"兩儀"象其分。"陰陽"言其粗，而"道"
"神"言其精。所謂"形而上者"，非他，猶今語抽象也；"形而下者"，
非他，猶今語具體也。《太極圖説》"無極而太極"，朱熹曰"無極即
是無形"，"太極即是有理"，純本老莊，與《易》無涉。

《老子》曰："天下萬物生於有，有生於無。"

又："無名，天地之始；有名，萬物之母。"

又："有物混成，先天地生，寂兮寥兮，獨立而不改，周行而不殆，可以爲天下母；吾不知其名，字之曰道。"

"玄牝之門，是謂天地根。"

又："道沖而用之或不盈，淵兮似萬物之宗，……吾不知誰之子，象帝之先。"

又："道生一，一生二，二生三，三生萬物。"

按：老子言"有生於無"，其哲學即以無作出發點。全書盛贊"無"之功用，而論及"天地始"、"天地根"、"帝之先"。反復形容，謂名則"無名"，形則"寂兮寥兮"，而用則"獨立而不改，周行而不殆，可以爲天下母"，"淵兮似萬物之宗"，"字之曰道"。蓋其所謂道者，乃"先天地生"而爲宇宙現象變動不居之主因，與《易》之以"一陰一陽"之自生自成自變自化謂之道，以"陰陽不測"之或正或反莫測端倪謂之神者，迥然不侔。蓋《易》之哲學基礎在有，而老之哲學基礎在無。老子之哲學，謂"有生於無"，以無爲第一位。其所謂無者，無存在，無名象，而有推動宇宙之大力，則老子非唯心論者而何？《周易》之哲學，謂"一陰一陽之謂道"，"陰陽不測之謂神"，是以"陰陽"爲本體，"道"與"神"爲由此"陰陽"本體所産生之動能，則《周易》非唯物論者而何？時人不察，乃目老子爲唯物主張，亦可謂"偏其反矣"。

第三節　　老子哲學之應用（一）

一、老子哲學應用於人生，則在"無爲"。

二、"無爲"之精義，即"以本爲精，以物爲粗"，"秉要執本，清虛以自守"。

三、老子之政教主張，"無爲"、"自然"，實以"執古之道以御今之有"一語爲根荄。

老子之哲學基礎在"無"，其應用於人生社會方面，則在"無爲"。"無爲"者，因循自然以爲功，己身無所作爲也。此點與《易》之精神絶異。蓋老子以"無"爲宇宙根源，目"無"爲最高最大最完善之原理。應用之，則爲"無爲"。"無爲"之精義，即莊子所謂"以本爲精，以物爲粗"（《天下》），《漢書・藝文志》所謂"秉要執本，清虛以自守"也。而《周易》則以"有"爲宇宙本體，其最高原理，如時中等，皆由此有之變動發展進程中，悟證而得。其主要精神，端在"裁成天地之道，輔相天地之宜，以左右民"。對老子言，則應稱爲"有爲"。蓋《易》之精義，在隨時用中，而何事爲要爲本，何事爲精爲粗，殊難克指，自不能如老子之可以秉之執之也。

《老子》云："是以聖人處無爲之事，行不言之教。"

"……常使民無知無欲；使夫智者不敢爲也，爲無爲，則無不治。"

"愛民治國，能無爲乎？"

"三十輻共一轂，當其無，有車之用；埏埴以爲器，當其無，有器之用；鑿户牖以爲室，當其無，有室之用；故有之以爲利，無之以爲用。"

"執古之道，以御今之有；能知古始，是謂道紀。"

"道常無爲而無不爲，侯王若能守之，萬物將自化。"

"吾是以知無爲之有益。不言之教，無爲之益，天下希及之。"

"清静爲天下正。"

"故聖人云：我無爲而民自化，我好静而民自正，我無事而民自富，我無欲而民自朴。"

"人法地，地法天，天法道，道法自然。"

"功成事遂，百姓皆謂我自然。"

"以輔萬物之自然，而不敢爲。"

"道之尊，德之貴，夫莫之命而常自然。"

"道之出口，淡乎其無味，視之不足見，聽之不足聞，用之不足既。”

以上所引,爲老子之政教主張,在“無爲”、“自然”之證。要而言之,乃以“執古之道以御今之有”一語爲根荄,故尊而名之曰“道紀”。“道紀”也者,道之統宗、道之要領也。

《藝文志》謂道家“秉要執本,清虛以自守”,蓋即本此。而吾謂老子之政教主張,乃自其宇宙觀而來,亦所深信不疑者也。

第四節　　老子哲學之應用(二)

一、《周易》重分別,《老子》貴玄同。
二、孔子有意以爲仁,老子不仁而任道。

老子之政教主張,在無爲自然,故以“見素抱朴”、“得一”、“抱一”、“玄德”、“玄同”爲貴,而反對聖智仁義禮法技巧。此點與《周易》尤大相徑庭。蓋《周易》之政治哲學,在制作,而其制作之精神,則在分別是非邪正親疏貴賤,故甚重聖智仁義禮法技巧。而老子則尚“無爲”,故不重分別,而以“玄同”、“玄德”爲貴,聖智云云,自所鄙棄。兹各引原書比較證明之。

《易·大象》:“雲雷,屯。君子以經綸。”

“地上有水,比。先王以建萬國,親諸侯。”

“澤上有水,節。君子以制度數,議德行。”

“風行天上,小畜。君子以懿文德。”

“山下出泉,蒙。君子以果行育德。”

“山下有風,蠱。君子以振民育德。”

“天在山中,大畜。君子以多識前言往行,以畜其德。”

“水洊至,習坎。君子以常德行,習教事。”

“明出地上,晉。君子以昭明德。”

“山下有水,蹇。君子以反身修德。”

"山上有木,漸。君子以居賢德善俗。"

以上十一條,爲易重制作文爲之證。

《易・大象》:"上天下澤,履。君子以辨上下定民志。"

"天與火,同人。君子以類族辨物。"

"火在水上,未濟。君子以慎辯物居方。"

"火在天上,大有。君子以遏惡揚善,順天休命。"

"天下有山,遯。君子以遠小人,不惡而嚴。"

以上五條,爲《易》重分別之證。

《老子》云:"故令有所屬,見素抱朴,少私寡欲。"

"道常無名朴;雖小,天下莫能臣也。侯王若能守之,萬物將自賓。"

"化而欲作,吾將鎮之以無名之朴。"

"朴散則爲器,聖人用之則爲官長,故大制不割。"

"昔之得一者,天得一以清,地得一以寧,神得一以靈,谷得一以盈,萬物得一以生,侯王得一以爲天下貞。"

"載營魄抱一,能無離乎?"

"是以聖人抱一,爲天下式。"

"生而不有,爲而不恃,長而不宰,是謂玄德。"

"挫其銳,解其分,和其光,同其塵,是謂玄同。"

"故不可得而親,不可得而疏,不可得而利,不可得而害,不可得而貴,不可得而賤,故爲天下貴。"

"故從事於道者,同於道;德者,同於德;失者,同於失。同於道者,道亦樂得之;同於德者,德亦樂得之;同於失者,失亦樂得之。"

"聖人無常心,以百姓心爲心。善者,吾善之,不善者吾亦善之,德善。信者吾信之,不信者吾亦信之,德信。聖人在天下歙歙爲天下渾其心,聖人皆孩之。"

以上十二條,爲老子尚"見素抱朴"、"得一"、"抱一"、"玄德"、"玄同"而反對分別之證。其言"失者同於失","不善者吾亦善之",

"不信者吾亦信之"，其主張可謂趨於極端也矣。

《老子》云："天地不仁，以萬物爲芻狗；聖人不仁，以百姓爲芻狗。天地之間，其猶橐籥乎？虛而不屈，動而愈出。"

"大道廢，有仁義；智慧出，有大僞；六親不和，有孝慈；國家昏亂，有忠臣。"

"絕聖棄智，民利百倍；絕仁棄義，民復孝慈；絕巧棄利，盜賊無有。"

"絕學無憂。唯之與阿，相去幾何？善之與惡，相去何若？"

"上德不德，是以有德，下德不失德，是以無德。上德無爲，而無以爲；下德爲之，而有以爲；上仁爲之，而無以爲；上義爲之，而有以爲；上禮爲之，而莫之應，則攘臂而扔之。故失道而後德，失德而後仁，失仁而後義，失義而後禮。夫禮者，忠信之薄，而亂之首。前識者，道之華，而愚之始。"

"天下多忌諱，而民彌貧；民多利器，國家滋昏；人多伎巧，奇物滋起；法令滋彰，盜賊多有。"

"古之善爲道者，非以明民，將以愚之。民之難治，以其智多。故以智治國，國之賊；不以智治國，國之福。"

"天下神器，不可爲也。爲者，敗之，執者失之。"

"爲者敗之，執者失之，是以聖人無爲，故無敗；無執，故無失。"

以上九條，爲老子反對聖智作爲之證。

孔老主張，根本不同之處，即前者有意以爲仁，後者不仁而任道也。

第五節　　老子之行爲原理

老子有見於宇宙之現象，其變動之軌迹，當爲一進一退、一得一失、一安一危、一存一亡、一成一缺、一損一益、一寒一熱、一静一躁、一新一敝、一先一後、一榮一辱、一禍一福之一正一反兩種作用。以至於剛柔也，強弱也，雌雄也，白黑也，美惡也，善不善也，巧拙也，辯訥也，明昧也，上下也，大小也，長短也，曲全也，枉直也，窪盈也，多少也，夷類也，種種形性，罔不呈積極消極相對的兩種現象。而此兩種現象，又常互相倚伏。得之後，常爲失。禍之後，常爲福。彼乃歸納之，得一原則，曰"反者道之動，弱者道之用"。因人之情也，皆好榮而惡辱，好白而惡黑，好雄而惡雌，……彼乃告之以"知其雄，守其雌"，"知其白，守其黑"，"知其榮，守其辱"，以坐待"雄"、"白"、"榮"之自來，此點與《周易》亦截然不同。蓋《周易》亦知宇宙現象變動之軌迹，爲一陰一陽，而其意旨乃在扶陽抑陰，"遏惡揚善"，所謂"必有事焉"，以求得吾之目的，而非如老子之無所事事，坐以待之，恪守"天之道不爭而善勝，不言而善應，不召而自來"之自然法則也。故《易》之取象，以陰爲柔，爲小，爲小人，爲賤，爲不富，爲失實；陽爲大，爲剛，爲君子，爲貴，爲富，爲實；其位也，柔乘剛曰逆，柔承剛曰順，而泰、否、剝、復諸卦，無不視陰陽之消長，以定時會之隆污，"履霜堅冰"、"碩果不食"諸爻，莫不因剛柔之去來，而判辭旨之憂喜，此與老子大異其趣也。

《老子》曰："是以聖人後其身而身先，外其身而身存。"

"曲則全，枉則直，窪則盈，敝則新，少則得，多則惑，是以聖人抱一爲天下式。"

"知其雄，守其雌，爲天下谿；爲天下谿，常德不離，復歸於嬰兒。知其白，守其黑，爲天下式；爲天下式，常德不忒，復歸於無極。知其榮，守其辱，爲天下谷；爲天下谷，常德乃足，復歸於樸。"

"故建言有之：'明道若昧，進道若退，夷道若纇。上德若谷，大白若辱，廣德若不足。建德若偷，質真若渝，大方無隅。大器晚成，大音希聲，大象無形，道隱無名。'"

"物或損之而益，或益之而損。"

"大成若缺，其用不敝。大盈若沖，其用不窮。大直若屈，大巧若拙，大辯若訥。躁勝寒，靜勝熱，清靜爲天下正。"

“禍兮福之所倚，福兮禍之所伏。……正復爲奇，善復爲妖。”

“柔弱勝剛强。”

“守弱曰强。”

“以天下之至柔，馳騁天下之至堅。”

“人之生也柔弱，其死也堅强；萬物草木之生也柔脆，其死也桔槁。故堅强者死之徒，柔弱者生之徒。”“弱之勝强，柔之勝剛，天下莫不知，莫能行。”

“牝常以静勝牡。”

“江海所以能爲百谷王者，以其善下之，故能爲百谷王。是以欲上民，必以言下之；欲先民，必以身後之。”

“我有三寶，持而保之，一曰慈，二曰儉，三曰不敢爲天下先。慈，故能勇。儉，故能廣。不敢爲天下先，故能成器長。今舍慈且勇，舍儉且廣，舍後且先，死矣。夫慈，以戰則勝，以守則固，天將救之，以慈衛之。”

按此條“慈故能勇”，自來皆以儒書之義解之，恐不然。蓋老子之所謂勇，即下文“勇於敢則殺，勇於不敢則活”之勇也，非“殺身成仁”、“舍生取義”之比，不可不辨。

“功遂身退，天之道。”

“知足不辱，知止不殆，可以長久。”

“治人事天莫若嗇。夫唯嗇，是謂早服；早服，謂之重積德；重積德則無不克；無不克則莫知其極；莫知其極，可以有國；有國之母，可以長久；是謂深根固柢長生久視之道。”

“衆人熙熙，如享太牢，如春登臺；我獨泊兮其未兆，如嬰兒之未孩，儽儽兮若無所歸。衆人皆有餘，而我獨若遺，我愚人之心也哉！沌沌兮，俗人昭昭，我獨昏昏。俗人察察，我獨悶悶。淡兮其若海，飂兮若無止。衆人皆有以，而我獨頑以鄙。我獨異於人而貴食母。”

以上十九條，皆老子應用其“反者道之動，弱者道之用”之例證。蓋彼實恪守“天之道,不爭而善勝,不言而善應,不召而自來”
之自然法則者也。

第六節　老子爲利己主義

一、老子之目的,唯在利己,而不計及是非善惡。

二、老子固非無意於天下者。

三、老子之淡泊,實乃大貪;“不敢爲天下先”,乃正取天下之陰
謀,其末流衍爲法家、兵家,亦勢所必至。

老子以“無”爲宇宙之根源,其應用於人生也則爲“無爲”、“自
然”,而自處於卑弱,《漢志》所謂“秉要執本,清虛以自守,卑弱以自
持”者也。其目的,唯在於利己,而不計及是非善惡;與《易》之“和
順於道德而理於義,窮理盡性以至於命”(《說卦》)之旨大相刺謬。
茲舉其書以證之。

《老子》曰:“故從事於道者,同於道;德者,同於德;失者,同於
失。”

“聖人無常心,以百姓心爲心。善者,吾善之,不善者吾亦善
之,德善。信者,吾信之,不信者,吾亦信之,德信。”

“報怨以德。”

以上三條,爲老子不計是非善惡之證。

“功成而弗居,夫唯弗居,是以不去。”

“非以其無私邪? 故能成其私。”

“夫唯不爭,故無尤。”

“夫唯不爭,故天下莫能與之爭。”

“以其不爭,故天下莫能與之爭。”

“名與身孰親? 身與貨孰多?”

“重爲輕根,靜爲躁君。……奈何萬乘之主,而以身輕天下,輕

則失根，躁則失君。"

"以其終不自爲大，故能成其大。"

"是以聖人終不爲大，故能成其大。"

"取天下常以無事，及其有事，不足以取天下。"

"將欲取天下而爲之，吾見其不得已。"

"以正治國，以奇用兵，以無事取天下。"

"治人事天莫若嗇。……莫知其極，可以有國；有國之母，可以長久；是謂深根固柢，長生久視之道。"

"夫樂殺人者，則不可得志於天下矣。"

"是以欲上民，必以言下之，欲先民，必以身後之。是以聖人處上而民不重，處前而民不害，是以天下樂推而不厭。"

"是以聖人云：'受國之垢，是謂社稷主；受國不祥，是爲天下王。'"

以上十六條，爲老子以利己爲終極目的之證。蓋其言"是以不去"，"故能成其私"，"故无尤"，"故天下莫能與之爭"，"名與身孰親"，"奈何萬乘之主而以身輕天下"，"故能成其大"，……皆以一己之利害，爲其去取之權衡；而稱"取天下"者凡三，"得志於天下"者一，可以有國者一，"欲上民"、"欲先民"者各一，"社稷主"、"天下主"者各一，予以知老子固非無意於天下者，第不肯以天下害其身耳。

故老子之淡泊，實乃大貪；其"不敢爲天下先"乃正取天下之陰謀，其末流衍爲法家、兵家，亦勢之所必至也。

第七節　　老子爲陰謀家

一、《老子》屢稱於水，而好談兵。

二、《老子》全書，皆從失得利害處着眼。

三、老子無民主思想。

老子尚陰謀，懷殺機，而以無爲爲藏身之固。故屢稱於水，而好談兵。其爲人也，當厚貌深情，天性冷酷，與《周易》一派之人生哲學背道而馳，判若涇渭。蓋在《易》坎爲水，爲險，爲陷，凡困、蹇、訟、師諸卦皆取義於水；而離爲火，爲麗，爲明，凡同人、大有、豐、晉諸卦，皆取義於火，其喜陽憎陰，好明惡隱之情，昭然若揭。孔子曰："俎豆之事，則嘗聞之矣；軍旅之事，未之學也。"（《論語・衛靈公》）故孔子之書，絶少言及兵爭之事。而老子則不然，其言曰："上善若水，水善利萬物而不爭，處衆人之所惡，故幾於道。"

"天下莫柔弱於水，而攻堅强者，莫之能勝，其無以易之。"

以上兩條，爲老子稱水之證。

"以正治國，以奇用兵。"

"將欲歙之，必固張之；將欲弱之，必固强之；將欲廢之，必固興之；將欲奪之，必固與之，是謂微明。"

"魚不可脫於淵，國之利器，不可以示人。"

"善爲士者，不武；善戰者，不怒；善勝敵者，不與；善用人者，爲之下；是謂不爭之德，是謂用人之力。"

"用兵有言：吾不敢爲主而爲客，不敢進寸而退尺。是謂行無行，攘無臂，扔無敵，執無兵。禍莫大於輕敵；輕敵，幾喪吾寶。故抗兵相加，哀者勝矣。"

"勇於敢則殺，勇於不敢則活。"

"天下之至柔，馳騁天下之至堅。"

"故大國以下小國，則取小國；小國以下大國，則取大國。"

"以道佐人主者，不以兵强天下，其事好還。師之所處，荆棘生焉，大軍之後，必有凶年。"

"夫佳兵者，不祥之器，物或惡之，故有道者不處。不得已而用之，恬淡爲上。勝而不美，而美之者，是樂殺人；夫樂殺人者，則不可以得志於天下矣。"

"天下有道,卻走馬以糞;天下無道,戎馬生於郊。"

以上十一條,爲老子談兵之證。蓋《老子》全書,皆從得失利害處着眼,不以陰謀術數爲諱,與孔子之必辨事之邪正善惡者,迥殊。《漢志》稱其爲"君人南面之術",不爲無見。而時人乃以革命民主説之,亦可謂不思也已。

第八節　結　論

一、老子之修養方法,在冥悟。

二、《老子》哲學與《易》不同處爲:《易》爲唯物的、積極的、進步的、社會的、實證的哲學;《老子》爲唯心的、消極的、保守的、個人的、内省的哲學。

三、《易》、《老》皆自成體系,爲中國哲學二大宗派之開山。

老子之修養方法在冥悟,與孔子之重實證亦異。兹仍引據原書以證之。

《老子》曰:"故常無欲,以觀其妙;常有欲,以觀其徼。"

"不出户,知天下,不窺牖,見天道,其出彌遠,其知彌少。是以聖人不行而知,不見而名,不爲而成。"

以上兩條,爲老子修養方法重冥悟之證。

綜觀兹章所述,可得結論如下:

(1)老子以"無"爲宇宙之根源,亦即其宇宙觀,實爲構成其哲學體系之基礎。

(2)其方法:則爲"無爲"。如何無爲? 即以"抱一"、"抱朴"爲主體,以"玄德"、"玄同"爲用。因而反對一切制作,一切分别。

(3)其目的:在於利己。夫既無爲,如何利己? 緣彼知"反者道之動,弱者道之用",因而"卑弱以自持",以俟福利之自來。其結果乃流爲權謀術數,而有助於法家與兵家。

（4）其修養方法，重冥悟，而輕實證。

　老子哲學與《易》不同處：略言之，則《易》爲唯物的、積極的、進步的、社會的、實證的哲學；而老子則爲唯心的、消極的、保守的、個人的、内省的哲學。内容雖異，要皆自成體系，不愧爲中國哲學二大宗派之開山也。

第十章 《周易》與唯物辯證法

一、《周易》與唯物辯證法,其説若合符節。

二、宇宙之真理定爲一。

三、《易》之"生兩儀","生四象","生八卦",與唯物辯證法之第一法則符合。

四、《易》六十四卦之排列,合於唯物辯證法第二、第三法則。

五、全《易》六十四卦,可視爲一鏈。

六、《易》"窮則變,變則通,通則久",亦合於三法則。

七、《易》之一字,已含三法則。

八、《易》之構成,與所謂"此螺旋曲綫之每一斷片、每一破片、每一小片,俱能變化爲獨立的、完全的、直的綫"之理合。

中國之《周易》,與西土之唯物辯證法,事隔幾千年,地距幾萬里,而其説若合符節,洵屬大奇! 然由此亦可知宇宙之真理定爲一,有二則非真理;吾國之樂律、曆法、算學,其理俱與西人不謀而合,正不必致疑於此也。唯物辯證法之基本法則有三:曰對立的統一,曰質變與量變,曰否定之否定。其在《易》也則《繫辭傳》曰:

"易有太極,是生兩儀,兩儀生四象,四象生八卦。"

按:"太極生兩儀"意謂在太極中,孕有陰陽對立之兩種性質也。("儀",匹也,亦示對立)"兩儀生四象"意謂每一儀中,又孕有陰陽之兩種性質,合之稱四象。"四象生八卦",理亦猶是,惟兼以表示其向上發展而已。斯義也,與唯物辯證法之第一法則——對立的統一適相符合。然此特《易》所使用以構成體系之質料耳。請更進而論究《易》之整體。

《易經》六十四卦之排列，皆兩兩相對，而首乾、坤，終既濟、未濟。每相反對之二卦，可視爲一環。此一環中之前一卦爲正，後一卦爲反或對，其相鄰次環之前一卦可視爲合，此與唯物辯證之第三法則——否定之否定相符合，爲發展運動中進入一較高之階段。又每環中之前一卦，可視爲一種事物、現象、過程所規定之質；其卦由初爻至上爻之遞進，可視爲其質之量的逐漸變化而繼長增高；後一卦可視爲突變轉化之新質，而否定其前卦之質。以下各環，依此方式而向上發展，適與唯物辯證法之第二法則——質變與量變（由量到質及由質到量之轉化）相符合。

又全《易》六十四卦，可視爲一鏈，以乾、坤爲始，既濟、未濟則爲向出發點之復歸，仍與否定之否定相合。而其每卦中所構成之質料，則爲陰陽兩種符號，是又合於對立的統一也。

《繫辭傳》曰：

"易，窮則變，變則通，通則久。"

按：此數語，實爲《易》之通則（參閱第五章第一節），亦與唯物辯證法之法則相合。蓋"窮"謂舊質之量已變至極端，"變"則謂其量已轉化爲新質也。"通"與"久"是既成爲新質，其量又繼續變化也。"窮則變，變則通"，反復無已，此與質變與量變及否定之否定法則何殊？至其中心之推動力，則在"剛柔相摩，八卦相盪"。是又合於對立的統一矣。

又易字《説文》引"秘書説曰：日月爲易，象会易也"（"会易"古陰陽字）。是易之命名，已含對立的統一之意，而其訓爲變易，則又寓質變量變及否定之否定之義焉。

否定之否定之向出發點復歸，爲辯證法運動特徵之一。其所謂復歸也，意非絕對的復歸，乃成螺旋曲綫以向上發展也。説者曰："此螺旋曲綫之每一斷片，每一破片，每一小片，俱能變化爲獨立的、完全的、直的綫，而易使人陷入沼澤中。"此點亦與《易》完全符合。蓋全《易》六十四卦之排列，皆兩兩反對。可視爲螺旋曲綫之一環。又全《易》始乾、坤而終既濟、未濟。既濟爲變之窮，而其時已孕未濟，又向出發點復歸；可視爲螺旋曲綫之一鏈。然每環順次銜接，每卦自成一階段，一卦之中又包内外二卦，而内外二卦，又包有陰陽之位，剛柔之爻，乍視之宛如成一直綫，向前發展者。非即所謂"每一斷片，每一破片，每一小片，俱能變化爲獨立的，完全的，直的綫，而易使人陷入沼澤中"乎？雖然，此特《易》書結構之密，至其精蕴，則"範圍天地之化而不過，曲成萬物而不遺"，又非辯證法法則的幾種形式所能盡也。

再論象數義理

易本隱以之顯，其隱者理也，其顯者象與數也。象之事爲卦，卦之德方以智，數之事爲蓍，蓍之德圓而神。神以知來，智以藏往，通乎晝夜，該乎動靜，凡以顯一理也。設卦之象可觀，故曰方。揲蓍之數難定，故曰圓。方者極深研幾，其智乎？圓者陰陽不測，其神乎？卦之象，小成於八，因而重之，爲六十四。蓍之數，小成於十，參兩倚之，爲五十五。五十五積由天地之數，六十四所用者，奇耦之爻，其義則取於陰陽也。八卦之作，昉自包犧。仰觀俯觀，遠取近取而知天下之理，無有大小精粗，罔不本於太極，分於兩儀，衍於四象，備於八卦。太極者大一也，兩儀者陰陽也，四象者兩儀之滋也，八卦者四象之生也，因而重之，引而申之之義也。幽贊於神明而生蓍，觸類而長之之義也。物生而後有象，象而後有滋，滋而後有數，按其迹之先後，亦如是而已矣。太極之義，含有三旨，曰始，曰中，曰一。始以言乎其尚未滋生也，中以言乎其性相和同也，一以言乎其爲剖判之全體也。太者大也，大一者别其非是一二三四之小一，乃渾淪全具之大一。《說文》曰："惟初大極，道立於一。"《禮運》曰："夫禮必本於大一。"《吕覽》曰："音樂之所由來者遠矣，生於度量，本於大一。"皆爲古義，可參證也。蓋太極所以道其一，八卦所以辨其分，初無間於小大與精粗，豈可執著而拘泥，八卦爲乾坤震巽坎離艮兑，實即健順動入陷麗止說，古今言異耳。故隨舉一物事而辨其性,則其象可知。此物事即太極,其象即八卦。以身言之,則乾爲首,坤爲腹,震爲足,巽爲股,坎爲耳,離爲目,艮爲手,兑爲口,此身即太極也(《説卦》:乾,健也,乾爲首。此"也"、"爲"二字非無意,不可不察。蓋"也"以詁其義,"爲"以明其象。"也"猶是,"爲"則有化意)。以物言之,則乾爲馬,坤爲牛,震爲龍,巽爲鷄,坎爲豕,離爲雉,艮爲狗,兑爲羊,此物即大極也。以家言之,則乾爲父,坤爲母,震爲長男,巽爲長女,坎爲中男,離爲中女,艮爲少男,兑爲少女,此家即大極也。以六合之内言之,則乾爲天,坤爲地,震爲雷,巽爲風,坎爲水,離爲火,艮爲山,兑爲澤。此六合之内即大極也。推之小大精粗皆此一理,故大極即大一,而謂有無極者,非《易》旨也。六十四卦即八卦之因而重之,而謂由於加一倍法者,此妄説也。夫因而重之,引而申之,天行地勢,習坎兼山,洊雷隨風,其見於經者,章章也,而必謂加一倍法者何哉?八倍爲十六,十六倍爲三十二,三十二倍爲六十四,六十四倍爲百二十八,百二十八倍之爲二百五十六,如此例推,更僕不能盡其數,其取義果安在哉?八卦而小成,引而申之,爲六十四卦,一以立其體,一以盡其變,聖人之精意也。捨此不務,顧創加一倍之説,是卦至六十四始成,則其所謂十六、三十二者,果何物歟?顯違經旨,於義無當。而人多惑之,不可以不辨也。數者象之類也,設卦焉而復立用著之法,所謂觸類而長之,以幽贊於神明也。數盈於十,是謂小成。《左》莊十六年傳曰:"使以十月入,曰良月也,就盈數焉。"又僖四年傳曰:"十年尚猶有臭。"孔《疏》:"十是數之小成。"蓋數至十已備,雖極姟億,要不越此矣。數學家稱一至九爲基數,謂爲任何數之基本,理亦不異。天一,地二,天三,地四,天五,地六,天七,地八,天九,地十,爲數之小成。八卦其類也。數之天地,義猶爻之奇偶,五位相得而各有合,天數二十有五,地數三十,凡天地之數五十有五,是爲大衍之數,亦與八卦之重爲六十四卦者不殊。一則以成變化而行鬼神,一則以通神明之德,以類萬物之情。《説卦》曰"參天兩地而倚數","天地"云者,即天數與地數也。參天兩地,謂天地之數，各自相加，更總合爲一，參兩義猶參伍，止示參混，非實數也。倚者依也，謂依此而得七八九六之數。昧者不察，解爲天圓地方，圓者一而圍三，三各一奇故參天而爲三，方者一而圍四，四合二偶，故兩地而爲二數，皆倚此而起。夫無論天非圓，地非方，圓非一而圍三，數非皆倚此起。即天果圓，地果方，則此方者，當爲絜矩之方，圓者應是渾圓之圓，並非方片圓片或方檔圓環也。安見其爲圍三圍四邪！或因此而説坤六二直方大，謂幾何學之綫面體已該攝於此。殊不知六二之義，直已含方，方已含大，詮表爲三，其實則一。此方亦是絜矩之方，若以點動成綫，綫動成面，面動成體況之，則是今日生一頭，明日生一足，迥乖生理，於義何取？甚矣哉，强不知以爲知，而附會穿鑿之爲害也。天地十數，先儒多以圖、書説之。夫數盈於十，十分奇偶，此常理也，何必出於圖、書。案圖、書肇於《易緯·乾鑿度》太乙下行九宮法。宋劉牧始謂爲河圖，阮逸撰《洞極經》又以爲洛書，而取揚子雲“一六相守”“二七爲朋”之説，以爲河圖。其實根本不足取，惑於此者第以其方位匀稱縱橫皆十五之爲異耳。抑知此在數學謂之幻方（Magic square），“戴九履一”云云，乃其最簡單者。近在印度又發見二種幻方，較圖、書尤爲奇特。圖如下（此據近人陳文濤《先秦自然科學概論》，引《東方雜誌》十六卷九號）：

7	12	1	14
2	13	8	11
16	3	10	5
9	6	15	4

15	10	3	6
4	5	16	9
14	11	2	7
1	8	13	12

上二幻方，具有十種奇異性質：

（一）各縱橫行及對角綫內數字之和，均爲三十四。

（二）圖内由四數字集合而成之小方，其和亦三十四。

（三）四角數字之和，亦三十四。

（四）與兩對角相接之四數，如十二、二、五、十五和，亦三十四。

（五）角上一數與對邊並列一斜綫上三數如七、十一、十六和，亦三十四。

（六）任取相並之兩縱行或兩橫行其兩端之數字，如七、十二、九、六和，亦三十四。

（七）圖中由九數字集合之任何小方四角之和，亦三十四。

（八）並占兩角之二數，與處於反對方向之象棋馬位之二數，如七、十四、三、十和，亦三十四。

（九）中央並列之任何二數，與其不相接之平行兩角數字，如十三、八、九、四和，亦三十四。

（十）若將兩方之上下左右行移易，仍不失奇異性質。

觀此可知幻方之發見，由於數學之進步，泥圖、書者乃謂數學起原於此，豈非倒果爲因。而況橫數竪計，左移右轉，翻覆播弄，直等兒戲，雖欲續鳧斷鶴，終是附贅懸疣，治絲而棼，作繭自縛，甚大惑也。大衍之數，即天地之數，五十有五，以其較十爲大，可以成變化而行鬼神，故謂之大衍。傳曰："五十者脱'有五'二字也。"如曰非有脱文，則此成變化而行鬼神之五十有五何所用之，而大衍之數五十果何自來？捨經外求，以臆爲斷，則京房之五十者謂十日十二辰二十八宿；馬融之《易》有大極謂北辰，大極生兩儀，兩儀生日月，日月生四時，四時生五行，五行生十二月，十二月生二十四節氣；荀爽之卦各有六爻六八四十八加乾坤二用。凡有五十云云，皆可用也，奚必圖書哉！竊謂大衍之數，五十有五，其用四十有九，用也者有不用也。何以有用有不用？以悉用則不能分二挂一揲四歸奇再扐而得七八九六之數也。故其用者，有象也；其不用者，無象也。而説者紛紛，謂其不用者，五是五行（鄭玄），一是大極（王弼），六象六畫（姚信、董遇），甚者以乾"初九潛龍勿用"解之（荀爽），何其妄也！夫曰分而爲二以象兩，當其未分即是大極。揲之以四以象四時，四時即是五行，五行出於《洪範》，《易》所不言，姑取相配，不過如此，安得大極之外，復有大極，而大極之上復有五行，五行大極，冥然塊然，其義何居？卦有六畫象之何爲？若夫潛龍勿用之説，覽之不覺失笑，何必置辯。總由讀書不能善會，而又不肯闕疑之誤。孔子曰："辭達而已矣。"吾亦曰："達辭而已矣。"辭不達則聖人之意不見，不達辭則不見聖人之意。嗚呼！可不慎歟！説《易》者多矣，約之可判象數、義理二宗，言象數者非失之於定馬於乾，案文責卦，即失之於推致五行，擺布圖書；而言義理者又直視六十四象三百八十四爻及孔子"十翼"爲數千百條格言。嗚呼！夫《易》開物成務，冒天下之道，聖人立象以盡意，設卦以盡情僞，繫辭焉以盡其言，變而通之以盡利，鼓之舞之以盡神，豈第格言而已哉！

按《易》之述卦云：易有大極，是生兩儀，兩儀生四象，四象生八卦，曰兩曰四曰八乃至重爲六十四，象中有數也。述蓍云：分而爲二以象兩，挂一以象三，揲之以四以象四時，歸奇於扐以象閏，五歲再閏，故再扐而後卦。乾之策二百一十有六，坤之策百四十有四，凡三百有六十，當期之日；二篇之册萬有一千五百二十，當萬物之數也。曰象兩，曰象三，曰象四時，曰象閏，曰當期之日，曰當萬物之數，數中有象也。八卦而小成，觸類而長之而生蓍，大衍之數，十有八變而成卦。象有奇偶，數分天地，是象亦有數，數亦有象，象可生數，數還成象，交參互入，如環無端。今專以卦言象，以蓍言數者，以卦蓍應各從其科，而卦中之數，蓍中之象，意盡言中，可從略也。

（商務印書館，1945 年；又收入《學易四種》，吉林文史出版社，1987 年）

周易講座

（此書係金先生講，呂紹綱整理。有吉林大學出版社 1987 年初版、廣西師範大學出版社 2005 年修訂版，茲據後者收錄）

目　録

序

這是一編於課堂上講解《周易》的記錄，是我於 1985 年秋至 1986 年夏一學年中為《周易》研討班同志們講的。當時錄了音，以後由呂紹綱同志依據錄音整理，最後並由我校改一次。

我年少時嗜《周易》，歷數十年不輟。年三十八以後，曾把學《周易》心得體會，寫成專著一冊、論文數篇問世。而今老了，行年已八十有五，餘年有限，亟願將我對《周易》的全部見解，匯成一集，交由出版社出版，以就正於海內外大方之家。

根據我不成熟的看法，認為古往今來說《周易》之書，總有二蔽：一蔽於單純地視《周易》為卜筮之書，而不承認《周易》裹邊有深邃的哲學思想；二蔽於祇斤斤於一詞一句的詮釋，而無視《周易》六十四卦的結構中存在着完整的思想體系。

茲先說一蔽。

《周易》是卜筮之書，這一點，無論從《周易》卦、爻辭本身來看，從《周禮》、《左傳》、《國語》諸書的有關記載來看，或者從《漢書·儒林傳》說"及秦禁學，《易》以筮卜之書獨不禁"來看，都是鐵一般的事實，不能否認。但是孔子作《易大傳》，雖亦不諱言卜筮，卻再三說："夫《易》何為者也？夫《易》開物成務，冒天下之道，如斯而已者也。"說："是以明于天之道而察于民之故，是興神物，以前民用。"說："昔者聖人之作《易》也，將以順性命之理。"等等，似《周易》又是哲學著作。這兩種看法，很明顯是有矛盾的。這個矛盾怎麼解決呢？是認為二者一是一非呢，還是認為二者皆是呢？我的看法認為二者皆是。理由如下：

　　卜筮也同其他事物一樣,產生之後,決不會長期地停留在一點上,而是要發展的。最初,它的確是地地道道的卜筮。然而,經過發展以後,由於發生了質變,於是有了哲學的内容。

　　應當知道,卜筮這種東西,原生於無知,同時又是對無知的反抗,而渴求有知。因此,卜筮從產生的第一天起,就具有兩重性。又卜筮之所以有靈,不能不藉助於巫。巫爲了取信於人,在長期發展中,很自然地不斷向卜筮中輸入有知因素,減少無知因素。當發展達到一定階段時,就發生了質變。這個質變,從表面上看,好似突然,其實,在此以前,已有一個長時期的量變過程。馬克思説:"哲學最初在意識的宗教形式中形成。"①其情況當亦如此。抑不僅哲學的產生如此,醫學的產生當亦如此。《呂氏春秋·勿躬》説"巫彭作醫",就是證明。由此可見,卜筮產生哲學,這種情況,毋寧説是一條規律,没有什麽奇怪的。

　　在這裏,還準備談一個問題。這就是伏羲氏畫八卦的問題。人們多相信伏羲氏畫八卦是《易》學之始,其實,這種説法是不足據的。《禮記·曲禮上》説:"龜爲卜,策爲筮。"《左傳》僖公十五年,晉人韓簡説:"龜,象也。筮,數也。物生而後有象,象而後有滋,滋而後有數。"證明卜、筮不是一種東西。卜視象,筮視數,筮的產生在卜以後。古人習慣上多卜筮連用,祇是因其性質相同罷了。

　　卦是什麽呢? 我認爲劉瓛説"卦之言畫也"是對的。《儀禮·士冠禮》於"筮日"説:"筮與席、所卦者,具饌於西塾。"鄭玄《注》説:"'所卦者',所以畫地記爻。《易》曰'六畫而成卦'。"賈公彥《疏》説:"所卦者所以畫地記爻者,筮法依七八九六之爻而記之,古用木畫地,今則用錢。"是卦原以筮時畫地記爻得名。《易·説卦傳》説:"昔者聖人之作《易》也,幽贊于神明而生蓍,參天兩地而倚數,觀變于陰陽而立卦。"證明《易》之作也是生蓍、倚數在先,而立卦在後。

────────────

　　① 《馬克思恩格斯全集》第 26 卷,第 1 册,第 26 頁。

從《易大傳》所保存的筮法來看，經過"四營"、"十有八變之後"，著即不留餘迹。如果説留有餘迹，那就是卦而不是著。正由於著之後不留餘迹，所以，筮的發展不可考，可考見的祇有卦。例如《周禮·春官》於卦説："太卜掌三易之法，一曰《連山》，二曰《歸藏》，三曰《周易》，其經卦皆八，其別皆六十有四。"至於筮則僅於"筮人"存九筮之名而已，其詳已不可知。

《連山》、《歸藏》、《周易》三易是否都藴藏着哲學思想？由於《連山》早亡，《周易》將在後面詳細講，現在祇談《歸藏》。《歸藏》又名《坤乾》。《禮記·禮運》説："孔子曰：我欲觀夏道，是故之杞，而不足征也，吾得《夏時》焉。我欲觀殷道，是故之宋，而不足征也，吾得《坤乾》焉。《坤乾》之義，《夏時》之等，吾以是觀之。"鄭玄《注》以爲《坤乾》即《歸藏》，其説可信。《歸藏》所以又名《坤乾》，説者謂其書首坤次乾也是有道理的。《歸藏》亦久亡。今可知者，祇有兩點：(一)《歸藏》首坤次乾與《周易》卦序首乾次坤相反；(二)孔子得《坤乾》後，用《坤乾》之義，可以觀殷道。賈公彦《疏》説："夏之四時之書，殷之坤乾之説，並載前王損益，陰陽盛衰。"賈説《坤乾》，雖未必得實，可以斷言，《歸藏》不是單純的卜筮之書。關於《歸藏》首坤次乾問題，從表面上看，似無關宏旨。其實不然，如果深入地加以考察，就會發現，這裏邊大有文章。《史記·梁孝王世家》褚先生補編記竇太后説："殷道親親，周道尊尊，其義一也。"景帝不解其意，問諸大臣通經術者。袁盎説："殷道親親者立弟，周道尊尊者立子。……周道太子死立嫡孫，殷道太子死立其弟。"這裏提出"殷道親親，周道尊尊"，很明顯，是談君位繼承制問題。然而，其意義遠不止此。實際上，"殷道親親"是重母統。重母統反映還存在氏族制的殘餘。"周道尊尊"是重父統。重父統反映這時階級統治已完全確立。《禮記·表記》説"母親而不尊，父尊而不親"，是親親是重母統，尊尊是重父統之證。《歸藏》首坤次乾，而《周易》首乾次坤，正是"殷道親親"與"周道尊尊"的另一反映。請看，《易·繫辭傳上》

開頭第一句便説："天尊地卑,乾坤定矣。"這句話從表面上看,好似祇解釋《周易》首乾次坤。其實,它正説明《周易》、《歸藏》二書的思想,有本質的不同。實際上這裏邊就包括君尊臣卑,父尊子卑,夫尊妻卑在内。推廣開來説,周人的宗法制、分封制、禮制等,也無不以這一思想爲基礎。可見,殷道親親、周道尊尊或首坤次乾、首乾次坤,無異是我們瞭解殷周兩代歷史的一把鑰匙,何等重要,學《易》者斷不可等閑視之。

《連山》、《歸藏》二易久亡,《周易》則與《連山》、《歸藏》不同,至今還保存相當完好。特別是孔子以絶人之資,晚而喜《易》,讀《易》韋編三絶,著成《易大傳》,對《周易》作了全面的、深入的闡發,把《周易》裏所藴藏着的思想揭露無遺,使卜筮在長期的發展過程中發生了一次質變。應當承認,這是一件劃時代的大事。可是,某些説《易》者,卻熟視無睹,依舊視《周易》爲單純的卜筮之書,亦可謂大惑不解了。

以下説二蔽。

我認爲,《易大傳》與《易經》(《周易》本文)有密切不可分的關係。《易大傳》是專爲解釋《易經》而作的,《易經》端賴有《易大傳》爲作解釋才是可以理解的。近些年來,有人妄圖割裂《易大傳》與《易經》的關係,説没有《易大傳》也能把《易經》解釋明白。還有人説孔子没有作過《易大傳》,《易大傳》是戰國人作的,是漢人作的。我不同意這些説法,我認爲這些説法純是無稽之談。

我認爲《易大傳》是孔子所作,證據確鑿,無可否認。(一)孔子作《易大傳》,其説首見於《史記》。《史記》作者司馬遷之父司馬談受《易》於楊何。楊何爲孔子九傳弟子明見《史記・儒林傳》,故其説最爲可信。(二)孔子作《易大傳》,不但其天才、功力有過人者,也依賴於他當日的歷史條件。

關於孔子作《易大傳》的歷史條件,前此不見有人談,有必要在這裏談一談。

孔子生時，《連山》存否不可知。《歸藏》則由於《禮運》語及《坤乾》、《左傳》襄公九年稱"遇艮之八"，知尚存無疑。又《易・說卦傳》說"坤以藏之"，"終萬物始萬物者莫盛乎艮"。如以《歸藏》首坤與《連山》以純艮爲首之說例之，則很可能是《連山》、《歸藏》二易遺說之幸存者。還有同篇"乾，健也。坤，順也"至"兌三索而得女，故謂之少女"一大段文字，亦絕不是孔子所能作，當是襲用舊說。不僅如此，《左傳》昭公二年，韓宣子聘魯，觀書於太史氏，說："周禮盡在魯矣，吾乃今知周公之德與周之所以王也。"可見韓宣子就是不把《周易》看作是單純的卜筮之書的人。綜上所述，可以證明孔子生時所能見到的易學軼聞舊說尚多。正是由於孔子具備了這樣多的優越條件，所以他能著成此書。戰國人、漢人無此條件，怎能著成此書呢？如"卦氣"、"納甲"之類，真正是漢人所作。這些東西，怎能同《易大傳》比擬呢？

《易大傳》對《周易》的闡發，既全面又深刻，佳篇絡繹，奧義無窮。茲擇其主要者，列舉如下：

一、明確地指出《周易》是哲學著作。

例如《易・繫辭傳上》說："《易》與天地準，故能彌綸天下之道。"（今本"天下"作"天地"，茲從《經典釋文》改）這句話的意思是說，《周易》把整個自然界作爲摹寫的底本，因而它與整個自然界是一致的。正由於它與整個自然界一致，所以，它能把自然界中變化發展種種規律性的東西包括無遺。同篇又說："子曰：夫《易》何爲者也？夫《易》開物成務，冒天下之道，如斯而已者也。"這段話是自問自答，最後又補充一句，說如此而已，豈有他哉？孔子爲什麼這樣提問題呢？很明顯，這就是因爲當時大多數人都把《周易》看作是單純的卜筮之書。這裏的"冒天下之道"與上文所說的"彌綸天下之道"，意思略同。"冒"和"彌綸"都是無所不包。不過，在"彌綸天下之道"下面緊接着講的是"幽明"、"死生"、"鬼神"，而在"冒天下之道"下面緊接着講的是"通志"、"定業"、"斷疑"，二者還有區別。看來,前一個"天下之道"重在自然方面,後一個"天下之道"重在社會方面。所謂"開物成務"亦爲天下之道所包,不同的是它比説天下之道要具體些。"開物"是指創始,"成務"是指完成。當然,天地間每一種事物都有這個問題,所以,它也是天下之道所包。同篇又説:"是以明于天之道而察于民之故,是興神物,以前民用。"什麼是"明于天之道而察於民之故"呢?譯成今語,就是認識自然和認識社會。"神物"是指著來説的。《易·説卦傳》説"昔者聖人之作《易》也,幽贊于神明而生著"是其證。將説"興神物",先説"明于天之道而察于民之故"。表明著之所以神,並不在它本身,而在於有"明于天之道而察于民之故"作爲前提條件。即著好似電腦一樣,筮前已在著裏輸入自然和社會信息。《易·繫辭傳下》又説:"《易》之爲書也,廣大悉備,有天道焉,有人道焉,有地道焉,兼三才而兩之,故六,六者非它也,三才之道也。"這段話同上文説"彌綸天下之道"、"冒天下之道"的意思基本一樣,不同的是在這裏又從卦有六爻這個角度講了一次。

總之,《周易》是蘊藏着鮮明的哲學思想,而不是單純的卜筮之書。這一點,孔子已作了反復的、不厭其煩的説明,如果不存成見,就不應該不相信了。

二、我認爲組成《周易》有四個要素:第一是著,第二是卦,第三是爻,第四是辭。《易大傳》對這四個要素逐一作了詳悉的闡釋。兹舉例如下:

(一)釋著、卦和爻。

《易·繫辭傳上》説:"是故著之德圓而神,卦之德方以知,六爻之義易以貢。"

這是對著、卦、爻三者不同性質的説明。德是性質,圓的意思是無定。是説在筮法中,著經過"四營"、"十有八變"之後,得出什麼卦不確定。"神"應據"陰陽不測之謂神"和"子曰:知變化之道者,其知神之所爲乎?"兩個神字的意思作解。這個"神"字,就是指著的結果變化莫測來説的。"方"與"圓"相反,它是確定。因爲卦是著的記録,所以著無定而卦則是確定的。"知"是説成卦以後,吉凶悔吝可知。"易以貢"的"易"是變化的意思,《易·繫辭傳上》説"剛柔相推而生變化"是其義。"貢"是告,告什麽呢?《易·繫辭傳上》説:"爻者,言乎變者也。"告,就是告剛柔相推所產生的變化。

《易·説卦傳》説:"昔者聖人之作《易》也,幽贊于神明而生著,參天兩地而倚數,觀變于陰陽而立卦,發揮于剛柔而生爻。"

這是對著、卦、爻三者產生次序先後的説明,"幽贊于神明而生著"是釋著。"幽贊"是在暗地贊助。"幽贊于神明而生著"是什麽意思呢?是説著從表面上看是神明,其實它並不神明,它之所以神明是聖人在暗地裏贊助它。怎麽在暗地裏贊助它呢?這就是在上文所説的,它之所以稱神物,是以"明于天之道而察于民之故"爲前提條件。

"參天兩地而倚數。""倚數"是立數。立什麽數呢?是立筮法中五十有五大衍之數。參、兩是古語。《周禮·天官·疾醫》説:"兩之以九竅之變,參之以九藏之動。"《逸周書·常訓》説:"疑意以兩,平兩以參。"參、兩在這裏有交錯的意思。"天"是指一、三、五、七、九,五天數,合爲二十有五。"地"是指二、四、六、八、十,五地數,合爲三十。"參天兩地"不是別的,就是指"凡天地之數五十有五"來説的。

"觀變于陰陽而立卦"是釋卦,是説卦是由於觀察著的變化結果是陰是陽而得出來的。

"發揮于剛柔而生爻"是釋爻,是説爻是由一卦六畫的剛柔變化來決定的。爻是對卦的發揮。

總的看來,以上兩條都是談著、卦、爻的。著與卦是形與影的關係。没有著,不會有卦。卦與爻是全體與部分的關係,爻是對卦的進一步發揮。

(二)釋辭。

《易·繫辭傳上》説:"聖人設卦觀象,繫辭焉而明吉凶,剛柔相推而生變化。是故吉凶者失得之象也,悔吝者憂虞之象也,變化者進退之象也,剛柔者晝夜之象也。六爻之動,三極之道也。"又説:"彖者,言乎象者也。爻者,言乎變者也。"

這是説辭有兩種:一種是卦辭,亦名彖,它是一卦的總説明;另一種是爻辭,它是一卦六爻的各個説明。卦辭是説明象的,象在這裏有不變的意思。爻辭則是説明變的。

吉凶悔吝是古人在卜筮時通用的術語。應當注意孔子都是從人事問題上作了解釋,毫無神秘氣氛。

《易·繫辭傳上》説:"子曰:'書不盡言,言不盡意。'然則聖人之意其不可見乎? 子曰:聖人立象以盡意,設卦以盡情僞,繫辭焉以盡其言。"

這段話是孔子將要説明《周易》的特點,先提出一個"書不盡言,言不盡意"的問題。意思是説書是記録語言的,但不能窮盡語言。語言是表達思想的,但不能窮盡思想。也就是説二者作爲工具來説,都有局限性。下面是借有人發問,説,這樣説,聖人("聖人"指作《易》者)的思想是不能瞭解的嗎? 以下則是孔子答語,他説,聖人利用一陰一陽等符號來窮盡思想,利用卦爻來窮盡世間複雜多變的情況。在卦爻下面又分別加上辭來窮盡語言。實際上這一段話也是解釋辭的。

關於《周易》裏辭的問題,不準備在這裏詳細談了。這裏着重談兩個問題,一個是著,另一個是卦。

著。《易大傳》有講筮法專章,但今本有錯簡和缺文,兹校正如下:

"天一地二,天三地四,天五地六,天七地八,天九地十。天數五,地數五,五位相得而各有合。天數二十有五,地數三十,凡天地之數五十有五。此所以成變化而行鬼神也。"

"大衍之數五十(應爲"五十有五",今本脱"有五"二字),其用四十有九。分而爲二以象兩,挂一以象三,揲之以四以象四時,歸奇于扐以象閏。五歲再閏,故再扐而後挂。……是故四營而成易,十有八變而成卦,八卦而小成,引而伸之,觸類而長之,天下之能事畢矣。"

"乾之策二百一十有六,坤之策百四十有四,凡三百有六十,當期之日。二篇之策萬有一千五百二十,當萬物之數也。"

著在《易》中,至關重要。可是,過去談《易》的,卻多半重視卦,而不重視著。不悟著是卦之所從出,著不明,卦亦難明。

爲了避免詞費,筮法的細節不準備在這裏談了。在這裏祇就有關六十四卦的結構問題談一談。

"乾之策二百一十有六"至"當期之日"這一段話說明什麼問題呢? 說明從著這個角度來看,乾坤二卦在六十四卦中實居於特殊地位。乾純陽,坤純陰。乾坤二卦代表天地,代表宇宙,代表自然界,乾坤是一個最大的矛盾統一體。"當期之日",是說乾坤二卦總策數爲三百有六十,相當於四時運行一周的三百六十日。"期"是一周,亦即一年。對於這個矛盾統一體來說,表明它也是運動發展,而形成一個單元。"二篇之策萬有一千五百二十"是指《周易》上下篇六十四卦的總策數來說的。"當萬物之數"表明《周易》六十四卦的結構正是《序卦》所說的"有天地然後萬物生焉"。所謂"天地"就是指乾坤二卦,"萬物"就是指包括乾坤在內的全《易》六十四卦。

卦。在《易大傳》中,具體地談六十四卦結構的,有下列幾條。

《繫辭傳上》說:"乾坤其《易》之緼邪? 乾坤成列,而《易》立乎其中矣。乾坤毀,則无以見《易》。《易》不可見,則乾坤或幾乎息矣。"

這是從卦這個角度來說明六十四卦結構的。由於卦是著的記錄,卦當然同著是一致的。

"乾坤其《易》之緼邪"是說《周易》六十四卦變化發展的機緘都蘊藏在乾坤二卦之中。這裏用的是疑問口氣,其實,詞疑意不疑。這樣做祇是表示謙慎。"乾坤成列,而《易》立乎其中矣",這是足成上句話的意思。"成列"表明已不是蘊,而是展開了。

"乾坤毀,則无以見《易》"是説乾坤二卦交錯運動發展,至既濟已達到盡端。這時乾坤毀了,《易》亦不見了。"《易》不可見,則乾坤或幾乎息矣",這句話又是對上句話的補充。是説當《易》不可見的時候,乾坤這個矛盾統一體的變化發展幾乎是止息了。"幾乎息",實際上是沒有息,也不可能息。因爲在宇宙裏,時間是無限的,空間是無限的,物質運動也是永遠不會停止的。所謂"乾坤毀","《易》不可見",僅僅是完成了一個較大的發展過程罷了。《序卦》於未濟説:"物不可窮也,故受之以未濟終焉。"正是説明這個問題。

《繫辭傳下》説:"子曰,乾坤其《易》之門邪? 乾,陽物也;坤,陰物也。陰陽合德而剛柔有體,以體天地之撰,以通神明之德。"

這也是對《周易》六十四卦結構的説明。門字用得極好,門有兩扇,而且出入時有開有合,正像乾坤兩卦在六十四卦中所起的作用一樣。《繫辭傳》在另一個地方説:"闔户謂之坤,闢户謂之乾,一闔一闢謂之變,往來不窮謂之通。"正可以看作是這個門字的注腳。"乾,陽物也;坤,陰物也",是説乾坤二卦是對立的統一體。"陰陽合德而剛柔有體"這句話如與乾卦《彖傳》説"大哉乾元,萬物資始,乃統天",以及坤卦《彖傳》説"至哉坤元,萬物資生,乃順承天"參看,就很容易瞭解。實際上,它就是"有天地然後萬物生焉"的具體説明。"以體天地之撰,以通神明之德","以"的意思是用。用什麼呢? 是用"陰陽合德而剛柔有體"。用它幹什麼呢? 是用它來反映自然界的變化發展,用它來瞭解變化發展的規律。孔子説過:"知變化之道者,其知神之所爲乎?"所以變化之道就是神,也就是規律。

《繫辭傳上》説:"在天成象,在地成形,變化見矣。是故剛柔相摩,八卦相蕩,鼓之以雷霆,潤之以風雨,日月運行,一寒一暑。乾道成男,坤道成女。"

這一大段話,實際上也是對《周易》六十四卦結構的説明。大意也是説"有天地然後萬物生焉"。"乾道成男,坤道成女"就是指所生的萬物而言。由"剛柔相摩"至"一寒一暑",則是對"變化見矣"的申釋,申釋得何等具體、生動、精切! 古人不用"鬥争"這個詞,其實,"相摩"、"相蕩"就是説對立面的鬥争。

認真考察《易大傳》上述三條的説明,足以肯定《周易》六十四卦結構是有完整的思想體系了。

不但如此。《易・説卦傳》説:"乾天也,故稱乎父。坤地也,故稱乎母。震一索而得男,故謂之長男。巽一索而得女,故謂之長女。坎再索而得男,故謂之中男。離再索而得女,故謂之中女。艮三索而得男,故謂之少男。兑三索而得女,故謂之少女。"也就是説在三畫卦裏,形成八卦的乾坤也是處於特殊地位,其餘六卦則是由乾坤二卦交錯而成。它與六畫卦乾坤變化發展爲六十四卦的思想基本上一致。這一點,在《周易》六十四卦的卦爻中也有反映。例如賁卦《象傳》説:"柔來而文剛,故亨。分剛上而文柔,故小利有攸往。"

蘇軾《東坡易傳》説:"《易》有剛柔往來、上下相易之説。而其最著者,賁之象傳也。故學者治是,争推其所從變,曰泰變爲賁。此大惑也。一卦之變爲六十三,豈獨爲賁也哉? 徒知泰之爲賁,又烏知賁之不爲泰乎? 凡《易》之所謂剛柔往來相易者,皆本諸乾坤也。乾施一陽於坤,以化其一陰,而生三子。凡三子之卦有言剛來者,明此坤也,而乾來化之。坤施一陰於乾,以化其一陽,而生三女。凡三女之卦有言柔來者,明此本乾也,而坤來化之。非是卦也,則無是言也。"程頤《易傳》説:"卦之變皆自乾坤。先儒不達,故謂賁本是泰卦。豈有乾坤重而爲泰,又由泰而變之理? 下離本乾,中爻變而成離。上艮本坤,上爻變而成艮。離在内故云柔來,艮在上故云剛上,非自下體而上也。乾坤變而爲六子,八卦重而爲六十四,皆由乾坤之變也。"

按蘇説:"凡《易》之所謂剛柔往來相易者,皆本諸乾坤也。"程説:"卦之變皆自乾坤。……乾坤變而爲六子,八卦重而爲六十四,皆由乾坤之變也。"其説極是,足破舊説之謬。不過他們還不能從理論高度認識問題,不認識在這裏邊還有一個思想體系問題,特別是他們不認識乾坤二卦居於特殊地位,有着《易》之緼、《易》之門的意義,是由於一是純陽,一是純陰,二者共成一個矛盾的統一體。當然,我們今天如果不是學習馬克思主義,也是不認識的。

試思,《周易》和爲《周易》作大傳的孔子,在幾千年以前已經具有如此高度的思想,而且能把這一思想熟練地應用於實際,該是多麼了不起! 怎能不令人驚嘆! 作爲炎黃子孫的中國人,理應引以自豪,乃竟有人百般詆毀它,亦可悲矣。

我於 1985 年,接受了主持《周易》研討班的任務。顧名思義,研討班自應以研究討論爲主。乃開班後,發生了變化,事實上變成了以我一個人爲主講的"周易講座"。研討僅間周舉行一次。當然這也是不得已而爲之。原因是參加研討班的同志們,儘管對《周易》有興趣,但都是知之不多。他們不是不想研討,而是研討不起來。

我講《周易》,基本上是根據我所瞭解的程度來講的。我敬佩孔子"知之爲知之,不知爲不知,是知也"的說法。我講的,都是我知道的:不知道的,就不講。例如《雜卦》的排列順序有沒有意義?它是按照什麼原則排列的? 我不知道。我不知道就不講。我講《繫辭傳》很少采取前人舊說。講六十四卦就不然,采取前人舊說較多。我於前人的說法中,最重視王弼《周易略例》,其次則是程頤《易傳》。我講六十四卦多用程《傳》之說,於項安世、俞琰之說,間亦有所甄采。朱熹《周易本義》的"卦變"之說和堅持《周易》爲卜筮之書以及相信河圖、洛書等,其識不如程《傳》遠甚,我堅決不取。

本講座共二十一講,已整理校改完畢。兹特把我對《周易》一書的看法和我講《周易》時所采取的態度,撮記於此,以諗讀者。

金景芳

1987 年 3 月於吉林大學

第一講 緒 論

《周易》這部書很古怪，它用筮與卦說明問題，在全世界獨一無二，它有許多問題像謎一樣不好理解。西方人說它是東方神秘之書。是不是神秘呢？問題解決之後，可能就不神秘了。據我看，它好像古代哲學領域的中國"哥特巴赫猜想"，雖然難度不小，但是可以解決。現在國內國外出現一股《周易》熱，越來越多的人對《周易》感興趣，想要解決它。這是好現象。我就有這麼一個想法，一定把它搞明白。

要把《周易》研究明白，最重要的問題是端正對《周易》的看法。《周易》既有卜筮的形式，又有哲學的內容。卜筮不過是它死的軀殼，哲學才是它的本質。但是，從漢代至清代，有許多人把《周易》看成單純的卜筮之書，他們爲了算卦，爲了卜筮才研究《周易》。近幾十年來研究《周易》的人很多，大體有兩種。一是受清儒的影響，講漢學，講考據。另一種是受疑古派觀點的影響，他們講《周易》是爲了否定《周易》，把《周易》否掉，這是他們的目的。在他們看來，把《周易》否掉，就行了，就算完成任務。按照這個辦法搞，永遠不能把《周易》搞明白。

我們不能這樣辦。我們要用馬克思主義理論、方法看待《周易》。《周易》確實是卜筮之書，但它的寶貴之處不在卜筮，而在於卜筮裏邊蘊藏着的哲學內容。卜筮這東西你即使把它研究明白，也是非常落後，非常反動的。我們研究《周易》，不是爲了卜筮、算卦，我們是要發掘它的思想，研究它的哲學。這是個方向問題，不首先明確這一點，《周易》是研究不了的。誰若要想學算卦，請看

《卜筮正宗》、《增删卜易》之類的東西，別來研究《周易》，《周易》是解決不了算卦問題的。

以下談幾個問題。

一、卜筮與哲學

《周易》這書與卜筮有關，是卜筮之書，這没有問題，不可否定。但是應該知道，卜筮有一個長期的發展過程。《周易》是卜筮發展到一定階段的產物。《周易》與原始的卜筮相比，已有本質的不同。《周易》書中包括有"天之道"與"民之故"，好像電腦一樣貯存着豐富的自然、社會和思想理論的信息，原始的卜筮根本不是這樣。

原始的卜筮是什麽時候產生的，我們不知道，但原始社會就有了。這個東西與萬物有靈的觀念有關，是一種原始的宗教迷信行爲。他們認爲竹、草乃至龜甲獸骨都有靈，可以向它們問卜問筮，解決疑難問題。卜和筮不一樣，卜重在象，筮重在數。據《左傳》僖公四年"筮短龜長"的記載，我們知道龜卜的歷史長，在先產生；蓍筮的歷史短，後來才有。

首先説卜。據《周禮·大卜》的記載，大卜掌管三兆之法，有玉兆、瓦兆、原兆，有多少"頌"。又據《周禮·龜人》記載，選擇龜甲，是很費事的事情。龜有六大類，用龜也有一定的要求。這是後來發展的情况，早期占卜可能不這樣複雜。甲骨卜辭是怎樣得來的？據《周禮》，是根據三兆得來的。三兆原來也是有書的。現在，三兆之書没有了，卜辭是怎麽得出的，不知道了。《史記·龜策列傳》講一點，那是不够的。現在人們研究甲骨文，祇講文字，對於卜本身反倒不能研究，因爲材料没有了。

筮是在卜以後產生的。卜太煩瑣，筮比較簡單。筮產生以後，也經過很長的發展過程。《左傳》僖公十五年説："龜，象也。筮，數也。物生而後有象，象而後有滋，滋而後有數。"先有數，後有筮。

筮是算數的。這一點與卜不同。筮的發展過程，我們知道的也極
少。我們知道筮發展的結果是出現《易經》。根據《周禮・大卜》的
記載，易有三種，即《連山》、《歸藏》和《周易》。三易有共同之點，
"其經卦皆八，其別皆六十有四"。《連山》、《歸藏》二易，春秋時代
可能還有。例如《左傳》、《國語》講卜筮，有的在今本《周易》裏有，
有的《周易》裏沒有，在《周易》以外。《儀禮・士冠禮》中也有反映，
例如它講三人旅占，三人中一人掌《連山》，一人掌《歸藏》，一人掌
《周易》，三易據筮的結果共同定吉凶。現在《連山》和《歸藏》已經
不存在了，它們的內容是什麼，我們沒辦法知道。但是《禮記・禮
運》說孔子爲了研究殷代的歷史，曾去宋國考察，得到一部叫作《坤
乾》的書。鄭玄認爲《坤乾》就是《歸藏》，這個說法是可信的。孔子
說："吾欲觀殷道，是故之宋，而不足徵也，吾得《坤乾》焉。""坤乾之
義，夏時之等，吾以是觀之。"孔子說他從《坤乾》這部書看見了殷
道，知道了殷代的歷史。這說明《坤乾》不是簡單的卜筮之書，若不
然怎能由《坤乾》觀殷道呢！《坤乾》六十四卦，純坤放在第一卦，純
乾放在第二卦，所以才叫《坤乾》。《周易》與《坤乾》恰恰相反，首卦
是純乾。哪一卦放在首位是有意義的，所以孔子才能從《坤乾》這
部書去瞭解殷代的思想政治方面的特點。《史記・梁孝王世家》記
竇太后說"殷道親親"、"周道尊尊"。親親重母統，反映在王位繼承
制度上，王死傳弟。尊尊重父統，王死傳嫡長子，嫡長子死，傳嫡長
孫。《公羊傳》也有相似的記載。《坤乾》首坤次乾，反映"殷道親
親"。《周易》首乾次坤，反映"周道尊尊"。這說明什麼呢？這說明
《坤乾》與《周易》兩部書是由卜筮產生的，但不是單純的卜筮之書，
裏邊包含着深刻的政治思想與哲學思想。

　　《左傳》昭公二年晉國的韓宣子訪問魯國，在魯大史那裏看見
《易象》與《魯春秋》兩部書，發感慨說："周禮盡在魯矣，吾乃今知周
公之德與周之所以王也。"看見《易象》，怎麼知道周公的偉大品格
和周朝得天下的原因呢？ 說明韓宣子在魯大史那裏看見的《易

象》，和我們讀《左傳》看到的專搞卜筮的一套東西是不一樣的。孔子作"十翼"，主要是講思想，講哲學，主要不是講卜筮。莊子說"《易》以道陰陽"，説對了，一句話就説對了，説到了要害處。講陰陽就是講矛盾，"《易》以道陰陽"就是《易》以道矛盾。陰陽是《周易》的基礎，《周易》離不開陰陽，全部《周易》都是講陰陽的。有人不承認，説他在《周易》中未見陰陽二字。這個思想方法成問題，講哲學怎能用這樣的思想方法！其實陰陽没有什麽神秘，不過表示事物的兩個方面，表示對立的統一。用什麽表示都可以，叫陰陽，叫天地，叫奇偶，都一樣。一個陰爻，一個陽爻，構成八卦，構成六十四卦，是《周易》最基本的細胞，怎麽能説《周易》裏没有陰陽呢！

　　《荀子·大略》説："《易》之咸見夫婦，夫婦之道不可不正也，君臣父子之本也。"荀子也認爲《周易》是講理論，講思想的。司馬遷説"《易》以道化"，"道化"是講陰陽變化，講陰陽變化，就是講哲學。司馬遷不簡單，他没從表面上看問題，他看出了《周易》實質上是一部講哲學的書。

　　《易》本是卜筮之書，這一點不能否認。但是發展到《周易》，已具有豐富的哲學思想了。不過它的哲學思想隱晦不易懂，孔子作《易傳》，對《易經》加以説明，《周易》的内在思想，我們才可以理解。孔子有很高的智慧，他在《周易》上下了大工夫。此事很不簡單。由於孔子的解説，我們知道《周易》中有辯證法，也有唯物論。《周易》裏的辯證法不是偶然的，是真正認識了的。據我看，我們今天才可以瞭解《周易》，因爲我們掌握了馬克思主義，掌握了辯證唯物主義。《周易》與我們今日的哲學相比較，當然是原始的，但它的確是哲學。《周易》六十四卦，開始是乾坤兩卦，以後六十二卦都是乾坤二卦發展變化的結果。《繫辭傳》講："乾坤其《易》之緼邪？"《易》的奥妙就在乾坤二卦。乾坤成列，而《易》立乎其中，有了乾坤，就有了《易》。乾坤居首，其餘六十二卦兩兩比鄰，不反則對，全是按此規律排列，這是偶然的嗎！最後兩卦是既濟、未濟，表示事物是

没有窮盡的。這種思想産生於那個時代，很難得。總之，六十四卦
的排列，反映哲學思想，這簡單嗎？絶不簡單。《周易》不僅有辯證
法，還有唯物論。"《易》有大極，是生兩儀"，與《老子》"道生一，一
生二，二生三，三生萬物"的説法不一樣。張載講"大《易》不言有
無，言有無諸子之陋也"。《老子》專講無，《周易》言有不言無。《老
子》是唯心論。周敦頤作《太極圖説》，在太極之前加了個無極，與
《老子》的"道生一"一樣，是唯心論。《周易》言有不言無，把太極看
作世界的本原，是唯物論，當然不能説是徹底的唯物論。

　　《周易》很明顯已是哲學，有人偏説它没有哲學，説它不可能有
哲學。怎麼不可能？古希臘哲學家發現了辯證法，認爲萬物都在
流動，都在變化，當然是比較原始、素樸的辯證法。古希臘人發現
辯證法，中國古代産生《周易》辯證法思想，並不奇怪。古希臘能有
的，古代中國爲什麼不能有！《周易》還把辯證法應用於自然，應用
於社會，應用於實際，這更不簡單。

　　卜筮這東西是原始的宗教迷信，它怎麼會産生哲學呢？會産
生哲學。馬克思説："哲學最初在意識的宗教形式中形成，從而一
方面它消滅宗教本身，另一面從它的積極内容説來，它自己還衹能
在這個理想化的、化爲思想的宗教領域内活動。"①《周易》的情況
同馬克思講的一般規律完全吻合。它正像馬克思所説的，它是在
卜筮的宗教形式中産生，並在卜筮這種宗教領域内活動。

　　古人對《周易》的看法，從先秦時期就分爲兩派，自漢以後更加
明顯。秦始皇焚書，未焚《周易》，據説是因爲《周易》是卜筮之書。
漢代初年傳《易》的主要是傳卜筮一派的東西，特別是孟喜、京房等
人，傳的就是卜筮。漢人迷信，他們研究《周易》是爲了占卜、算卦。
而《周易》本身不能用作算卦，他們就給《周易》加上了"卦氣"、"納
甲"、"爻辰"這些原來没有的東西。加上這些東西，《周易》就可以

---

　　① 《馬克思恩格斯全集》第26卷，第26頁。

用來卜筮了。這就是所謂漢易，漢易的目的就是卜筮。漢人不祇講《周易》要卜筮，講《尚書》洪範五行，實際也是要卜筮，講《春秋》災異，也是卜筮，甚至齊詩講五際六情，也是卜筮。不過漢人也並不都是一種觀點。《漢書・藝文志》把《周易》列在《術數略》中，又列到《六藝略》中。列在《術數略》，表明把《周易》看作卜筮之書。列在《六藝略》，表明把《周易》又看作經書，是講思想的。

　　至魏晉時代的王弼，給《周易》作注，漢人講的象數一套東西全不要了，他專言義理。王弼這個人了不起，一是見識高，二是膽量大。他說："夫卦者，時也；爻者，適時之變者也。"這話講得是極深刻的。他還說"得意忘象，得象忘言"，這話講得十分大膽，前人没人敢這樣講。因此遭到後人的批評，以爲是莊子"得魚忘筌，得兔忘蹄"的翻版，不是《周易》的觀點，等等。一般説來，《周易》思想與老莊是不一樣的，王弼把老莊思想引進《周易》，是他的一個缺點。但是王弼説"得意忘象，得象忘言"兩句話，是對的。語言是表達象的，象是表達思想的。王氏的意思很清楚，治《易》主要是弄明白它的思想，不要在象上面繞圈子。王弼不重象數重義理，是正確的，極得《周易》之真諦。唐人作"五經正義"，《周易》采王弼的注本，是對的。後來李鼎祚作《周易集解》，又重把漢人的東西搜集起來，我看是不對的。宋人研《易》尊崇王弼，但宋人加入了河圖、洛書之類，就不對了。邵雍搞先天圖後天圖，朱熹搞卦變圖，也是不對的。朱熹作《周易本義》，他取名"本義"，强調《周易》本是卜筮之書。我看這是朱熹的方向性錯誤。但是，朱熹還是繼承了程《傳》的。程頤發展了王弼的《注》而爲《周易》作了《傳》。程《傳》是講義理的，也就是把《周易》看作哲學。朱熹的《周易本義》有對程《傳》感到不足的地方。朱熹的書在過去是權威著作，但我認爲，他的《本義》不如程《傳》，因爲它肯定《周易》是卜筮之書。

　　宋人治《易》的很多，大都是義理派。據我看，講《易》還是宋人講得好，是比較可取的。漢人重象數，講卦氣、納甲、爻辰等，不好，不可取。清人打出漢學旗幟,有皖派、吳派之分。皖派首領是戴震,吳派首領是惠棟。惠棟治學,凡古的東西,一切都好。他治《易》也最講古,著有《易漢學》、《周易述》。其他有張惠言著《周易虞氏義》、孫星衍著《周易集解》、焦循著《易學三種》以及姚配中的《周易姚氏學》等,都是回頭講漢易。張岱年同志説清人講漢易是倒退,我看是對的。這些人在當時有勢力,影響大。梁啓超作《清代學術概論》,極力加以吹捧,説焦循作《易通釋》是"鑿破混沌"。根本不是那麼回事。漢人用卦象研究《周易》,清人又搞文字通假,不可能把《周易》研究明白。

　　清代治《易》,除一些人講漢學以外,也有講義理的,不過没有講漢學的那一派影響大。清代康熙年間搞了一套所謂"御纂七經",其中關於《周易》的一部,搞得比較好,叫作《周易折中》。它偏重思想,裏邊主要是介紹朱熹的《本義》和程《傳》。程《傳》之後有"集説",選取各代較精闢的觀點,而以宋人之説爲主。最後加編者"按語",對前人諸説略加折中。這部書對於我們今天研究《周易》來説,有較大的參考價值。

二、《周易》之名稱

　　關於《周易》的名稱,過去有不同的説法。鄭玄認爲周是周普的意思,清代的姚配中贊成鄭玄的説法,但是也有人不同意。朱熹説《周易》的周是代名,即夏、商、周三代的周。據我看,朱熹説得對,周應當是周代的周,不是周普的周。《易傳》中講到易時,祇單稱易,不稱周易。這就證明周是朝代名,不是周普的周。《周易》應當和《周禮》、《周書》一樣,周是朝代名,是代表一個朝代的。《周易》就是周代之易的意思。《周禮·春官·大卜》講《連山》、《歸藏》、《周易》三易。《連山》是不是夏代之易,現在已不好説。但《歸藏》則肯定是殷代之易,它反映"殷道親親",《周易》反映"周道尊尊"，那麼周是周代的意思，《周易》即是周代之易。

易字怎麼講？鄭玄解釋易有易簡、變易和不易三個含義。鄭説來自哀平緯書。《參同契》説日月爲易。哪個説法對呢？我看易就是變易。程《傳》序説："易，變易也。隨時變易以從道也。"程氏的這個講法是對的。《易經》没有講不易，總是講變易。包括自然界和人類社會，都是變易。現在説變易，也就是規律。規律是客觀存在的，自然的。易无思嘛，易是客觀辯證法的反映。

三、筮與筮法

《周易》的内容，首先是筮，然後是卦，再就是辭，主要包括這三個方面。過去人們講卦講得多，講筮講得少。這是因爲許多人研究《周易》，目的是爲了占卦，而後世占卦用錢不用筮，所以筮的問題往往被忽略。其實，要研究《周易》的哲學思想，筮比卦更重要，至少説筮與卦同樣重要。研究《周易》，首先要研究筮。所以我先講筮，然後講卦。

《周易》是卜筮之書，原來它是要占卜的。實際上卜是卜，筮是筮，卜筮是兩回事。從歷史發展來看，卜在先，筮在後。卜是利用物之象，筮是利用物之數。《周易》的卦是由筮產生的，不是由卜產生的。《禮記·曲禮上》説："龜爲卜，策爲筮。"説明卜與筮所用的東西不同，卜是爲了求象，筮是爲了求數。凡能得兆的都可以卜，凡能得數的都可以筮。《曲禮》説"龜爲卜，策爲筮"，是周代的情况，周代卜用龜，筮用策。卜開始不一定用龜。王充《論衡·卜筮》中子路問孔子：猪骨頭羊骨頭鑽、灼之後均可得兆，何必用龜；萑葦藁芼皆可得數，何必用蓍。孔子説，蓍耆也，龜舊也，好像人有狐疑不決之事問耆舊老人一樣。從《論衡》的這一段記載看，用什麼卜和用什麼筮，前後是有變化的。不管用什麼，卜是要得兆，筮是要得數。這一點是一貫的。

《左傳》僖公十五年韓簡說："龜，象也。筮，數也。"韓簡知道筮與卜不同，筮的本質是數。筮字從竹從巫，說明筮最先是用竹棍兒進行的，後來才用蓍草。從事筮這種活動的人是巫。《易經》原來祇是筮，後來由筮產生卦。《繫辭傳》說包羲氏（伏羲氏）畫八卦，值得懷疑，不可信。《呂氏春秋・勿躬》、《世本》、《說文》都說"巫咸作筮"，巫咸是商代的人，商代產生筮，恐怕是可靠的。《周禮・筮人》一職"掌三易以辨九筮之名"。《連山》、《歸藏》、《周易》三易用筮的方法有九種之多。現在大部分已經失傳，我們無法知道它們的具體方法了。不過，有一點是肯定無疑的，它們都是為了得數，實質都是數的問題。都是數學發展到一定程度的產物。用竹棍，用蓍草，或者用其他別的什麼東西，都是為了得出一定的數字來。筮的發生發展反映人類早期數學的發展水平。現在保存在《繫辭傳》中的《周易》筮法中，甚至知道"十"這個盈數，還知道閏月，知道曆法，數學水平已經很高。有了筮才能有卦，卦在筮後。所以說伏羲氏畫八卦之說不可信，因為在伏羲氏時代，不會有那樣高的數學水平。

數學是專講數字的。數字的最大特點是抽象性。比如一這個數字，就是無名的、抽象的。恩格斯說全部數學都是研究抽象的。它祇管抽象的數字，不問數字所反映的具體事物。中國古代較早的計數方法是籌算，這在《漢書・律曆志》中有記載。籌算就是用一根根竹棍兒做籌碼，籌碼排列起來可以代表任何數字。凡是當時人們已經知道的數字，它都能代表。後來發展為珠算法。珠算比籌算使用起來方便多了，但性質還是一樣的。籌碼和珠子可以代表任何數字。數字的這個抽象性特點，被《易經》利用過來表達它的思想。《易經》是哲學，哲學也是抽象的東西。越是抽象的東西，越具有普遍性。它可以表示這個，也可以表示那個。數字的抽象性被《易經》借用過來，便有了哲學意義。例如《易經》講天地，講陰陽，就是用數學上的奇數、偶數來表示的。奇數代表天代表陽，偶數代表陰代表地。卦畫也是如此。陽爻用━表示，是一筆，奇數。陰爻用－－表示，是兩筆，偶數。筮，就更是這樣。筮就是用一根根竹棍兒或蓍草，通過一定的方法進行擺布，而得出七八九六幾個數字，從而形成爻，形成卦。《左傳》僖公十五年記韓簡說："龜，象也。筮，數也。"古人已經明確知道筮的本質是數了。

我們已經知道《周易》的內容包括筮、卦、辭三部分，筮的本質是數，卦是由筮產生的。那麼，筮到底怎樣應用呢？筮是怎樣得出一定的數字來的？也就是怎樣占出卦來的呢？這就是筮法的問題。我們講《周易》不是爲了算卦，我們是要研究它的哲學思想，爲什麼要瞭解筮法呢？因爲筮法中就有思想有哲學。筮法其實很不簡單。筮法中有所謂"天之道"，即自然規律。筮法中講的"天之道"，主要是曆法和數學兩方面，這兩個方面是古代的主要的自然科學，古人正是從這裏認識自然界的。筮法中還有真正屬於哲學的東西。《序卦》說："有天地然後萬物生焉。盈天地之間者唯萬物。"這是關於宇宙觀的大問題，而且是唯物論的。這一思想在《周易》筮法中也有充分的反映。所以，研究《周易》必須先研究筮法。筮法本身就是哲學。研究筮法並非因爲筮法靈，筮法其實不存在靈與不靈的問題。

據《周禮》記載，易有三種，筮法有九種。是不是一定九種，現在很難說，但是肯定有許多種，不是一種。

《左傳》記卜筮有時用我們知道的《周易》筮法，占九六。有時用另外兩部易經的筮法，占七八。這說明在春秋時代筮法還有幾種呢。現在祗剩下《周易》一種筮法，其他幾種筮法都失傳了，我們已經沒有辦法知道。《周易》的筮法，保存在孔子作的《繫辭傳》裏。這是孔子對《周易》的一大貢獻。若不是孔子把它寫到《繫辭傳》裏，這一種筮法，我們也無從知曉了。

《繫辭傳》關於筮法是這樣講的：

"天一地二，天三地四，天五地六，天七地八，天九地十。"

"大衍之數五十（應爲"五十有五"，今本脱"有五"二字），其用四十有九。分而爲二以象兩，挂一以象三，揲之以四以象四時，歸奇于扐以象閏。五歲再閏，故再扐而後挂。天數五，地數五，五位相得而各有合。天數二十有五，地數三十。凡天地之數五十有五，此所以成變化而行鬼神也。乾之策二百一十有六，坤之策百四十有四，凡三百六十，當期之日。二篇之策萬有一千五百二十，當萬物之數也。是故四營而成易，十有八變而成卦，八卦而小成，引而伸之，觸類而長之，天下之能事畢矣。"

"天一地二"這段話是什麼意思，天地是什麼意思，注疏没講清楚，很多書都没講清楚，朱熹《周易本義》用河圖、洛書解釋，當然更不對。其實天地並不神秘，天地就是陰陽，也就是把自然數劃分爲兩類，單數叫作天，叫作陽；雙數叫作地，叫作陰。天地、陰陽，與奇偶是一樣的。天代表奇數，地代表偶數。一三五七九是奇數，稱作天數。二四六八十是偶數，稱作地數。天數地數，奇數偶數，叫法不同，實際是一回事，都是對立統一的意思。

這裏從一講到十，十是一個很重要的數字。據民族學認爲，人類早期祇認識二，之後認識三，認識五，然後終於認識十。每認識一個數，都是一個艱難的進步，不是容易的事情。前蘇聯學者柯斯文著的《原始文化史綱》説，"落後部落的語言中，二僅僅意味着一件整個東西的一半"，發展到十，那就很不簡單了。我們的祖先把十視作盈數，數字發展到十，好像滿了似的。古人把萬也視作盈數，《左傳》莊公十六年："不可使共叔無後於鄭，使以十月入。曰：良月也，就盈數焉。"把十視作良數、盈數。杜《注》説："數滿於十。"孔《疏》説："《易・繫辭》云，天一地二，天三地四，天五地六，天七地八，天九地十。至十而止，是數滿於十也。"又《左傳》閔公元年説"卜偃曰：畢萬之後必大，萬盈數也。"古人認爲數至十已滿，至萬爲最大，所以把十叫作小盈，把萬叫作大盈。"萬物"的"萬"表示最多的意思。《左傳》僖公四年孔《疏》説："十是數之小成。"因爲古人特別看重十這個小盈、小成之數，所以《繫辭傳》講筮法時從十以内的天數地數說起。

"天數五，地數五，五位相得而各有合。""天數五"就是一三五七九這五個數，"地數五"就是二四六八十這五個數，亦即十以内的五個奇數和五個偶數。五位相得，是一與二相得，三與四相得，五與六相得，七與八相得，九與十相得。"各有合"是五個天數合到一起等於二十五，五個地數合到一起等於三十，二十五與三十相加等於五十五，這就是"凡天地之數五十有五"。《周易》的千變萬化，神秘莫測，正是由五個天數與五個地數合成的五十有五的變化產生的。"五十有五"的變化產生七八九六四個數字。由七八九六的變化產生爻，由爻組成卦，所謂"成變化行鬼神"即指此而言。

《周易》筮法開始於天地之數。所謂大衍之數，就是由一至十這十個天地之數相加而來。《繫辭傳》講"大衍之數五十"，其實應該是"五十有五"。這一點我們應該確切地知道。古書脱掉了"有五"二字。後人不察，作出各種解釋。十三經注疏的解釋，奇奇怪怪，通通錯誤。朱熹的解釋也是錯誤的。總之，向來就是當"五十"來解釋。實際上，漢代的《易緯·乾鑿度》中也説"五十有五"，不是"五十"。我在1939年寫的《易通》那本書裏，強調了這個問題。高亨同志後來贊成並采用了我的説法。

大衍之數五十有五，其用四十有九。筮的時候用四十九根蓍草，不是用五十五根。這是爲什麼呢？這個問題過去京房、馬融、荀爽、鄭玄、姚信、董遇、王弼，通通都沒講對。朱熹説，"皆出於理勢之自然，而非人之智力所能損益"，也不對。筮法用四十九，不用五十五，本没有什麼奧妙。大衍之數五十有五，是自然數，筮法是人爲的。用四十九根蓍草，因爲用四十九通過四營能得出七八九六[1]，得出七八九六才能形成卦。不用五十五根蓍草，因爲五十五不能得出七八九六，得不出七八九六便不能形成卦。

其用四十九，是四十九根蓍草。一根蓍草不過是一個籌碼。蓍、籌、碼、策，是一回事，没什麽神秘奥妙，是一種計算的工具。不用蓍草，用火柴棍兒、筷子，都可以。

"分而爲二以象兩"，筮法的第一步驟是"分而爲二"，把四十九根蓍草，信手一分，分爲兩部分。最後得出七八九六四個數字中的哪一個數字，全在這信手一分上。也就是説，得出個陰爻還是陽爻，在信手一分的時候，已經定下來了。"以象兩"，未分之前的四十九，是一個整體，是一個整體的一，它象太一、太極。古代有人説五十減去四十九等於一的一，象太一、太極。這是錯誤的。説五十已經不對，大衍之數是五十五，不是五十；又説五十減去四十九，剩下不用的一象太一、太極，就更加不對。因爲用的（四十九）才有象，不用的（是六，不是一）没有象。不用的無須研究它。用四十九，四十九有象，我們研究四十九。

《周易》是用象表達思想的。卦有象，筮也有象。這是《周易》的一個基本特點。古人認爲筮法的每一個步驟都有一定的意義，代表一定的事理，不是偶然、隨便那樣做的。實際上不是那樣，筮法的各個環節，全是爲了得出七八九六來，不按那些步驟做，得不出七八九六。得不出七八九六，就得不出卦來。古人爲什麽一定要説筮法的某環節象什麽呢？是爲了強調筮的神秘性，讓人們相信它是靈驗的。這當然是不科學的。這一點我們可以不管它，因爲我們不想算卦。我們應研究的是它提及的"象"所反映的思想。

它從一，從太一，從太極開始談宇宙的發展變化，根本不言太極之前，與《老子》"道生一"的觀點正好相反，是唯物論的世界觀。

---

[1]　"能得出"前，廣西師範大學出版社 2005 年重印本有"如"字，吉林大學出版社原版無。

"分而爲二以象兩"，兩是兩儀，一對兒的意思，就是一分爲二。這是辯證法。

　　"挂一以象三"，從分爲兩部分的蓍草中拿出一根，放在一邊，於是形成三部分，古人認爲這三部分也有意義，象天地人三才。先前的兩部分蓍草象天地兩儀，拿出一根兒來，就是天地之間産生了人。人在天地之間，人能參天地。這一點很重要，古人這時已充分認識了人的作用。人與天地參，把人看得很重要，與天地一樣重要。古人説的天地，指自然界，人指人類社會。

　　"揲之以四以象四時"，揲的意思是數。"揲之以四"，是四個四個地數。先前共四十九根蓍草，"分而爲二"，分成兩部分，兩隻手各拿一部分。"挂一"，從一部分中拿出去一根，兩部分餘下來的還有四十八根。四個四個地數，一隻手可能餘一，則另一隻手必餘三；一隻手餘二，則另一隻手必亦餘二。若一隻手數盡不餘，則另一隻手必亦不餘。不餘則視作餘四。總之，每隻手的餘數不外乎一、二、三、四這幾種情況。而兩隻手餘數的和衹有四與八兩種情況。"以象四時"的四時是一年春夏秋冬四季。四個四個地數，才能得出七八九六，本與四時無關，古人一定要與四時聯繫起來，是爲了表明筮法的每一環節，都有客觀的依據，不是人們任意決定的。但是古人説"揲之以四"是反映一年四時變化的，這一點很不簡單，它表明古人當時已有了自然界四時變化的確切觀念，再加上下文提及的關於閏月的思想，説明當時已有了曆法。曆法與筮法有關係，沒有曆法就不會産生筮法。人認識天即自然界的規律是從曆法開始的。《書經·堯典》説"欽若昊天，曆象日月星辰"，即是講曆法的。曆是計數，星是天上二十八宿恒星，辰是日月相會。《書經》這句話講堯的時候人們已知道觀象授時。堯以前的曆法是火曆。火是大火，即心宿二，後來發展爲太陽曆。人們關於天的概念以前沒有，到了堯的時代才有。人們學會"曆象日月星辰，敬授人時"，才開始認識天，即自然界。古人對於天的認識是從這兒開始的。《周易》筮法中講到四時，講到閏月，表明當時有了曆法。更重要的是表明《周易》通過自然界本身認識自然界，把自然界視作獨立於人類主觀世界以外的客體。《周易》的世界觀是唯物論的。

"歸奇于扐以象閏，五歲再閏，故再扐而後掛。""五歲再閏"，五年之中置兩個閏月。"再扐"，扐是餘數的意思。兩隻手各拿一部分蓍草，經過四個四個地數，都必有一個餘數，兩隻手有兩個餘數，故云"再扐"。得出兩個餘數，合到一起，"而後掛"，這一易宣告完畢，準備進行下一易。

這一易經過分二、掛一、揲四、歸奇等四個步驟，叫作四營。"四營而成易"，經過四個步驟，完成了一易。一易就是一變，三變成一爻；一卦六爻，所以十八變才能完成一卦。

第一易完成之時，"再扐"的餘數不是四就是八。餘數叫過揲之數，餘數之外的數是本數。四十八根蓍草若減去四，本數爲四十四。經過第二易，"再扐"之餘數若是八，則此時本數減少到三十六。經過第三易，"兩扐"之餘數若是八，則此時本數減少到二十八。二十八是經過三易之後剩下的本數。二十八除以四，得七。七是奇數，陽爻。因爲蓍草的總數是四十八根，每一易之"再扐"的餘數非四即八，所以經過三易之後剩下的本數，不外四種情況。第一，二十八，四十八減去兩個八一個四；第二，三十二，四十八減去兩個四一個八；第三，三十六，四十八減去三個四；第四，二十四，四十八減去三個八。二十八、三十二、三十六、二十四，各除以四，便得出七、八、九、六四個數。奇數是陽爻，偶數是陰爻。

或得七，或得八，或得九，或得六，於是得出第一爻即下爻。用完全相同的辦法，再進行五次，得出二、三、四、五、上五爻，這一卦就算完成。四營爲一變，三變成一爻，十有八變成一卦。

"乾之策二百一十有六，坤之策百四十有四，凡三百有六十，當期之日。二篇之策萬有一千五百二十，當萬物之數也。"

一根蓍草或一根竹棍兒，是一個籌碼。籌碼就是策。策也作筮。乾卦六個陽爻,每爻三十六策,共二百一十六策;坤卦六個陰爻,每爻二十四策,共百四十四策。乾坤兩卦共三百六十策。上下二篇六十四卦共三百八十四爻,陰爻與陽爻各一百九十二。一百九十二乘以三十六,得六千九百一十二策。一百九十二乘以二十四,得四千六百零八策。此二數相加,得一萬一千五百二十策。三百六十策象徵一周年的日數。一萬一千五百二十策象徵萬物之數。這裏邊也反映《易》作者的唯物論思想。他的認識對象主要是萬物。在他看來,"盈天地之間者唯萬物"。

以上講的是筮法。筮法與卦同樣重要。學《周易》,首先要研究筮法。研究筮法不是爲了算卦,是爲了瞭解其中蘊含着的思想。在筮法中,所有的環節都用數表現出來。十個天地之數,大衍之數,分二、挂一、揲四、歸奇以及七八九六,乃至乾之策二百一十有六,坤之策百四十有四,二篇之策萬有一千五百二十等,都是數。筮法的本質特點是數。

四、卦

筮的特點是數,卦的特點是畫。畫即是符號。《周易》中所有兩儀、四象、八卦、六十四卦、三百八十四爻,都是畫。《周易》用卦畫表達思想和用筮數表達思想一樣,是取它們的抽象性。它們好像代數式,具有普遍意義,代入什麼數字都可以。

卦是怎樣產生的呢?現在看法不一樣。有人認爲八卦是文字。法國人說八卦就是八種字,這是不對的。《繫辭傳》有一段話講伏犧畫八卦。它說:"古者包羲氏之王天下也,仰則觀象于天,俯則觀法于地,觀鳥獸之文與地之宜,近取諸身,遠取諸物,于是始作八卦,以通神明之德,以類萬物之情。"過去人們認爲聖人之書不能懷疑。解放前我寫《易通》一書,覺得《繫辭傳》這段話對。後來逐漸覺得這段話有問題。據我看,這段話是不可靠的。《繫辭傳》整個兒那一段話講的十三卦，也是靠不住的。伏犧氏的事兒，《管子》上有，《淮南子》上有，此外儒家著作没講。我認爲伏犧氏畫八卦不是《繫辭傳》原有的，是後人加入的。伏犧氏作八卦不可信，但是説仰觀俯察還是對的，因爲卦是反映客觀的現象的。必須仰觀俯察很多，才能抽象。奇偶之數是抽象的結果。

　　我們講八卦的産生，不要根據伏犧氏作八卦的説法，要依據"《易》有大極，是生兩儀，兩儀生四象，四象生八卦"這一段話及《説卦》中所説的那些。

　　"大極"是什麽？"大極"就是一。但是這個一是整個的一，絕對的一，不是一二三四的一。《説文》第一字就是一。許慎解釋一説："唯初大極，道立於一，造分天地，化成萬物。"一就是大極，就是整體。世界原來就是一個整個兒的一，一分爲二，産生兩半兒、兩部分。兩半兒就是二，就是兩儀。原始人把二看作一件事物的兩半兒。《説文》説"造分天地"，意思是説大極一分爲二，便是天地。有了天地，然後化成萬物。這是古人對於客觀世界樸素的唯物論的看法。《易》作者認爲易卦的産生、發展、變化，同世界的發展、變化是一樣的。卦是符號，很像代數符號，可以代表很多東西。"《易》有大極，是生兩儀"，兩儀是兩個符號。乾坤兩卦是兩儀，代表天地。乾坤是《易》之門，《易》之緼，乾坤成列，《易》立乎其中矣。經過剛柔相摩，八卦相蕩，乾坤産生其餘六十二卦。乾坤象天地，其餘各卦象萬物。

　　易中的一陰一陽也是兩儀。陰就是陰爻，用 -- 來表示；陽就是陽爻，用 — 來表示。一陰一陽這個兩儀又一分爲二，生出四象。四象即少陽、老陽、少陰、老陰，分別用 ⚎、⚌、⚏、⚍ 這四種符號表示。這是所謂"兩儀生四象"。四象在自然界中就是象春夏秋冬四時。"變通莫大乎四時"，四時就是天地的變化，由天地的變化而生成萬物。筮法講"揲之以四以象四時"，與卦講"兩儀生四象"的含義是一樣的。《論語》説"天何言哉，四時行焉，百物生焉，天何言哉"，與

《周易》的思想一致。

　　四象再一分爲二，生出八卦，即所謂"四象生八卦"。在少陽、老陽、少陰、老陰即☳、☰、☵、☷這四象之上分別各加一陽爻、一陰爻，即產生八種新的符號，這八種新的符號就是八卦。例如把少陰（☵）一分爲二，在它的上邊加一個陽爻，生成☲，叫作離卦；加一個陰爻，生成☳，叫作震卦。其餘老陽（☰）、少陽（☳）、老陰（☷）三象，用同樣的一分爲二的辦法，在上邊分別各加一陽爻一陰爻，便生成☰（乾）、☱（兑）、☴（巽）、☵（坎）、☶（艮）、☷（坤）。

　　八卦是三畫卦，三畫代表天地人三才，其中包含陰陽兩符號。陰陽兩個符號的排列次序不同，便形成八個不同的三畫卦。八卦代表世間萬物的八種性質，這是確定不變的。某卦代表事物的某種性質，在任何情況下它都代表這種性質。《説卦》説："乾，健也。坤，順也。震，動也。巽，入也。坎，陷也。離，麗也。艮，止也。兑，説也。"每一個卦名代表一種性質。"也"字是"是"的意思。"乾，健也"，乾就是健。"坤，順也"，坤就是順。用健解釋乾，乾、健是一個意思。用順解釋坤，坤、順是一個意思。另外六卦與乾、坤同，都各代表一種性質。

　　八卦代表事物的八種性質，是不變的，但它們不可能代表八種具體的事物。事物的八種性質是抽象的，具有普遍意義。萬事萬物的性質可以抽象爲八種，而具體事物則是無窮無盡的，不可能祇有八種。八卦代表八種具體的事物，是辦不到的。《説卦》説："乾爲馬，坤爲牛，震爲龍，巽爲雞，坎爲豕，離爲雉，艮爲狗，兑爲羊。乾爲首，坤爲腹，震爲足，巽爲股，坎爲耳，離爲目，艮爲手，兑爲口。"又説："乾爲天，爲圜，爲君，爲父，爲玉，爲金，爲寒，爲冰……""坤爲地，爲母，爲布，爲釜，爲吝嗇，爲均，爲子母牛……""震爲雷，爲龍，爲玄黃……""巽爲木，爲風，爲長女……""坎爲水，爲溝瀆，爲隱伏……""離爲火，爲日，爲電，爲中女……""艮爲山，爲徑路，爲小石……""兑爲澤，爲少女，爲巫，爲口舌……"

這裏用"爲"字,不用"也"字。"爲"字與"也"字,含義根本不同。"也"字是説什麽是什麽。"也"就是"是"。"爲"字有化的意思。什麽爲什麽,是相對的,不固定的,可變化的。例如,在一定的情況下乾可以爲天,但在另一種情況下乾又不爲天而爲馬了。"乾,健也",乾就是健,不是別的。不論乾爲天,爲君,爲父,爲玉,爲金,等等,都可以變化,但它是健這一點是絕對不變的。《説卦》乾爲天,爲馬,爲君,爲父,爲玉,爲金,等等,不過是舉例,它代表的事物是無限的,還可以舉出許多許多。所以八卦的某卦代表什麽東西,是不能固定的。對於這個問題,王弼在《周易略例》中講得極好。王氏説:"義苟在健,何必馬乎?類苟在順,何必牛乎?爻苟合順,何必坤乃爲牛?義苟應健,何必乾乃爲馬?而或者定馬於乾,案文責卦,有馬無乾,則僞説滋漫,難可紀矣。互體不足,遂及卦變;變又不足,推致五行。一失其原,巧喻彌甚。"王弼正確地批判了漢易的缺點,漢易遇馬以爲一定有乾。没有,也想盡辦法找。有的用"互卦"找,找不到便用卦變找。清人更用文字通假找。其實,乾有時是馬,有時不是馬。八卦代表八種性質,這不能變,但是它代表什麽具體事物,那就不一定了。《説卦》中説乾爲天,坤爲地,震爲龍,坎爲水,又説乾爲父,坤爲母,震爲雷,坎爲溝瀆,都可以。也可以乾爲馬,坤爲牛,震爲玄黄,坎爲隱伏。八卦可以代表任何東西。八卦本身什麽也不是。王弼講得好,講得對。但是後世搞漢易的人,還是案文責卦,定馬於乾。清人把《説卦》講的乾爲馬、坤爲牛等固定下來,每一個字都用文字通假的辦法搞出。惠棟、張惠言、姚配中講漢易,都是這樣。他們不知道"乾,健也"固定不變,"乾爲馬"則不是固定的。學《易》,弄明白這一點很重要。

八卦是怎樣變爲六十四卦的呢?"八卦而小成",不能反映複雜的變化。所以八卦要變成六十四卦。《繫辭傳》説"引而伸之,觸類而長之","因而重之,爻在其中矣",就是説用"因而重之"的辦法把八卦變成六十四卦。即在八卦的每一卦上邊又重以八卦,遂成八八六十四卦。宋人説用加一倍法把八卦變成六十四卦，不對。加一倍法，雖然也可以形成六十四卦，但這不是《周易》的思想。《周易》六十四卦如此排列，反映一定的哲學思想。如果是用加一倍法，就不會這樣排列了。

　　關於八卦的產生，這裏再補充一點。據《繫辭傳》"伏犧氏之王天下畫八卦"那一段話，好像沒經過兩儀四象，一開始就畫出八卦，它是從觀象於天、觀法於地那裏來的。那麼一開始就確定了八卦各是什麼。乾就是天，坤就是地，震就是雷，巽就是風。原來就是這麼畫的，把天地雷風用八卦表示出來。八卦能表示出天地雷風等嗎？不能。乾不能表示天，坤不能表示地，震不能表示雷，巽不能表示風。表面上看，似乎對，其實不對。《易經》的内容主要是筮和卦兩項。卦與筮有關係，卦由筮產生。筮"分而爲二以象兩"，卦則"《易》有大極，是生兩儀"，道理是一樣的。把卦孤立於策之外，以爲不經過兩儀、四象，一開始就產生八卦，是錯誤的。

　　《周易》六十四卦，乾坤兩卦居首。乾卦純陽，坤卦純陰。《繫辭傳》講"剛柔相摩，八卦相蕩，鼓之以雷霆，潤之以風雨，日月運行，一寒一暑"，乾坤兩卦矛盾鬥爭結果，產生六十二卦。乾坤之前是大極，是一，大極或一之前没有了。大極一分爲二而生乾坤。乾坤即天地，其他六十二卦即萬物。有了天地便有了世界萬物。有了乾坤就有了《易》，有了六十二卦。《易》的奥妙就在乾坤兩卦，有了乾坤就有了《易》，乾坤毀則無以見《易》。六十四卦的排列，每兩卦不反則對。例如屯卦䷂下震上坎，水雷屯。屯卦六爻自初至上反過來，便成蒙卦䷃，下坎上艮，山水蒙。這裏有《易》作者的對立統一的思想。發展到最後兩卦是既濟和未濟。既濟䷾下離上坎，水火既濟。此卦的特點是陰爻在陰位，陽爻在陽位，六爻完全當位得正，《易》發展到此，矛盾似乎已經全部解決，《雜卦》説："既濟，定也。"《易》至此將毀矣。但是馬上接着就是第六十四卦未濟。未濟䷿下坎上離，火水未濟。未濟六爻均不得正，不當位，故名未濟。

《序卦》説:"物不可窮也,故受之以未濟終焉。"物是無限的,無盡
的。舊的矛盾結束,新的矛盾開始。《易》發展至既濟,幾乎息矣,
但没有息,事物還要繼續發展變化。總之,六十四卦的排列,不簡
單,反映《易》作者的哲學水平相當高,正確回答了世界本原問題。
關於事物發展的對立統一觀念也是十分明顯十分深刻的。

　　有了六十四卦之後,怎樣加以説明呢? 首先應知道卦是什麼,
爻是什麼。王弼説:"夫卦者,時也;爻者,適時之變者也。"卦是時,
自今日看來,所謂時就是時代。一卦反映一個特定的時代。六十
四卦連結起來,是較長的歷史發展過程。學《周易》六十四卦,就等
於學習歷史學習社會了。一卦六爻,爻很複雜。一卦代表一個時
代,一爻便是一個時代的一個發展階段。爻也是時,初爻有初爻的
時,二爻有二爻的時。每一爻在一卦之中,與其他五爻有着錯綜複
雜的關係,可謂變化多端,所以王弼説爻是"適時之變"的。

　　其次,應該明白"聖人設卦觀象,繫辭焉而明吉凶","繫辭焉,所
以告也。定之以吉凶,所以斷也"。卦與爻的直接意義是斷定"吉
凶"。"吉凶"是簡略語,説完全了,應是"吉凶悔吝无咎"。提到吉
凶,人們會想到禍福。其實《周易》裏講的吉凶,與人們通常講的禍
福是不同的。《周易》講吉凶,不講禍福。"吉凶者,失得之象也。"吉
象得,凶象失。得就是成功,失就是失敗。"悔吝者,憂虞之象也",
就是得失不能遽定,在兩可之間,結果要看主觀努力如何了。"无
咎",告誡如何補過,糾正錯誤。本來是有問題,但經過改正,可以没
有問題。《易》是寡過之書,是指導人們處於一定的條件下,如何爭
取最好結果的。它没有宿命論的思想,它總是告訴你怎樣能得吉,
怎樣要得凶;幹什麼,不幹什麼;怎樣幹對,怎樣幹不對。

　　再次,要知道《周易》根據什麼判斷吉凶。《周易》判斷吉凶的
辦法,用兩個字來回答,就是"觀象"。《周易》表達思想的辦法,在
筮法是用數,在卦爻是用象。卦有卦象,爻有爻象。孔子説"書不
盡言,言不盡意",象的長處就是能盡意。語言文字就不能盡意。

如果用文字表達，問題就說死了。而象具有抽象性，有抽象性便有靈活性。例如乾可以爲天，可以爲馬，也可以爲父，爲首。若用文字表達就不行，文字説什麽是什麽，没有靈活性，不能盡意。卦辭根據一卦之卦象來判斷一卦的吉凶。"智者觀其彖辭，則思過半矣"，彖辭就是卦辭。卦辭根據卦象來。所以，能把卦辭弄通，一卦的意義差不多就明白一半了。

　　爻是"適時之變"的，爻象多變，不易把握。爻是一個時代裏的一個階段。它所處階段，主要由爻所處的位來表達。爻的位即是爻的象。每一爻的象位都不是孤立的，它與别的爻有着各種關係。爻的吉凶，主要由爻所處的位及其與别爻的相互關係決定。一卦六爻，由下向上看，有初、二、三、四、五、上等六位。位分陰陽，初、三、五爲陽位，二、四、六爲陰位。陽爻居陽位，陰爻居陰位，叫當位。反之，叫不當位。當位好，不當位不好。六爻之間還有比、應、承、乘的關係。兩爻相鄰爲比。初與四，二與五，三與上的關係爲應。若二者爲異類即一陰爻一陽爻，則爲正應，或者簡稱應。"應者，同志之象也"，應好，不應不好。上爻對下爻來説爲乘，下爻對上爻來説是承。陰承陽爲順，陰乘陽爲逆。初爻與上爻是始與終、本與末的關係。上爻的爻辭與初爻有密切的關係。《易》作者先擬定初爻爻辭，初爻爻辭已決定談某一問題，那麽上爻爻辭所説，不過是初爻爻辭所談問題的完成或終了。所以，初爻爻辭擬定較難，上爻爻辭因爲是根據初爻爻辭來的，自然容易擬定。除了初、上兩爻以外，要明辨吉凶是非，中間二、三、四、五這四爻也十分重要，没有這四爻，是説明不了問題的。這四爻中，五的地位是突出的。它居君位，一般是被認爲代表天子諸侯的。另三爻之吉凶悔吝往往與同五的關係如何有關。二與四在卦中都是陰位，二距五遠，所以多譽；四距五近，逼近於君，所以多懼。三與五都是處在陽位，但是五在上，處於高貴的地位，所以多功。三在下，處於卑賤的地位，所以多凶。如果三、五是陰爻，以陰柔處三、五陽剛之位，有危險。如果三、五是陽爻，以陽剛處三、五陽位，就可以勝任而不危。

以上講的是《周易》卦象與爻象的一般通例，而卦與爻的實際情況並不如此單純，具體的情況還要具體分析。"觀象"是不容易的事情。還應該注意，《周易》的思想通過象來表達，要研究《周易》的思想，捨象是不行的。但是，象祇是我們認識《周易》思想的手段，不可鑽到象裏出不來，要"得意忘象"才行。

五、《易經》與《易傳》

《周易》包括經、傳兩部分。經的部分包括卦畫、卦名、卦辭、爻題、爻辭等幾個方面，如䷀、䷁、䷂、䷃等是卦畫，如乾、坤、屯、蒙等是卦名，如"元亨利貞"是卦辭。全易六十四卦的卦畫、卦名、卦辭各有六十四。如初九、六二、六三、九四等是爻題，如"潛龍勿用"是爻辭。每卦六爻，全易爻題、爻辭各有三百八十四。另外，乾卦多出"用九見群龍无首吉"一條，坤卦多出"用六利永貞"一條。通常叫作《易經》的，即指這些內容而言。《易經》分上下兩篇，上經由乾、坤至坎、離共三十卦，下經由咸、恒至既濟、未濟共三十四卦。

傳的部分有彖、象、繫辭、文言、說卦、序卦、雜卦七種。彖、象隨經分上下，稱上彖、下彖、上象、下象。繫辭因篇幅長，也分上下，稱上繫、下繫。於是七種變爲十部分。這十部分《易傳》，被稱爲"十翼"，也稱《易大傳》。彖傳隨經，每卦一條，列於卦辭之後，是解釋卦辭的。象傳分大象、小象。大象每卦一條，列彖傳之後，小象每爻一條，列爻辭之後。唯乾卦特殊，乾卦多一條用九爻辭和一條用九小象（坤卦多一條用六爻辭和一條用六小象）卦辭之後是全部爻辭，爻辭之後是彖傳、大象和小象。最後是文言。其他各卦全不是這樣排法，都是把彖傳和大象緊接在卦辭之後，爻辭與小象搭配在一起。

《易經》的作者是誰呢？《繫辭傳下》說："《易》之興也，其當殷之末世,周之盛德邪? 當文王與紂之事邪?"又説:"《易》之興也,其于中古乎? 作《易》者其有憂患乎!"看起來,《易傳》的作者也並不確切知道《易經》的作者是誰。説作於殷周之際,作於中古,大概是一種推測,但是這種推測是正確的,也是很慎重的。今天看來,《易經》應當是文王時代的東西,説産生於殷周之際是對的,不能説《易經》究竟是誰作的。《易傳》多次講聖人作《易》,聖人是誰,《易傳》的作者不明確地説出來,因爲他並不知道。司馬遷説文王囚羑里而演《周易》,不是事實,不要認真相信。文王作卦辭、周公作卦爻辭的説法,是靠不住的。《繫辭傳下》祇説《易》作於中古:作《易》者有憂患,並未説文王周公作卦爻辭,這一點是可以肯定的。從卦爻辭的内容來看,談問題的角度往往不一致,卦辭和爻辭不是出於一人之手,是兩個人作的。

　　《易傳》是理解《易經》的一把鑰匙,没有《易傳》的話,我們今日便不可能看懂《易經》。《易傳》(即"十翼")是誰作的? 這個問題歷來爭論很大。據我看,《易傳》應屬於孔子,基本上是孔子作的。《易傳》當然不可能都是孔子親筆作的。但絶大部分是孔子留下來的,應當没有問題。孔子的哲學思想主要表現在《易傳》上。研究孔子,不能祇注意一部《論語》。孔子有很高的智慧,他對《易經》下了很大工夫,對《易經》加以説明。《易經》的哲學思想在孔子的《易傳》中講得太清楚了。此事很不簡單。《易經》本是卜筮之書,但發展到《周易》已具有豐富的哲學思想。它對辯證法是真正認識了的,不是偶然的。它的哲學思想是《易傳》發掘出來的。《易傳》對《易經》的説明,前後一貫,思想完整,肯定是一個人作的,這個人就是孔子。孔子很聰明,他繼承了不少前人的遺説。孔子以後不可能有人作《易傳》。現在有些人説《易傳》不是孔子作的,是漢人作的。漢人能作出《易傳》嗎? 《易傳》講思想,講哲學,而漢人講《易經》是爲了占,爲了卜筮,與《易傳》的思想完全不同。他們把卦氣、納甲、爻辰一套納入《易經》,怎麼可能寫出有哲學内容的《易傳》

呢！漢人作不了，戰國也無人作。自古相傳是孔子作，沒有疑問。祇是到了北宋，歐陽修作《易童子問》，才提出懷疑。歐陽修的懷疑有一定的道理。歐陽修指出《易傳》的一些自相矛盾的地方，如“河出圖，洛出書，聖人則之”與仰觀俯察之説相牴牾。其實，河圖洛書説與“天垂象，見吉凶”並不是《易傳》舊有的東西。

　　不能否定《易傳》是孔子作，但是也要知道歷代傳鈔，難免有錯誤，有混入的東西。我們應當看出來，不要受騙。據我看，《繫辭傳》裏“古者包犧氏之王天下也”那一段，講十三卦的那些事兒，都不可信，因爲包犧氏時不可能有那些卦。孔子這人是很老實的，“知之爲知之，不知爲不知”。孔子對《書經》獨載堯以來，堯以前的東西不收。其實堯以前還是有很多東西的，《左傳》、《國語》記載了很多有關遠古的資料，孔子認爲那些不是很可信的。《書經》前幾篇不是當時留下的原始史料，都是後世的傳説。孔子把比較可信的傳説保存下來了。司馬遷受孔子這種謹慎態度的影響，所以他作《史記》從黄帝開始。從孔子這種精神看，他在《易傳》中不會説包犧氏、神農氏。可見“包犧氏王天下”那段，十三卦取這取那，不可能是《易傳》原有的，肯定是後人加入的。“河出圖，洛出書”，“天垂象，見吉凶”等，也不是《易傳》原有的東西。因爲《易經》以八卦定吉凶，不是天垂象見吉凶，不僅如此，而且這樣説與上文重複，離了本題。

　　《易傳》中也有些東西是舊有的，孔子保留下來。如《説卦傳》“乾，健也。坤，順也。震，動也。巽，入也。坎，陷也。離，麗也。艮，止也。兑，説也”，應該是舊有的，不是孔子作的。《説卦傳》中前邊那些東西，“天地定位，山澤通氣，雷風相薄，水火不相射，八卦相錯”，“艮以止之”，“坤以藏之”等，很可能是《連山》、《歸藏》的舊説。《文言》中的“元者善之長也”等解釋元亨利貞四德的一段話，見於《左傳》襄公九年，出於婦人穆姜之口。很可能是孔子以前的成説，孔子作《易傳》時吸收進來了。穆姜講此話時，孔子尚未出生。有人據此否定孔子作《易傳》，是否定不了的。《易傳》中肯定有孔子以前的成説。這些成説是從理論上、思想上釋《易》的，是正確的，孔子保留下來，寫進《易傳》。

《易傳》中也有些是孔子講的，弟子記的。例如《文言》裏邊有不少"子曰"如何如何，説明不是孔子親筆寫的，是孔子講的，弟子記的，與《論語》的情況差不多，思想應屬於孔子。

《易傳》大部分出自孔子手筆。《繫辭傳》中"夫《易》何爲者也？夫《易》開物成務，冒天下之道，如斯而已者也"這一章，就是孔子讀《易》韋編三絶之後得出的結論，是孔子對《易經》的性質、内容、特點的總認識。這段話深刻簡明，概括性極强，在當時那個時代，非孔子別人寫不出。

《易傳》成分如此複雜，有孔子寫的，有以前的舊説，有孔子講弟子記的，有後世竄入的，怎麼可以説是孔子作的呢？研究先秦的東西，不可用後世的眼光。古人講的"作"與現代不同。現代的"作"，必須每一個字都出自一人的手筆，引文要注明，否則有鈔襲之嫌。古代的"作"則不然。子書的作者可以不是一人，而是一派，書的内容一定反映同一派的思想。後來的文集則必爲一人親筆寫成，但思想可以不一致。章學誠《文史通義》對此有闡述。《易傳》十篇也該這麼看，裏邊有"子曰"，説明不全是孔子親筆寫，但思想應屬於孔子。

孔子作《易傳》不是隨文解義，而是根據《易經》的思想研究《易經》的哲學。《易經》實際上是講思想講哲學的書，孔子對《易經》是看得準，看得深的。孔子研究它的思想、它的哲學。末流才專講文字。孔子的思想與《易經》、《易傳》的思想是一致的。《論語》講"子在川上曰：逝者如斯夫"，《易經》、《易傳》也重變化。《論語》講"天何言哉，四時行焉，百物生焉，天何言哉"，《易經》、《易傳》也講天地開闢，四時運行，萬物生長。《論語》講辯證法、唯物論，《易經》、《易傳》也講辯證法、唯物論，這絶不是偶然的巧合。《易傳》與孔子有關,《易傳》反映孔子的思想。但是《易傳》是解釋《易經》的,不是孔子自己杜撰。《易傳》的哲學就是《易經》的哲學。《易經》本來就有很豐富的思想,沒有人給加以說明。孔子作《易傳》,給說明了,應該說孔子有大功於《周易》。

《易》是卜筮之書,《周易》是由卜筮之書變來的。它還有卜筮的殘餘,沒有完全脫離卜筮。儘管它裏面有哲學,但是它不是純正的哲學著作。它的外表是卜筮,內裏有哲學,現象與本質是矛盾的。《易經》之所以不好懂,就是因爲它的現象與本質不一致。孔子晚而喜《易》,讀《易》韋編三絕,說明《易經》難懂,不簡單,後世人們對《易經》不瞭解! 恐怕這也是個原因。講《易》的書很多,真正明白的不多,就因爲它的現象與本質不一致,是矛盾的。我覺得,孔子是真正看到《易經》的本質了。孔子在《繫辭傳》中講的全是理論,把《易經》的本質發掘出來了。《繫辭傳》說"其旨遠,其辭文",孔子已經清楚地看到《易經》現象與本質相矛盾的特點了。

有人講《易傳》誰作的問題,不管《易傳》的內容,專在《易傳》外面繞圈子。康有爲說《序卦》膚淺,他沒有真正用工夫研究。特別是清代一些學者,專講漢易,講什麼卦氣、納甲、爻辰之類算卦的東西,根本不涉及《易經》、《易傳》的本質內容,祇在《易經》的表面現象上繞圈子。這些人的東西,對我們研究《易經》、《易傳》毫無用處。

孔子接觸過《易經》,與《易經》有密切的關係,是肯定無疑的。說《易傳》是孔子作,有根據。孔子見過《坤乾》,這在《禮記》中有記載。《左傳》說晉國的韓宣子在魯大史那裏見過《易象》與《魯春秋》,時間在孔子稍前幾年。韓宣子能見到《易象》,孔子是魯國人,而且是有地位的人,一定也能看到過《易象》。韓宣子看過《易象》之後說他由此知道了周朝所以能夠王天下的原因了,可見那個《易象》已經是一部有思想內容的著作,不是單純的卜筮之書了。孔子"五十以學《易》",讀《易》"韋編三絕"的《易》,很可能就是韓宣子見到的《易象》。

　　《史記·孔子世家》記孔子晚而喜《易》，讀《易》韋編三絕，作了
《易傳》，司馬遷的記載是可信的，不能否定。司馬遷的說法得自他
的父親司馬談。據《太史公自序》，司馬談從楊何學《易》。又據《史
記·儒林列傳》，孔子傳《易》給商瞿，六傳到漢初田何，田何傳王
同，王同傳楊何。孔子九傳到楊何。有人說年代不太對，其實年代
差一點，沒什麼奇怪，中間漏掉了兩代傳人也是可能的。《易》未焚
於秦火；楊何傳授給司馬談的《易》，又是孔子直接傳下來的，所以
《孔子世家》的話，否定不了。

　　晚近不但有人否定孔子作《易傳》，還有人不承認《易傳》是解
釋《易經》的，硬是把《易經》與《易傳》分割開來，說《易傳》有哲學，
《易經》沒有哲學。這都是錯誤的。據我看，學《易》要首先讀《易
傳》。《易傳》是學《易經》的一把鑰匙。《易傳》與《易經》是密切地
連着的，二者不能割開。《周禮·大卜》關於三易的說法，我是信
的。從《連山》到《周易》，是一個發展過程。《周易》作爲一部易書，
更成熟了。孔子的思想與《周易》的思想是一致的。孔子作《易
傳》，講的就是《易經》，是給《易經》作傳，不是講他自己的思想，是
講《易經》的思想。我們說《易傳》反映孔子的思想，是說《易傳》的
思想與孔子的思想一致，《易傳》的思想屬於孔子一人，不屬於任何
別人。不是說《易傳》是孔子自己編造出來的，與《易經》無關。《易
傳》全部是對《易經》的解釋。《序卦》說"有天地然後萬物生焉"，
《繫辭傳》講乾坤《易》之門，《易》之縕；乾之策二百一十有六，坤之
策百四十有四，凡三百有六十，當期之日；二篇之策萬有一千五百
二十，當萬物之數，等等，都和《易經》對上號了。《繫辭傳》講的就
是《易經》本身。不過《易經》本身沒有說明，《繫辭傳》加以說明罷
了。不相信能行嗎？你不研究《易傳》，不懂《易傳》，就沒辦法瞭解
《易經》。講《易經》不講《易傳》，九六是什麼都不知道，乾坤是什麼
也不知道。不通過《易傳》，是不能真正瞭解《易經》的。從《易傳》
可以看出《易經》的哲學很高很深。沒有《易傳》，《易經》的哲學就

看不出來，讀《易經》應當知道《易傳》非常寶貴。無《易傳》，《易經》便不可能讀懂。經若無哲學，傳怎麼能有哲學？學《易經》，主要是知道它的思想，祇有通過《易傳》才能知道《易經》的思想。《易傳》與《易經》不可分。說《易傳》有哲學，《易經》無哲學，《易傳》與《易經》不是一回事兒，是不對的。

《易經》六十四卦從乾、坤到既濟、未濟，是一個發展過程。其中每兩卦完全按反對關係排列，構成三十二個環節。易卦如此排列，怎麼能是偶然的？裏邊是有一定的意義，一定的思想的，而且這個思想符合客觀辯證法。《易經》六十四卦如此排列，是原來就有的，以前沒有人講明白，是《易傳》把它講明白了。孔子作《易傳》以後，也不是很多人都懂得《易經》了。前人給《易經》作的注釋多得很，有很多對《易經》並沒有弄懂，這是實在的。

《易經》實質是哲學著作，研究它的目的是弄明白它的思想。清代有些學者不是這樣。他們講《易經》以及《莊子》等屬於思想、哲學的東西，主要靠文字考證的方法，用文字學講《易經》。近人也有的受清人漢學的影響較深。馬敍倫作《莊子義證》，就祇講字。《莊子》是講思想的書，祇講字怎麼行？有的人用文字學的方法把乾卦卦辭的“元、亨、利、貞”講成“大、亨、利、占”。過去的東西都不顧，祇用文字學講《易經》，甚至無根據地改字，以為改得越多，成就越大，把清人的毛病發展了。王念孫父子喜歡改字，也不肯隨便改字。還有的人喜歡從《易經》中搞點歷史故事。發現《易經》中有“中行”二字，就講成中行氏。春秋時代晉國有中行氏，於是證明《易經》是晉國人作的。其實“中行”是當時的一個常用詞兒，與“中行氏”根本沒關係。有人還在《易經》中發現了趙氏孤兒的故事，這全是無稽之談。《易經》是講思想的，不是講故事的。講《易經》把着眼點放在歷史故事上，或者用文字考證的辦法講《易經》，都是要不得的。今天，我們有了馬克思主義，有了科學的理論與方法，一定能夠把《周易》這個“哥特巴赫猜想”解開。

第二講　繫辭傳上

天尊地卑，乾坤定矣。卑高以陳，貴賤位矣。動靜有常，剛柔斷矣。
方以類聚，物以群分，吉凶生矣。在天成象，在地成形，變化見矣。
是故剛柔相摩，八卦相盪，鼓之以雷霆，潤之以風雨，日月運行，一
寒一暑。乾道成男，坤道成女。乾知大始，坤作成物。乾以易知，
坤以簡能。易則易知，簡則易從。易知則有親，易從則有功。有親
則可久，有功則可大。可久則賢人之德，可大則賢人之業。易簡而
天下之理得矣，天下之理得，而成位乎其中矣。

　　"天尊地卑，乾坤定矣"，這是周人的觀念。"乾坤定矣"，
是講卦的排列問題。卦的排列，周人與殷人不同。殷人首坤
次乾，所以殷易叫《歸藏》，也叫《坤乾》，反映殷人重母統的思
想。周人則正好相反，首乾次坤，與殷易根本不同，所以周人
之易叫《周易》，反映周人重父統的思想。周人爲什麼要首乾
次坤，把乾卦排在六十四卦的首位而坤卦次之？周人從自然
現象中爲自己的思想尋找根據。他們以爲首乾次坤，導源於
"天尊地卑"。既然"天尊地卑"是自然的，首乾次坤也是自然
的。他們總是要把"民之故"與"天之道"扭合到一起。孔子概
括出的這兩句話，很不簡單，也極正確。《周易》中的確有君尊
臣卑、父尊子卑、夫尊妻卑的思想。漢人講三綱，其實三綱的
思想在《周易》中早就有了。

　　"卑高以陳，貴賤位矣。""以陳"是排列的意思，朱熹以爲
"卑高以陳"是指自然界而言，我看講的不是自然界，是一卦從

初到上的排列。從卦之六爻由低至高的排列中,反映出人世間的貴賤等次來。

"動靜有常,剛柔斷矣。"動是陽,靜是陰。卦與爻有陰有陽;有陰有陽,便可以表現出剛與柔來。這兩句話是講卦的,不是講客觀世界。

"方以類聚,物以群分,吉凶生矣。"聚與分是對文。方與物指天地之間萬事萬物。吉是事業的成功,凶是事業的失敗。人類事業的吉凶成敗,並非產生於所謂命運之類,而是產生於人們自身的主觀努力。人能夠順應天地間萬物聚散之情,必得吉,否則必凶。韓康伯《注》說:"方有類,物有群,則有同有異,有聚有分也。順其所同則吉,乖其所趨則凶,故吉凶生矣。"韓《注》從卦爻來講,講得很好。

"在天成象,在地成形,變化見矣。是故剛柔相摩,八卦相蕩,鼓之以雷霆,潤之以風雨,日月運行,一寒一暑。"這裏從天地交感、萬物生成講起,講到易卦的變化與生成。孔子認爲,易卦的變化與生成反映自然界中天地萬物的變化與生成,兩者的道理是一樣的。整個這一段話,既是講自然界,也是講易卦。不管講什麼,基本的觀點是強調發展變化,強調辯證法。成象成形,相摩相蕩,雷霆風雨,日月寒暑,等等,自然界如此,易卦也如此。在古人看來,乾坤兩卦相摩相蕩生成六十四卦,猶如天地交感而生成萬物一樣,都是變化發展的結果。所謂相摩相蕩,就是運動,就是發展,也就是矛盾和鬥爭。有人不相信《易經》中有辯證法,說這個不可能,那個不可能。怎麼不可能? 不過是閉着眼睛不承認罷了。明明講相摩相蕩,鼓之以雷霆,潤之以風雨,說明天地是運動的,乾坤兩卦也是運動的。這裏應該指出,《周易》觀察自然界,首先注意到四時的交替。"雷霆風雨"講四時,"日月運行,一寒一暑"也是講四時,言及天地變化的表現,還是講四時,談筮法時說"揲之以四以

象四時”，乾之策與坤之策，“凡三百有六十，當期之日”，所説
又是四時。《論語》裏記孔子的話“天何言哉，四時行焉，百物
生焉，天何言哉”，很明顯也是講四時，同《繫辭傳》的這段話，
意思是一致的。祇有這麽理解，這段話才能講通。

　　“乾道成男，坤道成女。”這兩句話的意思同《序卦》講的
“有天地然後萬物生焉”是一樣的。這裏不過講得具體詳細，
與“乾坤其《易》之門邪”講的也是一個意思，都是説六十四卦
以乾坤爲首，乾坤兩卦象天地。“有天地然後萬物生焉”，有了
乾坤兩卦然後才生成其餘六十二卦。乾彖傳講“大哉乾元，萬
物資始”，坤彖傳講“至哉坤元，萬物資生”，也是説“有天地然
後萬物生焉”。自然界中叫天地，《易》中則叫乾坤。天地産生
萬物，乾坤産生六十二卦。用男女比喻乾坤二卦，所産生的萬
物，意在强調二卦是六十四卦之本。

　　“乾知大始，坤作成物。”“乾知大始”實際就是乾彖傳所説
的“萬物資始”。“坤作成物”，實際就是坤彖傳所説的“萬物資
生”。就天地來説，乾象天，而天實際上講的是太陽。坤象地，
萬物生於大地。春天，氣候暖和了，萬物從大地生出。没有大
地，是生不出萬物的。這就是“坤作成物”。乾坤二卦在《周
易》裏邊也有這樣的作用：“乾知大始，坤作成物。”這裏講的乾
坤，不是一般的乾坤，而是六十四卦中的乾坤。乾主萬物之
始，坤主萬物之成。乾坤二卦的變化，形成其他六十二卦。

　　“乾以易知，坤以簡能。易則易知，簡則易從。易知則有
親，易從則有功。有親則可久，有功則可大。可久則賢人之
德，可大則賢人之業。易簡而天下之理得矣，天下之理得，而
成位乎其中矣。”韓康伯《注》説：“天地之道，不爲而善始，不勞
而善成，故曰易簡。”這是道家老子的觀點。不過我以爲這樣
理解易簡是可以的。“不爲”，“不勞”，是自然而然，合乎規律，
無須人類矯揉造作，自然而然所以就易知，就簡能。我看，易

簡就是自然的意思。因爲是自然而然，没有人類的作用，所以易知，易從。

"乾以易知，坤以簡能"，還是講乾坤二卦。以下講"易知"、"易從"、"有親"、"有功"，講"德"講"業"，等等，從天地自然，從易卦，講到人事。"易從"與"有親"相對待，"德"與"業"相對待。人如果能效法乾之易、坤之簡，則"易從"，"有親"，"有功"；做到"易從"，"有親"，"有功"，則能成就事業。能做到易簡，就等於掌握了天下之理。這樣，人居於天地之間，便可與天地參了。由此可知，《周易》很重視人的主觀能動作用，它是把人作爲主體看待的。它無論怎樣談天談地，怎樣着重自然，到頭來總是歸結到人和人的事業。人與天是聯繫在一起的。在儒家那裏，天人關係問題，絲毫没有迷信的意思。

聖人設卦觀象，繫辭焉而明吉凶，剛柔相推而生變化。是故吉凶者失得之象也，悔吝者憂虞之象也，變化者進退之象也，剛柔者晝夜之象也。六爻之動，三極之道也。是故君子所居而安者，《易》之序也。所樂而玩者，爻之辭也。是故君子居則觀其象而玩其辭，動則觀其變而玩其占，是以自天祐之，吉无不利。

"聖人設卦觀象，繫辭焉而明吉凶"，這是講卦。《繫辭傳》不僅僅講六十四卦的結構、排列，又進一步講每一卦的本身。前面是從宏觀角度講，這裏是從微觀角度講。設卦，畫八卦又重爲六十四卦。觀象，觀卦的象，然後繫辭，用文字加以説明，以此表達吉凶悔吝。

"剛柔相推而生變化"，剛柔亦即陰陽，陰陽即是矛盾。"剛柔相推"，其實就是矛盾的運動。矛盾運動的結果，必然産生變化。"是故吉凶者失得之象也，悔吝者憂虞之象也"，有變化就有吉凶。吉凶是什麽意思？吉是得，是事業的成功；凶是失，是事業的失敗。成功與失敗，關鍵在於人們自身努力的程度如何。《周易》總是告誡人們在一定的條件下怎樣做才能成功,怎樣做必將失敗。一般人把吉凶説成禍福,把《周易》當成迷信,是因爲他們不瞭解《周易》。其實《周易》所講的吉凶,最強調人的主觀努力,並不認爲吉凶是前定的。有時候,事情的結果不能立刻達到吉或者凶,尚處在兩可的狀態。弄得好,凶可以變爲吉,這叫悔;弄得不好,由吉可以變爲凶,這叫吝。

"變化者進退之象也,剛柔者晝夜之象也。"變化是什麼?變化就是進退。進退是什麼? 進退就是柔變剛,剛變柔。這裏説的變化,是卦的變化,不是事的變化。柔而變剛是進,剛而變柔是退。既變而爲剛,就是晝,就是陽;既變而爲柔,就是夜,就是陰。

"六爻之動,三極之道也。"一卦六爻,初與二在下爲地,三與四在中爲人,五與上在上爲天。動就是變化。三極是天地人三才。一卦六爻的變動,越不出天地人三才之道。我們讀《易》,應該知道,《周易》把人和社會看得很重要,與天地並稱爲三才。這事也不簡單。

"是故君子所居而安者,《易》之序也。所樂而玩者,爻之辭也。"這一段話是講人們應如何學《易》的問題。居,居仁由義的居,不是出入起居的居。居而安,處而不遷的意思。人們學《易》,要首先抓住"《易》之序",牢牢不放,處而不遷。什麼是《易》之序呢?《易》之序即是六十四卦之次序。《周易》六十四卦之次序與《連山》、《歸藏》不同。《周易》的卦辭爻辭,全根據六十四卦之次序而定。就是説,《周易》六十四卦的次序不是偶然的,是有意義的。如乾坤之後是屯卦,屯的意義是難,因而六爻也皆取難義。這一點,我們從《序卦傳》中看得極清楚。玩,尋繹不已、反復思索的意思。爲什麼祇玩爻辭,不提卦辭呢? 卦辭不變而爻辭變。爻辭取象繁多,變動無方,不易玩索卻又必須反復玩索。

"是故君子居則觀其象而玩其辭,動則觀其變而玩其占,

是以自天祐之,吉无不利。"這一段話是講人們應如何用《易》
的問題。怎樣用《易》,《易》之道,不外乎象、辭、變、占四個方
面。象、辭是象、辭,變、占是變、占,不是一回事。平時無事,
觀象玩辭。觀象,領會《易》象的意義;玩辭,尋繹卦爻辭的微
旨。一旦有了事情,要進行卜筮,亦即要行動了,便要觀其變,
玩其占。一個人能夠做到平時觀象玩辭,有事觀變玩占,必然
得吉而无不利。別人可能以爲天保佑他得吉,其實不然,是他
依據《易》的指導,行動遵循客觀規律而得到的結果。

象者,言乎象者也。爻者,言乎變者也。吉凶者,言乎其失得也。
悔吝者,言乎其小疵也。无咎者,善補過也。

象是斷的意思。象在這裏專指一卦之象而言。"言乎
象",實際是說言乎卦。象是斷一卦之象的,是象辭,也叫卦
辭。卦辭是一卦的總説明。一卦反映一個時代。一個時代的
特點由一卦的卦象來表達,一卦的卦象由一卦的卦辭來説明。
在一卦之中,卦象始終不變,卦辭也始終不變。爻是爻辭,爻
辭是説明一爻之象的。一卦六爻從初到上是變化不定的。一
卦反映一個時代,一爻反映一個時代中的一個發展階段。六
爻反映六個發展階段。卦辭反映一卦之象,説明一卦的總特
點。爻辭反映一卦之中六爻的變化,説明各爻的特點。所以
孔子説"象者言乎象","爻者言乎變"。言象言變,祇是就一卦
內部而言。若從全部六十四卦的排列組成來説,乾坤變而爲
屯蒙,直至既濟未濟,是一個大的變化過程,應當説,卦也是言
變的。在一卦之中,爻也有位,爻位即是爻之象。應當説,爻
也是言象的。而就一卦來説,卦辭反映一卦之象,它相對地不
變;爻辭反映卦在自身各個發展階段上的變化,它們的特點是
動是變。

在卦辭和爻辭中有吉凶悔吝无咎之辭。吉凶悔吝无咎,
從根本上説,不外乎失得兩個方面。吉凶是大得大失,悔吝是

小疵、小問題。問題雖小，但不如无咎好。這裏提出"補過"的思想，很重要，值得注意。《周易》有這樣一個思想：吉凶得失，全在能否"補過"。"補過"就是知過而改。吉不是命中注定的，吉由人的主觀努力來。人能補過，不斷地改正錯誤，積累起來便可无咎。无咎積累起來便可以得吉。若不知補過而以小疵自恕，則必悔吝，終則必凶。"无咎"是什麼意思？《周易》中凡出現"无咎"二字，便是嘉許其能補過。

是故列貴賤者存乎位，齊小大者存乎卦，辯吉凶者存乎辭，憂悔吝者存乎介，震无咎者存乎悔。是故卦有小大，辭有險易。辭也者，各指其所之。

　　《周易》是講究貴賤的。貴與賤的區分，通過六爻的爻位顯示出來。位在上者貴，位在下者賤。齊，韓康伯《注》說"猶言辯也"。"齊小大"，分辨小大。小大，韓康伯《注》說"其道光明曰大，君子道消曰小"。道有君子小人之分，德也有好壞之別，並非全一樣。君子之道，君子之德，曰大；小人之道，小人之德，曰小。小大之義從卦即卦辭中表達出來。卦怎樣表達小大呢？卦靠陰陽區分小大。辭，韓康伯《注》說"爻辭也，即爻者言乎變也"。吉凶從爻辭中表現出來，吉凶的問題比貴賤大小爲複雜。貴有吉，賤亦有吉；小有凶，大亦有凶。沒有辭，吉凶無法辨析清楚。吉凶要通過辭來判斷。介，韓康伯《注》說"纖介也"。纖介，劃分吉與凶界限的細微處。吉之與凶，所爭僅在幾微之間，這個幾微就是介。由吉變成凶並不難，所以《周易》要"憂悔吝"，"震无咎"。"憂悔吝"，就是因爲介，通過辭表達它的危疑憂慮；"震无咎"，就是爲使其知悔，將有咎變爲无咎，通過辭來做勸告誡。卦大卦小的問題，前面講過。卦之大小可以從君子小人的角度劃分，也可以從陰陽的角度劃分，二者是一致的。以陽爲主的卦如泰，就是大；以陰爲主的卦如否，就是小。辭，包括卦辭、爻辭。辭易，明白淺顯，易懂；

辭險，奇奧艱深，難懂。無論卦大卦小，辭易辭險，都是既告誡、慰勉君子，亦儆勸、安撫小人。所之，趨、避。辭易，告人趨吉；辭險，告人避凶，避害避凶，歸根結底，還是指示人們歸於吉。

《易》與天地準，故能彌綸天地之道。仰以觀于天文，俯以察于地理，是故知幽明之故，原始反終，故知死生之説。精氣爲物，遊魂爲變，是故知鬼神之情狀。

　　準字怎麽講？有人把準字解爲密，有的以爲準字有符合的意思。朱熹説準字的意思就是齊。《易經》之寫作是與天地相準的，按照天地來作《易》。例如，《易經》的乾坤兩卦象天地，其餘各卦象天地的變化。全部《易經》，是與天地準的，與天地一樣。因與天地一樣，故能彌綸天地之道。《經典釋文》説"天地之道"原爲"天下之道"。現在傳世的本子作"天地之道"。我看應是"天下之道"。"天地之道"僅僅是"天地之道"，概括的面窄，而"天下之道"，面就大了。"天下之道"包括整個"天下"之道。"天之道"，"民之故"，即自然的與社會的知識，它都包括在内。"天地之道"也包括在"天下之道"以内。"與天地準"也並非説《易》講的僅僅是"天地之道"。

　　"彌綸天地之道"的"彌綸"二字，應是一個詞，不是兩個詞。王引之的《經義述聞》有解釋。朱熹把兩個字分開，作爲兩個詞講，我看是不對的。"彌綸"的意思就是概括，同"冒天下之道"的那個"冒"字一樣。因爲《易》與天地準，所以《易》能"彌綸天下之道"。天下所有的道它全能概括。

　　"仰以觀于天文，俯以察于地理"的"以"，朱熹的《周易本義》説"以者，聖人以《易》之書也"。我看這個"以"未必是"以易"。"以觀"，"以察"，是説人仰觀俯察。"幽明"指晝夜，亦即自然界的變化。以天地自然的變化，可以知幽明的緣故。"原始反終"，據《經典釋文》記載，有的本子作"原始及終"。及、反二字字形相近,容易錯訛。事物有始必有終,人有生必有死。所以我看作"原始及終"是有道理的。《易經》講幽明,講死生,並不神秘,沒有宗教迷信的意思。

"精氣爲物,游魂爲變",是指鬼神説的。"精氣爲物",是講神;"游魂爲變",是講鬼。鬼神是什麽? 鬼神在《易經》之中不過是變化的同義語。鬼者歸也,神者申也。張載以爲鬼神乃陰陽二氣之良能也。這是對鬼神作的無神論解釋。《易經》對幽明、死生、鬼神的解釋都是無神論的。《易經》是唯物論,不是唯心論。

與天地相似,故不違。知周乎萬物而道濟天下,故不過。旁行而不流,樂天知命,故不憂。安土敦乎仁,故能愛。

"與天地相似"同"與天地準"是一個意思。因爲《易》與天地相似,所以不違。不違,就是合其德,合其明,合其吉凶。與天地一樣,不違背天地的規律。《易》的發展變化,與"天地"的發展變化相似,反映天地的發展變化。

因爲《易》與天地相似,所以它的"知"能够周乎萬物。這個"萬物",既是《易》的萬物即六十四卦,也是天地之間的萬物。《易》的"知"普遍藏在"萬物"即六十四卦之中,又普遍反映着萬物的規律。因爲《易》與天地相似,所以它的道能够濟天下,能够解決全天下的所有問題。也就是所謂"以通天下之志,以定天下之業,以斷天下之疑",指導人們的行動。因爲《易》能知周萬物而道濟天下,一切都在它的作用範圍之中,所以對《易》來説,不存在過或不足的問題。"旁行而不流","旁行"是普遍的意思,"流"字有的本作"留"。韓康伯《注》説"應變旁通而不流行"。其實,"不流"與"不違"、"不過"意思是一樣的,都是極力形容《易經》包容廣大,作用完備。

"樂天知命"的"天"係指自然而言,"樂天"就是順應自然。"命"就是客觀的不以人的意志爲轉移的規律。"知命"就是認

識、承認、順應客觀的規律。《易經》裏講的天命不是上帝之旨
意的意思。孟子講"莫之爲而爲者天也,莫之致而至者命也",
是講得對的。孟子給天命下的這個定義,放到《易經》上是合
適的。《易經》中講的天,與孟子説的一樣,不爲而爲,自然而
然,沒有意志,沒有主宰。《易經》中講的命,我看也絕對不是
上帝的旨意。《孟子·盡心》講兩種命,一種是盡其道而死,即
正常死亡,叫正命;一種是桎梏而死,即受刑致死,叫非正命。
《莊子·列禦寇》説"達大命者隨,達小命者遭",把命分爲大命
與小命兩種。儒家孟子講的正命與道家莊子講的大命,自今
天看,實際上就是必然性;他們講的非正命、小命,實際上就是
偶然性。孟子與莊子已經認識到必然性與偶然性的存在,但
不知道二者的關係。《論語》説"死生有命"的命,也是説必然
性。必然性通過偶然性開闢道路,這一點古人是不知道的。
孔子講的命,不是宿命論,還有一個重要的旁證。墨子反對儒
家不信鬼神的態度,他指責儒家以天爲不明,以鬼爲不神。如
果孔子講的命有鬼神的含義,墨子何以批判儒家不信鬼神?

　　孔子説他"五十而知天命",又説"五十以學《易》,可以無
大過矣"。把兩句話聯繫起來看,孔子的天命概念不是宿命
論。若是宿命論,天命就是上帝的旨意,孔子何必要等到五十
歲才知天命! 五十歲即知天命,理會了上帝的旨意,爲什麼又
需學《易》才可以無大過?《易經》中當然不可能有我們今日使
用的必然性、規律這些明白無誤的概念。我們要透過現象看
本質。古人使用天命這個詞彙,有很大的靈活性,含義不是確
切的。在不同的語言環境中可以有不同的解釋。對於"天命"
這個詞兒,要尋求出一個符合古人原義的解釋,必須把它放到
具體的文章中去,從上下前後的文句相互制約、相互聯繫中去
理解,去判斷它的含義。《易經》中"天命"一詞所指是必然性,
是規律。《易經》講動講變,也是講規律,講事物的客觀性。我

們的古人總是把自然與社會、天與人、客體與主體放在一起加以考察，經過孔子研究的《易經》即是如此。天地萬物，客觀世界，在生生不息地運動、變化。"《易》與天地準"，世界是什麼樣，《易》也是什麼樣，而且是"不違"、"不過"、"不流"的。一個人學《易》，便可知天知命，知天下之道，所以能够無所憂。孔子認爲《易經》中不僅有知，還有仁。知是理智、理性，仁是仁愛、人性。這一點與道家老子根本不同。老子講天地不仁以萬物爲芻狗。孔子則肯定仁無處不在。《易》中有仁，故能道濟天下。學《易》的人安土敦仁，故能愛人濟物。

範圍天地之化而不過，曲成萬物而不遺，通乎晝夜之道而知，故神无方而《易》无體。

這裏繼續講《易經》本身。《易經》廣大悉備，天地萬物生成化育，生生不息的情狀及其事理，它完全包括了，沒有過頭即不該它包括而被它包括了的地方。《易經》用象與辭反映思想，表達概念。《易經》的象與辭代表什麼不能定指，它要根據具體情況而定，所以是靈活的，適時而變的。萬事萬物它全能代表，没有什麼事物它代表不了。這就是"曲成萬物而不遺"。"通乎晝夜之道而知"，晝夜當然講的是白天與夜裏，幽與明兩方面的交替變化。白天與黑夜的對立與變化，是誰都清楚的。這裏所説的晝夜，包括世間萬事萬物。世間任何事物都有幽一面與明一面。這幽明兩面，都可以説成晝夜。萬事萬物都有晝夜。《易經》及學《易經》的人，若能通達幽明之理，那便是無所不知了。"神无方而《易》无體"，"神无方"指事物是變化無定的，"《易》无體"指《易》也是變化無定的。程頤《易傳》序説："易，變易也，隨時變易以從道也。"我看程説是對的。

一陰一陽之謂道。繼之者善也，成之者性也。仁者見之謂之仁，知者見之謂之知。百姓日用而不知，故君子之道鮮矣。

這就是一陰一陽，一陰一陽是事物由自身的對立面鬥爭引起的發展變化。古人當然沒有現代哲學的對立面鬥爭的明確認識。但是，《易經》中確實有了關於事物發展變化的概念，有了事物總是一分爲二，分爲兩個方面的概念。孔子則用陰陽來表達它。清人戴震説："道，猶行也。氣化流行，生生不已也。"他這樣解釋"一陰一陽之謂道"的"道"，是正確的。

"繼之者善也，成之者性也。"繼是接續。"繼之者"，是繼氣化流行，生生不已。"繼之者善也"，是説繼氣化流行，生生不已之後，乃是所謂善的問題。善是什麼？按戴震《原善》的説法，善包括仁、禮、義三個方面的内容。生生不已是仁。生生不已而有條理，是禮；有條理，截然不可亂，是義。仁、禮、義三者存在於天地萬物之運動變化之中，是自然界固有的現象。戴氏的理解，看來是對的。

"成之者性也"，是説把一陰一陽之道，成就在某一事物的身上，即爲性。《大戴禮記・本命》説："分於道謂之命，形於一謂之性。"實際上也是説明這個問題。

"仁者見之謂之仁，知者見之謂之知。"本來《易》與天地準，與天地相似，可謂無所不包。但是人們不能全面地瞭解它，認識它，往往祇能從自己所熟悉所看重的一個方面去理解它，結果造成仁者見其仁、知者見其知的情況。

"百姓日用而不知，故君子之道鮮矣。"《易》中包含的道理，百姓每天都在應用，日常生活離不開這些道理，但是他們自己不知不覺。對於《易經》，有人見其仁，有人見其知，更多的人仁知皆不見，所以真正能知《易》行《易》的君子之道就很少了。

顯諸仁，藏諸用，鼓萬物而不與聖人同憂，盛德大業至矣哉。

顯是應用，藏是不用。當人們應用《易經》的時候，《易經》能指導人們的行動，吉凶悔吝這就是"顯諸仁"。當人們不用它的時候,它便藏到筮與卦裏邊去了,這就是"藏諸用"。

鼓是動詞,是説《易經》在應用的時候,筮所起的作用。"不與聖人同憂",是説《易》无思也,无爲也,寂然不動,感而遂通天下故",與聖人統治天下之勞神焦思不同。"聖德大業至矣哉",是讚美《易經》的。"盛德"就"藏諸用"言,"大業"就"顯諸仁"言。

富有之謂大業,日新之謂盛德。生生之謂《易》,成象之謂乾,效法之謂坤,極數知來之謂占,通變之謂事,陰陽不測之謂神。

這是對《易經》常用的八個概念所作的簡明精確的解釋。"富有之謂大業",説明大業就是富有,富有表明無所不包。同樣,"日新之謂盛德",説明"盛德"有日新的意思。實際上是指《易經》卦爻裏邊所反映的變化發展。"生生之謂《易》",説明《易》就是生生。"大極生兩儀,兩儀生四象,四象生八卦,八卦定吉凶,吉凶生大業",這就是生生的具體内容。

"成象之謂乾,效法之謂坤。"這裏的乾坤既指六十四卦的乾坤兩卦而言,也指全《易》爲乾坤二卦的變化而言。《繫辭傳上》開頭説,"在天成象,在地成形,變化見矣"至"乾道成男,坤道成女",這裏既包括篇首二卦之乾坤,同時也包括二卦在發展變化中的乾坤。總之,乾是成象,坤是效法,其義與"大哉乾元,萬物資始"、"至哉坤元,萬物資生"的説法,是一樣的。

"極數知來之謂占,通變之謂事。"這是對《易》中占和事的解釋。極數是指筮法利用大衍之數的分二、挂一、揲四、歸奇等以得出七八九六,其意義就是知來。而這個"極數知來"就是占。"通變之謂事",是説《易經》裏的事是指變通而言。這個"變通"就是所謂《易》窮則變,變則通"。"陰陽不測之謂神",是説《易經》裏的所謂神,衹是指陰陽不測而言。筮法得出的七八九六,不能前知,所以説,陰陽不測。

夫《易》廣矣大矣，以言乎遠則不禦，以言乎邇則靜而正，以言乎天地之間則備矣。

　　"廣矣大矣"，是對《易》道的讚美。這個廣大，從遠來說，則無有止境；從近來說，則當於理；從整個天地之間來說，則完備了。

夫乾，其靜也專，其動也直，是以大生焉。夫坤，其靜也翕，其動也闢，是以廣生焉。

　　因爲乾坤是《易》之緼，所以，從乾坤二卦的動靜可以看出《易》道的廣大。乾象天，天的最明顯的表現爲春夏秋冬。"其靜也專"，則指歲之冬。"其動也直"，則指歲之春、夏、秋三時。直是直遂無前，不受干擾，也没有矯揉造作。坤象地，地的最明顯的表現是四時的成長和衰枯。"其靜也翕"，則指冬時的閉藏。"其動也闢"，則指春夏時的因暑來寒往而發生發展。由此看來，乾坤的廣大就是《易》的廣大，《易》的廣大就是乾坤的廣大，因爲二者實際上是一個東西。

廣大配天地，變通配四時，陰陽之義配日月，《易》簡之善配至德。

　　配，匹配、相當。就是說《易》道之廣大，與天地之廣大相當。《易》道之變通，與四時之變通相當。《易》之陰陽之義，與日月之義相當。《易》簡之善，與聖人之至德相當。

子曰："《易》其至矣乎！夫《易》聖人所以崇德而廣業也。知崇禮卑。崇效天，卑法地。天地設位而《易》行乎其中矣。成性存存，道義之門。"

　　"《易》其至矣乎"，是孔子對《易經》的稱讚。"至矣乎"是說至極無以復加的意思。"夫《易》聖人所以崇德而廣業也"，是說聖人用《易》來崇高其德，廣大其業。德是從修養一方面說的，業是從事功一方面說的。"知崇禮卑"，是說知貴崇高，禮貴卑下。"崇效天，卑法地"，是說知之崇，應效法天之高，禮之卑,應效法地之下。"天地設位而《易》行乎其中矣",這個"天地設位"不是指自然界中的天地,而是指《易》中的天地,亦即乾坤二卦。"《易》行乎其中"是指乾坤二卦的變化發展。這種說法同下文所說的"乾坤其《易》之縕邪? 乾坤成列,而《易》立乎其中矣"是一個意思。"成性存存,道義之門"是說把《易》這個道理變成性而存之又存,則是道義所從出。門是所從出的意思。

聖人有以見天下之賾,而擬諸其形容,象其物宜,是故謂之象。聖人有以見天下之動,而觀其會通,以行其典禮,繫辭焉以斷其吉凶,是故謂之爻。

"聖人"指《易經》的作者。這一段話是解釋《易經》裏象和爻這兩個概念的。"聖人有以見天下之賾,而擬諸其形容,象其物宜,是故謂之象",是說象這個概念的產生,是由於作《易》者見到天下之賾。賾是幽隱,即隱藏在天下衆多事物中的道理。作《易》者把這些隱藏在天下萬事萬物中的道理,"擬諸其形容,象其物宜",用各種相當、合適的形象表達出來,讓人們容易認識、理解。

"聖人有以見天下之動,而觀其會通,以行其典禮,繫辭焉以斷其吉凶,是故謂之爻。"這是說爻這個概念的產生是由於作《易》者觀察到天下萬物萬事的運動、變化,於是"觀其會通,以行其典禮"。會是會聚,其實也就是今天說的關鍵、關節點、要害。事物運動、變化過程中的關鍵、關節點、要害,用哲學的語言說,就是質變。通是"窮則變,變則通"的通,相當於今日哲學術語所說的量變。"典禮"之典,在此有常的意義;禮在此有行爲的意思。合起來看,"典禮"就是指行動、行爲的準則、規範。"觀其會通以行其典禮",就是看準事物變化中常與變的關係,依據不同的情況采取不同的行動。"繫辭焉以斷其吉凶",爻確定了,再給加上一定的言辭,以判斷出事情結局是吉

是凶,指導人們在事物的變化中爭取成功,避免失敗。這就叫
作爻。

言天下之至賾而不可惡也,言天下之至動而不可亂也。

　　"言天下之至賾而不可惡也",是説象。《易》中之象能説
明天下事物最爲奧秘的道理。"而不可惡也",是説不能指出
其疵累。"言天下之至動而不可亂也",是説爻。《易》中之爻
能説明天下事物的最紛繁的變化。"不可亂也",是説這個動
都有秩序而不能混亂。

擬之而後言,議之而後動,擬議以成其變化。

　　這段話是對學《易》者來説的。學《易》者也應當如作《易》
者之於象,擬之而後言,也應當如作《易》者之於爻,議而後動。
用擬議以成就其變化。這個變化謂掌握時變,正是所謂時措
之宜也。

　　以下自"鳴鶴在陰,其子和之"至"《易》曰:'負且乘,致寇
至。'"共七爻,是孔子舉例發明擬而後言、議而後動的意義。
以後講卦時還要講到,這裏就不講了。現在講筮法。筮法很
重要,是《周易》的一項重要内容。以往人們多重視卦,忽略
筮,是不對的。在筮法當中也藴含着豐富而深刻的哲學思想。
古代筮法不止一種,《周禮・春官・筮人》提到九筮之名,説明
古代有九種筮。後來九筮大部分不見了,現在我們能見到的
筮法衹有一種,就是保存在《周易》繫辭傳裏的這種筮法。這
一點我們要感謝孔子,不是他寫進《易傳》裏,就連這一種筮法
我們也看不到了。

天一地二,天三地四,天五地六,天七地八,天九地十。天數五,地
數五,五位相得而各有合。天數二十有五,地數三十,凡天地之數
五十有五。此所以成變化而行鬼神也。

　　這一段文字是説明《周易》的筮法所用之數的。《周易》筮

法所用之數是十以内的五個天數與五個地數之合,即大衍之數五十有五。天數、地數之天地二字,看上去似乎神秘,其實没什麽神秘。天數就是奇數,地數就是偶數。天地二字在這裏同陰陽、奇偶的意義是一樣的,不過是兩個符號,表示自然數中包含着兩種性質的數,一種是奇數,一種是偶數。奇與偶在數字中的關係是對立統一的關係。《周易》裏將奇偶换作天地來稱謂。所以,這裏的天地就是奇偶,没有别的意義。

爲什麽不多不少正好取十個數呢? 這是因爲古人把十以内的數看成是一切數字的基礎。古人認爲十是小盈之數,萬是大盈之數。萬太大,當然要取十這個數了。

十個數中有天數五個即一、三、五、七、九,有地數五個即二、四、六、八、十。"五位相得而各有合",就是説一與二相得,三與四相得,五與六相得,七與八相得,九與十相得,用今日哲學語言來説,相得就是對立的統一。"各有合",就是五個天數加起來得二十五,五個地數加起來得三十。"凡天地之數五十有五,此所以成變化而行鬼神也",就是説天數二十五與地數三十相加得天地之數五十有五。《周易》筮法就采用這個數進行占。這個五十有五又叫作大衍之數。衍是演變的意思,通過它能够進行占筮,所以説"成變化而行鬼神"。

大衍之數五十,其用四十有九。分而爲二以象兩,挂一以象三,揲之以四以象四時,歸奇于扐以象閏。五歲再閏,故再扐而後挂。

大衍之數是五個天數與五個地數之合,應爲五十有五,這裏祇説五十,是脱了"有五"二字。"五十有五",是説大衍之數的總策數爲五十五。"其用四十有九",五十五策不全用,祇用四十九策。爲什麽五十五策不全用,祇用四十九策,古人曾作過種種解釋,都是牽强附會,不足信據。其實根本没有什麽深意,祇是因爲五十五策全用最後得不出七八九六,不能達到筮的目的。從這一點也可以看得出筮法本是人爲的安排,是借此反映作《易》者的哲學思想的,絕不像朱熹説的那樣,"皆出於理勢之自然,而非人之智力所能損益也"。

"分而爲二以象兩",這是筮的第一個步驟。筮時首先將四十九策即四十九根蓍草信手分成兩部分。爲什麼要分成兩部分? 孔子認爲"分而爲二"有意義,它是"象兩"的。"象兩"即是象天地,天地就是由太一分出的兩儀。世界上一切事物都是一分而爲二的,古人認爲天地是最大的兩儀,最大的分而爲二。兩儀實際上就是對立的統一。

"挂一以象三",這是筮的第二個步驟。挂一,是從分爲兩部分後的一部分蓍草中抽出一根,放到另一處,成爲第三部分。這第三部分雖然祇是一根蓍草,意義卻極大,它與前邊説的二合起來成爲三。"象三"是"象三才"的省語,三才即天地人。可見《易經》的作者和孔子已經把人放在重要地位。天地指的是自然界,人是人類社會。在《周易》的作者看來,自然界與人類自身都是人類要認識的對象。人類既是認識的客體也是認識的主體。把人類社會自身作爲研究對象,把人放到重要地位,把人類社會同自然界聯繫起來考察它們的運動規律,從而把神的意志排除在外,這是《周易》哲學的一個鮮明特點。

"揲之以四以象四時",這是筮的第三個步驟。揲是動詞,數的意思。"揲之以四",是將分爲兩部分的四十八根蓍草(本爲四十九根,"挂一"時抽出去一根),四個四個地數,數過的蓍草拿出去。數完第一部分,再用同樣的辦法數另一部分。每一部分都要有一個餘數。餘數不是一就是二,不是二就是三。如果數盡無餘數,可視作餘數爲四。這一部分若餘四,則另一部分必然也餘四。若餘三,則另一部分必然餘一。若餘二,則另一部分必然也餘二。若餘一,則另一部分必然餘三。分而爲二的兩部分蓍草,爲什麼要四個四個地數呢? 道理很簡單,不四個四個地數,得不出七、八、九、六來;得不出七、八、九、六來，便畫不出爻；畫不出爻，當然求不出卦。但是古人寧肯把理由説得複雜些，以增添《易》的神秘色彩。孔子作《繫辭傳》，把古人的這一思想記載下來了。古人説"揲之以四"是象四時，仿佛四個四個地數不是人爲規定的，而是根據一年有春、夏、秋、冬四時來的。這雖然不是實際情況，但也因此爲我們提供了兩個信息：（一）它告訴我們，在《周易》成書的時候，人們已經有了豐富的曆法知識；（二）它告訴我們，人們在創制筮法的時候，是有着相當成熟的數學知識作基礎的，而且肯定受到了當時十分重要的曆法知識的啓發。

"歸奇于扐以象閏。五歲再閏，故再扐而後掛"，這是筮的第四個步驟。經過分二、掛一、揲四、歸奇這四個步驟，一易宣告完成，隨後再進行兩易，即成一爻。一爻須進行三易。一卦六爻，共須進行三六一十八易。奇是每次過揲後的餘數。扐，也是零餘的意思。"歸奇于扐"，是説把每次過揲餘下的餘數作爲"扐"，另外放在一邊。這也是爲了最後能得出七、八、九、六，以求出卦來，但是古人把這種作法同曆法上的置閏聯繫起來，以爲"歸奇于扐"如同置閏一樣。"五歲再閏"，五年之中置二閏，是中國古代曆法的實際情況。因爲"五歲再閏"嘛，所以要"再扐"，"再扐"是説分而爲二後的兩部分蓍草，每一部分都要經過"揲之以四"，都有一個餘數。兩部分蓍草，有兩個餘數。因爲是兩個餘數，不是一個餘數，所以叫"再扐"。"而後掛"是一易完畢，將要進行再易、三易而成一爻。

爻究竟是怎樣得出的呢？爻祇有陰爻與陽爻兩種，筮的直接目的是得出爻來，而得爻的實質性意義不是別的，祇是確定是陰爻還是陽爻。筮不能直接得出陰爻或者陽爻的符號，筮要得出四個一定的數字來，這四個數字代表陰爻和陽爻。這四個數字是七、八、九、六。筮每三變得出這四個數的一個數，或七或八或九或六。七叫少陽，八叫少陰，九叫老陽，六叫老陰。得出七或九,畫陽爻,因爲七、九是奇數,奇數是陽數。得出六或八,畫陰爻,因爲六、八是偶數,偶數是陰數。

筮的每三變怎樣得出或七或八或九或六這四個數呢？是這樣得出的,四十八根蓍草減去三變餘數的總和,除以四。得數不是七就是八,不是八就是九,不是九就是六。四十八這個數是一定的,四這個數也是一定的。不一定的是三變的餘數各是多少。三變餘數的總和有四種可能,即二十四、十二、十六、二十這四個數。四十八減去二十四,除以四,得六,是爲陰爻。四十八減去十二,除以四,得九,是爲陽爻。四十八減去十六,除以四,得八,是爲陰爻。四十八減去二十,除以四,得七,是爲陽爻。那麽,二十四、十二、十六、二十這四個數是怎樣得出的呢？它們是三變餘數的總和。四十九根蓍草信手分作兩部分,挂一,抽出一根,還有四十八根。四十八根分爲兩部分,每部分各除以四,即揲四。餘數可能是多少呢？前面説過,兩部分中每部分的餘數有一、二、三、四這四種可能(四本可除盡,除盡則視作餘四)。若一部分餘四,則另一部分必也餘四,加起來爲八。若一部分餘一,另一部分必餘三。若一部分餘二,另一部分必也餘二。兩部分餘數的和都得四。這就是説,第一變兩部分蓍草揲四後餘數之和,非八即四。第二變時蓍草總數是四十或四十四根,兩部分蓍草揲四後的餘數之和,也非八即四。第三變時蓍草總數是三十二或三十六,兩部分蓍草揲四後的餘數之和,又非八即四。三變餘數之和,必衹有四種情況,即三個八、三個四、兩個四一個八、兩個八一個四,亦即二十四、十二、十六、二十。四十八減去二十四,爲二十四;減去十二,爲三十六;減去十六,爲三十二;減去二十,爲二十八。四個數分別除以四,即得六、九、八、七。經過三變,得出一爻。一卦六爻,需十八變成一卦。

乾之策二百一十有六,坤之策百四十有四,凡三百有六十,當期之日。

　　　　策即蓍，一策即一根蓍草。《周易》的陽爻都是九，陰爻都
是六。乾卦六陽爻，每個陽爻是由九乘以四即三十六根蓍草
得來的。三十六再乘以六，即二百一十六根蓍草。坤卦六陰
爻，每個陰爻是由六乘以四，即二十四根蓍草得來的。二十四
再乘以六，即百四十有四根蓍草。乾坤兩卦的策數相加，計三
百六十整。恰巧與當時曆法一年的日數三百六十相等。期，
年。當期之日，與一年的日數相當。這裏又把筮的問題與曆
法連到一起。其意義前面已經説過了。

二篇之策萬有一千五百二十，當萬物之數也。

　　　　二篇指《周易》上經與下經。全《易》六十四卦凡三百八十
四爻，陽爻一百九十二，陰爻也是一百九十二。一百九十二乘
以三十六，得六千九百十二策。一百九十二乘以二十四，得四
千六百零八策。兩數相加，得萬有一千五百二十，約當萬物之
數。自今日看來，乾坤二卦的策數，本沒有任何意義，與萬物
之"萬"這個數也没什麼聯繫。我們知道，萬物的"萬"是概指
不是實指。《論語》説"百物生焉"，百物與萬物同義，都是説
多，説全，概指天地間一切事物。古人所以要把二篇之策數同
萬物聯繫起來，顯然是爲了進一步表示筮法的神秘感，讓百姓
堅信不疑，以達到神道設教的目的。但是，《周易》作者無意間
表露了他們的唯物論思想，他們是把萬物放在第一位的。

是故四營而成易，十有八變而成卦，八卦而小成，引而伸之，觸類而
長之，天下之能事畢矣。

　　　　營，經營。四營即上面講的分二、挂一、揲四、歸奇四個步
驟。完成這四個步驟，即爲一易，一易亦即一變。三變成一
爻，十八變成一卦。這是對上面所講筮法作的概括性説明。
以下幾句是講八卦怎樣變爲六十四卦的。"八卦而小成"，小

成,不能包括天下的全部事物。八卦代表八種性質,雖可從八個方面反映世界,但它不可能從更深更廣的層次上反映世界的複雜性,尤其不可能反映世界的運動和變化。於是八卦變爲六十四卦。八卦怎樣變爲六十四卦,宋人說是用加一倍法變的,不對。這裏說"引而伸之",同《繫辭傳下》"因而重之"意義相同,亦即八卦的每一卦上面又重以八個卦,遂成八八六十四卦。"觸類而長之",與上句"引而伸之",當是同步的,同義的。不過,"引而伸之"是講六十四卦的形成,"觸類而長之"是講三百八十四爻的展開。有了六十四卦,三百八十四爻,天下之能事,完全包括在內了。

顯道神德行,是故可與酬酢,可與祐神矣。

　　顯是動詞,神也是動詞。酬酢,應對。祐,助。道,客觀的規律,自然界與人類社會之中都有不以人的意志爲轉移的客觀規律。德行,人的德行。這段話講《易》的功用,它能把隱藏在客觀世界中的道即規律顯示出來,也能把表現在人身上的德行顯示出來。神,也是顯,但是一種微妙的顯。因爲《易》有這樣的功用,所以它能應對人們提出的各種問題,又能幫助將自然界與人類社會的諸多奧妙揭示出來。

子曰:知變化之道者,其知神之所爲乎?

　　"子曰",表明是孔子語。《易傳》思想屬於孔子,說《易傳》是孔子作,是符合事實的。但不全出於孔子親筆。其中有些出於孔子之手,有些是孔子繼承前人的舊說,有的是後世竄入的,有的則是孔子弟子記錄孔子的言論。這句話用"子曰"開頭,證明是孔子講過的話,弟子加以記錄的。這兩句話,朱熹《周易本義》歸於第九章,四部叢刊本歸於第十章。看來朱熹歸於第九章是有道理的。

　　這兩句話對於我們瞭解《周易》很重要。它把"變化之道"

與"神之所爲"等同起來,明確地說神就是"變化之道"。一般人把《周易》講的神,看作是廟裏的神。可是《周易》講的神,不是那樣,是指變化之道。《易》講天地,講天地之變化,講天地變化之道。這個道,我們今天看,祇能説是規律。道的本義是道路,是人踩出來的。天地萬物在變化,這樣變那樣變,變化必有變化之道,變化之道即是規律。世界有變化的規律,《周易》是反映世界的,它自身也有變化,也有變化的規律。所謂"神之所爲",正是"變化之道",亦即規律。

《易》有聖人之道四焉,以言者尚其辭,以動者尚其變,以制器者尚其象,以卜筮者尚其占。

這一段文字與下文不怎麼連貫,後邊又有"子曰:《易》有聖人之道四焉者,此之謂也"一句,朱子以爲錯簡,是有道理的。這四句話載在《繫辭傳》中,説是聖人之道,沒有人懷疑。現在看來,也可以懷疑。尚,取。四句話都是從學《易》者講的。意思是說,《易》之道不外辭、變、象、占四方面,因學《易》者的需求、興趣不同,學《易》時所取也不同。有人取其辭,有人取其變,有人取其象,有人取其占。這也可以證明《周易》本不祇是卜筮,卜筮僅僅是它的一小部分内容,説《周易》就是卜筮,别無其他,顯然不符合實際。

"以卜筮者尚其占",説"卜筮",其實《周易》祇有筮,沒有卜,這裏卻把卜與筮連着講。把音節不足的詞語,添一兩個字加以補足,是古人行文的通例。"潤之以風雨"也是這樣,明明是用雨來潤,不是用風來潤,風是不能潤的,卻一定加上一個"風"字,變成"風雨",祇是爲了湊足音節。知道這一道理,我們讀古書就要注意,不要以爲每個字、詞、語都有實在的意義。"以制器者尚其象"一句當與《繫辭傳下》説"作結繩而爲網罟,以佃以漁,蓋取諸離"云云,出自一人之手。因此,這一段話是不是孔子所説,是可疑的。

是以君子將有爲也,將有行也,問焉而以言。其受命也如響,无有遠近幽深,遂知來物。非天下之至精,其孰能與于此。

　　"是以",無疑是接着上文講下來的口氣,但與上文不接,因而上文那段話是可疑的。君子將有所行動,有所作爲,不知怎樣做好,疑而不決,乃問筮。古人問筮時有辭,這就是"問焉而以言"。這問筮的辭,從筮者方面説,就是"言",從對著來説,就叫"命"。著受命如響,響是響應的意思,形容著對於"命"的反應極爲迅速,像響應聲一樣。"无有遠近幽深",即不論時間與空間上是遠還是近,也不論道理如何幽冥深邃,能徑直地"知來物",不是天下之至精,誰能做到這種程度呢!

參伍以變,錯綜其數。通其變,遂成天地之文;極其數,遂定天下之象。非天下之至變,其孰能與于此。

　　朱熹説:"參伍錯綜皆古語,而參伍尤難曉。"參伍與錯綜的確不大好理解。但是,可以斷定,此處是講筮法上事。古人使用"參伍"這個詞兒,如《荀子》説:"窺敵制變,欲伍以參。"《韓非子》説:"省同異之名,以知朋黨之分;偶參伍之驗,以責陳言之實。"《史記》説"必參而伍之","參伍不失"。所以此處所使用的"參伍以變,錯綜其數",實際上是指筮法的"五位相得,而各有合"以及分二、挂一、揲四、歸奇、再扐等動作來説的。"通其變,遂成天地之文;極其數,遂定天下之象",這兩句話,也是互文。"通其變"與"極其數"是一回事,是講筮的全過程進行完畢,數已經用盡,變已經變完。成文與定象也是一回事,不必説成文是講卦之成,定象是講爻之定。成文既是成卦之文,也是成爻之文;定象既是定卦之象,也是定爻之象。

　　"非天下之至變,其孰能與于此",是説天下最大的變化,最深的變化,最廣的變化,是在《周易》這裏,沒有超過它的。這是贊美《周易》之筮與卦。

《易》无思也，无爲也，寂然不動，感而遂通天下之故。非天下之至神，其孰能與于此。

　　“《易》无思也，无爲也，寂然不動”，是説《易》不用時的那種狀態。“感”是指用的時候“遂通天下之故”。就是説，當用的時候就能知道天下的一切道理。孔子感嘆地説，不是天下之至神，什麽東西能這樣呢！孔子把无思无爲，感而遂通的《周易》叫作神。當然，《周易》並不見得就是這樣“神”。不過孔子心目中的神並非有意志有作爲的上帝神明，則是可以肯定的。孔子給《易經》描畫出的特點，極似今日的電腦。電腦不正是无思无爲嗎！平時它寂然不動，一旦有人使用它，它也要“感而遂通天下之故”，將它貯存的信息隨時告訴你。

夫《易》，聖人之所以極深而研幾也。唯深也，故能通天下之志；唯幾也，故能成天下之務；唯神也，故不疾而速，不行而至。

　　“夫《易》，聖人之所以極深而研幾也”，是説聖人即作《易》者利用《易》來窮極幽深，研究幾微。“唯深也，故能通天下之志”，是説唯其能夠窮極幽深，所以能夠瞭解天下的各種各樣的思想。“唯幾也，故能成天下之務”，是説唯其能夠研究幾微，所以能夠完成天下的種種不同的事務。“唯神也，故不疾而速，不行而至”，這裏的“神”是承上文的“至神”來説的。正因爲神，所以能做到不疾而速，不行而至。

子曰：《易》有聖人之道四焉者，此之謂也。

　　這句話與上文不接，可視爲羨文。

子曰：夫《易》何爲者也？夫《易》開物成務，冒天下之道，如斯而已者也。是故聖人以通天下之志，以定天下之業，以斷天下之疑。

　　《易》是做什麽的？這個問題提得很重要。當時對《周易》確實存在非常膚淺的看法，即簡單地認爲《周易》是卜筮之書。“《易》開物成務，冒天下之道”，是回答上面提出的問題。“開

物"是創造,過去没有,今天創造出來。"成務",事務完成,有
總結的意思。孟子説:"孔子之謂集大成。集大成也者,金聲
而玉振之也。金聲也者,始條理也,玉振之也者,終條理也。"
(《孟子·萬章下》)這個"成務",有孟子所説的"集大成"的意
思。"冒天下之道",韓康伯《注》説:"冒,覆也。"這個"冒"有覆
蓋、籠罩、包括的意思。"天下之道"應包括兩個方面,一爲"天
之道",二爲"民之故"(天之道,民之故,詳見下文)。天之道就
是自然規律,民之故是講人類社會發展變化的道理的。"冒天
下之道",就是説《周易》既能開物又能成務,把天下之道即自
然界知識和人類社會自身的知識,全部包括了。"如斯而已者
也",是説除此以外,别無其他。

　　"以通天下之志,以定天下之業,以斷天下之疑",是具體
地講《周易》的作用。志是思想,"通天下之志",猶言統一天下
人的思想。業是事業,"定天下之業",猶言成就天下人的事
業。疑是問題,"斷天下之疑",猶言解決天下的問題。

是故著之德圓而神,卦之德方以知,六爻之義易以貢。聖人以此洗
心退藏于密,吉凶與民同患,神以知來,知以藏往,其孰能與于此
哉! 古之聰明叡智神武而不殺者夫!

　　著,指筮法中的著草。德,性質。圓,運轉不定。神謂"陰
陽不測"。"卦之德"謂卦的性質。"方以智",韓康伯《注》説:
"方者,止而有分。"講得很對。圓是動,方是不動。圓是不定,
方是有定。什麽是有定? 謂經過筮以後,得出六爻而成一卦。
這一卦的内容、含義是一定的。"方以智"的"智"與"圓而神"
的"神"也不同。"神"是指陰陽不測而言,"智"是指《周易》六
十四卦中包含着豐富的哲學、社會、政治的思想内容而言。
"六爻之義易以貢",卦之中包括六爻,六爻組成一卦,六爻全
在卦中,但是卦與爻是有區别的。卦從宏觀的角度反映一個
事物、一個時代的總體,這個總體是静態的。爻則不然,爻從

微觀的角度反映一個事物中的各個部分,一個時代中的各個
發展階段;這些部分,這些階段是動態的。從大的方面説,《周
易》就包括蓍與卦兩部分,若再細分,一卦又有六爻,爻與卦不
可分卻又作用不同,所以也可以説《周易》由蓍、卦、爻三部分
組成。"六爻之義易以貢",是説六十四卦中每一爻的性質與
作用的。"易"是變,"貢"是告。韓康伯《注》説"貢,告也,六爻
變易,以告吉凶",是對的。就是説,六爻是反映事物的變化,
並根據變化報告吉與凶的。

　　"聖人以此洗心退藏于密,吉凶與民同患,神以知來,智以
藏往",這幾句話很重要,需要細説。"此",在這裏主要指蓍與
卦。"洗"字,《經典釋文》説京房、荀爽、虞翻、董遇、蜀才都作
"先"。阮元十三經校勘記説有的本作"先",有的本作"洗"。
其實,"先"、"洗"二字古通用。這裏的"洗"字應當作"先"字
講。

　　"洗心退藏于密",是説在卜筮之先,已經隱秘地把"天之
道"與"民之故"貯存於蓍與卦裏邊了,占的時候祇是把貯存在
蓍與卦之中的思想又輸出來。"吉凶與民同患",實質上是説
古人作《易》是爲了指導人們的行動。"神以知來",是指蓍之
用,占的吉凶悔吝,都是知來之事。"智以藏往",則是指卦之
用,卦中的象與辭,都是藏往之事。用現今的語言説,即"神以
知來",是輸出信息,用蓍;"智以藏往",是輸入信息,用卦。

　　"其孰能與于此哉! 古之聰明睿智神武而不殺者夫",這
是孔子讀《易》韋編三絶之後得出的總結性認識,也是他對《周
易》的稱讚。殺是刑殺的殺。"神武而不殺",是説作《易》者統
治人民不用刑殺的辦法,而是用蓍與卦這種神道設教的辦法。
可以看出,古代作《易》的人是何等的聰明神武啊!

是以明於天之道而察于民之故,是興神物,以前民用,聖人以此齋
戒,以神明其德夫。

　　這一段話很重要，它揭露出《周易》的本質。祇有真正瞭解這段話的意義，才能真正瞭解《周易》。蓍卦號稱"神物"，但蓍卦之所以神，並不在於蓍卦本身，而在於其中蘊藏着的思想。實際上這個"明于天之道而察于民之故"乃是"興神物"即應用蓍卦的前提。"天之道"是指自然知識，"民之故"是指社會知識。正因爲在蓍卦之中蘊藏着"天之道"與"民之故"，所以蓍卦才可以用於筮占，才可以稱爲"神物"。"以前民用"，它是指利用蓍與卦以指導人們的行動，實際上就是統治階段利用它來統治人民。

　　"聖人以此齋戒，以神明其德夫"，齋戒是祭祀用語。古人祭祀之前要齋戒。所謂致齋於內，散齋於外，致齋三日，散齋（也稱戒）七日。實行齋戒，以澄心息慮，專誠對待祭祀的對象。"以此齋戒"這個"此"是指上文"蓍之德圓而神"以下。"以神明其德"，是指由於以此齋戒，而使其德達到神明。

是故闔戶謂之坤，闢戶謂之乾，一闔一闢謂之變，往來不窮謂之通，見乃謂之象，形乃謂之器，制而用之謂之法，利用出入民咸用之謂之神。

　　乾坤是什麼，不好懂，可以用門户來作比喻。門關上就是坤，門打開就是乾。一關一開就是變。一關一開，往來無窮，就是通。那麼，有沒有窮的時候呢？有。窮就是變化到一定的程度，達到極點了。比如乾卦上九"亢龍有悔"，是乾卦發展到了極點，窮了。窮就要變。這是質變。變則通。通，又將開始量變。"見乃謂之象"以下，是從《易》這個角度來看，對於象、器、法、神這四個概念，分別作了簡明易懂的解釋。"見"是始露朕兆，"形"是已露形體。"制而用之"，關鍵在這個"制"字，"制"是制作。"利用出入民咸用之謂之神"，這個"神"字，顯然不能理解爲鬼神的神。

是故《易》有大極，是生兩儀，兩儀生四象，四象生八卦，八卦定吉凶，吉凶生大業。

這段話十分重要，它既概括地講了八卦是怎麼產生的，同時也表達了《周易》的宇宙觀。

"《易》有大極"，大極是什麼？大極就是大一，但是這個一是整體的一，絕對的一。《說文》第一個字就是一，許慎解釋說："唯初大極，道立於一，造分天地，化成萬物。"許慎的說法是符合《周易》思想的。應當指出，《周易》關於世界本原的觀點和《老子》是對立的。《老子》說："道生一，一生二，二生三，三生萬物。"《老子》在一即大極之前加上一個道，認爲一由道產生，一不是宇宙的本原，道是宇宙的本原。《老子》又說"天下萬物生於有，有生於無"，他所說的無就是道，他所說的有就是一。《老子》在一即大極之上加了一個道即無，與《周易》的觀點就大不相同了。宋人張載說："大易不言有無，言有無諸子之陋也。"這個說法是對的。世界本來是無始無終，唯有變化發展。《老子》說宇宙從無到有，是唯心論。《周易》講大極，即祇講有，不講有之前的問題，即它認爲宇宙從來就存在，沒有開始，是唯物論。大極生兩儀，兩儀也叫陰陽，陰陽在卦畫中用--、—兩個符號表示。這兩個符號没什麼神秘，同物理學中表示陰電用"—"號，表示陽電用"＋"號一樣。大極生兩儀，本來是說《周易》裏--、—兩個符號的産生，但其中含有深刻的辯證法思想，具有明顯的哲學意義。大極生兩儀，儀是匹配的意思，《詩·鄘風·柏舟》說"實維我儀"，毛《傳》說"儀，匹也"是其證。事物在發展過程中總是一分爲二，《周易》裏把這兩部分用陰陽來表示，有時也用來比作天地、夫婦、君臣、晝夜、進退等。這個概念在《周易》中具有普遍意義，現代哲學則把它叫作對立的統一或矛盾。

"兩儀生四象"，所謂生也是一分爲二。即在陰陽--、—兩

個符號上面再重以——、—兩個符號，便生出四象：☷、☵、☳、
☰。四象的名稱是：太陰、少陽、少陰、太陽。"四象生八卦"，
這個生法也是一分爲二。在四象的上面，分別加上——符號和
—符號，即成八卦。八卦也是八種符號：☷、☶、☵、☴、☳、☲、
☱、☰，取名爲坤、艮、坎、巽、震、離、兌、乾。八卦表示八種性
質。所有的事物都被包括在這八種性質之中。《説卦傳》講
"乾，健也。坤，順也。震，動也。巽，入也。坎，陷也。離，麗
也。艮，止也。兌，悦也"，是説明八卦代表的八種不同性質，
它們具有普遍性、抽象性，是穩定不變的。不管在什麼情況
下，乾的性質是健這一點不變。例如有時乾可以代表天，有時
可以代表馬，有時可以代表首等，但乾都必定是健。坤也是這
樣。坤是順，不管坤代表什麼事物，如地、牛、腹等，作爲根本
性質的順這一點是不變的。其餘六卦莫不皆然。"八卦定吉
凶，吉凶生大業"，這個"八卦"實際是指八卦已重六十四卦。
如果祇是八卦，不可能定吉凶，生大業。《繫辭傳》裏所稱"八
卦"，往往都包括六十四卦。由於它能够定吉凶，即能够指導
天下人趨吉避凶，所以它能够成就天下人的事業。

是故法象莫大乎天地，變通莫大乎四時；縣象著明莫大乎日月；崇
高莫大乎富貴；備物致用，立成器以爲天下利，莫大乎聖人；探賾索
隱，鈎深致遠，以定天下之吉凶，成天下之亹亹者，莫大乎著龜。

　　"法象莫大乎天地"，這是説，世界上可以取象效法的東西
很多，但没有比天地更大的了。例如《周易》最根本的是用乾
坤法象天地，但乾坤也可以法象君臣、夫婦、父子等。"莫大乎
天地"，就意味着不止於天地，還有別的。"變通"是就發展變
化説，"變通"也不止於四時，但莫大乎四時。春夏秋冬，寒暑
交替，是古人所能看到的最大的變化。同時，四時變化，也的
確有窮則變，變則通亦即量變質變的道理在内。
　　"縣象著明"應包括上述法象、變通兩方面，在這兩方面表

現最顯著的則莫過於日月。

以上三句是講天道,即講自然界。以下三句是講人事,即講社會。重點在後面這三句。

"崇高莫大乎富貴",是講人。人之富貴是有地位有權勢的統治者。實際上是認爲,祇有有地位有權勢的統治者才能在社會上起最大的作用。《周易》講天地人三才,把人類看得非常重要,看得與天地相參。這一點值得我們注意。當然它看重的不是人民群衆,而是頭頭,是統治者,是王。所以《周易》講天地人這個人,是階級社會的人。"備物致用,立成器以爲天下利,莫大乎聖人。"立字下疑有衍文。聖人指作《易》的人。作《易》的人把天之道、民之故的信息輸入到卦、爻中去,供人們隨時使用。這就是"備物致用,立成器以爲天下利"。

"探賾索隱,鉤深致遠,以定天下之吉凶,成天下之亹亹者,莫大乎蓍龜。"賾,雜亂;隱,隱辟;探,抽出;索,尋得。深謂不可測,遠謂不易至,鉤謂曲而取之,致謂推而求之。亹亹猶勉勉。蓍龜的龜字在此無意義,是爲了凑足字數。《周易》中不講卜,祇講筮。是説筮的作用很大,它能够把世間無論遠近隱顯的一切問題都探索出來,解決人們的疑難,指出人們行動的方向,鼓舞人們勉勉前進。

是故天生神物,聖人則之;天地變化,聖人效之。天垂象,見吉凶,聖人象之。河出圖,洛出書,聖人則之。

"天生神物"的神物,在這裏應指著,《説卦傳》説"昔者聖人之作《易》也,幽贊于神明而生蓍",是其證。至"聖人則之",是指作《易》者因蓍而倚數,從而立卦生爻以之窮理盡性以至於命(詳見《説卦傳》)。

"天地變化,聖人效之"這句話,同"《易》與天地準"的説法是一致的。《易經》六十四卦,乾坤兩卦象天地,其餘諸卦象"有天地然後萬物生焉",正是所謂"天地變化,聖人效之"。這裏面的聖人,也指作《易》者。

"天垂象,見吉凶,聖人象之。河出圖,洛出書,聖人則之。"此二語疑是後人竄入的,非《易傳》原文。因爲《易》內吉凶是由設卦觀象所生,與"天垂象"無關。且全《易》六十四卦,從無語及"天垂象,見吉凶"之事,何得云"聖人象之"。分明是漢時占候家語,與《易傳》之文不類。至"河出圖,洛出書",尤與《易》風馬牛不相及,何得言"聖人則之"!而且上文已經説過"天生神物,聖人則之",此處又言"河出圖,洛出書,聖人則之"。上文的"神物"有"是興神物"及"幽贊于神明而生蓍"作證,分明是指蓍而言,怎麼又生出河圖洛書來?所以我認爲這兩句話,非《易傳》原文。此數語亦無新義,可以不予重視。

《易》曰:"自天祐之,吉无不利。"子曰:"祐者,助也。天之所助者,順也。人之所助者,信也。履信思乎順,又以尚賢也。是以自天祐之,吉无不利。"

這段話是孔子解釋大有卦上九爻辭的。朱熹説應在上文"鳴鶴在陰"那一段連續講中孚、同人、大過、謙、乾、節、解等七卦的七條爻辭的文字之後。

子曰:"書不盡言,言不盡意。"然則聖人之意其不可見乎? 子曰:聖人立象以盡意,設卦以盡情僞,繫辭焉以盡其言,變而通之以盡利,鼓之舞之以盡神。

"書不盡言,言不盡意",意思是説書是記録語言的,但它也有局限性,並不能把所要説的語言全部地無遺漏地都記録下來。語言(包括文字)是表達思想的,同時它也有局限性,並不能把思想全部地無遺漏地都表達出來。

"然則聖人之意其不可見乎",意思是説,這樣説,聖人的思想就不能表現出來嗎? 即反問一句。意思是説,難道這種局限性不能打破嗎? 孔子下面説,這種局限性是能打破的。

"聖人"即作《易》者。"立象以盡意,設卦以盡情僞,繫辭焉以盡其言",立象如━,象陽;如━ ━,象陰;如乾象天象馬,坤象地象牛之類。"象"這個東西非常靈活,很像代數學的文字符號a、b、c、x、y、z,它可以代表任何數。《周易》立象就能够代表衆多的事物,所以它能打破語言文字的局限性。"設卦以盡情僞"是説卦比象更進一步,卦是集合衆多的象而成的,所以卦不但能盡意,而且能盡情僞。情是真實,僞是虚僞。情僞表明人事的複雜情況。"繫辭焉以盡其言",這個道理,很容易懂,不需要加以解釋。"變而通之以盡利",這個"變"是説爻本不吉,可以變而爲吉。當然也有爻由吉變凶的情況。不過《易》的目的是趨吉避凶,所以説"變而通之以盡利"。"鼓之舞之以盡神",神指神物,神物就是蓍。鼓之舞之是指筮時的動作,擺弄那四十九根蓍草,也就是指揲蓍求卦。《莊子·人間世》"鼓策播精,足以食十人",崔譔説"鼓策揲蓍"是其證。

乾坤其《易》之緼邪?乾坤成列,而《易》立乎其中矣。乾坤毁,則无以見《易》。《易》不可見,則乾坤或幾乎息矣。

"乾坤其《易》之緼邪",用疑問的口氣,其實詞疑而意不疑。《易緯·乾鑿度》説"乾坤者陰陽之根本,萬物之祖宗也",意亦同此。因爲《易》六十四卦是乾坤二卦發展變化的結果,所以可以説,六十四卦藴藏在乾坤二卦之中。"乾坤成列,而《易》立乎其中矣",實際上是對上一句話的申釋,是説當乾坤二卦列在《易》首時,《易》的發展變化已經確立在裏邊了。"乾坤毁則无以見《易》",是説乾坤二卦變化的過程一旦完成,《易》的生命即告停止。"《易》不可見,則乾坤或幾乎息矣",是反過來説,《易》見不到了,乾坤的變化也就止息了。説止息,實際上没有止息,也不可能止息。所以孔子説"或幾乎息",這樣説,是有分寸的。因爲《易》六十四卦的最後一卦是未濟。《序卦》説"物不可窮也,故受之以未濟終焉",可以證明。

是故形而上者謂之道，形而下者謂之器，化而裁之謂之變，推而行
之謂之通，舉而錯之天下之民，謂之事業。

這裏所說的"形而上"，與今日哲學上說的形而上學，不是
一回事。形而上，即無形的，不能用感官來認識的。古人把形
而上叫作道，這個道實際上就是事物的規律。形而下，是有形
的，可用感官來認識的，古人把這種東西叫作器。器就是可以
用感覺器官認識的事物。

"化而裁之謂之變"。化，指由舊質變爲新質。裁，制裁，
裁成，表明從舊質向新質轉化時，人所發揮的作用。這個變，
是變爲新質以後的變，其實是量變。

"推而行之謂之通"，是說經過質變以後產生的新事物，繼
續又發展變化。這個通，就是"窮則變，變則通"的通。通，表
明順暢無阻，其實就是量變。

"舉而錯之天下之民，謂之事業"，即把這個變通的道理，
用來加之於天下的人民，就叫作事業。這個事業同上文"吉凶
生大業"的業是一個意思。

是故夫象聖人有以見天下之賾，而擬諸其形容，象其物宜，是故謂
之象，聖人有以見天下之動，而觀其會通，以行其典禮，繫辭焉以斷
其吉凶，是故謂之爻。

這段文字上面已經說過了，這裏重出，大概是爲了引起下
文。

極天下之賾者存乎卦，鼓天下之動者存乎辭，化而裁之存乎變，推
而行之存乎通，神而明之存乎其人。默而成之，不言而信，存乎德
行。

極，窮極。窮極天下奧秘的，在乎卦。鼓，鼓動，闡發。
辭，爻辭。鼓動、闡發天下的變動在乎辭。這兩句是講卦與爻
的作用的。以下四個"存"字句講人與《易》的關係，强調用

《易》的人本身如何非常重要。説明人的主觀能動性也起着不小的作用。前面説"化而裁之謂之變，推而行之謂之通"，是針對作《易》者的設計來説的。這裏説"化而裁之存乎變，推而行之存乎通"則是針對用《易》者説的。"存乎變"，"存乎通"，是用《易》的變通，不是《易》本身的有變有通。"神而明之存乎其人"，人們在用《易》時，對《易》的分析見仁見智，看法是不一致的。怎樣才能做到"神而明之存乎其人"，這就在人而不在《易》了。"默而成之，不言而信，存乎德行"，默是默然不聲不響，成是成就。"不言而信"，是説這樣的人對《易》理解深透，他想的與《易》理暗合。《荀子·大略》説的"善《易》者不占"，大概就是這個意思。"存乎德行"是説所以能達到這種程度，端在於平日的修養。

第三講 繫辭傳下

八卦成列，象在其中矣。因而重之，爻在其中矣。剛柔相推，變在其中矣。繫辭焉而命之，動在其中矣。吉凶悔吝者，生乎動者也。剛柔者，立本者也。變通者，趣時者也。吉凶者，貞勝者也。天地之道，貞觀者也。日月之道，貞明者也。天下之動。貞夫一者也。夫乾，確然示人易矣。夫坤，隤然示人簡矣。爻也者，效此者也。象也者，像此者也。爻象動乎內，吉凶見乎外。功業見乎變，聖人之情見乎辭。天地之大德曰生，聖人之大寶曰位。何以守位曰仁，何以聚人曰財。理財正辭，禁民為非，曰義。

  "八卦成列"，就是"《易》有大極，是生兩儀，兩儀生四象，四象生八卦"的八卦。乾、坤、震、巽、坎、離、艮、兌，成為一列。每一卦都有它的性質，"乾，健也。坤，順也"，"坎，陷也。離，麗也"等，每一卦都可以代表一種事物。所以說八卦成列以後，象就在其中矣。不過，"乾，健也"，健不是它的象，健祇是它的性。"乾為馬，坤為牛"等，這才是象。這個象是因時因地而異，不能固定在一個象上。所以王弼認為漢人"定馬於乾，按文責卦"是錯誤的。乾為馬，是說乾可以為馬，不能說乾就是馬。乾為天，坤為地，艮為山，離為火等，也是這樣。乾可以象天，不等於說乾就是天。八卦都象什麼，要看在什麼情況下，用八卦分配以後才能決定象什麼。《說卦》說"乾，健也"，又說"乾為馬"，"為"不同於"也"。"也"是固定的，"為"不是固定的。所以《易》之用卦，好像代數學之用 a、b、c、x、y，你若把代數學上的文字都變成固定的數字，那就不成其爲代數學了。

"因而重之，爻在其中矣。"因，是因八卦。"因而重之"，就是在八卦中每一卦的上邊又重以八卦而成爲六十四卦。所以有人説六十四卦的形成是出於加一倍法，這是不對的，它不符合《周易》的思想。《周易》的八卦是出於一分爲二，二分爲四，四分爲八，而六十四卦則是采取"因而重之"的辦法形成的，不是像形成八卦那樣用一分爲二的辦法。用邵雍的加一倍法，一分爲二，二分爲四，四分爲八，八分爲十六，十六分爲三十二，三十二而分爲六十四，固然也可以形成六十四卦，但那不是《周易》的思想。

重爲六十四卦之後，就不單純是卦的問題，裏邊又有爻的問題，所以説"爻在其中矣"。每一卦有六爻。六爻的變化更複雜了，可以説明很多問題。

"剛柔相推，變在其中矣"，六十四卦，三百八十四爻。三百八十四爻總不外一陰一陽。一陰一陽，也可以説是一剛一柔。但爻是變化的，剛可以變柔，柔可以變剛，"剛柔相推"同説剛柔相摩差不多。這個剛柔相推實質上就是現在我們所説的對立面的鬥爭。"相推"，你推我，我推你，"日往則月來，月往則日來，日月相推而明生焉；寒往則暑來，暑往則寒來，寒暑相推而歲成焉"，《易經》中好幾處用"相推"，意思都是説互相變化。所以説，變在其中矣。"繫辭焉而命之，動在其中矣"，剛柔相推而生變化，通過繫辭，加以説明，那麼這裏邊就有動了。

"吉凶悔吝者，生乎動者也。"卦辭裏邊講吉，講凶，講悔，講吝。這個吉凶悔吝是怎麼產生的呢？是"生乎動者也"。就是説它們的產生，是由於變，由於動。用人來説，動就是行動。看你怎麼做，怎麼行動。你做對了，就叫吉；你做不對了，就叫凶。所以説，這個吉凶悔吝，是由動產生的。這與舊日的算卦先生不一樣。算卦先生説你占到這一卦是吉，那就一定吉。《易》經説吉凶生乎動，就是説要看你怎麼動。動由吉可以變成凶，由凶也可以變成吉。吉凶悔吝，生乎動者也。就是説吉凶不是固定的，要看行動如何。

　　“剛柔者，立本者也。變通者，趣時者也。”每一卦六爻，有位有德。初二三四五上是位。陽爻陰爻是德。陽爻是剛，陰爻是柔，這是立本。窮則變，變則通。變通了，那就是趣時。所以在《易》裏“變通”講究的是什麼？變通講究的是趣時。“剛柔”講究的是什麼？剛柔講究的是立本。“吉凶者，貞勝者也”，貞字一般都講作正，講作固守。你能正而固，就得吉。你不能正而固，就得凶。

　　“天地之道，貞觀者也。”天地之道也不過是貞觀，爲天下所觀瞻。這個貞字，古人稱正而固，就是一個是正的意思，一個是固守的意思。

　　“日月之道，貞明者也。”“貞明”，就是常明。

　　“天下之動，貞夫一者也。”天下之動，在於一，不是在二。今人説“真理是一個”。你這麼做，就對了。你不這麼做，就不對。

　　“夫乾，確然示人易矣。夫坤，隤然示人簡矣。”乾的性質是健，是剛。乾是確然的，它昭示於人，告訴人“易矣”。坤的性質是順，隤然是柔順的意思。它讓人“簡”。易、簡，我們在上文已經講過。這裏講的易、簡，實際上也是告訴人們要按客觀規律辦事的意思。你按照客觀規律辦事，它就容易，就簡單。你不按客觀規律辦事，那就不容易，不簡單了。

　　“爻也者，效此者也。象也者，像此者也。”“效此”就是效乾坤。像此，也就是象乾坤。

　　“爻象動乎内，吉凶見乎外。”《易經》有爻有象，爻象在裏邊變動，在外邊就表現出來吉或者凶。

“功業見乎變”，功業表現在你能通變不能通變。

“聖人之情見乎辭”，聖人之情在繫辭裏邊表示出來，也就是聖人用辭加以説明。“天地之大德曰生，聖人之大寶曰位。何以守位曰仁，何以聚人曰財。理財正辭，禁民爲非，曰義”。這幾句話容易理解，不需要説明。不過“何以守位曰仁”，“仁”字應從《釋文》作人。

古者包犧氏之王天下也，仰則觀象于天，俯則觀法于地，觀鳥獸之文與地之宜，近取諸身，遠取諸物，于是始作八卦，以通神明之德，以類萬物之情。作結繩而爲網罟，以佃以漁，蓋取諸離。伏犧氏没，神農氏作，斲木爲耜，揉木爲耒，耒耨之利以教天下，蓋取諸益。日中爲市，致天下之民，聚天下之貨，交易而退，各得其所，蓋取諸噬嗑。神農氏没，黄帝堯舜氏作，通其變，使民不倦，神而化之，使民宜之，《易》窮則變，變則通，通則久，是以自天祐之，吉无不利。黄帝垂衣裳而天下治，蓋取諸乾坤。刳木爲舟，剡木爲楫，舟楫之利以濟不通，致遠以利天下，蓋取諸涣。服牛乘馬，引重致遠以利天下，蓋取諸隨。重門擊柝，以待暴客，蓋取諸豫。斷木爲杵，掘地爲臼，臼杵之利，萬民以濟，蓋取諸小過。弦木爲弧，剡木爲矢，弧矢之利，以威天下，蓋取諸睽。上古穴居而野處，後世聖人易之以宫室，上棟下宇，以待風雨，蓋取諸大壯。古之葬者，厚衣之以薪，葬之中野，不封不樹，喪期无數，後世聖人易之以棺椁，蓋取諸大過。上古結繩而治，後世聖人易之以書契，百官以治，萬民以察，蓋取諸夬。

這一段話可疑，很可能是後人加進去的。不準備在這裏講了。

是故《易》者，象也。象也者，像也。彖者，材也。爻也者，效天下之動者也，是故吉凶生而悔吝著也。

“彖者，材也。”彖是彖辭，也就是卦辭，它是一卦的總的説明，表示一卦的材。爻辭是對一個爻的説明。

"爻也者，效天下之動者也，是故吉凶生而悔吝著也。"

這和上文説的是一樣的，不必費詞解釋。

陽卦多陰，陰卦多陽。其故何也？ 陽卦奇，陰卦耦，其德行何也？
陽一君而二民，君子之道也。陰二君而一民，小人之道也。

"陽卦多陰，陰卦多陽。"舉例説，坎是陽卦，但坎中滿，上
下都是陰，中間是陽，這不是陽卦多陰嗎！ 艮是陽卦，艮覆碗，
上邊一個陽，下邊兩個陰，這不也是陽卦多陰嗎！ 離是陰卦，
離中虛，上下兩個陽，這不是陰卦多陽嗎！

"其故何也？"是説爲什麽呢？ 回答是陽卦是奇，陰卦是
耦。從其德行講，則陽一君而二民，君子之道也。陰二君而一
民，小人之道也。

《易》曰："憧憧往來，朋從爾思。"子曰："天下何思何慮？ 天下同歸
而殊途，一致而百慮。天下何思何慮？ 日往則月來，月往則日來，
日月相推而明生焉。寒往則暑來，暑往則寒來，寒暑相推而歲成
焉。往者，屈也；來者，信也。屈信相感而利生焉。尺蠖之屈，以求
信也。龍蛇之蟄，以存身也。精義入神，以致用也。利用安身，以
崇德也。過此以往，未之或知也。窮神知化，德之盛也。"《易》曰：
"困于石，據于蒺藜，入于其宮，不見其妻，凶。"子曰："非所困而困
焉，名必辱；非所據而據焉，身必危。既辱且危，死期將至，妻其可
得見邪？"《易》曰："公用射隼于高墉之上，獲之无不利。"子曰："隼
者，禽也；弓矢者，器也；射之者，人也。君子藏器于身，待時而動，
何不利之有！ 動而不括，是以出而有獲，語成器而動者也。"子曰：
"小人不耻不仁，不畏不義。不見利不勸，不威不懲，小懲而大誡。
此小人之福也。《易》曰：'屨校滅趾，无咎。'此之謂也。善不積不
足以成名，惡不積不足以滅身。小人以小善爲无益而弗爲也，以小
惡爲无傷而弗去也。故惡積而不可掩，罪大而不可解。《易》曰：

'何校滅耳,凶。'"子曰:"危者,安其位者也;亡者,保其存者也;亂者,有其治者也。是故君子安而不忘危,存而不忘亡,治而不忘亂,是以身安而國家可保也。《易》曰:'其亡其亡,繫于苞桑。'"子曰:"德薄而位尊,知小而謀大,力小而任重,鮮不及矣。《易》曰:'鼎折足,覆公餗,其形渥,凶。'言不勝其任也。"子曰:"知幾其神乎!君子上交不諂,下交不瀆,其知幾乎!幾者,動之微,吉之先見者也。君子見幾而作,不俟終日。《易》曰:'介于石,不終日,貞吉。'介如石焉,寧用終日,斷可識矣。君子知微知彰,知柔知剛,萬夫之望。"子曰:"顏氏之子,其殆庶幾乎!有不善,未嘗不知,知之未嘗復行也。《易》曰:'不遠復,无祇悔,元吉。'天地絪縕,萬物化醇,男女構精,萬物化生。《易》曰:'三人行,則損一人。一人行,則得其友。'言致一也。"子曰:"君子安其身而後動,易其心而後語,定其交而後求。君子修此三者,故全也。危以動,則民不與也。懼以語,則民不應也。无交而求,則民不與也。莫之與,則傷之者至矣。《易》曰:'莫益之,或擊之,立心勿恒,凶。'"

這一大段,是在講《易經》的九條爻辭。大概是孔子講《易經》的時候,弟子們記錄下來的。現在講有些不便,以後講到各卦時,將詳細講。

子曰,乾坤其《易》之門邪?乾,陽物也;坤,陰物也。陰陽合德而剛柔有體,以體天地之撰,以通神明之德。

"乾坤其《易》之門",是説乾坤二卦在六十四卦當中,似一對門户,這個門應以"闔户謂之坤,闢户謂之乾,一闔一闢謂之變,往來不窮謂之通"那個門作解,謂乾坤運動發展而產生六十四卦。乾純陽,稱陽物;坤純陰,稱陰物。實質上這是説乾坤是一個矛盾的統一體。例如乾象傳説:"大哉乾元,萬物資始。"坤象傳説:"至哉坤元,萬物資生。"這就是陰陽合德。陰陽合德而產生出萬物,有剛有柔,這就是剛柔有體。"以體天地之撰,以通神明之德",是説乾坤變化發展爲六十四卦,用它

以體現天地的變化，用它以通曉變化的規律。孔子説："知變
化之道者，其知神之所爲乎？"所以神明不是別的，就是變化之
道，也就是規律。

其稱名也雜而不越，于稽其類，其衰世之意邪？夫《易》彰往而察
來，而微顯闡幽，開而當名辨物，正言斷辭，則備矣。其稱名也小，
其取類也大。其旨遠，其辭文，其言曲而中，其事肆而隱。因貳以
濟民行，以明失得之報。

　　"其稱名也雜而不越"，是接上文那個"以體天地之撰，以
通神明之德"説的。這就是説，《易經》六十四卦的卦名，例如
蠱呀，泰呀，否呀，等等，看是雜亂，然而不越，就是説有規律可
循的。這一點我們看《序卦》，就可以看出兩個卦之間都用"必
故"、"不可不"、"故"來説明，就是説其間有必然性，這就是"雜
而不越"。

　　"于稽其類，其衰世之意邪？""于"，發語辭，"稽"是考。整
個意思是説，考察六十四卦卦爻辭的事類，大概是衰亂之世講
的吧！

　　"夫《易》，彰往而察來"，彰往與察來包含兩個方面。所謂
"神以知來"，是察來。"知以藏往"，是彰往。"而微顯闡幽"，
朱熹説，"而微顯恐當作微顯而"。從文字上考慮，這個説法可
從。"微顯"是使微能顯，"闡幽"是使幽隱能闡發出來，意思與
"探賾索隱"差不多。

　　"開而當名辨物，正言斷辭，則備矣。"朱熹説，"開而之而，
亦疑有誤"這段話不好講。《周易折中》引郭雍説："當名，卦
也；辨物，象也；正言，彖辭也；斷辭，繫主以吉凶者也。"也不見
得對，姑引來以備參考。

　　"其稱名也小，其取類也大。"例如井卦鼎卦稱名是很小
的，很具體的，但取類則是很大的。因爲《易經》的卦名衹是一
個符號，它代表一類事物，它有抽象性。

　　"其旨遠,其辭文,其言曲而中,其事肆而隱。"這裏説明《易經》卦爻辭的特點,從文字的表面看是很文的,其所包含的旨意則是深遠的。許多話不是直接説出的,但是仔細考察很恰當,很對。《易經》講許多事情都很明顯、很具體,然而裏邊隱藏着深邃的思想。

　　"因貳以濟民行,以明失得之報。"貳是什麽呢? 韓康伯説貳就是失得。朱熹説:"貳,疑也。"吉,就是得;凶,就是失。"因貳以濟民行"實際上就是用吉凶、失得來指導人們的行動。

《易》之興也,其于中古乎! 作《易》者,其有憂患乎! 是故履,德之基也。謙,德之柄也。復,德之本也。恒,德之固也。損,德之修也。益,德之裕也。困,德之辯也。井,德之地也。巽,德之制也。履和而至,謙尊而光,復小而辨於物,恒雜而不厭,損先難而後易,益長裕而不設,困窮而通,井居其所而遷,巽稱而隱。履以和行,謙以制禮,復以自知,恒以一德,損以遠害,益以興利,困以寡怨,井以辨義,巽以行權。

　　"中古",這話是孔子講的,恐怕還是指殷周之際。這個《易》,應該就是《周易》,不包括《連山》、《歸藏》,這説明《周易》是什麽時候作的。在孔子那個時候並沒有人確確實實知道《周易》是什麽時候作的。所以孔子作《易傳》時,也用了推測之辭。"其于中古乎",是説是不是作於中古呢? "作《易》者其有憂患乎",是説作《易》的大概有憂患吧! 下面就提出幾卦以作爲對於"憂患"的證明。從六十四卦當中,祇舉出九卦。而對這九卦,在繫辭裏反復講了三次。爲什麽單單提出這九卦,而且反復地講,這個問題我没理解好。這九卦,履、謙、復是上經裏邊的,恒、損、益、困、井、巽是下經裏邊的。上經選三卦,下經選六卦。這些我們都不準備詳細講。其中有一點需要説一下,這就是"復小而辨于物,恒雜而不厭",在這個問題上,我看王引之《經義述聞》講得好。他説"小謂一身也",小講的是

一身。"對天下國家言之，則一身爲小矣"。"辨于物"之辨讀
曰遍。王引之好改字，不過他改字還是有點根據的。這個辨
應讀曰遍。古文學家説"讀曰"和"讀爲"是兩個意思。説"讀
曰"，是説它們是一個字。説"讀爲"，那就是另外一字了。他
説"讀曰遍，古字辨遍通"，是説在古字中辨與遍是相通的。
"小而辨于物"，這裏也有對待的意思。王引之講的是一個新
的見解。原來韓康伯講"微而辨之"，把辨當作辨別的辨講了。
看起來，王引之的講法比較好。

　　另外，王引之對"雜而不厭"的雜字也有一種説法。他説，
雜應讀爲匝。匝，周也，一終之謂也。恒之爲道，終始相巡而
無已時，故曰"雜而不厭"。然後他又舉一些例證，説明雜可讀
爲匝。大家可以查原書，這裏就不詳引了。王引之有這麼一
個説法，恒嘛，"終則有始"。"終則有始"裏邊就有匝的意思。
古代雜、匝是一個字，這裏雜應該讀成匝。我看王引之這兩個
説法可取，過去別人沒有講過。古代的字沒有規範化，確實有
這種情況。但是這個方法也不能濫用。後來有人濫用這個方
法，那就出了毛病。這個方法如果用得好，能把死句弄活。若
濫用，也可能把活句弄死。王引之用文字通假解釋古書，確實
有他的長處，許多地方講對了，我們應當承認。但是後來有些
人濫用這個方法，竟按照自己的主觀想法改字，明明對的給改
錯了，這就很不好。

《易》之爲書也不可遠，爲道也屢遷。變動不居，周流六虛，上下无
常，剛柔相易，不可爲典要，唯變所適。其出入以度，外内使知懼，
又明于憂患與故。无有師保，如臨父母。初率其辭而揆其方，既有
典常，苟非其人，道不虛行。《易》之爲書也，原始要終以爲質也。
六爻相雜，唯其時物也。其初難知，其上易知，本末也。初辭擬之，
卒成之終。若夫雜物撰德，辨是與非，則非其中爻不備。噫！亦要
存亡吉凶，則居可知矣。知者觀其象辭，則思過半矣。

　　"《易》之爲書也"以下至"无有師保,如臨父母",主要談《周易》一書的特點及其應用。"不可遠"有不可須臾離也的意思。"爲道也屢遷"至"唯變所適"都是説明《易》的特點在於變易。程頤《易傳》序説"《易》變易也,隨時變易以從道也",真正抓住了《周易》的本質特點。"變動不居,周流不虛,上下无常,剛柔相易"都是説變。韓康伯説,六虛就是六位,六位也就是一卦之初二三四五上六爻。六爻爲陰爲陽,是周流六虛的。一卦裏有內卦、外卦,內外卦亦即上體下體。上下也不是一定不變的,例如地天泰變爲天地否,就是上下無常。"剛柔相易",也是説明卦中各爻,有的時候是剛爻,有的時候是柔爻,是變化的。

　　"不可爲典要",韓康伯《注》説:"不可立定準也。"我看這個解釋是對的。不可拿什麼東西作定準,都是變的。"唯變所適",正是所謂"變通者,趣時者也",亦即程《傳》所説的"隨時變易以從道也"。

　　"其出入以度,外內使知懼。"韓《注》説:"明出入之度,使物知外內之戒也。出入猶行藏,外內猶隱顯。遯以遠時爲吉,豐以幽隱致凶,漸以高顯爲美,明夷以處昧利貞,此外內之戒也。"我看韓《注》講得也不甚貼切。對於此等處,我們無妨采取保留的態度,不必強解。

　　"又明于憂患與故",韓《注》認爲故就是事故。這個故恐怕就是"明于天之道而察于民之故"的故。"又明于憂患與故",是説《易經》不僅知變,又明於人情物理。

　　"無有師保,如臨父母",這兩句話,是説《易經》的作用好像人的師保父母一樣。《周禮》有師氏、保氏。一個人養育成長靠父母,受教育則靠師保。

　　"初率其辭,而揆其方,既有典常,苟非其人,道不虛行。"古韻方、常、行是叶韻的。韓《注》説:"能循其辭以度其義,原其初以要其終,則唯變所適是其常典也。明其變者存其要也。"其實這是隨文解義,按照字面往下講。究竟這個字裹邊講的是什麼東西,沒有講明白。實際上這是講《易經》的用辭。"初率其辭"這個率,有統率的意思,就是說最初這個辭已確定了方向,以下就順着這個方向往下發展。這個辭中是有典常的,說明《易》雖然講變然而它還是有規律的。"苟非其人,道不虛行",是說光有《易經》不行,還要有懂得《易經》的人。沒有懂得《易經》的人,《易經》就等於白作。可見《易經》這個東西在當時也是不好懂的。正因爲不好懂,孔子才作《易傳》嘛。孔子在《易傳》裏頭反復地說明,講得很明白了。但是,後世人還是不明白,可見《易經》確實是很難讀的。

"《易》之爲書也,原始要終以爲質也。"這個"原始要終以爲質"怎麼講? 韓康伯作注,是當一個卦的問題講的,他說:"質,體也。卦兼終始之義也。"我看這樣講法不見得對,因爲是"《易》之爲書也"嘛?"原始要終以爲質也"講的應是《易經》整個兒這部書,也就是說,"原始要終以爲質也",講的不是一個卦,而是六十四卦。六十四卦的始就是乾、坤,終就是既濟、未濟。原其始,應該是乾、坤兩卦;要其終,應該是既濟、未濟兩卦。那麼,整個兒地說,這是《易經》的一個質。我看應該這麼講,不要按韓康伯《注》那麼講。過去的人,對於《易經》這部書的整體,理解得很不够。例如講到"乾坤《易》之縕邪","乾坤《易》之門邪",都講錯了,沒有講對。對於《易經》整個兒這部書的排列、結構,許多人不懂。因爲不懂,所以有的人,如葉適說《序卦》淺僻,康有爲說《序卦》膚淺。其實不是《序卦》膚淺,而是他們沒有讀懂。因爲對《易經》一書不懂,那麼對這一句話也就不懂了。

"六爻相雜,唯其時物也。"《易經》這書有六十四卦,一卦有六爻,這些爻是很複雜的。實際上祇是講時講物。王弼說:

"夫卦者,時也;爻者,適時之變者也。"王弼《周易略例·明卦適變通爻》裏,開首有這樣兩句話。是說每一卦代表一個時代,每一爻代表這個時代裏的一物。時物這兩個字,我看應該按照王弼《周易略例》那樣講。

"其初難知,其上易知,本末也。初辭擬之,卒成之終。"這是說每一卦的初爻怎麼說,難知。上爻則易知。一卦六爻,由初到上,這也是表示變化的。爲什麼一卦的初爻不容易知道:知道初爻了,上爻就容易知道了,因爲這是"本末"。初爻是個本,上爻是個末。有了本,就容易知道末了。也就是說爲什麼其初難知,其上易知呢?因爲它們是本末的關係。"初辭擬之,卒成之終",這還是講本末、始終、易知難知的問題。

"若夫雜物撰德,辨是與非,則非其中爻不備。"這個"中爻"的講法也有不同。有人認爲一卦之中二、五是中爻,我看這樣講不對。這個中爻是對初與上講的,即除初與上兩爻之外,二、三、四、五都是中爻。"雜物",是說人事複雜的情況,貴賤呀,善惡呀,等等。"撰德"的撰,有的當數講,有的作具講。具,就是呈現出來,表現出來。這裏邊既有不同的物,又有不同的德,能辨別哪個是是,哪個是非,沒有中爻不行。也就是說,我們讀《易經》卦的時候,應該懂得光有初與上是不夠的,還必須有中爻。

"噫!亦要存亡吉凶,則居可知矣。"王引之《經義述聞》說:"噫與抑通。字或作意,又作懿。"對噫與抑通,還舉了不少例證。我看是對的。因爲《易經》的卦有初與上,有中爻了,所以存亡吉凶就能知道了。

"知者觀其彖辭,則思過半矣。"一個有智慧的人祇看見一卦裏的彖辭,不必看見爻辭,就能知道一半了。彖,斷也。斷什麼?是斷整個兒一卦的存亡吉凶的,彖辭也叫卦辭。一個卦有卦辭有爻辭。卦辭是說明一卦的,是總的說明。爻辭是說明一爻的,是部分的說明。上述這幾句話,對於我們瞭解《易經》的卦很重要。讀《易》不容易,有孔子的《易傳》作指導,我們讀《易》就容易了。看起來,《易傳》不是任何人都能作的。不是讀《易》韋編三絕的人,是作不出的。

二與四同功而異位,其善不同。二多譽,四多懼,近也。柔之爲道不利遠者,其要无咎,其用柔中也。三與五同功而異位,三多凶,五多功,貴賤之等也。其柔危,其剛勝邪。

這是總論《易經》六十四卦當中的二、四、三、五爻所處的地位,從其性質說相同,祇由於遠近不同,而爻辭有吉凶、善否不同的道理。二爻與四爻,都是偶數,是陰位,所以說同功。但二在內卦的中爻,四在外卦的下爻,所以說異位。實際上同功是就性質言,異位是就遠近言。"二多譽,四多懼",這是從六十四卦二四的爻辭來看的,也就是說:二多半是譽,好;四多半是懼,不好。爲什麼四多懼呢?因爲四"近也"。四接近君位,接近君位就要有所戒懼。"柔之爲道不利遠者,其要无咎,其用柔中也。"這是講二多譽的道理。二是陰位,所以稱柔。"柔之爲道不利遠者",是指二距五遠而言。雖然遠五不利,但還是无咎,因爲二得中,即在下卦的中位。一卦六爻得中的祇有二與五。二在內卦中位,五在外卦中位。初三、四、上,都不得中。從"不利遠者"來說,二是不利的,那麼爲什麼二還多譽呢?因爲它得中,因爲用柔而得中。實際上這是找出《易經》的所謂的例。有例,就是有規律,不是雜亂無章的。

"三與五同功而異位,三多凶,五多功。"因爲一卦之中,第三爻是陽位,第五爻也是陽位,所以說同功。但是位不同,這個位是指貴賤的位。在六十四卦的爻辭當中,第三爻多半是凶,第五爻多半有功。這是什麼道理呢?因爲"貴賤等級不同":五,君位,貴;三,臣位,賤。"其柔危,其剛勝邪",這是說總的看來,三與五若是柔爻的話就不好,若是剛爻的話就好。

《易》之爲書也，廣大悉備，有天道焉，有人道焉，有地道焉。兼三才
而兩之，故六。六者非它也，三才之道也。道有變動，故曰爻；爻有
等，故曰物。物相雜，故曰文。文不當，故吉凶生焉。

　　這段話同上邊説的"彌綸天下之道"、"冒天下之道"的意
思基本一樣，"廣大悉備"也是無所不包的意思。不同的是這
裏明確提出"人道"這個概念來。這是從卦有六爻的角度，又
把《易》有對於天下之道無所不包的特點講了一次。"道有變
動，故曰爻"這個道，就是上文所説的天地人三才之道。所謂
"爻也者效此者也"效此就是效三才之道的變動。上文説："卑
高以陳，貴賤位矣。"爻有等，就是説一卦六爻的貴賤等級不
同，"故曰物"。這個物，就是指有貴賤等級的爻本身。六爻中
各種物都在一起，所以説相雜。這個相雜就叫爻。一與四，二
與五，三與上，它們的關係叫應。必陰爻與陽爻叫應，同時陰
爻或同是陽爻，則不叫應。但也有特殊現象，有的卦同是陽爻
或同是陰爻也叫應。比、應、承、乘，反映卦中六爻之間的複雜
的關係。《易經》就用這種種不同的關係來説明問題。

　　"文不當，故吉凶生焉"，吉凶就是由於"物相雜"的時候，
由於文有當有不當而產生的。這還是講卦中的六爻，説明什
麼爻叫文叫物，以及怎麼產生吉凶。這些不加以説明，光看
《易經》是不能懂的。

　　據王弼《周易略例》總結《周易》看出，一卦六爻中有承、
乘、比、應的關係。下一爻對上一爻來説叫承。上一爻對下一
爻來説叫乘。兩爻相鄰叫比。內卦的初爻與外卦的四爻，以
及二與五，三與上，性質不同，叫應。承、乘裏邊還有順逆的問
題。陽爻乘陰爻叫順。陰爻乘陽爻叫逆。這裏有承乘，有順
逆。

《易》之興也，其當殷之末世，周之盛德邪？當文王與紂之事邪？是
故其辭危。危者使平，易者使傾。其道甚大，百物不廢，懼以終始，

其要无咎，此之謂《易》之道也。

　　"《易》之興也，其當殷之末世，周之盛德邪？當文王與紂之事邪？"看起來這還是推測之辭。《易》到底是什麼時候作的？是不是殷末周初時候作的？《易傳》並不確切地知道。但是，這種推測，今天看起來，還是正確的。不過說文王在羑里演《周易》，恐怕不是事實。《史記》、《漢書》都這麼講，其實是沒有根據的。孔子說《易經》産生於殷周之際，這個説法我看是對的。但不要説一定是誰作的。我們的古人往往一定要某一事物是某一個人作的。誰造的字，誰造的車，誰造的井，《世本》都指出某某人來，其實都不一定可信。《易傳》並没有説《易經》是誰作的，説《易經》是文王作，是後人的推測，不可信。我們還是相信《易傳》的説法。

　　"是故其辭危"，是説"其辭危"是斷定《易》興於殷周之際的根據。"危者使平，易者使傾"，則是《周易》一書的特點。例如"其亡其亡，繫于苞桑"，越是怕亡，反而不亡，像"繫于苞桑"那樣牢固。"其道甚大，百物不廢，懼以終始，其要无咎"，這是對《易經》內容的概括説明。"其道甚大，百物不廢"，是説《易經》所講的道理大而全，什麼事物都談到了。

　　"懼以終始"是説《易經》自始至終都是用戒慎恐懼的精神處理問題。"其要无咎"是説《易經》最終的要求衹是无咎而已。所以焦循説《易經》是"寡過之書"。孔子説："假我數年，五十以學《易》，可以無大過矣。""此之謂《易》之道也"，是説學《易》的結果能達到无咎，就是《易》之道。

夫乾，天下之至健也。德行恒易以知險。夫坤，天下之至順也。德行恒簡以知阻。能説諸心，能研諸侯之慮，定天下之吉凶，成天下之亹亹者。是故變化云爲，吉事有祥，象事知器，占事知來。天地設位，聖人成能；人謀鬼謀，百姓與能。八卦以象告，爻象以情言，剛柔雜居而吉凶可見矣。變動以利言，吉凶以情遷，是故愛惡相攻而吉凶生,遠近相取而悔吝生,情僞相感而利害生。凡易之情,近而不相得,則凶,或害之,悔且吝。將叛者其辭慚,中心疑者其辭枝。吉人之辭寡,躁人之辭多,誣善之人其辭游,失其守者其辭屈。

乾是天下最健的。乾卦的德行是常易,雖易卻能知險。坤是天下最順的,它的德行是常簡,雖簡卻能知阻。爲什麽易簡能知險阻呢?因爲這個易簡實際上是按照自然規律辦事。"能説諸心,能研諸侯之慮",朱熹説"侯之字衍"是對的。韓康伯按文解,解爲諸侯,是不對的。古書傳到今天,確實有訛誤、錯簡的情況。説乾呀,坤呀,實際上就包括六十四卦全部。能説諸心,能研諸慮,定天下之吉凶,成天下之亹亹,這都是説乾坤的作用,亦即説六十四卦的作用。亹亹是勉勉。"成天下之亹亹者",是指成就天下的事業。

"是故變化云爲",這是講人事。"吉事有祥",吉事就有吉的徵兆。"象事知器,占事知來",這裏也就涉及卜筮的問題。"天地設位"是指自然。"聖人成能",就是説依據自然運動變化的道理而制定《易經》六十四卦,其實也是説聖人可以與天地相參。《易經》裏既有人謀,又有鬼謀。最後可以使"百姓與能",就是説百姓也可以利用《易經》作爲行動的指導。

"八卦以象告,爻象以情言,剛柔雜居而吉凶可見矣。"八卦祇是告訴你象什麽,例如象天象地等。"爻象"是説六十四卦的卦辭和爻辭。"以情言"是説卦爻辭説明卦爻的複雜情況。"剛柔雜居而吉凶可見矣",是説就是因爲卦之剛柔雜居,而可以看出吉凶來了。

"變動以利言,吉凶以情遷,是故愛惡相攻而吉凶生,遠近相取而悔吝生,情僞相感而利害生。"這幾句話是説變動、吉凶、悔吝、利害是有條件的,不是固定的。老蘇講《周易》就專門講這些東西。

"將叛者其辭慚,中心疑者其辭枝。吉人之辭寡,躁人之辭多，誣善之人其辭游，失其守者其辭屈”，這幾句話講得雖然很好，也有道理，但不是講《易經》的，與上文也接不上。我懷疑這不是《易傳》裏的話。

《繫辭傳》上下到此就講完了。我講得不見得都對，大家可以考慮，有什麼不同意見，在討論時提出來。

第四講 説卦、序卦、雜卦

《説卦》、《序卦》、《雜卦》裏邊有許多地方不好講，特別是《雜卦》不好講。

《説卦》裏邊也有些地方不好講。

説 卦

昔者聖人之作《易》也，幽贊于神明而生蓍，參天兩地而倚數。觀變于陰陽而立卦，發揮于剛柔而生爻。和順于道德而理于義，窮理盡性以至于命。

我們學過《繫辭傳》，知道孔子講過筮法，也就是講蓍，這裏則專門講卦，所以名爲《説卦》。孔子作《易傳》，不是隨文解義，側重講《易經》的思想内容。末流才專講文字訓詁，不講思想内容。

“昔者聖人之作《易》也”，這個聖人到底是誰？是不是如後人所説是伏羲、文王、周公甚至夏禹？看來都不是。我看還是不把聖人説定是誰爲好。

“幽贊于神明而生蓍，參天兩地而倚數。”這是將要説卦，先説蓍，因爲卦是從蓍産生出來的。從來講《易經》都是先講卦，説包犧氏畫八卦。其實不是這樣，是先有蓍後有卦。“幽”，是暗，就像説在暗地裏。贊是贊助。“神明”是指蓍可以知來而言。蓍，蓍草。這個蓍也就是策，原來用竹，是計數的工具，後來用蓍草，王充《論衡·卜筮》講過這個問題。卜用龜是後來的事,筮用蓍,也是後來的事。王充引孔子說:"夫蓍之爲言耆也,龜之爲言舊也,明狐疑之事當問耆舊也。"卜原來不一定用龜,筮原來也不一定用蓍。《說文》裏這個筮字,從竹從巫,看出來原來不是用蓍,是用竹子。蓍也稱策,這個策就像後世的籌碼一樣,用什麼都可以。卜筮用蓍,並不是因爲蓍有什麼神靈,衹是因爲它能計數。蓍好像珠算的珠子,上邊一個代表五,下邊一個代表一,它本身並不神明。衹是由於聖人的幽贊,它才變成神明了。"參天兩地而倚數",這句話很難講,也很簡單。韓康伯《注》說:"參,奇也。兩,耦也。七九陽數,六八陰數。"朱熹作《周易本義》,說:"天圓地方,圓者一而圍三。三各一奇,故參天而爲三。方者一而圍四,四合二耦,故兩地而爲二,數皆倚此而起,故揲蓍三變之末,其餘三奇,則三三而九。三耦則三二而六。兩二一三則爲七,兩三一二則爲八。"其實這兩種講法都是錯誤的。參、兩在古代是常用的詞。《周禮·天官·疾醫》有這樣的話:"兩之以九竅之變,參之以九藏之動。"《逸周書·常訓》也有這樣的話:"疑意以兩,平兩以參。"可見參、兩在古代是常用詞。在這個地方它講的實際上是大衍之數的形成。這個天地就是天數地數。"天一地二,天三地四,天五地六,天七地八,天九地十",這就是天地。"天數五,地數五,五位相得而各有合。天數二十有五,地數三十,凡天地之數五十有五",這就是參天兩地。倚是立,倚數就是把天數地數摻合在一起,形成大衍之數。然後用大衍之數分二、挂一、揲四、歸奇等。也就是利用它四營而成易,十有八變而成卦。這兩句話所講的實際上就是這個意思,沒有別的意思。可見,韓康伯、朱熹等人都講錯了。他們總是看成很神秘,其實這個並不神秘。

"觀變于陰陽而立卦",什麼是觀變于陰陽呢?也就是觀察大衍之數的這個"數",經過四營,十有八變,最後得出的陰陽,亦即得出七八九六來。這才成立了一個卦。這裏的順序可以看得非常明顯,是先有蓍後有卦,不是先有卦後有蓍。一般講《易》的人,一講就是伏羲氏畫八卦,即從畫卦講起。我看這個從根本上就錯了。《易傳》裏講的不是這樣。"發揮于剛柔而生爻",一卦裏邊又有六爻,這個六爻把更複雜的情況講出來了。這就是發揮于剛柔而生爻。這裏講蓍,講卦,講爻,與《繫辭傳上》講的"蓍之德圓而神,卦之德方以知,六爻之義易以貢"是一致的。《易經》裏講的東西就是這幾個。爻與卦的作用不同,卦辭是一卦的總說明,爻辭是一卦的各自說明。總之,這幾句話的意思是清楚的。不過,過去的說《易》者都沒講對。

"和順于道德而理于義,窮理盡性以至于命",是用《易》,主要是指六十四卦的卦爻辭而言。蓍之所以神,"是以明于天之道而察于民之故"爲前提條件,所以,在蓍裏邊就包含着天之道與民之故。所謂"天之道"就是自然發展規律,所謂"民之故"就是有關社會歷史的問題,人事上的問題。正因爲這樣,所以用《易》於人事,就能達到"以通天下之志,以定天下之業,以斷天下之疑"。說"和順于道德而理于義",在這裏頭提出了道德,提出了義。後來宋儒對窮理盡性講得很多。有人讀《易》讀到這裏,覺得怎麼有宋人的東西呢? 其實宋人講了這個東西,也就是因爲《易傳》原來就有這個東西。如果沒有這個東西,那麼《易經》就真正是卜筮之書了。和順于道德而又理于義。這個"道德"怎麼講? "義"怎麼講? 現在先講義,我看義的實質就是階級關係。《序卦》講:"有天地然後有萬物,有萬物然後有男女,有男女然後有夫婦,有夫婦然後有父子,有父子然後有君臣,有君臣然後有上下,有上下然後禮義有所錯。"這一段話講得很好,仿佛是講了一段社會發展史。從自然界來說是先有天地,有了天地,然後有萬物。萬物當然包括

很多。"有萬物然後有男女"，這個男女可能包括雌雄牝牡，不
一定就是指人類的男女。"有男女然後有夫婦"，這個男女當
然是指人類。"有男女然後有夫婦"，説明有男女不等於有夫
婦。人類在群婚時代就没有夫婦嘛。在那時候祇能説有男
女，不能説有夫婦。有夫婦，才能有父子。没有夫婦，生了子
女，知母不知父，哪兒來的父子呢？"有父子然後有君臣"，説
明有君臣是始於父權制。"有君臣然後有上下，有上下然後禮
義有所錯"，這裏説得很明白，禮義的産生就是在有君臣有上
下之後。很明顯，禮義所表現的是階級關係。在原始社會是
没有"天下爲家"以後所説的禮義的，禮義的根源按照恩格斯
的講法，是個體婚制。恩格斯説："最初的階級對立，是同個體
婚制下的夫妻間的對抗的發展同時發生的，而最初的階級壓
迫是同男性對女性的奴役同時發生的。"恩格斯又説："個體婚
制是文明社會的細胞形態。"可以看出，《序卦》的講法與恩格
斯的講法基本上是一致的。這一點應該説是很難得的。抑不
獨《易傳》有此觀點，亦屢見於他書。例如《禮記・昏義》説：
"男女有別而後夫婦有義，夫婦有義而後父子有親，父子有親
而後君臣有正。夫昏禮者，禮之本也。"《禮記・中庸》説："君
子之道，造端乎夫婦。及其至也，察乎天地。"《禮記・郊特牲》
説："男女有別然後父子親，父子親然後義生，義生然後禮作。
禮作然後萬物安。無別無義，禽獸之道也。"講到禮義都是從
男女有別開始講的，這不是偶然的。"和順于道德"的道德當
然也是指人們的行爲規範。"和順于道德而理于義"實際上就
是説既符合於道德又符合於義。"窮理盡性以至于命"，這裏
談到理論問題。由窮究事理開始，進一步是盡人之性，最後達
到命，即與天地合其德，與日月合其明，與鬼神合其吉凶。所
以，命是天命，就是自然規律。性，則是人性，當然也包括物
性。《中庸》説："唯天下至誠爲能盡其性；能盡其性，則能盡人

之性；能盡人之性，則能盡物之性；能盡物之性，則可以贊天地之化育；可以贊天地之化育，則可以與天地參矣。"《易傳》所講的盡性與《中庸》所講的盡性，從思想上來看是一致的。"窮理"的理，當然是事理了。宋儒認爲理"得於天而具於心"。戴震作《孟子字義疏證》對宋儒所講的理進行批判，說，理是事物的文理，不是一個東西。這些問題我們現在可以不討論，但是，從窮理二字的來源看，還是與《易傳》有關。

昔者聖人之作《易》也，將以順性命之理。是以立天之道曰陰與陽，立地之道曰柔與剛，立人之道曰仁與義。兼三才而兩之，故《易》六畫而成卦。分陰分陽，迭用柔剛，故《易》六位而成章。

"昔者聖人之作《易》也，將以順性命之理。"可見《易》之中有天道人事，而其歸結還是在人事。中國古代講哲學，最重視倫理，最重視人。聖人作《易》的目的，就是順性命之理。這個性命，我看性是人性，命是天命，"將以順性命之理"還是離不開"明于天之道而察于民之故"。

"是以立天之道曰陰與陽，立地之道曰柔與剛，立人之道曰仁與義。"建立天道的陰與陽，地道的柔與剛，人道的仁與義，其目的，都是爲了順性命之理。

"兼三才而兩之，故《易》六畫而成卦"，一卦之中包含着三才。兼三才而兩之，故《易》卦六畫。這六畫裏邊"分陰分陽，迭用柔剛"。

天地定位，山澤通氣，雷風相薄，水火不相射。八卦相錯，數往者順，知來者逆，是故《易》逆數也。

這幾句話不大好理解。宋人邵雍把它叫作先天八卦，說是包犧氏所畫八卦是這樣。我不相信。我不認爲包犧氏有畫八卦的事情。"天地定位"，我看這裏也有"乾坤其《易》之緼邪"的意思。因爲八卦主要是乾坤，其他是乾坤的發展。"山澤通氣”，是艮爲山，兌爲澤。“雷風相薄”，雷是震，風是巽。
“水火不相射”，水是坎，火是離。這些都是講八卦中對立的兩
卦之間的關係的。“水火不相射”的射字不好講。

　　“數往者順，知來者逆，是故《易》逆數也。”“數往”，是知過
去，這叫順。“知來”，是知未來，這叫逆。《易》主要是知來的。

雷以動之，風以散之，雨以潤之，日以烜之，艮以止之，兌以説之，乾
以君之，坤以藏之。

　　這還是講八卦，不是講六十四卦。在八卦裏邊，乾坤兩卦
是主要的，“乾以君之，坤以藏之”嘛。其他“雷以動之，風以散
之，雨以潤之，日以烜之，艮以止之，兌以説之”，這些都是講在
發展中八卦各自不同的作用的。這些東西我看不像孔子作
的，很可能孔子以前就有。《歸藏》一名《坤乾》。這裏説“坤以
藏之”是不是與《歸藏》有關係，我不知道。

帝出乎震，齊乎巽，相見乎離，致役乎坤，説言乎兌，戰乎乾，勞乎
坎，成言乎艮。萬物出乎震，震東方也。齊乎巽，巽東南也。齊也
者，言萬物之絜齊也。離也者，明也。萬物皆相見，南方之卦也。
聖人南面而聽天下，向明而治，蓋取諸此也。坤也者，地也，萬物皆
致養焉，故曰致役乎坤。兌，正秋也，萬物之所説也，故曰説言乎
兌。戰乎乾，乾西北之卦也，言陰陽相薄也。坎者水也，正北方之
卦也，勞卦也，萬物之所歸也，故曰勞乎坎。艮，東北之卦也，萬物
之所成終而所成始也，故曰成言乎艮。

　　這些話是怎麼回事？我不知道。我看不像是孔子的東
西。但這些話不能説與《易經》沒有關係，因爲《易經》也講西
南呀，東北呀，等等。我看它是早有的。孔子作《易傳》，把它
保留下來了，或者是後人雜記的前人的舊説。

　　“萬物出乎震，震東方也”以下是對“帝出乎震”至“成言乎
艮”一段話的解釋。是誰解釋的？不知道。有人説這是文王

八卦,也是臆説,不可靠。

神也者,妙萬物而爲言也。動萬物者莫疾乎雷,撓萬物者莫疾乎風,燥萬物者莫炪乎火,説萬物者莫説乎澤,潤萬物者莫潤乎水,終萬物始萬物者莫盛乎艮,故水火相逮,雷風不相悖,山澤通氣,然後能變化,既成萬物也。

神是什麽呢? 妙萬物是神,萬物不是神,萬物裏邊的運動變化才是神。這裏説"終萬物始萬物者莫盛乎艮",是不是與《連山》有點關係呢? 不知道。從"天地定位"到這一段,究竟是怎麽回事,我不知道。有些人隨文解義,我看也没回答問題。我總懷疑這裏邊有《連山》、《歸藏》的舊説,後人認爲與《周易》有關係,就把它們抄在一起了。

乾,健也。坤,順也。震,動也。巽,入也。坎,陷也。離,麗也。艮,止也,兑,説也。

這是講八卦的性質,很容易理解。

要注意"也"與"爲"不同。"也"的意思是是。是,是固定的。"爲"的意思是變爲,不是固定的。

乾爲馬,坤爲牛,震爲龍,巽爲鷄,坎爲豕,離爲雉,艮爲狗,兑爲羊。乾爲首,坤爲腹,震爲足,巽爲股,坎爲耳,離爲目,艮爲手,兑爲口。乾天也,故稱乎父。坤地也,故稱乎母。震一索而得男,故謂之長男。巽一索而得女,故謂之長女。坎再索而得男,故謂之中男。離再索而得女,故謂之中女。艮三索而得男,故謂之少男。兑三索而得女,故謂之少女。

乾爲天,爲圜,爲君,爲父,爲玉,爲金,爲寒,爲冰,爲大赤,爲良馬,爲老馬,爲瘠馬,爲駁馬,爲木果。坤爲地,爲母,爲布,爲釜,爲吝嗇,爲均,爲子母牛,爲大輿,爲文,爲衆,爲柄,其于地也爲黑。震爲雷,爲龍,爲玄黃,爲旉,爲大涂,爲長子,爲決躁,爲蒼筤竹,爲萑葦。其于馬也爲善鳴,爲馵足,爲作足,爲的顙。其于稼也爲反生。

其究爲健，爲蕃鮮。巽爲木，爲風，爲長女，爲繩直，爲工，爲白，爲
長，爲高，爲進退，爲不果，爲臭。其于人也爲寡髮，爲廣顙，爲多白
眼，爲近利市三倍。其究爲躁卦。坎爲水，爲溝瀆，爲隱伏，爲矯
輮，爲弓輪。其于人也爲加憂，爲心病，爲耳痛，爲血卦，爲赤。其
于馬也爲美脊，爲亟心，爲下首，爲薄蹄，爲曳。其于輿也爲多眚，
爲通，爲月，爲盜。其于木也爲堅多心。離爲火，爲日，爲電，爲中
女，爲甲冑，爲戈兵。其于人也爲大腹，爲乾卦。爲鱉，爲蟹，爲蠃，
爲蚌，爲龜。其于木也爲科上槁。艮爲山，爲徑路，爲小石，爲門
闕，爲果蓏，爲閽寺，爲指，爲狗，爲鼠，爲黔喙之屬。其于木也爲堅
多節。兌爲澤，爲少女，爲巫，爲口舌，爲毀折，爲附決。其于地也
爲剛鹵，爲妾，爲羊。

　　乾爲天爲圜以下這一大段，也像後人雜記舊說，不似《易
傳》原文，因爲關於八卦的取象，上邊說了乾爲馬，爲首，爲天
等，已經很明白了。如果不夠用，羅列這一大段，就夠用了嗎？
我看果真用於卜筮還是不夠用，講象數的人把這一段話看得
很寶貴，覺得羅列的象還少，又找出多少象來。他們不懂得
"也"與"爲"不同。"乾，健也"，乾就是健，不是別的東西。"乾
爲馬"是說乾可以爲馬，也可以爲天爲父爲首，不是固定不變
的。

序卦

有天地然後萬物生焉。盈天地之間者唯萬物，故受之以屯。屯者
盈也，屯者物之始生也。物生必蒙，故受之以蒙。蒙者蒙也，物之
稚也，物稚不可不養也，故受之以需。需者飲食之道也，飲食必有
訟，故受之以訟。訟必有眾起，故受之以師。師者眾也，眾必有所
比，故受之以比。比者比也，比必有所畜，故受之以小畜。物畜然
後有禮，故受之以履。履而泰，然後安，故受之以泰。泰者通也，物

不可以終通,故受之以否。物不可以終否,故受之以同人。與人同者物必歸焉,故受之以大有。有大者不可以盈,故受之以謙。有大而能謙必豫,故受之以豫。豫必有隨,故受之以隨。以喜隨人者必有事,故受之以蠱。蠱者事也,有事而後可大,故受之以臨。臨者大也,物大然後可觀,故受之以觀。可觀而後有所合,故受之以噬嗑。嗑者合也,物不可以苟合而已,故受之以賁。賁者飾也,致飾然後亨則盡矣,故受之以剝。剝者剝也,物不可以終盡,剝窮上反下,故受之以復。復則不妄矣,故受之以无妄。有无妄然後可畜,故受之以大畜。物畜然後可養,故受之以頤。頤者養也,不養則不可動,故受之以大過。物不可以終過,故受之以坎。坎者陷也,陷必有所麗,故受之以離。離者麗也。

有天地然後有萬物,有萬物然後有男女,有男女然後有夫婦,有夫婦然後有父子,有父子然後有君臣,有君臣然後有上下,有上下然後禮義有所錯。夫婦之道不可以不久也,故受之以恒。恒者久也,物不可以久居其所,故受之以遯。遯者退也,物不可以終遯,故受之以大壯。物不可以終壯,故受之以晉。晉者進也,進必有所傷,故受之以明夷。夷者傷也,傷于外者必反于家,故受之以家人。家道窮必乖,故受之以睽。睽者乖也,乖必有難,故受之以蹇。蹇者難也,物不可以終難,故受之以解。解者緩也,緩必有所失,故受之以損。損而不已必益,故受之以益。益而不已必決,故受之以夬。夬者決也,決必有所遇,故受之以姤。姤者遇也,物相遇而後聚,故受之以萃。萃者聚也,聚而上者謂之升,故受之以升。升而不已必困,故受之以困。困乎上者必反下,故受之以井。井道不可不革,故受之以革。革物者莫若鼎,故受之以鼎。主器者莫若長子,故受之以震。震者動也,物不可以終動,止之,故受之以艮。艮者止也,物不可以終止,故受之以漸。漸者進也,進必有所歸,故受之以歸妹。得其所歸者必大,故受之以豐。豐者大也,窮大者必失其居,故受之以旅。旅而无所容,故受之以巽。巽者入也,入而後說之,故受之以兌。兌者説也，説而後散之，故受之以涣。涣者離也，物不可以終離，故受之以節。節而信之，故受之以中孚。有其信者必行之，故受之以小過。有過物者必濟，故受之以既濟。物不可窮也，故受之以未濟終焉。

《序卦》是專講六十四卦的結構的，可與"乾之策二百一十有六，坤之策百四十有四，凡三百有六十，當期之日。二篇之策萬有一千五百二十，當萬物之數也"，"乾坤其《易》之緼邪？乾坤成列，而《易》立乎其中矣。乾坤毀，則无以見《易》。《易》不可見，則乾坤或幾乎息矣"和"乾坤其《易》之門邪？乾，陽物也；坤，陰物也。陰陽合德而剛柔有體，以體天地之撰，以通神明之德"參看。這裏邊有豐富的辯證法思想。

雜卦

乾剛坤柔，比樂師憂。臨、觀之義，或與或求。屯見而不失其居，蒙雜而著。震，起也。艮，止也。損、益，盛衰之始也。大畜，時也。无妄，災也。萃聚而升不來也。謙輕而豫怠也。噬嗑，食也。賁，无色也。兌見而巽伏也。隨，无故也。蠱，則飭也。剥，爛也。復，反也。晉，晝也。明夷，誅也。井通而困相遇也。咸，速也。恒，久也。涣，離也。節，止也。解，緩也。蹇，難也。睽，外也。家人，内也。否、泰，反其類也。大壯則止，遯則退也。大有，衆也。同人，親也。革，去故也。鼎，取新也。小過，過也。中孚，信也。豐，多故也。親寡，旅也。離上而坎下也。小畜，寡也。履，不處也。需，不進也。訟，不親也。大過，顛也。姤，遇也，柔遇剛也。漸，女歸待男行也。頤，養正也。既濟，定也。歸妹，女之終也。未濟，男之窮也。夬，決也，剛決柔也。君子道長，小人道憂也。

《雜卦》，比如"乾剛坤柔，比樂師憂"，都是從兩卦的對立談問題的。《雜卦》講卦時也是分上下經，上經三十卦，下經三十四卦。但是它的排列順序和《序卦》不一樣。有的卦在《序卦》是屬下經的，它在上邊講了；有的卦在《序卦》是屬於上經的，它在下邊講了。這是怎麼回事呢？我講不出道理來。因此對《雜卦》我不準備細講了，大家可以自己研究。

《雜卦》有"晉，晝也。明夷，誅也"，俞樾在《群經平議》中說："此亦參互以見義也。知晉之爲晝，則明夷之爲晦可知矣。知明夷之爲誅，則晉之爲賞可知矣。"我看俞樾這樣講，很好，提出來供大家參考。

孔子作《易傳》十篇，《上繫》、《下繫》、《説卦》、《序卦》、《雜卦》這五篇，我看好像是總論。《上彖》、《下彖》、《上象》、《下象》、《文言》這五篇好像是分論。在總論五篇裏邊，"是以明于天之道而察于民之故，是興神物，以前民用"，這幾句話是個綱。這就是説，蓍與卦這個神物，以"明于天之道而察于民之故"作爲前提，作爲基礎的。這樣，他就着重寫蓍和卦。蓍是寫筮法。卦就是《説卦》裏邊講的。蓍與卦是《易經》的主體，也是《易經》用以表達思想的工具。"蓍之德圓而神，卦之德方以知"一段話是對蓍對卦的性質、作用和特點講了一次。此外又從宏觀上講了《易》經六十四卦的結構，這就是"乾坤其《易》之緼邪"，"乾坤其《易》之門邪"，"在天成象，在地成形，變化見矣"等幾段文字。這些都是講六十四卦的結構，當然《序卦》講得更爲明晰、具體了。至於如何從微觀上看六十四卦，這方面有不少東西我們已經講過了。

這五篇《易傳》還講了如何學《易》如何用《易》的問題。孔子作《易傳》和後世一般的傳注不同，不是隨文解義，而是重在思想，重在本質。

第五講　乾卦　坤卦

今天開始講卦。首先我要説，學《易》應該能够舉一反三，不能衹知其一不知其二。俗語説"明白人一撥三轉，糊涂人棒打不回"。我説棒打不回的人不能學《易》，一撥三轉的人才能學《易》。學《易》應該是聰明人，光靠工夫不行。鄭康成這個人，注"三禮"挺好，《詩箋》就有問題。他注的《易經》，現在不傳了。有人輯了一點，我看那就不行。《易經》裏講哲學的，總得像顔子那樣"聞一以知十"才行。《易經》裏的每一卦有卦辭，卦裏邊有爻，爻有爻辭。漢學把《易經》卦辭爻辭的每句每字都要找出來歷來。這一卦的哪個哪個象是從哪兒來的，好像説杜詩韓文無一字無來處一樣。字字都要找出處，我不同意這樣的辦法。如果真的像那樣，卦辭、爻辭就很難作了。字字有來處，怎麽可能作出來呢！比如作文章，文字學包括形、音、義，應該學；語法學應該學，修辭學也應該學。但是，如果説把這些都學了就會作文章，我不相信。學作文章，總得讀範文。我看《易經》也是這樣。蘇東坡説，他的文章如行雲流水，常行乎其所不得不行，止乎其所不得不止。如果是硬凑出來的，那怎麽行！韓愈説："氣，水也；言，浮物也。氣盛，則言之短長與聲之高下皆宜。"這是説，文章不是凑出來的。凑出來的文章，不行。不是説作文章不必懂得文字、語法、修辭，但是僅僅懂得這些，還不能作文章。《易經》的寫作也應該是這樣的。講漢易的人，總想把每一個字都找出來歷，甚至把《繫辭傳》的每一個字也要找出來歷來。這樣做，我看不對。如果

《易經》是那樣作出來的，那就太費勁了，那就得說是神了，人恐怕作不出來。《易經》是講象的，蓍、卦、爻都離不開象。但是，是不是《易經》的每一個字都有象呢？我看不是。學《易》首先應該知道方法。《易經》不是那麼死的，你若把《易經》的辭呀，象呀，都看死了，那就錯了。《易經》裏邊哪個也不是死的。第一卦這個乾，我們還是這麼説，這個乾是八卦之一，然後"因而重之"，變成六十四卦。八卦的產生呢，是"《易》有大極，是生兩儀，兩儀生四象，四象生八卦"。"八卦成列，象在其中矣"，八卦是有象的。八卦裏每一卦的性質不能改變。例如"乾，健也"，乾的性質是健，這不能改變。乾不會變爲順。但是乾象什麼，這不是固定的。它可以象馬，可以象首，可以象天，可以象許許多多的東西。乾的根本，就在於這個健。不論乾象什麼東西，都必須體現健的性質。一般講，乾爲天，這是對的。但是有時候，乾又爲君了。自然界有自然界的乾，社會有社會的乾，家庭有家庭的乾。你不能把它看得很死。比方"乾，元亨利貞"這句話，首先要知道乾是象天的。天是什麼呀？實際上，這個天講的就是太陽。《禮記·郊特牲》説"大報天而主日"。《漢書·魏相傳》記魏相説："天地變化，必由陰陽；陰陽之分，以日爲紀。日冬夏至，則八風之序立，萬物之性成，各有常職，不得相干。"有晝夜，有春秋，這都是陰陽。我看魏相説"陰陽之分，以日爲紀"，是對的。古人所謂天，實際上就是指太陽。太陽老是運動變化，太陽的運動變化，造成氣候有寒有暖。元亨利貞，古人都用春夏秋冬作解。認爲春天就叫元，夏天就叫亨，秋天就叫利，冬天就叫貞。貞過去又是元，總是這樣變化，永久這樣變化。乾卦大象説"天行健"，乾是健嘛，天行也是健的。永久不停息，"君子以自強不息"。我看孔子作大象，是講如何學《易》問題的，總的説，是乾；分開説，是元亨利貞。元亨利貞也就是乾。元亨利貞既可以解釋爲春夏秋冬，又可以解釋爲仁義禮智、東西南北等，這就是説，不要把它看死。學《易經》，你不要把它看死。你若看死，就學不好《易經》。

乾☰乾下乾上

　　乾，六畫都是陽。陽是剛，陰是柔。六畫都是陽，所謂"陽之純而健之至也"。這個乾，是六十四卦的乾卦的卦名。六十四卦的排列，乾爲首；這個乾，就是過去我們講過的"乾坤其《易》之緼邪"，"乾坤其《易》之門邪"，"乾之策二百一十有六，坤之策百四十有四，凡三百有六十，當期之日"的乾。同時它又是六十四卦中獨立的一卦。乾卦裏邊有六爻，那是乾卦本身。但是它在六十四卦中又有特殊的地位，如《易緯・乾鑿度》所説它是"陰陽之根本，萬物之祖宗"。我們學習乾卦時要注意這一點，我們若光注意它是六十四卦中之一卦，忘了它在六十四卦中所占的特殊地位，忘了它與其他各卦的關係，那就不對了。

乾，元亨利貞。

　　古人把元亨利貞講爲春夏秋冬，挺好。自然界有春夏秋冬，才産生萬物嘛。乾坤象天地，天地變化，産生萬物。天地怎麽樣變化呢？就是通過春夏秋冬四時嘛。春天來了，天氣暖了，大地裏的生物都萌發出來了，所以天地的變化主要表現在四時運行上。元亨利貞，前人解釋爲春夏秋冬四時，我看是對的。《論語》記孔子説："天何言哉？四時行焉，百物生焉，天何言哉！"古人説百物也就是萬物。百、萬都是表示最多的意思。我看《論語》的這個思想和《周易》是一致的。所謂天地變化，就是每一天有晝夜，每一年有四時。

　　元，就是開始；亨，就是發展；利，就是成熟；貞，就是收藏。然後，貞下又起元。元亨利貞，這麽講，我看還是對的。高亨先生把元亨利貞解釋爲"大亨利占"，這個解釋，從文字學上看，可能説得過去。從《周易》全書的思想來看，恐怕説不通。元亨利貞，也可以講作仁義禮智，或者推廣爲其他種種。因爲《周易》是用符號表示，好像代數學，拘泥於一事一物，就不對了。元亨利貞，這個詞語，在古代人們可能都懂，今天人們不懂。這是時代變化的關係，並不是古人故弄玄虛，我們今天所以還能够明白它的意思，這是因爲歷代傳下來的。

"乾，元亨利貞"，這是卦辭。王弼説："卦者，時也。"從六十四卦整體來看，一個卦代表一個時代。《繫辭傳》説"聖人有以見天下之賾，而擬諸其形容，象其物宜"，講的就是卦。"聖人有以見天下之動，而觀其會通"，講的就是爻。卦辭，是一卦的總説明，六爻爻辭是一卦六爻的個別的説明。光有卦，説明的問題有限；有了爻，就能説明很複雜很多的問題了。當然爻是屬於卦的，但爻又有它自己的特點。

初九，潛龍勿用。

卦有六爻，六爻在一卦中居不同的位。初、二、三、四、五、上，是六爻的位。《繫辭傳上》説"卑高以陳，貴賤位矣"，六爻由初至上，用以區別貴賤。初九，九是怎麽來的呢？我們講過筮法，它就是用大衍之數經過四營、十有八變而得出來的。當然得出來的不一定是九，也可能得六得七得八。九爲老陽，六爲老陰，七爲少陽，八爲少陰。七、八不變，九、六變。前人説三易《周易》占變爻，占九、六；《連山》、《歸藏》占不變爻，占七、八。根據《周禮》記載，《連山》、《歸藏》與《周易》一樣，"其經卦皆八，其別皆六十有四"。不同的地方，相傳認爲《連山》、《歸藏》占不變爻，《周易》占變爻。《連山》首艮，《歸藏》首坤，六十四卦的排列，與《周易》不同。這個説法，我看是可信的。但是，三易的卦爻辭恐怕也不會一樣。《儀禮·士冠禮》講"旅占"，用三易來占，可見那個時候，《連山》、《歸藏》還在。《左傳》襄公九年説："筮之,遇艮之八。史曰是謂艮之隨……姜曰亡,是於《周易》曰……"證明當時除《周易》之外還有易在。後來,《連山》、《歸藏》都亡佚了。《周易》如果不是有孔子作《易傳》,恐怕也與《連山》、《歸藏》一樣不傳了。即使保留下來,没有《易傳》的話,也不會有人懂。今人講甲骨文,祇能講字,至於當時是怎麽占出來的,誰也不知道。《周禮》有所謂"三兆",《玉兆》、《瓦兆》、《原兆》,很早就没有了,所以誰也講不了。有人把《周易》看成與甲骨文一樣,祇講字,我看是不對的。

"初九"的這個九,就是從筮法中得出來的。筮法賴有《繫辭傳》才保存下來了。有人講《易》,不要《易傳》。豈知不要《易傳》,連九都不明白,還談什麽? 又如乾,没有《易傳》,怎能知道"乾,健也"呢?

初是位,九是德。"初九,潛龍勿用",這是乾卦最初的一爻,它取象是龍。龍這個東西古人認爲善於變化。古代到底有没有這樣的龍,現在大家還在爭論。不過古人卻把龍看得很神秘,所以乾卦六爻都取象這龍。《説卦》有"乾爲馬,震爲龍",有的人一定要從乾卦裏找出震來,這正犯了王弼所説"定馬於乾,按文責卦"的錯誤。這樣的人,是不能讀《易》的。

潛是藏,處於一卦最下,所以稱爲潛龍。"潛龍勿用",意思是指導人們在這種情况下不要求用於世。《易經》主要是講人事的,雖然作《易》不能不"明于天之道而察于民之故",然而側重點則是在民之故,亦即在社會,或者説這是爲政治服務。我們學《易經》,首先要明白這一點,不要把自己變成卜筮先生。《荀子·天論》講:"雩而雨,何也? 曰:'無何也,猶不雩而雨也。日月食而救之,天旱而雩,卜筮然後決大事,非以爲得求也,以文之也。故君子以爲文,而百姓以爲神,以爲文則吉,以爲神則凶也。'"荀子這段話講得最明白,他説求雨、救日食、卜筮等百姓以爲神,君子即統治階級並不以爲神,這祇是他們進行統治的一種手段。百姓認爲卜筮有靈,作《易》者並不是認爲卜筮有靈。孔子説"古之聰明睿智神武而不殺者夫",把這個秘密給揭破了。

九二,見龍在田,利見大人。

　　一卦六爻,是兼三才而兩之。二處在地位。"見龍在田",是説這個龍出潛離隱有作爲了。這個龍好像大人。"利見大人",爲衆人所利見。九二有君德而無君位。若九五,則有君位。九二有君德,人們已經受到它的好處了。

九三,君子終日乾乾,夕惕若,厲,无咎。

　　九是陽爻,三是陽位,這叫以陽居陽,以剛居剛。這樣不太好。君子在這個時候,要"終日乾乾",乾之又乾。"夕惕若",到傍晚,還是惕,還是戰戰兢兢。能夠如此,雖危厲,也无咎。无咎即無過。

九四,或躍在淵,无咎。

　　這是乾卦第四爻。"或躍在淵",或者躍到高處或者還在淵。這也是取龍象。"或"是疑辭,看條件。條件許可就前進,條件不許可,就不前進。這樣做,可得无咎。

九五,飛龍在天,利見大人。

　　這是乾卦第五爻,按位來説,它居君位,是最貴的,而又是九,是陽剛。"飛龍在天",龍怎麼上天了呢? 是飛上去的,飛龍與潛龍就當然不一樣了。這是有君德又有君位的,這樣的大人是群衆所利見的。"同聲相應,同氣相求。水流濕,火就燥,雲從龍,風從虎",就是説利見大人。

上九,亢龍有悔。

　　龍到了最上,情況就發生了變化。從初到五,好像是量變,到了上的時候,要發生質變了。"窮則變,變則通,通則久"，上就是窮了，窮就要變了。這個窮，是量變的窮。窮則變的變，就是今天所説的質變。亢龍就是上窮。在這個時候，應當有悔，有悔就可以得吉。

用九，見群龍无首，吉。

用九怎麽講，各家的説法很多。六十四卦，唯乾坤兩卦有"用九"、"用六"，其餘各卦没有。乾坤兩卦在六十四卦中是特殊的。"用九"的意思是説，乾卦六爻都變爲坤，但它不是坤，是由乾變的。這樣就是"用九"。"用六"則是説坤卦六爻都變爲陽爻，但它不是乾，是由坤變的。爲什麽叫用九、用六呢？從字面上講，可以説《易經》用九不用七，用六不用八。但是這個説法我覺得還没有説明問題。究竟應當怎麽解釋，大家可以繼續思考、討論。我没有弄明白。

"群龍无首"，六爻都變了，但還是龍。六爻都是龍，所以无首。群龍无首，好，吉。現在把没有頭頭叫群龍无首，這個用法是錯誤的，它的本義不是這樣。

《象》曰：大哉乾元，萬物資始，乃統天。雲行雨施，品物流形；大明終始，六位時成，時乘六龍以御天。乾道變化，各正性命，保合太和，乃利貞。首出庶物，萬國咸寧。

這是乾卦的象傳，它是解釋"乾，元亨利貞"的。

"大哉乾元"，大矣哉乾元，嘆息乾元之大。怎麽大呢？"萬物資始"，萬物都資始於此。資是取的意思。萬物之始，都取之於乾之元。作爲一年來説，到了春天，萬物開始發生。實際上，這個萬物恐怕不止於乾本身，也包括六十四卦。《序卦》説，"有天地然後萬物生焉"。《序卦》所説的萬物，應與這裏所説的萬物是一回事。當然，這裏講的主要還是乾卦。"乃統天"，是説有元則有亨，有亨則有利，有利則有貞。

"雲行雨施，品物流形"，講的是亨。

"大明終始，六位時成，時乘六龍以御天。"我看這段話是講用《易》的，即怎麼樣把它應用於社會，應用於政治。乾卦六爻，有終有始。"大明終始，六位時成"，是把這個六位，潛呀，見呀，惕呀，躍呀，飛呀，亢呀，都按照各自的時位去做。這就叫作六位時成。這也就是"時乘六龍以御天"。

"乾道變化，各正性命，保合太和，乃利貞"，這幾句講的是利貞。萬物發生發展，由元到亨，由春天到夏天，現在到了秋天，成熟了。每個物有每個物的性，因而每個物也有每個物的命。《大戴禮記》："分於道謂之命，形於一謂之性。"戴震說過，道者行也，氣化流行，生生不已。從這個道分出來的，也就是從自然界分出來的，這叫作命。分出來以後又形於一，這叫作性。命是自然賦予的；賦予以後，你這個人，這個物，形成個什麼樣子，就是性。"各正性命"，就是經過元亨以後，人與物能夠各正性命。又"保合太和"，這就是利貞了。比如萬物都成熟了，都結籽了，太和之氣都保合於其中了。太和之氣實際就是冲和之氣。老子說"萬物負陰而抱陽，冲氣以爲和"。

總起來說，"大哉乾元，萬物資始，乃統天。雲行雨施，品物流形"，這講的是元亨。"乾道變化，各正性命，保合太和，乃利貞"，這講的是利貞。"大明終始，六位時成，時乘六龍以御天"，這講的乃是如何用《易》的問題。"首出庶物，萬國咸寧"，也是講用《易》。"六位時成，時乘六龍以御天"幹什麼？實際上就是爲了"首出庶物，萬國咸寧"。可見孔子講《易》尤重在人事，即如何從《易》中學到一些東西，以統治人民。所以《易經》這部書，政治性很強。它既是講哲學的書，裏邊也有很多涉及政治的地方。

《象》曰：天行健，君子以自強不息。

這個叫作大象。六爻爻辭下面的解釋，叫作小象。大象是孔子專爲怎樣學《易》作的。乾卦內卦是乾，外卦也是乾，所

以叫天行。天行表現出更爲剛健。本來是地球在轉,古人以
爲是天在轉,所以稱"天行"。君子學這個"天行健",應該老是
"自强不息"。

潛龍勿用,陽在下也。

　　一般把這個叫作小象。小象是解釋爻辭的,解釋每一爻
爻辭的含義是什麼。

　　"潛龍勿用,陽在下也",這是解釋爲什麼"潛龍勿用",是
因爲陽在下啊。

見龍在田,德施普也。

　　九二見龍在田,是什麼意思呢? 是說它不是潛龍,也不是
飛龍,而是在田的龍。既然在田嘛,它也要發揮作用。

終日乾乾,反復道也。

　　終日乾之又乾,夕還是惕,不休息。這是什麼意思呢? 是
"反復道也"。反復於道,而不是幹別的什麼東西。

或躍在淵,進无咎也。

　　九四處在上下之交,在淵可以,躍也可以,既可以進,也可
以不進。可以進,无咎。

飛龍在天,大人造也。

　　"大人造也",就是大人作也。九五既有君德,又有君位。
所以是"飛龍在天",大人造就是大人作而居君位。

亢龍有悔,盈不可久也。

　　亢是過。"盈不可久也",看出來《易》是有質量互變的問
題。初九是潛嘛,到了上九就是亢。亢是過了,過就要有悔。
"盈不可久",就是要變。

用九,天德不可爲首也。

　　筮的時候,六爻由九變六,由陽變陰,古人叫乾之坤。這

樣,就叫用九。用九"天德不可爲首也",這個解釋,不像説乾不可作爲一個頭,好像周而復始、循環無端的意思。

以上是小象,是孔子解釋爻辭的。韓愈《進學解》説"《易》奇而法"。潛龍,見龍,飛龍,這樣取象有點奇吧。《繫辭傳》説:"其旨遠,其辭文,其言曲而中,其事肆而隱。"這幾句話是怎麽回事呢? 我看,這就表明它是卜筮之書嘛,《易經》儘管由孔子發掘出深邃的哲學思想,但它到底不是純正的哲學,還未完全脱卻卜筮的特點。所以它不能不用卜筮的語言,而不是直截了當地講出來。這裏邊也有個現象與本質的問題。單從現象上看,看不出《易經》有那麽多的内容。然而從本質來看,它確實存在着很深刻的哲學思想。它的現象與本質是有矛盾的。科學研究就是通過現象看本質嘛。若光看現象,就用不着科學,常識就够了。《易經》之所以不好懂,正是因爲人們容易停留在現象上,看不到它的本質。孔子晚而喜《易》,讀《易》韋編三絶,説明《易經》並不簡單。若是簡單的話,還用得着"韋編三絶"嗎! 孔子對《易經》確實是看到了本質,不是光看現象。孔子在《繫辭傳》裏對《易經》的本質,挖掘很深。而在小象裏,好像解釋得不够充分,有的幾乎就没作什麽解釋。這可能由於爻辭裏原來所包含的理論就不那麽强吧!

專門講解乾卦,有一個乾文言。專門講解坤卦,有一個坤文言。其餘各卦都没有。這可能有示範意義,告訴人們學《易》應當這麽學。

文言是什麽意思呢? 劉瓛説:"依文而言其理,故曰文言。"未知是否。總而言之,文言是專門解釋乾卦、坤卦的。文言很難説是孔子親筆寫的,很可能是孔子講的、弟子記録的。然而思想應屬於孔子。所以,説文言是孔子作的,也没有什麽不可以。古人的作,不能理解爲現在人的作。正因爲這樣,乾文言説:"元者善之長也,亨者嘉之會也,利者義之和也,貞者

事之幹也。"《左傳》襄公九年穆姜也講過這些話。文言裏多有
"何謂也""子曰"如何如何,看起來就是孔子答弟子問,弟子們
記下來的。《易傳》的情況同《論語》差不多,不能説《論語》是
孔子親筆寫作的,但是講孔子思想離不開《論語》。不過《易
傳》與《論語》又有所不同。《繫辭傳》有大段大段的理論分析,
不像《論語》那樣僅作簡單問答。

《文言》曰:元者善之長也,亨者嘉之會也,利者義之和也,貞者事之
幹也。君子體仁足以長人,嘉會足以合禮,利物足以和義,貞固足
以幹事。君子行此四德者,故曰乾,元亨利貞。

　　這是《左傳》上穆姜講的話,是孔子弟子們鈔録於此的。
看起來,從理論上從思想上來解釋《易經》,不始於孔子。又,
《易經》這部書本來就有這個内容,如果本來沒有,孔子能解釋
出來嗎?

　　《易》乾卦卦辭元亨利貞,這幾個字原來也可以一看就懂,
後來就不懂了,語言也是發展的嘛。先前誰都懂的東西,後世
可能就不懂了,所以才有訓詁嘛。訓詁就是古言用今言來解
釋。周初至春秋,二百多年。這一段社會發展非常快,周初的
語言文字到了春秋時代就需要解釋了,需要翻譯了。

　　元的意思是善之長。元是開始,像春天似的,以後萬物生
長暢茂。元是善之長,即善之首。亨,通。萬物發生發展,萬
物暢茂,這叫亨。亨,嘉之會也,嘉美的薈萃。"利者義之和
也",發展不是直綫的,很像現在所説的螺旋式發展。利是秋,
萬物成熟了,要收縮了。利是到了秋天,應該肅殺了,而肅殺
是合乎義的。如果説春天萬物發生發展是仁,那麽到了秋天
肅殺的時候,就是義了。"義之和",人們各安其分,各守其職,
各盡其責,社會安定不亂。"義之和"就是利。實際上在眼睛
裏還是看那個秋天。"貞者事之幹也",貞有正而固的意思,貞
是事之幹。貞仿佛是一個人有堅定的意志,這是幹事業不可

缺少的。

"君子體仁足以長人",在古代,君子與小人是對立的兩個概念,裏邊是有階級性的。《左傳》、《國語》使用君子、小人概念的地方很多,很明顯有階級性。但是到後來,到了《論語》的時候,概念發展了,君子、小人有了道德的含義。《論語》説,"君子固窮,小人窮斯濫矣",如果君子衹是屬於統治階級,他怎麼會窮呢? 他不窮呀。在《論語》裏,君子與小人不能絶對看作是階級的概念。趙紀彬同志作《論語新探・君子小人辯》,一定説君子與小人是階級關係。這個説法我是不同意的。

什麼叫君子? 孔穎達《疏》説:"言君子者,謂君臨上位,子愛下民,通天子諸侯兼公卿大夫有地者。"我對這個問題也有個解釋,不知對不對,可以在這裏説一説。我想,君子這個名稱,就像過去稱公子稱王子一樣,表明他不是君,而是君之子。君之子在當時當然是貴族,不是一般人,也就是説君子這個稱號在當時確實有階級的含義。然而經過歷史發展,君子就變成了區別道德品質的一種稱號,不能一概説成是一個表示階級的概念。

"君子體仁足以長人",就是説君子能够以仁爲體,全心全意地爲人,就可以做人的首長,做官兒。這個仁就是善的嘉會也就是乾卦的元。"嘉會足以合禮",是説乾之亨之長,是與禮相合。爲什麼嘉會足以合禮? 因爲禮號稱三百,三千,最爲繁富。

"利物足以合義",也是説人如果效法乾之利而利物,就能够合義。"貞固足以幹事",也是説人效法乾之貞固,就能够幹事,大有作爲。

"君子行此四德者,故曰乾,元亨利貞。"這是承上文作結束,説君子是行這四德的,所以叫乾,元亨利貞。

初九曰潛龍勿用，何謂也？ 子曰，龍德而隱者也。不易乎世，不成
乎名，遯世无悶，不見是而无悶，樂則行之，憂則違之。確乎其不可
拔，潛龍也。

　　這就是講如何學《易》的問題。"初九曰潛龍勿用"，我們
已經講過了。經過這一次問答，我們更看出不簡單了，其中有
這麼多豐富的内容。

　　潛龍是說有龍之德，而隱居的，"不易乎世"，是意志堅定
不爲世俗所移易。"不成乎名"，是不求知於時。《莊子・逍遥
游》説宋榮子"舉世譽之而不加勸，舉世非之而不加沮，定乎内
外之分，辯乎榮辱之境，斯已矣"，可以作爲"不易乎世，不成乎
名"句注解。"遯世无悶"，遯世不容易，遯世无悶，更不容易。
"不見是而无悶"，"樂則行之，憂則違之"，即認爲對，我就幹；
認爲不對，我就不幹，不管人們説長道短。"確乎其不可拔"，
是極其堅定，不可動搖。"潛龍也"，是説能够如上述這樣才是
潛龍。

九二曰見龍在田，利見大人，何謂也？ 子曰，龍德而正中者也。庸
言之信，庸行之謹。閑邪存其誠，善世而不伐，德博而化。《易》曰，
見龍在田，利見大人，君德也。

　　"見龍在田"，利見大人是有龍德，而又"正中者也"。在
《易經》内卦，第二爻是中，外卦第五爻是中。《易經》把中看得
非常重要。孔子説："中庸之爲德也，其至矣乎，民鮮久矣。"可
見孔子對中庸是一貫稱讚的。

　　"庸言之信，庸行之謹"，庸是常。平常講話也要重信，平
常做事也要謹慎。

　　"閑邪存其誠"，閑，馬圈外面的栅欄，叫作閑。"閑邪"，就
是阻擋外界的邪，不使侵入内心。"存其誠"，即不但外面的邪
不讓進來，裏邊還要"存誠"。

　　"善世而不伐"，是説對於世人有好處，"但是不自矜伐"，

不夸耀自己的好處。

"德博而化"，"德博"就是"德施普"的意思。"而化"是説受施的人起了變化。這就説明"見龍在田，利見大人，君德也"。

九三曰君子終日乾乾，夕惕若，屬，无咎，何謂也？子曰，君子進德修業。忠信，所以進德也。修辭立其誠，所以居業也。知至至之，可與幾也。知終終之，可與存義也。是故居上位而不驕，在下位而不憂。故乾乾因其時而惕，雖危，无咎矣。

君子"終日乾乾，夕惕若"是幹什麼呢？是爲了進德修業。這裏提出兩個方面，一個是德，一個是業。爲了進德修業，所以終日乾乾夕惕若。怎麼樣進德呢？忠信，所以進德也。就是説進德，要忠信。孔子很重視忠信。《論語》説"主忠信"，説"爲人謀而不忠乎，與朋友交而不信乎，傳不習乎"。"修辭立其誠，所以居業也"是説居業離不開修辭，但修辭還要立誠立信。"知至至之，可與幾也。知終終之，可與存義也"，這也是從兩方面講的：一個是德的方面，一個是業的方面。"知至至之"："知至"，這個至是理想、目標；"至之"是能够達到理想和目標。"可與幾也"，這對於進德來説就差不多了。"知終終之，可以存義也"："知終"是知終身如是，"終之"能做到終身如是，"可與存義也"是説這樣可與言存義了。"是故居上位而不驕，在下位而不憂。故乾乾因其時而惕，雖危，无咎矣"，九三對下卦來説是居上位，對上卦來説，是居下位；乾乾因其時而惕，説明它居上位而不驕，居下位而不憂。九三以剛居剛，本來是有危的呀，但它因爲能够乾乾因其時而惕，所以雖危无咎。

九四曰或躍在淵，无咎，何謂也？子曰，上下无常，非爲邪也。進退无恒，非離群也。君子進德修業，欲及時也，故无咎。

"或躍"就是上呀,"在淵"就是下呀。"上下无常",並不是
爲邪。"或躍"是進呀,"在淵"是退呀。"進退无恒",也不是離
群。這是怎麽回事呢?因爲君子進德修業就是要及時而上進
的,所以无咎。

九五曰飛龍在天,利見大人,何謂也? 子曰,同聲相應,同氣相求。
水流濕,火就燥,雲從龍,風從虎。聖人作而萬物睹。本乎天者親
上,本乎地者親下,則各從其類也。

"飛龍在天",爲天下人所利見,孔子講,這個就像同聲相
應,同氣相求,就像水向濕處流,火向乾處燒,雲從龍,風從虎
一樣。因爲聖人作,爲萬物所願睹,是説九五有君德又有君
位。"本乎天者親上,本乎地者親下,則各從其類也",對這個
講法也不一樣。朱熹講"本乎天者親上"謂動物,"本乎地者親
下"謂植物。程《傳》不這麽講,程《傳》説"本乎天者如日月星
辰,本乎地者如蟲獸草木"。看來朱熹的解釋較好。"則各從
其類也",意思與同聲相應,同氣相求一樣。

上九曰亢龍有悔,何謂也,子曰,貴而无位,高而无民,賢人在下位
而无輔,是以動而有悔也。

"貴而无位",貴在上,最高了。"而无位",這個位是指政
治地位,即"卑高以陳,貴賤位矣"的位。"高而无民",在上而
无民;民,王《注》釋爲"下無陰"。

"賢人在下位而无輔,是以動而有悔也",賢人指九五以
下。无輔,賢人不來輔助上九。上九居高而不當位,沒有賢人
輔助它,所以動輒有悔。

從《乾文言》來看,孔子翻來覆去地加以解釋,這不就是
"君子居則觀其象而玩其辭"的意思嗎?玩,玩索,玩味,反復
琢磨,所以講出這麽多道理。看來,孔子翻來覆去地講,弟子
記錄,給人們如何學《易》作一個示範。不僅僅乾卦、坤卦應該

用這個辦法去讀,六十四卦都應該用這個辦法去讀。但是如果六十四卦每一卦都這樣反復地解釋,那就太多了。十翼,上象下象,上象下象,上繫下繫,説卦、序卦、雜卦、文言等,已經不少了,再多了就太煩瑣了。文言反復講,意思還是一個,還是爻辭從初九到上九那幾句話的意思。

潛龍勿用,下也。

　　因爲初是一卦之最下,所以稱爲潛龍勿用。

見龍在田,時舍也。

　　我想這個"時舍",主要還是説有君德而没有君位,是九二而不是九五嘛。

終日乾乾,行事也。

　　九三,是行事的。行什麽事呢？那就是進德修業。爲了進德修業,所以終日乾之又乾。這也是自強不息。

或躍在淵,自試也。

　　九四或躍在淵,意思是自試。躍可以,在淵也可以,疑惑不定。

飛龍在天,上治也。

　　有君德又有君位,在上治理天下。

亢龍有悔,窮之災也。

　　這是上九,一卦之最終,就是過了,過了就要有悔。這個意思就是"窮則變,變則通,通則久"。這個窮實際上也就是量變的窮,馬上要發生質變了,所以這時候如果不變就是"窮之災也"。

乾元用九,天下治也。

　　到得群龍无首的時候,天下治也,天下全都平治了。

潛龍勿用，陽氣潛藏。

　　　潛龍勿用，從陽氣來説，是潛藏的時候。

見龍在田，天下文明。

　　　天下文明，不是藏，是見了。

終日乾乾，與時偕行。

　　　乾之又乾，自强不息。"與時偕行"，王《注》説："與天時俱不息。"

或躍在淵，乾道乃革。

　　　九四，由内卦變到外卦，是乾道變化之際。

飛龍在天，乃位乎天德。

　　　有君德又得君位。

亢龍有悔，與時偕極。

　　　與時一同地達到極點，到最後了，也就是窮了。

乾元用九，乃見天則。

　　　由乾元用九可以看出天道自然的法則、規律。以上把爻辭又解釋了一遍。從孔子的反復解釋中，我們也可以看出來，爻辭裏包含着很多的意思。當然這不過是示範，我們可以按照這個方法去理解其餘各卦的爻辭。

乾元者，始而亨者也。利貞者，性情也。

　　　又把卦辭元亨利貞解釋一番，認爲元亨利貞是自然的變化發展。由元始，自然就變成亨，亨是亨通發展。"利貞者，性情也"，利貞的意思就是性情。按照事物的規律，這也就是發生、發展、衰老、死亡的過程。當然這裏不能説是死亡，是貞下起元循環無端。情，是性的表現、發展。總的來看，元亨利貞，還是從春夏秋冬起意，可以引申到各個方面去解釋它。元亨利貞，也可以看成是事物發展的幾個階段。分開説是元亨利貞，合起來說，就是一個乾。元亨利貞，循環無端。這個循環無端，不能理解爲循環論，衹能解釋爲螺旋式前進。因爲今年有春夏秋冬，明年還有春夏秋冬，而明年的春夏秋冬和今年的春夏秋冬不完全一樣，它是前進了嘛。

乾始能以美利利天下。不言所利，大矣哉！

　　　　乾始能以美利利天下，包括元亨利貞在內。不言所利，是說不像坤卦那樣，言利牝馬之貞。不言所利，當然是無所不利了。"大矣哉"，又重複加以讚嘆。

大哉乾乎！剛健中正，純粹精也。

　　　　乾卦都是陽爻，特別是九五，陽爻居陽位，得正，又居中，所以稱剛健中正，純粹精也。每一卦都有卦主。乾卦，九五應是卦主，所以這裏講的應是九五，衹有九五具有剛健中正這幾種性質。"大哉乾乎"，是讚嘆之辭。

六爻發揮，旁通情也。

　　　　"六爻發揮"，發揮什麼呢？實際上就是發揮"剛健中正，純粹精也"。六爻把乾卦的中心思想充分全面地講出來了，"旁通情"就是這個意思。漢易所說的旁通，那是斷章取義，是曲解，不可從。

時乘六龍，以御天也。

　　　　這句話上頭已經講過，這裏不再講了。

雲行雨施，天下平也。

　　　　"雲行雨施"，這在表面上是講自然現象，實質上還是談社會問題，所以說天下平。

君子以成德爲行，日可見之行也。潛之爲言也，隱而未見，行而未成，是以君子弗用也。

　　　　"君子以成德爲行"，才能夠表現出來。潛是隱，是沒有表現出來,行而未成,所以君子不用。這講的是初九。

君子學以聚之,問以辯之,寬以居之,仁以行之。《易》曰,見龍在田,利見大人,君德也。

這是講九二。首先舉出學問寬仁這四個條件。這四個條件具備,才是君德,才是九二利見的大人。這四個條件首先是學,所謂"多識前言往行以畜其德"。其次是問,問是爲了辨明是非。有學問作基礎,然後才可以居官。居官最重要的要寬,要寬大爲懷。漢高祖恢廓大度,呂端大事不糊涂,這就是寬嘛。行事要仁,切忌殘忍刻薄。

九三,重剛而不中,上不在天,下不在田,故乾乾因其時而惕,雖危无咎矣。

九三這一爻,重剛。三,陽位;九,陽爻。陽爻居陽位,這是重剛。二、五是中,三是不中。它上不在天,下不在田,說明所處地位不利。因爲它能够乾乾因其時而警惕,所以雖危无咎。

九四,重剛而不中,上不在天,下不在田,中不在人,故或之。或之者,疑之也,故无咎。

朱子《本義》說"重剛"的"重"字衍,因爲九四是陰位,不是重剛。但九四上不在天,下不在田,中不在人,所以才用這個或字,或是疑的意思。

夫大人者,與天地合其德,與日月合其明,與四時合其序,與鬼神合其吉凶。先天而天弗違,後天而奉天時。天且弗違,而況于人乎!況于鬼神乎!

這個"大人",實際上就是能够符合自然規律,按照自然規律辦事的人。祇有這樣的人才能"與天地合其德,與日月合其明,與四時合其序,與鬼神合其吉凶"。按照規律做事,縱然是先天而行動,與自然規律也是一致的;你按規律辦事,連天都

不能違背你，何況鬼神與人呢！縱然是後天行動，與自然規律
也是一致的。這裏講的天實質上是自然規律。

亢之爲言也，知進而不知退，知存而不知亡，知得而不知喪。其唯
聖人乎！知進退存亡而不失其正者，其唯聖人乎！

　　"亢龍有悔"是什麼意思呢？就是知進而不知退，知存而
不知亡，知得而不知喪，用今天的概念説，就是不懂得辯證法。
祇有聖人能夠知道進退存亡得失而又不失其正，也就是説祇
有聖人才懂得辯證法，能夠按照辯證法行事。我們今天學了
辯證法，對這個道理就容易理解了。

坤☷☷坤下坤上

　　現在講坤卦。乾坤兩卦好像是一個整體，兩卦是對立的
統一。《易緯·乾鑿度》説："乾坤相與俱生。"又説："乾坤，陰
陽之根本，萬物之祖宗。"這個提法是很深刻的。《繫辭傳》説
"乾坤其《易》之緼邪"、"乾坤其《易》之門邪"。《序卦》説"有天
地然後萬物生焉"，可以看出乾坤兩卦在六十四卦中的重要
性。當然乾坤一個是純陽，一個是純陰，它們還是有不同的性
質的。講乾的時候，講元亨利貞，講坤的時候就不講元亨利
貞，而是講元亨利牝馬之貞。

坤，元亨，利牝馬之貞。君子有攸往，先迷後得主，利西南得朋，東
北喪朋，安貞吉。

　　什麼叫牝馬之貞？這個問題過去的人多講不明白，我看
《黑韃事略》這部書裏，講到北方少數民族的畜牧生活，説："其
牡馬留十分壯好者，作伊剌馬種，外餘者多騸了，所以無不強
壯也。伊剌者公馬也，不曾騸，專管騍馬群，不入騸馬隊。騸
馬、騍馬各自爲群隊也。又，其騍馬群每伊剌馬一匹管騍馬五
六十匹。騍馬出群，伊剌馬必咬踢之，使歸。他群伊剌馬逾越

而來,此群伊剌馬必咬踢之。"從這一段記載看,所謂利牝馬之貞,不是別的,就是騍馬群要受牡馬的管束。也就是説,坤得服從乾。《周易折中》引俞琰説,也提到牝馬從牡馬的問題。他説:"坤順乾之健,故其占亦爲元亨。北地馬群,每十牝隨一牡而行,不入它群,是爲牝馬之貞。坤道以陰從陽,其貞如牝馬之從牡則利,故曰利牝馬之貞。"俞琰也是看到了利牝馬之貞應該這麽講。作《易》的時候,畜牧業是很普遍的,所謂"利牝馬之貞"一般人都懂。現在我們就不懂了。不但我們不懂,可能很久以前的人們就不懂了。坤卦的利貞,應該利這樣的貞,即"利牝馬之貞",像牝馬服從牡馬一樣。王《注》、程《傳》、朱子《本義》都没講對。

"君子有攸往,先迷後得主",君子有所往,這個有所往,包括很多的事情。"先迷後得主",即在有所往的時候,如果先行動,就要迷失方向,不知道怎麽做;如果後行動,就能得主。這也是坤卦的特點。看起來,《老子》講"三寶",其中"不敢爲天下先"這一寶,很可能就是從《易》坤卦"先迷後得主"這兒來的。我總覺得《老子》這部書是受了《歸藏》即《坤乾》的影響,他們言論反映的就是《歸藏》的思想。《歸藏》思想與《周易》思想是不同的,相反的。《老子》講"反者道之動,弱者道之用"。"反者道之動"這個思想,《周易》也有。"弱者道之用",《周易》就不是這樣了。《周易》尚陽剛嘛。孔子思想是得之於《周易》的。老子的思想尚陰柔好像與孔子的思想對立。坤卦"利牝馬之貞",就是説坤要服從乾。"先迷後得主",這是尚後,不是尚先。

"利西南得朋,東北喪朋,安貞吉。"這裏講到西南、東北,所以有人就與先天八卦、後天八卦聯繫起來了。但程《傳》並不是這樣。程《傳》衹是説"西南陰方,東北陽方",朱子《本義》也是這樣講的。我看程朱的這個講法是對的,因爲古來對東北西南的方位，本來就有一定的説法，例如《禮記·鄉飲酒義》説："四面之坐，象四時也。天地嚴凝之氣始於西南而盛於西北，此天地之尊嚴氣也，此天地之義氣也。天地溫厚之氣始於東北而盛於東南，此天地之盛德氣也，此天地之仁氣也。主人者尊賓，故坐賓於西北，而坐介於西南以輔賓。賓者，接人以義者也，故坐於西北。主人者接人以德厚者也，故坐於東南，而坐僎於東北以輔主人也。"看起來，《周易》裏講的西南東北，與這裏講的是一樣的。説明古來有這麼一種看法。不一定跟邵雍所説的先天八卦、後天八卦有關係。邵雍的説法，程頤就不信，他作《易傳》，不取邵雍的觀點。

"利西南得朋"，西南，陰方。"天地嚴凝之氣始於西南而盛於西北"，坤是陰，所以西南得朋。東北呢，"天地溫厚之氣始於東北而盛於東南"，這是陽，到東北應該是喪朋，這叫"東北喪朋"。"安貞吉"，安於貞得吉。

這是坤卦的卦辭，它把坤卦的特點講出來了。

《象》曰：至哉坤元，萬物資生，乃順承天。坤厚載物，德合无疆，含弘光大，品物咸亨。牝馬地類，行地无疆，柔順利貞，君子攸行。先迷失道，後順得常。西南得朋，乃與類行。東北喪朋，乃終有慶。安貞之吉，應地无疆。

"至哉坤元，萬物資生，乃順承天。"這個句式與乾卦象傳一樣，但是用字不同。乾象傳講到元的時候，稱"大哉乾元"；坤象傳不稱大，稱"至哉坤元"，用字是有所不同的。乾象傳説"萬物資始"，萬物取之以始；坤象傳説"萬物資生"，萬物取之以生。"乃順承天"與"乃統天"也不同。坤與乾不一樣，必合起來乃能生萬物，"有天地然後萬物生焉"，就是指此。

"坤厚載物，德合无疆，含弘光大，品物咸亨。"坤象地，地厚能載物，"天覆地載"嘛。坤之德合乎无疆，"无疆"恐怕是指乾來説的。坤是合乎乾的。地能産生萬物，光有天不行，天氣暖了,萬物還要土地來生它。土地能够含弘光大,使一切品物咸亨。乾卦是"品物流形",坤卦是"品物咸亨"。有人説品物與萬物是有區別的。

"牝馬地類,行地无疆。柔順利貞,君子攸行。"牝馬地類,行地无疆,表示健的意思。坤卦柔,乾剛坤柔嘛。柔順利貞,這是君子所行的。

"先迷失道,後順得常。"先迷,迷失方向。後順,順什麼呢? 順乾。

"西南得朋,乃與類行。"西南是陰方,坤卦是陰卦,所以叫乃與類行。

"東北喪朋,乃終有慶。"到陽的地方就不該結朋黨了,這樣才能終於得慶。

"安貞之吉,應地无疆。"應地道,應地德,是无疆的。

這是彖傳,是孔子解釋坤卦辭的。

《象》曰:地勢坤,君子以厚德載物。

"地勢坤",坤卦内外都是地,兩個地,其象是"地勢坤"。君子看這個"地勢坤"的象,應該怎麼樣呢? 應該"厚德載物"。厚才能載物。不要薄,厚的反面是薄。刻薄寡恩,狹隘,都是薄。君子要寬要厚,才能容人容物。

這是大象。六十四卦都有大象,内容都是這一類性質的,看了卦以後,怎麼樣學呢? 怎麼樣指導行動呢? 大象就是講這個問題的,主要還是從人事從道德方面談的,在《説卦》就是所説的"和順于道德而理于義"。孔子學《易》主要是學這些東西,不是爲了卜筮,我覺得,學《易》向來有兩種學法。一種是爲卜筮而學《易》。另一種,學《易》不是爲了卜筮,而是着重看它裏邊的思想。這是方向性的問題。朱熹作《周易本義》強調《易經》是卜筮之書,他認爲程《傳》在這方面是不足的。其實這正是程《傳》的優點、長處。程《傳》始終把《易經》看成是講思想、理論之書。

初六，履霜堅冰至。

坤卦六爻都是陰。初爻最下，它的爻辭是"履霜堅冰至"。履霜，好像我們用腳踩着霜了，也就是見到霜了。見到霜，我們就知道天氣冷了，快結冰了，堅冰快要來了。

《象》曰：履霜堅冰，陰始凝也。馴致其道，至堅冰也。

朱子《本義》據《魏志》作"初六履霜"。"初六履霜"，從上下文義看，比"履霜堅冰"好。原來很可能是"初六履霜"，後世傳抄，發生訛誤，抄成了"履霜堅冰"。

"初六履霜"，是什麽意思呢？"陰始凝也"，陰開始凝聚。"馴致其道"，按着"初六履霜"的方向向前發展，必"至堅冰也"。

六二，直方大，不習无不利。

乾卦卦主是九五，坤卦卦主是六二。六二居中得正。直、方、大，這裏有個發展的意思，由直發展爲方，由方發展爲大。《周易折中》按語裏講："數學有所謂綫面體者。非綫之直，不能成面之方。因面之方而積之，則能成體之大矣。"這個説法很好，不過作《易》之時未必有這樣的知識。直是得之於乾的，方是坤的特點。《周易折中》按語説："乾爲圓，則坤爲方。方者坤之德，與圓爲對者也。"

"不習无不利"，這實際上還是"先迷後得主"的意思。看起來與老子的思想似乎有點關係。老子説："爲學日益，爲道日損，損之又損，以至於無爲，無爲而無不爲。"即老子主張人不要學習，由無爲可達到無不爲。老子的這個思想與"不習无不利"很相似。我總覺得老子的思想是有根源的，而這個根源可以上溯到《歸藏》。坤卦六二這個"不習无不利"就是《歸藏》的思想在《周易》裏保存下來的。

《象》曰：六二之動，直以方也。不習无不利，地道光也。

六二之動直以方也"，是説六二的直方大，原是從坤動即坤承乾之動來説的。"不習无不利，地道光也"，不習无不利，正是地道的光大。用地道來説明六二，因爲六二是坤卦的卦主。

六三，含章可貞，或從王事，无成有終。

六三是陰爻居陽位，含着優美，可以貞守。或者給國家辦事，可以有終，有成效有結果，但是不要居功，不要把功勞歸自己，因爲要守地道。

《象》曰：含章可貞，以時發也。或從王事，知光大也。

這個在下邊文言中還要講，這裏先不講。

六四，括囊，无咎无譽。

六四，陰爻居陰位。在這個時候應怎麽辦呢？應該括囊，把口袋嘴扎上。這樣做，无咎无譽，没有壞處，也得不到稱贊。《莊子·養生主》説："爲善無近名，爲惡無近刑，緣督以爲經。"這同"括囊，无咎无譽"的意義近似。

《象》曰：括囊无咎，慎不害也。

謹慎從事，便不受害。

六五，黄裳，元吉。

五是君位，六是陰爻，陰爻居陽位。黄是中色，中央之色（青是東方之色，赤是南方之色，白是西方之色，黑是北方之色）。王《注》説："黄，中之色也；裳，下之飾也。坤爲臣道，美盡於下。"古人穿衣裳，衣是上身穿的，裳是下身穿的。上衣而下裳。王弼講："坤爲臣道，美盡於下。"處在六五這個地位，能夠做到黄裳，必得元吉，那就最好了。

《象》曰：黄裳元吉，文在中也。

黃裳所以得元吉，是因爲文在中也。

上六，龍戰于野，其血玄黃。

上六，坤卦最上一爻。也像乾卦的上九一樣，由初到上是個變化的過程。正是我們所説的量變。到上爻，就窮了，量變完了。這個時候有"龍戰于野，其血玄黃"之象。

《象》曰：龍戰于野，其道窮也。

"其道窮也"，正説明一卦六爻變化至此，完成了一個階段，即量變完了，要發生質變了。

用六，利永貞。

用六也像用九似的。用九是説六爻陽都變陰了，即乾之坤。用六是説六爻陰皆變陽了，即坤之乾。"用六，利永貞"，可以長久保守下去。

《象》曰：用六永貞，以大終也。

陽大陰小，坤卦六爻都變爲陽，是"以大終也"。

《文言》曰：坤至柔而動也剛，至静而德方。後得主而有常，含萬物而化光。坤道其順乎，承天而時行。

孔子對乾坤兩卦特別重視，有乾文言又有坤文言。從六十四卦的結構來看，重視乾坤兩卦是應該的。

坤六爻皆陰，是至柔的，然而動起來就剛了。坤至静，然而從德來説是方的。這個方同"卦之德方以知"的方一樣，表明有定。方是與圓對立的，圓則無定。"後得主而有常"，這是貴後，不是貴先。認爲先則迷失方向，不知所從；後則得主，從主行所以有常。"含萬物而化光"，坤含容萬物發生發展以至於光大。"坤道其順乎，承天而時行"，坤道是順嘛，能够承天而時行。這樣説也是有道理的。天氣不暖，不能生長萬物。所以地是要順應天的。例如春天，萬物發生；夏天，萬物暢茂。

動物、植物的生長離不開地，但是也與天密切相關，没有陽光也不行。

積善之家必有餘慶，積不善之家必有餘殃。臣弑其君，子弑其父，非一朝一夕之故。其所由來者漸矣。由辯之不早辯也。《易》曰"履霜堅冰至"，蓋言順也。

　　這是孔子學《易》學到"履霜堅冰至"的體會。累世積善之家必有餘慶，積不善之家必有餘殃，重在一個積字。不積，不見得有餘慶餘殃。社會上有弑君弑父的，這不是偶然的，"其所由來者漸矣"。"由辯之不早辯"，這也是由於積漸而然。不能防微杜漸到後來遂至於弑君弑父。《易》曰"履霜堅冰至"，蓋言順也。你看霜不怎麼樣，再發展就結成堅冰了。以上是講初六一爻。

直其正也，方其義也，君子敬以直內，義以方外。敬義立而德不孤。直方大，不習无不利，則不疑其所行也。

　　直方大，直講的是正，方講的是義。君子應該"敬以直內"。怎麼樣"直內"呢？應該用敬。"莊敬日強"，"居敬窮理"都是講這個問題。明代吕新吾説"反苟之謂敬"。他這個説法其實不符合文字學，但他這個解釋我看挺好。人能做到處處不苟且，這就是敬嘛。君子要用敬以直內，用義以方外。義以方外就是做什麼事情，都讓它符合於義。如果敬義建立起來了，德就不孤了。"直方大，不習无不利，則不疑其所行也"，能夠直方大，自然不習无不利，不要懷疑哪件事情做得不對。以上是講六二一爻。

陰雖有美含之，以從王事，弗敢成也，地道也，妻道也，臣道也。地道无成，而代有終也。

　　陰雖含章可貞，然而若爲國家做事，事業雖然做好了，但不要算自己的，不要居功。這是什麼意思呢？這是地道、臣道、妻道。這裏邊很明顯反映階級性。這是"天尊地卑,乾坤定矣"思想的反映。我們未見過《歸藏》。《歸藏》以坤爲首,《周易》以乾爲首。我看這一點很重要,它代表着殷周兩代思想的不同。漢人提出"殷道親親"、"周道尊尊"絕不是偶然的。"地道无成,而代有終",地道沒有成功的問題,祇是替人家把事情做完了。以上是講六三一爻。

天地變化,草木蕃。天地閉,賢人隱。《易》曰"括囊,无咎无譽",蓋言謹也。

　　　　六四,當天地變化的時候,草木蕃。當天地閉的時候,賢人就隱了。這裏有"邦有道則見,邦無道則隱"的意思。括囊嘛,就是謹慎,這樣也就无咎无譽了。由於隱才括囊嘛。以上是講六四一爻。

君子黃中通理,正位居體,美在其中,而暢于四支,發于事業,美之至也。

　　　　這是講黃裳元吉。"黃中通理,正位居體",正位是五,是君位。裳是下體。正位居體,所以美在其中,而暢于四支,發于事業,美之至也。以上是講六五一爻。

陰疑于陽必戰。爲其嫌于无陽也,故稱龍焉;猶未離其類也,故稱血焉。夫玄黃者,天地之雜也,天玄而地黃。

　　　　陰發展到上,就疑于陽了,與陽相似了,那就必戰。爲嫌于无陽,故稱龍。猶未離其類,故稱血。血還是陰類,玄黃是天地之雜,天是玄,地是黃。這裏有個戰的問題,大家要仔細體會。以上是講上六一爻。

　　　　《乾文言》長一些,《坤文言》短一些。可見乾坤兩卦,孔子尤重乾卦。

第六講　屯卦　蒙卦　需卦　訟卦

屯䷂震下坎上

　　我們研究《周易》，要重視程《傳》。程《傳》有其長處，它講每一卦時，先講《序卦》。它重視《序卦》，我看是對的。葉適認爲《序卦》淺僻，康有爲説《序卦》膚淺，是不對的。程《傳》在每卦開頭都把《序卦》提出來，對於理解《周易》六十四卦的結構很重要。我先把程《傳》介紹一下：

　　屯，《序卦》説："有天地然後萬物生焉。盈天地之間者唯萬物，故受之以屯。屯者盈也，屯者物之始生也。"程《傳》把《序卦》的原文引來，然後加以解釋。它説："萬物始生，鬱結未通，故爲盈塞於天地之間，至通暢茂盛，則塞意亡矣。"

　　"有天地然後萬物生焉"，講的是自然界，自然界是有天地之後而産生萬物。就《易經》來説，則講的是乾坤二卦。天地即指乾坤。"萬物生焉"的"萬物"是指屯以後的六十二卦。

　　"盈天地之間者唯萬物，故受之以屯"，這是説六十四卦的排列次序，在乾坤兩卦以後爲什麼要安排一個屯卦。什麼是屯？《序卦》講："屯者盈也，屯者物之始生也。"程《傳》解釋："萬物始生，鬱結未通，故爲盈塞於天地之間。"天地之間鬱結未通，也就是混沌狀態。以後自發生到發展，塞意就沒有了。"鬱結未通，盈塞於天地之間"就是屯。總的説天地生萬物，屯是物之始生，故繼乾坤兩卦之後。

　　程《傳》説："以二象言之，雲雷之興，陰陽始交也。"水雷屯，震下坎上，坎爲水，爲雲，爲泉。屯卦大象稱之爲雲雷屯。有雲雷之興，這叫陰陽始交。程《傳》説："以二體言之，震始交於下，坎始交於中，陰陽相交，乃成雲雷。"乾是父，坤是母，震是一索而得男。震卦上二爻是陰，下一爻是陽。也就是説，三畫坤卦的下爻，由於受三畫乾卦之陽爻的作用，由陰變爲陽，便成爲三畫震卦。所謂"震始交於下"，就是這個意思。六畫屯卦的上卦是坎，坎再索而得男。坎之中間一爻是陽，上下兩爻是陰。中間這一陽爻是怎樣得來的呢？這裏的坎，本是三畫坤卦，即三個陰爻，由於乾之陽爻交於坤之中爻，陰爻變爲陽爻，三畫之坤便成了三畫之坎了。這就叫"震始交於下，坎始交於中"。陰陽相交，乃成雲雷，"雲雷相應而未成澤，故爲屯"。若已成澤，那就不是屯了。如果是坎下震上，水雷變爲雷水，便是解卦。因爲已經成澤，所以稱解。

"又動於險中，亦屯之義也。陰陽不交則爲否，始交而未暢則爲屯。"坎險，震動，動而遇險，能進而不宜進，這也是屯的意義。從時代的角度看，屯卦反映天下屯難未亨泰之時。

這是在屯卦之前程《傳》的解釋。這個解釋很好。朱熹的《周易本義》就没有這樣的解釋。

屯，元亨利貞，勿用有攸往，利建侯。

這是屯卦的彖辭。彖辭也叫卦辭。《繫辭傳》説："聖人設卦觀象，繫辭焉而明吉凶。"一卦的卦辭就是所謂"繫辭焉"的重要内容，如王弼《周易略例》所説："夫卦者，時也；爻者，適時之變者也。"一卦代表一個時代，爻是適時而變的。爻在一卦之中代表不同的地位（自初至上）。每一地位，有不同的才、德，即有不同的才能與不同的性質。有了卦之後，要"繫辭焉"。"繫辭焉"就是加以文字的説明（卦名也是"繫辭焉"的一個内容，它也是辭）。用文字指示人們怎樣行動得吉，怎樣行動得凶。

　　卦是個符號。既是符號，就具有普遍性，不是代表一種事物，而是代表一類事物。因此，卦辭的內容都是抽象的，不是具體的，所以才有普遍的指導意義。

　　辭裏面當然也有一些術語，"元亨利貞"呀，"吉凶悔吝"呀，等等。總的說來，也應像《繫辭傳》所講的"其旨遠，其辭文，其言曲而中，其事肆而隱"。這幾句話可以概括《易經》卦爻辭的特點。"其旨遠"，是說不限於一事一物。"其辭文"，是說語言有文采。"其言曲而中"，是說話並不是直截了當地講出來，而往往是轉一些彎子，但是"而中"，就是切中事理。"其事肆而隱"，肆，陳列，擺到外面，很明顯，但裏面有深義，即"而隱"。這是我們讀《易》應該知道的。《易經》的辭，確實具有這樣的特點。《繫辭傳》說的"其稱名也小，其取類也大"，是指卦名來講的。也就是說，卦名代表一類事物，帶有普遍性。這都是《易傳》提出來的。《易傳》是我們學《易》的一把鑰匙。我們學《易》應首先讀《易傳》。

　　屯卦的卦辭"屯，元亨利貞，勿用有攸往，利建侯"，也可以說是屯卦的總說明。屯是難的意思。但是這個難與別的難不同，它能够"元亨利貞"。把乾卦卦辭的"元亨利貞"四個字全用上了。能够向前發展，可能發展到"元亨利貞"的程度，但是現在不要有攸往。"攸"是所的意思。"利建侯"的侯怎麽講？程《傳》把侯解釋爲諸侯，"必廣資輔助，故利建侯"。就是說，這個建侯，好像是分封似的，是天子分封諸侯。朱熹把《周易》看成卜筮之書，他的《周易本義》解釋"利建侯"說："故筮立君者遇之則吉也。"朱熹強調《易經》卜筮的一面，看來不如程《傳》。

　　我看"利建侯"的這個侯是國君，此國君不是周代分封的國君，他是原來有的那個國君，好像部落的一個酋長似的。"利建侯"，是說最初天下混亂之時，首先應立侯，立一個主，立一個君,亦即建立一個領導。記得注疏中有一句話説"百人而無主,不散則亂",講的正是"利建侯"的意思。比卦大象説"地上有水,比。先王以建萬國,親諸侯",這個諸侯是分封的。屯卦卦辭講的諸侯是自立的,不是分封的。程《傳》把"利建侯"解釋爲分封諸侯,是不對的。

《彖》曰:屯,剛柔始交而難生,動乎險中大亨貞。雷雨之動滿盈,天造草昧,宜建侯而不寧。

　　"剛柔始交"是什麼意思? 朱熹《周易本義》認爲"始交"是指震講的,"難生"是指坎講的。我看這樣解釋不見得對。當然,坎,陷也,可以作難講,在别的卦裏,坎也可作難講。但屯卦裏的"難生"應指屯來講的。"難生"就是屯生。"剛柔始交"應該就是乾坤始交,也就是"有天地然後萬物生焉"。剛柔是指乾坤講的。程《傳》説"震始交於下,坎始交於中",講的也是始交,都是就屯卦本身講的。我看,按《序卦》來看,這個剛柔始交,應該是乾坤始交,"有天地然後萬物生焉"。有天地,萬物開始時而難生,這就是屯。《繫辭傳》説的"剛柔相摩,八卦相盪,鼓之以雷霆,潤之以風雨"那個"剛柔相摩"就是乾坤相摩。乾坤在始交之時有難生,於是產生屯卦。其實屯卦以後,都應該説是乾坤交而產生的,然而屯卦是乾坤始交。難,不像朱熹説的指坎卦,難就是屯。"剛柔始交"是釋卦名的。

　　"動乎險中",這是據卦之震坎二體而言。震是動,坎是陷,也是險。下震上坎,叫"動乎險中"。爲什麼"元亨利貞"呢? 大亨貞也。

　　"雷雨之動滿盈":雷,震;雨,坎。雷雨滿盈,屯,剛柔始交之時,充塞天地之間都是雷雨。

　　"天造草昧,宜建侯而不寧",正是天造草昧之時,渾沌、混亂之時,這時候應該首先立君建侯來領導、治理。草是雜亂的意思。孔《疏》釋草爲草創,釋昧爲冥昧,亦可。但是説"王者宜建立諸侯,以撫恤萬方之物而不得安居於事",我看不見得對。這個侯不是王建的,而是在混亂之時人民推舉出的。朱熹《周易本義》説,"天下未定,名分未明,宜立君以統治,而未可遽謂安寧之時也",朱熹的這個解釋我看是對的。不是天子要封建諸侯,這個侯,就是要立君以統治,因爲這時是天下未定,名分未明。這一段話是解釋卦辭的。

《象》曰:雲雷屯,君子以經綸。

　　這是大象。雲雷屯,是説學《易》學到此卦應該怎麽辦呢?要經綸。朱子《本義》、程《傳》都把經綸二字分開講,不對,其實經綸二字是一個詞,是治理的意思。不要把二字分開講。

初九:盤桓,利居貞,利建侯。

　　初九是屯卦之主,盤桓,朱子《本義》認爲是"難進之貌",是對的。貞作正講,居貞就是守正。"利居貞"與卦辭中的"勿用有攸往"一句意思相同。程《傳》釋"利居貞"説"方屯之初,不盤桓而遽進,則犯難矣,故宜居正而固其志",也是對的。

《象》曰:雖盤桓,志行正也,以貴下賤,大得民也。

　　這是孔子作的小象以解釋爻辭。"雖盤桓,志行正"是説雖盤桓不進,然而志行還是正的。"以貴下賤"大概也是説初九,陽爻,以貴處於陰賤之下,能得到人們的擁護。

六二:屯如邅如,乘馬班如,匪寇婚媾,女子貞不字,十年乃字。

　　這句話確實不好懂,各家解釋不一致。"屯如邅如"也是不進的意思。"乘馬班如"是什麽意思,此卦有三處講到"乘馬班如",班,馬融説,"班班旋不進",也是盤桓不進的狀態。"女子貞不字",這個"字"是什麽意思?舊釋"不字"就是不孕。朱子《本義》依耿南仲據《禮記・曲禮》"女子許嫁,笄而字"的説法,釋"字"爲許嫁。王引之《經義述聞》用很大的篇幅加以駁斥,認爲"字"應以虞翻訓爲妊娠。朱熹的解釋是不對的。因爲過去人們學《易》都讀朱子《周易本義》，所以他的錯誤解釋流傳極廣。

　　"匪寇婚媾"，據小象"六二之難，乘剛也"，知道寇應是初九。六二是陰，初九是陽，六二下邊是初九，這叫乘剛。這也是《易經》的術語。某一爻在下，對它上邊的一爻來說叫承，反之叫乘。初對四，二對五，三對上，這叫應。陰爻在上，陽爻在下，這叫乘剛，是謂逆。反之則謂順。王弼《周易略例》中對此有解釋。屯卦之六二這一爻中，"屯如邅如"，是不前進；"乘馬班如"還是不前進。爲什麼六二會有這個難呢？因爲它乘剛，受下邊陽爻初九的侵逼，陰爻受陽爻的侵逼，所以它才"屯如邅如，乘馬班如"。然而實際上它乘的陽爻初九，不是要寇，要侵犯它，而是要與它求婚，婚媾。"女子貞不字"，女子是六二，是陰爻。"不字"朱子講求婚不許，不許嫁。"十年乃字"，十年乃許。但是"字"字沒有這個解釋，"字"是育的意思，女子守貞十年乃育。"十"是常用的數字。孔《疏》說"十"是數之極，是盈數。《左傳》僖公十三年說："王怒未息，其十年乎，不十年王弗召也。"不到十年，王不召回。古人以十爲小盈，萬爲大盈，盈就是滿。好像一個東西滿了，要變了。《易經》中用"十年"的地方不少，不止於此一處。意思是事情發展到一定的時候，不可能要變爲可能，可能要變爲不可能。

《象》曰：六二之難，乘剛也。十年乃字，反常也。

　　這是說六二這一爻的難，是由於它乘剛造成的。這個難發展到一定時候必然得到克服。猶如女子不生育，但是到了十年，即到了時間的極限，不生育也要生育了。

六三：即鹿无虞，唯入于林中，君子幾不如舍，往吝。

　　這是屯卦的第三爻，是陰爻，故稱六三。三，陽位，處於下卦之上，想要前進，但在屯難的時候，必須守正才行，不可輕舉

妄動。如果貿然行動,必像"即鹿无虞",要打獵,卻無虞人引
導領路,進入林中出不來。

《象》曰:即鹿无虞,以從禽也。君子舍之,往吝,窮也。

　　"即鹿无虞",是説從禽,亦就是打獵,逐鹿。在屯難之時,
處於三的地位,如逐鹿而無虞人指引,君子如果見幾,不如捨,
即不如不去。如果一定要去,那就要吝窮。

六四:乘馬班如,求婚媾,往吉,无不利。

　　求是求初九,因爲六四與初九是正應,儘管去求没有不
利。四是陰爻,初是陽爻,所以往求婚媾是吉的。初九向六二
求婚則不可,因爲它們不是正應的關係。一個爻依據它與周
圍各爻的乘、承、比、應關係來判斷吉凶。判斷吉凶是用辭。
不過在《易》裏這個"辭"不是用很明白很直接的語言講的,而
是用隱晦的卜筮語言講的。

　　程《傳》説:"六四以柔順居近君之位(五,君位;四,近君之
位),得於上者也,而其才不足以濟屯。"六、陰爻,是柔弱的,其
才不足以濟時之屯,卻又與上相得,似乎有前進的客觀條件。
所以"欲進而復止,乘馬班如也。己既不足以濟時之屯,若能
求賢以自輔,則可濟矣"。自己無能力解決當時的問題,乃求
賢於初九,初九是陽剛,與己是正應,是己之婚媾,與之一同輔
佐九五,則吉而無所不利。

　　朱熹《本義》説:"陰柔居屯不能上進,故爲乘馬班如之象,
然初九守正居下以應於己,故其占爲下求婚媾則吉也。"意思
與程《傳》同,但不如程《傳》講得詳明。

《象》曰:求而往,明也。

　　求是求初九,往是從九五。程《傳》説:"知己不足,求賢自
輔而後往,可謂明矣。"可從。

九五:屯其膏。小貞吉,大貞凶。

　　程《傳》說："五居尊得正而當屯時,若有剛明之賢爲之輔,
則能濟屯矣,以其無臣也,故屯其膏。人君之尊,雖屯難之世,
於其名位,非有損也。"因爲你雖是人君,但是目前已失去人君
的權威,你的政令不能下達,你的膏澤不能廣施,你與百姓隔
絕了。這個時候,作爲人君來說,大貞不可,小貞還行。程
《傳》舉魯昭公和高貴鄉公之事爲例,說明大貞則不吉。若小
貞則吉,如盤庚、周宣王,修德用賢,復先王之政,謂以道馴政,
爲之不暴,也就是不操之過急,慢慢解決。但是像唐僖宗那樣
恬然不爲,一點也不幹,也不行。程《傳》用歷史的教訓發揮這
一段的解釋,可以參考。

《象》曰:屯其膏,施未光也。

　　"屯其膏,施未光也",就是說你有什麼德澤、好處,未能發
揮出去,人家未受其利。

上六:乘馬班如,泣血漣如。

　　程《傳》:"六以陰柔居屯之終,在險之極而無應援,居則不
安,動無所之,乘馬欲往,復班如不進,窮厄之甚,至於泣血漣
如。"

《象》曰:泣血漣如,何可長也。

　　處於屯難之極,不知出路何在,至於泣血。從客觀的角度
看,窮則變,變則通,目前這種泣血漣如的處境不可能長久。
從主觀的角度看,處在屯難之極的人,宜盡速爭取改變處境,
不可遲緩。

　　這是屯卦,屯卦總的看來是可以瞭解的。但其中也有一
些地方,字義不易瞭解。我們可先讀各家的注釋,然後自己再
細心體會。

蒙☶坎下艮上

蒙卦實際上是講教育的。屯是作之君,蒙是作之師嘛。蒙,山水蒙,下坎上艮。屯卦倒過來就是蒙。這叫"反"。六十四卦中每相鄰兩卦的關係不反則對。屯與蒙兩卦的關係是相反。乾與坤兩卦的關係是相對。六十四卦全如此。這絕不是偶然的,是作《易》的人有意識這樣排列的。六十四卦乾坤兩卦居首,既濟未濟兩卦在末,中間各卦兩兩不反則對,後邊否定前邊,這是有深刻意義的,我們應該加以研究。

《序卦》講得明白,"有天地然後萬物生焉",由天地的變化產生了萬物。天地就是乾坤。萬物就是其他各卦。其他各卦是由乾坤兩卦產生的。乾坤居首,哪一卦列於乾坤之後,大概也不是偶然的。天地開闢之後,首先要有個頭頭,古人叫立君,叫建侯。部落、共同體都要有一個酋長什麼的,否則"百人無主,不散則亂"。屯卦講天造草昧之時首先要建侯,所以屯卦列乾坤之後,成爲六十四卦的第三卦。至第四卦時,已經立了君,有了頭頭,主要問題是如何啓蒙,進行教育。程《傳》引《序卦》說:"'屯者盈也,屯者物之始生也。物生必蒙,故受之以蒙。'屯者物之始生,物始生稚小,蒙昧未發,蒙所以次屯也。"程《傳》重視《序卦》,用《序卦》提供的觀點理解六十四卦的排列次序,值得我們注意。

蒙:亨,匪我求童蒙,童蒙求我。初筮告,再三瀆,瀆則不告,利貞。

這幾句話是卦辭。蒙,一定能亨,因爲山下有水,水必行之物,它總是要流出去的。不過現在它遇險而止,自己不知道應該向哪裏流。"匪我求童蒙,童蒙求我",誰是童蒙,誰是我呢?從這一卦看,六五是陰爻,居尊位,有柔順之德,與九二爲正應,是蒙卦之主,它就是童蒙。九二是我,是發蒙的,是老師。不是我求童蒙,是童蒙求我,講的是教育上的事。"初筮告"，用筮作比喻，説發蒙教育也像筮似的，如果是初筮，有誠意，就告。如果無誠意，再三筮，就不告。"利貞"，貞是正的意思。無論童蒙還是我，都利於貞，都要貞正才好。

我們研究《周易》，應該看王《注》、程《傳》。王《注》、程《傳》的解釋，往往可取。王《注》説："筮者，決疑之物也。童蒙之來求我，欲決所惑也。決之不一，不知所從，則復惑也。故初筮則告，再三則瀆，瀆蒙也。能爲初筮，其唯二乎？以剛處中，能斷夫疑者也。"王《注》又説："蒙之所利，乃利正也。夫明莫若聖，昧莫若蒙。蒙以養正，乃聖功也。然則養正以明，失其道矣。"程《傳》説："蒙有開發之理，亨之義也。卦才時中，乃致亨之道。六五爲蒙之主，而九二發蒙者也。我，謂二也。二非蒙主，五既順巽於二，二乃發蒙者也。故主二而言，匪我求童蒙，童蒙求我。五居尊位，有柔順之德而方在童蒙，與二爲正應，而中德又同，能用二之道以發其蒙也。二以剛中之德在下，爲君所信向，當以道自守，待君至誠求己而後應之，則能用其道。匪我求於童蒙，乃童蒙來求於我也。筮，占決也。初筮告，謂至誠一意以求己則告之，再三則瀆慢矣，故不告也。發蒙之道，利以貞正，又二雖剛中，然居陰，故宜有戒。"

《彖》曰：蒙，山下有險；險而止，蒙。蒙亨，以亨行，時中也。匪我求童蒙，童蒙求我，志應也。初筮告，以剛中也。再三瀆，瀆則不告，瀆蒙也。蒙以養正，聖功也。

"蒙，山下有險；險而止，蒙"，這兩句話是解釋卦名的。因爲此卦下坎上艮，山下有險，內險不可處，外止不可進，未知所爲，有昏蒙之義，所以取名叫蒙。《繫辭傳》説"其稱名也小，其取類也大"，卦名都是按照這個意思取的。

彖傳解釋卦名之後，解釋卦辭。"蒙亨，以亨行，時中也"，這是指九二説的。亨，通。按時中去做，一定亨。六五與九二相應。蒙要養正，這是作聖的功。程《傳》説："蒙亨，以亨行，

時中也。蒙之能亨，以亨道行也。所謂亨道，時中也。時，謂
得君之應；中，謂處得其中。得中則時也。匪我求童蒙，童蒙
求我，志應也。二以剛明之賢處於下，五以童蒙居上，非是二
求於五，蓋五之志應於二也。賢者在下，豈可自進以求於君，
苟自求之，必無能信用之理。古之人所以必待人君致敬盡禮
而後往者，非欲自爲尊大，蓋其尊德樂道不如是，不足與有爲
也。初筮，謂誠一而來，求決其蒙，則當以剛中之道告而開發
之。再三，煩數也。來筮之意煩數，不能誠一，則瀆慢矣，不當
告。告之，必不能信受，徒爲煩瀆，故曰瀆蒙也，求者、告者
皆煩瀆矣。卦辭曰利貞，象復伸其義，以明不止爲戒於二，實
養蒙之道也。未發之謂蒙，以純一未發之蒙而養其正，乃作聖
之功也。發而後禁，則扞格而難勝，養正於蒙，學之至善也。
蒙之六爻，二陽爲治蒙者，四陰皆處蒙者也。”

《象》曰：山下出泉，蒙。君子以果行育德。

　　程《傳》説：“山下出泉，出而遇險，未有所之，蒙之象也。
若人蒙稚，未知所適也。君子觀蒙之象，以果行育德。觀其出
而未能通行，則以果決其所行，觀其始出而未有所向，則以養
育其明德也。”

初六：發蒙，利用刑人，用説桎梏，以往，吝。

　　初六是陰爻。陰爻是蒙者，陽爻是發蒙者。蒙者是受教
育的，發蒙者是教育人的。“發蒙，利用刑人，用説（音脱，義
同）桎梏，以往，吝”，這句話解釋不一樣。程《傳》説：“説，去其
昏蒙之桎梏。”朱子《本義》也説：“當痛懲而暫舍之，以觀其
後。”程、朱二人的講法都不對。這句話的意思是一反一正，强
調應該利用刑人，這是正面的意思；如果不利用刑人，你要説
桎梏以往，那就要吝。《周易折中》集説引王安石説：“不辯之
於早，不懲之於小，則蒙之難極矣。當蒙之初，不能正法以懲

其小，而用脱桎梏，縱之以往，則吝道也。”又引王宗傳説：“所謂刑人者，正其法以示之，立其防束，曉其罪戾，而豫以禁之，使蒙蔽者知其所戒懼，欲有所縱而不敢爲，然後漸知善道，可得而化之也。”《周易折中》按語説：“二王氏之説，則‘利用刑人，用説桎梏，以往，吝’，祇是一正一反口氣。正如‘師出以律，失律凶’之比爾。”王安石、王宗傳不同意程《傳》和朱子《本義》的説法，認爲發蒙時應該“利用刑人”，約束受教育者，正如《禮記・學記》所説“夏楚二物，收其威也”。若不利用刑人，對受教育者不加約束、懲戒，而脱卻其桎梏，蒙蔽者就要變壞，日子久了再想去約束他，那就晚了。看來，教育中的體罰現象，很早就有了。

《象》曰：利用刑人，以正法也。

　　這是小象，是孔子對初六爻辭的解釋。“正法”，正如宋人王宗傳所説：“所謂刑人者，正其法以示之，立其防束，曉其罪戾，而豫以禁之。”

九二：包蒙吉，納婦吉，子克家。

　　九二是蒙卦之主。程《傳》説：“包，含容也。二居蒙之世，有剛明之才，而與六五之君相應，中德又同，當時之任者也。必廣其含容，哀矜昏愚，則能發天下之蒙，成治蒙之功。其道廣，其施博，如是則吉也。”“包蒙”，王弼《注》説：“以剛居中，童蒙所歸，包而不距，則遠近咸至，故‘包蒙，吉’。”這講得也很對。“納婦吉”，王弼《注》説：“婦者，配己而成德者也。體陽而成包蒙，以剛而能居中，以此納配，物莫不應，故‘納婦吉也’。”可見“納婦吉”並不是娶媳婦好的意思，其實也含有包蒙之義。

　　程《傳》説：“卦唯二陽爻，上九剛而過，唯九二有剛中之德而應於五，用於時而獨明者也。苟特其明，專於自任，則其德不弘，故雖婦人之柔暗，尚當納其所善，則其明廣矣。又以諸

爻皆陰,故云婦。"又説:"堯舜之聖,天下所莫及也,尚曰清問
下民,取人爲善也。二能包納,則克濟其君之事,猶子能治其
家也。五既陰柔,故發蒙之功皆在於二。以家言之,五父也,
二子也。二能主蒙之功,乃人子克治其家也。"王弼《注》説:
"處於卦内,以剛接柔,親而得中,能幹其任,施之於子,克家之
義。"

《象》曰:子克家,剛柔接也。

　　"剛柔接",九二與六五相應。程《傳》説:"子而克治其家
者,父之信任專也。二能主蒙之功者,五之信任專也。二與五
剛柔之情相接,故得行剛中之道,成發蒙之功,苟非上下之情
相接,則二雖剛中安能尸其事乎!"

六三:勿用取女。見金夫,不有躬,无攸利。

　　"見金夫",不好講。朱子《本義》説:"金夫,蓋以金賂己而
挑之,若魯秋胡之爲者。"這個講法不見得對。程《傳》也把"金
夫"説成"見人之多金,説而從之"。其實,"金夫"不是什麽金
子。我看尚秉和講的可取,他以爲金是美好的意思。"金夫"
是指誰呢? 程《傳》説:"三以陰柔處蒙暗,不中不正,女之妄動
者也,正應在上,不能遠從,近見九二爲群蒙所歸,得時之盛,
故舍其正應而從之,是女之見金夫也。女之從人當由正禮,乃
見人之多金,説而從之,不能保有其身者也,無所往而利矣。"
程《傳》認爲金夫是九二。王弼《注》説:"童蒙之時,陰求於陽,
晦求於明。六三在下卦之上,上九在上卦之上,男女之義也。
上不求三,而三求上,女先求男者也。女之爲體,正行以待命
者也,見剛夫而求之,故曰不有躬也。施之於女,行在不順,故
勿用取女,而無攸利。"王弼認爲金夫是上九。朱子《本義》未
明確説金夫是上九還是六三。

《象》曰:勿用取女,行不順也。

六四：困蒙，吝。

　　位在第四，陰爻。蒙卦六四這一爻是最困的，處境最不好，所以叫"困蒙，吝"。九二離它遠，上九也離它遠。在蒙卦中，六四是與陽爻相遠的。王弼《注》説："獨遠於陽，處於兩陰之中，暗莫之發，故曰困蒙也。困於蒙昧，不能比賢以發其志，亦以鄙矣，故曰吝也。"程《傳》説："四以陰柔而蒙暗，無剛明之親援，無由自發其蒙，困於昏蒙者也，其可吝甚矣。吝，不足也，謂可少也。"朱子《本義》説："既遠於陽又無正應，爲困於蒙之象。"這是六四，在蒙的時候，處於四的位，本身又是陰爻，其處境和前途非常可吝。

《象》曰：困蒙之吝，獨遠實也。

　　"實"指陽爻而言。蒙卦中四陰爻二陽爻，初六與六三皆與九二相比，六五與上九相比，唯獨六四這一爻與陽爻不相比也不相應，所以叫"獨遠實也"。因爲它獨遠實，困於蒙而無脱卻愚暗的機會。

六五：童蒙，吉。

　　王《注》説："以夫陰質，居於尊位，不自任察，而委於二。付物以能，不勞聰明，功斯克矣，故曰'童蒙，吉'。"程《傳》説："五以柔順居君位，下應於二，以柔中之德，任剛明之才，足以治天下之蒙，故吉也。童，取未發而資於人也。爲人君者苟能至誠任賢以成其功，何異乎出於己也。"朱子《本義》説："柔中居尊，下應九二，純一未發，以聽於人，故其象爲童蒙。"在蒙卦之中，六五是童蒙，九二是發蒙的。六五自身不能發蒙，它要靠九二的力量去發天下之蒙。其他陰爻、陽爻的情況各自又有不同。

《象》曰：童蒙之吉，順以巽也。

　　因爲是陰爻，故順巽也。程《傳》説："舍己從人，順從也。

降志下求,卑巽也。能如是,優於天下矣。"

上九,擊蒙,不利爲寇,利禦寇。

上九,蒙卦至此發展到極點了,九又是陽爻,是剛,王《注》説:"處蒙之終,以剛居上,能擊去童蒙,以發其昧者也,故曰'擊蒙'也。童蒙願發,而己能擊去之,合上下之願,故莫不順也。爲之捍禦,則物咸附之。若欲取之,則物咸叛矣。故'不利爲寇,利禦寇'也。"程《傳》説:"九居蒙之終,是當蒙極之時,人之愚蒙既極……當擊伐之,然九居上,剛極而不中,故戒不利爲寇,治人之蒙,乃禦寇也。肆爲剛暴,乃爲寇也。若舜之征有苗,周公之誅三監,禦寇也。秦皇、漢武窮兵誅伐,爲寇也。"朱子《本義》説:"以剛居上,治蒙過剛,故爲擊蒙之象,然取必太過,攻治太深,則必反爲之害。惟捍其外誘,以全其真純,則雖過於嚴密,乃爲得宜,故戒占者如此。凡事皆然,不止爲誨人也。"

上九是教人的,但是它在上則過躁,所以用的是擊蒙的辦法。擊蒙,必須把握準界限、分寸。所謂"爲寇"、"禦寇"就是這個意思。擊蒙適度,上下願意,就是"禦寇",擊蒙過度,上下不欲,就是"爲寇"。

《象》曰:利用禦寇,上下順也。

程《傳》説:"利用禦寇,上下皆得其順也。上不爲過暴,下得擊去其蒙,禦寇之義也。"

需☰☵乾下坎上

需是什麼意思? 需是等待的意思。在現代漢語中需字好像不能作等待講。在古代,需字確實作等待講。《左傳》哀公十四年有一句話"需,事之賊也",哀公六年還有一句話"需,事之下也"。這個需字,是等待的意思。《左傳》這兩句話的意思是説做事等待、猶疑不好，但是《易》經需卦的用意與此相反。《易經》需卦要求人們要善於等待。

屯卦是作之君，蒙卦是作之師。有了君又有了師，該怎麼辦呢？《序卦》説："蒙者蒙也，物之稚也，物稚不可不養也，故受之以需。"養字也有等待的意思，所以需卦象傳説"需，須也"，這個須就是等待的意思。

究竟怎麼看需卦的重要意義呢？我想，如果我們讀了柳宗元的《種樹郭橐駝傳》和《史記·曹相國世家》，大概就會瞭解需的含義了。郭橐駝種樹，按樹的本性種，所以樹長得好。可是有的人種樹卻"愛之太殷，憂之太勤，旦視而暮撫，已去而復顧"，"甚者爪其膚，以驗其生枯，搖其本以觀其疏密，而木之性日以離矣。雖曰愛之，其實害之；雖曰憂之，其實讎之"。這些人的要害問題就是不善於等待。做事情，一切該做的都做到之後，重要的即是等待。

據《史記·曹相國世家》，蕭何死，他薦曹參當相國。曹參怎麼治理天下呢？他聽膠西蓋公的話，實行清静無爲的政治，終日飲酒，無所事事。他對漢惠帝説，高帝與蕭何開創的事業，我們"遵而勿失"就是了。他實行與民休養生息的政策，使西漢的經濟逐漸恢復、發展起來。需卦就是這個意思。辦事情，該等待的一定要等待，操之過急，往往壞事。

需卦之六爻，初九需于郊，九二需于沙，九三需于泥，六四需于血，九五需于酒食，上六入于穴。這是需卦的發展過程。總的説來，一卦反映一個時代，一卦之中從初到上，六爻反映一個時代的發展過程。一旦發展到上這一爻，這一卦即將轉變爲下一卦。這個過程其實就是由量變轉爲質變的過程。

需，有孚，光亨，貞吉，利涉大川。

這是需卦的卦辭。由卦辭看，這一卦有孚，光亨，貞吉，利涉大川。孚本是信的意思。要使人信嘛，就要實。從卦來説，九五這一爻有中實之象,所以才可能有孚。從歷史上看,一個政權要想有威信,必須有適當的政治措施,一切設施具備。比方説漢高祖就是這樣,他首先取得政權,然後才有孚,才能休養生息;有孚然後才能光大亨通。正,才能吉。利涉大川,能夠渡過險境。

《彖》曰:需,須也。險在前也。剛健而不陷,其義不困窮矣。需,有孚,光亨,貞吉,位乎天位,以正中也。利涉大川,往有功也。

　　"需,須也",等待。坎卦的性質是坎是險,"險在前也",就是説這一卦下邊是乾,上邊是險是坎。卦是由下往上畫的,所以坎在上是在前也。"剛健而不陷,其義不固窮矣",剛健指乾而言,乾是剛健。因爲乾是剛健,所以"而不陷"。前邊有險,乾能夠等在險之前,不遽進,不冒險,這樣就不困窮了。位乎天位是九五,第五爻。卦有三才,上天中人下地。五在天位,既正又中。陽爻居陽位,叫作正。因爲九五位乎天位以正中也,所以能夠有孚光亨貞吉。利涉大川的意思是往有功,是説再前進就有功了。

《象》曰:雲上于天,需。君子以飲食宴樂。

　　這是大象。大象是孔子解釋卦的。每個六畫卦,由兩個三畫卦組成;兩個三畫卦就是兩體。大象按兩體的關係講一卦的意義。需卦的兩體是下乾上坎,叫作雲上于天,需。雲上於天是雨要下而未下的樣子,這就要等待。君子應效法於此。此時要飲食宴樂,不要有所作爲。有所作爲,反倒干擾了,所以曹參講:"以齊獄市爲寄,慎無擾也。"

初九,需于郊,利用恒,无咎。

　　郊,最遠,離坎、水、險很遠。利用恒,尋常怎麼樣,就怎麼樣。

《象》曰:需于郊,不犯難行也。利用恒无咎,未失常也。

這是小象，是釋爻辭的。這段話的意思是說，過去怎麼辦，現在還怎麼辦，未失常態。

九二，需于沙，小有言，終吉。

沙，離水近些，不是很遠。小有言，小有些言語，小的傷害。雖然有一點險難，但最終還是吉的。

《象》曰：需于沙，衍在中也。雖小有言，以吉終也。

衍是寬的意思。九二雖已近險，而以寬裕居中，儘管小有言語傷害，最終還是吉的。

九三，需于泥，致寇至。

接近河泥了，離河近，離險近，容易致寇至。

《象》曰：需于泥，災在外也。自我致寇，敬慎不敗也。

小象說爲什麼叫需于泥呢？災在外也。災是指坎卦說的。因爲是自我致寇，如能敬慎，亦可不敗。

六四，需于血，出自穴。

六四已進入坎卦。血，傷的意思。穴是坎，險。六是陰爻，柔順，不是一味前進的。這一爻的意思是說，雖已入險境，但由於柔順，所以不至於受大害。

《象》曰：需于血，順以聽也。

六性陰，四陰位。陰爻居陰位，能够順以聽，所以雖然需於血，但還能出自穴。

九五，需于酒食，貞吉。

九五是需卦主要的一爻。九，陽爻，五，陽位，天位，既正又中。這一爻需於酒食，祇要守正，必得吉。

《象》曰：酒食貞吉，以中正也。

因爲此爻是陽爻居陽位，居坎卦之中，居中又正，故得酒食貞吉。

上六，入于穴，有不速之客三人來，敬之終吉。

　　　入于穴，上六處於坎險之極。不速之客，主人未請而自來
之客。不速之客三人指下卦三個陽爻説的。上六是陰爻，能
以柔順禮敬不請而自至的三陽爻，雖處險境，最終還可以得
吉。

《象》曰：不速之客來，敬之終吉，雖不當位，未大失也。

　　　上六是陰爻居上位，應當説當位，而此云不當位，朱子《本
義》未作解釋，程《傳》説"明陰宜在下而居上，爲不當位也"。
雖不當位，若能敬慎自處，便可無大失。

　　　總之，如王弼所説"夫卦者，時也；爻者，適時之變者也"，
所以，需代表整個時代。在這個時代應當怎麼做？六爻是六
個位，剛柔陰陽是它們的性。怎樣得吉得凶得无咎呢？就是
根據六爻的位和六爻的性。從需于郊、需于沙、需于泥、需于
血、需于酒食看，從初九到上六，需卦是一個發展過程。不同
的位有不同的性，決定應當怎麼做。由此可以知道，卦的次序
有意義，六爻的排列也有意義，不是偶然的。孔子作的彖傳、
象傳説六爻排列有思想有意義，是對的。

訟☰坎下乾上

　　　訟卦爲什麼列在需卦之後？《序卦》説："需者飲食之道
也，飲食必有訟，故受之以訟。"

訟，有孚窒，惕中吉，終凶，利見大人，不利涉大川。

　　　訟也要有孚，若没有孚，没有誠，没有信，没有實際力量，
那不行，那還打什麼官司！有孚而受窒了，才打官司。惕，謹
慎小心。中途結束訴訟，不把官司打到底，吉，若打到底就凶
了。"利見大人"，應找人評理裁斷。"不利涉大川"，不利於冒

險。要中途休止，勿打到底。

《彖》曰：訟，上剛下險。險而健，訟。訟，有孚窒，惕中吉，剛來而得中也。終凶，訟不可成也。利見大人，尚中正也。不利涉大川，入於淵也。

　　孔子作彖傳，是解釋卦辭的。訟，上卦是乾，下卦是坎，上剛下險，險而健，所以產生爭訟。心中險，外又健，這樣，人就要訟。

　　訟爲什麼有孚窒，惕中吉？因爲"剛來而得中"。"剛來而得中"，指坎卦中央。過去用卦變來解釋"剛來而得中"，說是由泰卦、否卦來。這個講法過去人們有爭論。我以爲蘇軾、程頤的講法對，京房、虞翻講的都不對。蘇、程的講法都在賁卦。賁卦彖傳說："柔來而文剛，故亨。分剛上而文柔，故小利有攸往，天文也。"蘇軾《易傳》對此有說法，《周易折中》引用了。蘇軾說："凡《易》之所謂剛柔往來相易者，皆本諸乾坤也。乾施一陽於坤，以化其一陰，而生三子。凡三子之卦有剛來者，明此本坤也，而乾來化之。坤施一陰於乾，以化其一陽，而生三女。凡三女之卦有言柔來者，明此本乾也，而坤來化之。非是卦也，則無是言也。"由乾卦（☰）的陽爻把坤卦（☷）的初爻化成陽爻，於是☷就變成☳，震。震怎麼來的？按《說卦》說："震一索而得男，故謂之長男。"蘇軾認爲，說"剛來"原來就是坤卦，說"柔來"原來就是乾卦，也就是說，是由乾卦、坤卦轉來的，不是一般所說從泰、否轉來的。程頤也這麼講。

　　卦變可作爲一個問題來研究。前人的說法很多，我看蘇、程的說法是對的。李鼎祚《周易集解》和朱子《本義》講得都不對。

　　訟卦彖傳說的"剛來而得中"，剛是指什麼？指坎卦的中爻。這裏的坎卦本是坤卦，由於乾卦用一陽爻化了坤卦的中爻，☷便變成☵。坎卦的中間一陽爻是由乾卦來的，所以叫"剛來"。這麼講是對的。

"乾坤《易》之門"的乾坤是六畫卦。"剛來而得中"、"柔來而文剛"的乾坤是三畫卦。

《象》曰：天與水違行，訟。君子以作事謀始。

這是大象。君子依據訟卦的道理，做事要謀始。做事要一開始就做好，否則便要發生爭訟。王弼認爲："謀始在於作制，契之不明，訟之所以生也。"契是文契，文契沒弄清楚，事後必然發生爭訟。"物有其分，職不相濫，爭何由興？訟之所以起，契之過也。故有德司契而不責於人"。

初六，不永所事，小有言，終吉。

"不永所事"，官司不往下打，不打到底，可能要有一點小的傷害，但最終是吉的。

《象》曰：不永所事，訟不可長也。雖小有言，其辯明也。

初六以柔弱之才而爭訟於下，打起官司來，打不勝而禍難必至，所以要"不永所事"，盡早停止爭訟。這樣做，雖然小有傷害，但是非可以得到辯明，所以能終吉。這是因爲初六雖柔弱，卻有九四做它的正應。

九二，不克訟，歸而逋，其邑人三百户，无眚。

九二與九五相應，但這是兩個陽爻，不是正應。兩剛不相與而相訟。九二是自外來的，以剛處險，且與九五相敵，而九五以中正處君位，這個官司不能打，所以説"不克訟"。逋，逃。九二衹好逃掉。它一跑掉，它的邑人三百户便无眚，便沒有過錯了，不受九二的連累了。

《象》曰：不克訟，歸逋竄也。自下訟上，患至掇也。

掇，取。"患至掇也"，是説禍患來得極容易，猶如拾掇而取。不克訟，趕緊歸而逃掉。否則，九二居下而與九五打官司，禍患立至。

六三，食舊德，貞，厲終吉。或從王事，无成。

　　　六三與上九爭訟，爭訟不過，所以要"食舊德"。"食舊德"，就是食舊禄。食舊禄，是説六三應安分自守。"厲終吉"，是説六三雖居危地，但能自知危懼，則終必得吉。"或從王事"，六三自己無能力爭訟，一切服從上九。"无成"，成事不在自己，而在上九。

《象》曰：食舊德，從上吉也。

　　　安分守己，無所作爲，一切聽從上九，雖無成，卻可得吉。

九四，不克訟，復即命，渝安貞，吉。

　　　九四與初六，一個陽爻，一個陰爻，是正應。這按理説，九四與初六不能訟，不是按力説不能訟。王弼説："若能反從本理，變前之命，安貞不犯，不失其道，爲仁由己，故吉從之。"

《象》曰：復即命，渝安貞，不失也。

　　　能做到"復即命，渝安貞"，則無失。無失則可得吉。

九五，訟，元吉。

　　　元吉，大吉而盡善。九五以中正居君位，是治訟的，即卦辭所謂"利見大人"之大人。它處中得正，所以聽訟能公正裁決，平息乖爭，而達到元吉。

《象》曰：訟元吉，以中正也。

上九，或錫之鞶革，終朝三褫之。

　　　上九，以陽剛居訟之終極，它有可能以剛强而勝訟，甚至可能因勝訟而得錫命受服之榮，然而這樣獲得的榮耀，豈可長久？其必終朝之間三次被褫奪。

《象》曰：以訟受服，亦不足敬也。

　　　此小象釋上九爻辭之含義，爭訟是壞事，無論在怎樣的情況下都不可取。即便以訟而得高官厚禄，亦不足敬。

第七講　師卦　比卦　小畜　履卦

師☷☵坎下坤上

師卦是講軍事的。《序卦》說："訟必有衆起，故受之以師。"沒有爭訟，就談不到師。

師，貞，丈人，吉，无咎。

師，衆；貞，正。貞不當占講。丈人，各種本子講法不同，有的本作大人，作大人也可。王弼認爲：丈人，嚴莊之稱也。嚴莊才吉，才无咎。

《彖》曰：師，衆也。貞，正也。能以衆正，可以王矣。剛中而應，行險而順。以此毒天下而民從之，吉又何咎矣。

出師得正才行。爲什麼說能以衆正則可以王呢？因爲"吉凶與民同患"，出師的目的是正義的。可見《易經》是爲當時的政治服務，爲統治階級服務的。

"剛中而應"，九二這一爻既剛又得中，六五與它正應。在師卦中，它是將，是元帥，受到天子的信任。天子，在師卦中是六五。"行險而順"，險是坎卦，順是坤卦。出師作戰，雖是險事，但因"而順"，所以是受到民衆歡迎的正義之師。毒，《老子》講"亭之毒之"，王弼說"毒猶役也"。朱熹、程頤皆作毒害講。戰爭本是傷害天下之事，但天下民衆卻順從之。

《象》曰：地中有水，師。君子以容民畜衆。

地中有水，水聚於地中，就像民中有兵似的。這是師卦之象。君子觀師之象,必容其民而養畜其兵衆。有人説,這個就是講井田制度,講兵農合一。

初六,師出以律,否臧凶。

　　對"否臧"的講法不一樣。王弼把"否臧"作爲兩個相對的詞講,否是否,臧是臧。朱熹則把"否臧"講作不臧,是一個意思。我看朱熹講得對。師出應有紀律,師出若無紀律,是凶的。戰爭首先要强調紀律。無紀律的軍隊是烏合之衆。烏合之衆足不行的。

《象》曰:師出以律,失律凶。

　　軍隊出征要有紀律;沒有紀律,戰爭的結果一定是凶的。失律就是否臧。

九二,在師中,吉,无咎。王三錫命。

　　九二是師卦之主,是統帥軍隊的將,它在師卦當中,故能吉无咎。中有無過不及之意。"王三錫命",王多次重賞它,因爲它指揮得當,取得了成功。

《象》曰:在師中吉,承天寵也。王三錫命,懷萬邦也。

六三,師或輿屍凶。

　　輿屍的講法不一樣,王弼和朱熹把輿當車講,屍當屍首講,是説打了敗仗。程頤解輿爲衆,屍爲主。輿屍,是軍中號令不統一的意思。我同意程頤的解釋。

《象》曰:師或輿屍,大无功也。

　　軍中號令不統一,必无成功。

六四,師左次无咎。

　　"師左次",軍隊稍稍後退。力不足,勢不利,後退也可。打仗不一定非前進不可。

《象》曰:左次无咎,未失常也。

師以右爲主爲常,左次就是失常了。但六四能够柔順對待因時制宜,雖左次,也不爲失常。

六五,田有禽,利執言,无咎。長子帥師,弟子輿屍,貞凶。

六五,君位,興師之主。田中進了禽獸,應該拿住。利執,把敵人拿住。"言"字,王引之《經傳釋詞》説可以作虚詞用,此處言字即當作虚詞看。既長子帥師,弟子又輿屍,大家管,大家説了算,不行。邲之戰,晉中軍將荀林父未能統一決斷,諸將各作主張,結果吃了敗仗。

《象》曰:長子帥師,以中行也。弟子輿屍,使不當也。

長子謂九二,九二居中,所以讓它行統帥之權。又讓別的人主其事,便是任使不當了。

上六,大君有命,開國承家,小人勿用。

戰爭勝利,要論功行賞了。大君即天子或國君。開國指諸侯,承家指卿大夫。小人則不可開國承家。小人有功,給一點獎賞是可以的,但不可封爵封官。《易經》中確實講君子小人,不僅《易傳》中有,《易經》中也有。

《象》曰:大君有命,以正功也。小人勿用,必亂邦也。

"以正功",是説論功行賞。"必亂邦",是説勿用小人,若用小人,必亂邦國。

比☶☷坤下坎上

《序卦》説:"師者衆也,衆必有所比,故受之以比。"程《傳》説:"比,親輔也。人之類必相親輔,然後能安。故既有衆則必有所比,比所以次師也。"

水地比,水在地上,象物之親比。卦中五陰比一陽,象天子建萬國親諸侯。師以後,統治範圍要擴大,萬邦萬國都來親比,所以在師卦之後是比卦。

比,吉,原筮元永貞,无咎。不寧方來,後夫凶。

　　比,人相親比,是好事,所以《雜卦》説"比樂師憂"。"原筮元永貞",再筮,審慎的意思。元,善;永,久長;貞,正。自己做到審慎,又善又永又正,人家才來親比,否則人家不來親比。"不寧方"怎麽講? 過去講的都不對。《周禮·冬官·考工記·梓人》講祭侯之禮時説:"其辭曰:唯若寧侯,毋或若女不寧侯,不屬於王所,故抗而射女。"讀這一段經文時,我想到,這個"不寧侯"應與《易》比卦的"不寧方"是一個意思。後來讀孫詒讓《周禮正義》,知道孫氏早就這麽講了。孫氏説"不寧侯"是不安順的諸侯,《易》比卦卦辭"不寧方來"與此同義,可見"不寧方"就是"不寧侯"。方,方國。朱熹説"不寧方"是"其未比而有所不安者",程頤説"不寧方"是"人之不能自保其安寧,方且來求親比",都不對。

　　"不寧方"也來了,説明天下咸服。在這樣的情況下,如果有人後來親比,那就凶了。

《彖》曰:比,吉也。比,輔也。下順從也。原筮元永貞,无咎,以剛中也。不寧方來,上下應也。後夫凶,其道窮也。

　　"比,吉也"三字朱子《本義》疑爲衍文。"下順從也",九五以陽居尊位,五陰都來親比它,所以這一卦稱比。"以剛中也",九五以陽剛居中正,所以能夠"原筮元永貞,无咎"。"上下應也",從卦來看,上下群陰比於九五,九五與群陰相比。"其道窮也",指上六説的。

《象》曰:地上有水,比。先王以建萬國,親諸侯。

　　比卦與屯卦不同。比卦是建萬國,親諸侯,屯卦是利建侯。利建侯就是利立君。前者是天子封建諸侯,後者是方國自己立君。

初六,有孚,比之无咎。有孚盈缶,終來有它吉。

孚,信。比之初始,要有誠信。誠信在中,猶如有物充文於缶中。缶,無文飾的瓦器。有誠信的比,不但可以无咎,還可以有它吉,意想不到的吉。

《象》曰:比之初六,有它吉也。

比的關鍵在開始,開始時有孚,終必有它吉。

六二,比之自內,貞吉。

六二與九五正應,都居中得正。以中正之道相比,當然是好上加好。六二處在卦內,它以正當的途徑去與九五相比,必得吉。

《象》曰:比之自內,不自失也。

六二與九五應,是六二應九五之求,不是六二汲汲以求比,汲汲以求比,就是自失了。

六三,比之匪人。

六三這一爻自己陰柔不中不正,又應上六,上六是比之無首者,所以說六三比之非人。

《象》曰:比之匪人,不亦傷乎。

與人相比本是好事,六三所親比的對象不正,好事反倒成了壞事,是可悲可傷的。

六四,外比之,貞吉。

《易》以上卦爲外,下卦爲內。六二與九五正應,六二在內卦,所以叫作“比之自內”。這裏六四承九五,在外卦,所以叫作“外比之”。六四自身陰柔不中,能够比於剛明中正之九五,乃得正而吉。

《象》曰:外比于賢,以從上也。

九五,顯比,王用三驅失前禽,邑人不誡,吉。

九五居君位,處中得正,它親比天下之人,以光明之正道,不以邪道,這叫顯比。"王用三驅失前禽,邑人不誡"是比喻,比喻九五之顯比天下,好像天子圍獵,合其三面,前開一路,去者不追,來則取之。也像"邑人不誡",比人無遠近親疏之別,一律對待。

《象》曰:顯比之吉,位正中也。舍逆取順,失前禽也。邑人不誡,上使中也。

"顯比之吉",主要在於九五所處的地位又正又中。"舍逆取順,失前禽也",言來比者隨其自願。"邑人不誡,上使中也",言九五比人使下,遠近如一,不分親疏。

上六,比之无首,凶。

比之无首,就是卦辭說的後夫凶。開始未與人親比,後來晚了,不行了。

《象》曰:比之无首,无所終也。

首,初。開始時未能與人家誠信親比,到了最後才想來親比,必不可以。無始當然無所終。

小畜☲乾下巽上

講小畜之先,說幾句話。《周易》原是卜筮之書,但它有思想有哲學。我們學《易》,是爲了學它的思想,不是爲了卜筮。這是方向性問題,必須有明確的認識。歷史上講《周易》的,有兩大派,一是漢易,一是宋易。我們對漢易也不完全否定,對宋易也不完全肯定。我們是根據馬克思主義,用科學的觀點、方法分析,對的就說對,錯的就說錯,不抱門户之見。總的說來,我不同意漢易,我覺得宋易可取的地方多。

我們治《易》,應有真知灼見。我們的知識,應有體系,有系統。也就是說要有個核心,就像結晶體似的。荀子說:"口耳之間則四寸耳,曷足以美七尺之軀哉?"所以我們學習理論,就像吃菜吃肉一樣,要吸收營養。孟子講:"君子深造之以道,欲其自得之也。自得之則居之安,居之安則資之深,資之深則取之左右逢其源,故君子欲其自得之也。"爲什麼能取之左右逢其源呢? 因爲它是有體系的,若掌握了這個體系,自得以後,才能達到取之左右逢其源。《學記》說"記問之學不足以爲人師",這就是說光記住不行,記住以後還要形成理論,形成體系。我們學《易》,首先要知道這一點。這一點不明白,等於白學。下面講小畜。

《序卦》說:"比者比也,比必有所畜,故受之以小畜。"比卦之下接小畜。比是親比,比必有人群,比了以後一定有所畜。程《傳》說,畜當聚字講,又當止字講。其實,畜也有積蓄的意思。從發展歷史看,小畜與需是相近的。需是等待,小畜也有那麼點意思。說止也好,說積蓄也好,不是馬上就前進。小畜上巽下乾,全卦祇有一個陰爻,《易經》是陽大陰小,巽畜乾,故曰小畜。

小畜,亨,密雲不雨,自我西郊。

　　小畜有亨的道理,暫時積蓄,因爲能發揚發展,將來還是亨通的。"密雲不雨,自我西郊",很不好講。過去,人們很少有講對的。朱子《本義》說"西郊"是"文王演《易》於羑裏,視岐周爲西方",這個說法是不對的。查慎行的《周易玩辭集解》也如此說。"密雲不雨"不難理解,問題是"自我西郊"。對這句話,我有一個看法,不一定對,供大家參考。我看過去的月曆牌,有一回,它記天氣諺語說:"雲行東,車馬通;雲行西,披雨衣。"諺語是群衆經驗的積累,月曆牌用科學的觀點加以解釋,它說,一般來說,高空大氣運動方向,在中緯度地帶,都是從西向東。如果雲從西往東走,說明以後的天氣是正常的好天氣。但是當南部的暖空氣向西北、北方運動時(雲向西行)往往會與由北方南下的冷空氣相遇。當兩者相遇交會時,就會産生降雨天氣。這是根據科學講的，是可信的。當古人講"密雲不雨，自我西郊"時，大概也有這種經驗了。雲向東，好天氣，不能下雨。很可能是這樣的。密雲不雨，表明這個畜的意思。

《彖》曰：小畜，柔得位而上下應之，曰小畜。健而巽，剛中而志行，乃亨。密雲不雨，尚往也。自我西郊，施未行也。

　　"密雲不雨，尚往也"，雨未下來。"小畜，柔得位而上下應之，曰小畜"，柔得位是六四，上下皆陽爻，陰陽相應。"健而巽，剛中而志行，乃亨"，這卦是健而巽。健，乾卦；巽，巽卦。剛中指九二與九五皆剛而皆得中，這才能志行。雖暫時是畜，但還要發展的，所以乃亨。亨，通。"自我西郊，施未行也"，施是可以行的，但尚未行。雨是能下的，但是未下。所以未下，是因爲"自我西郊"。

《象》曰：風行天上，小畜。君子以懿文德。

　　風行天上，上巽下乾。風行地上是觀，風行天下是姤。風行天上，還未發生作用，故曰小畜。"君子以懿文德"，君子用小畜美文德。君子是搞政治的，政治是國之大事。文德不是大事，但是也得搞。

初九，復自道，何其咎，吉。

　　小畜第一爻，是九，陽爻。乾是剛，是要進的，然而小畜要止，不能進。初九與六四相應。不前進，還回到本位來，叫"復自道"。

《象》曰：復自道，其義吉也。

　　復自道，按其義說，應該是吉的。

九二，牽復，吉。

　　九是陽爻，二又得中，能牽復。初九已經復了，九二與初九牽連而復，也吉。

《象》曰：牽復在中，亦不自失也。

　　　九二是中爻，這時候沒有前進，也是不會自失的。

九三，輿說輻，夫妻反目。

　　　輻字《釋文》作輹。宋人項安世《周易玩辭》："按，輻，車轑
　　也。輹，車軸轉也。輻以利輪之轉，輹以利軸之轉。然輻無說
　　理，必輪破轂裂而後可說。若輹則有說時，車不行則說之矣。"
　　所以，"輿說輻"應是"輿說輹"，是車停下來不前進的意思。九
　　三與六四相比，九三是夫，六四是妻。他要前進，她不讓前進。
　　這叫"夫妻反目"。

《象》曰：夫妻反目，不能正室也。

　　　九三不能正其室家，妻與之反目，咎由自取。

六四，有孚，血去惕出，无咎。

　　　六四是此卦之主。與誰有孚？與九五有孚。六四與九五
　　相比，得到九五的信息。九五居君位，六四是大臣，下面是三
　　陽。因爲有孚，可以血去惕出，一些憂慮恐懼都沒有了，可以
　　得到无咎。

《象》曰：有孚惕出，上合志也。

　　　血去惕出，無憂無傷，是因爲上邊的九五與它是合志的。

九五，有孚攣如，富以其鄰。

　　　此"有孚"各家解釋不一樣。我認爲此"有孚"與六四"有
　　孚"是相關聯的。"有孚攣如"，王弼釋爲專固，謂結合得很緊
　　密。《易》以陽爲實爲富，以陰爲虛爲不富。能够左右的叫作
　　"以"，九五是陽爻，所以稱"富以其鄰"。

《象》曰：有孚攣如，不獨富也。

　　　不但它自己富，而且與六四合作，因而能够成小畜。下邊
　　是乾卦三陽。九五與六四"有孚攣如"，能够止三陽。有人說

畜是止，那麼就是止三陽。

上九，既雨既處，尚德載，婦貞厲，月幾望，君子征凶。

這是説小畜卦到最終這一爻要發生質的變化，原來是密雲不雨，現在下雨了；原來"尚往"，現在"既處"。"尚德載"，虞翻作"尚得載"。德與得，古音義可以相通。此"尚德載"與"輿説輻"相應。原來"輿説輻"，車不進，此時車可以進，可以載東西了。這是用"得"作解。王《注》、朱子《本義》、程《傳》還是用"德"作解，究竟誰説得對，請你們自己研究。項安世説："以小畜大非可常之事也，婦道貞此而不變則爲危，君子過此而復行則爲凶。蓋月望則戾，陰極則消，自然之理也。"這個説法很好。

《象》曰：既雨既處，德積載也，君子征凶，有所疑也。

"君子征凶"，君子是陽，是男子；征是動。因爲婦與男子一樣了，有所疑，所以"君子征凶"。坤卦上六有"陰疑于陽必戰"，與此疑字義同。

履☰兑下乾上

《序卦》説："物畜然後有禮，故受之以履。"這是履卦的意思。程《傳》説："夫物之聚，則有大小之別，高下之等，美惡之分，是物畜然後有禮。履所以繼畜也。履，禮也。"履卦主要講的是禮，經過師、比、小畜，此時需要有禮。

履虎尾，不咥人，亨。

天澤履，上乾下兑。乾爲天，也可以認爲是虎。虎尾誰來履呢？用什麼來履呢？《易》卦上面是首，下面是尾。履卦乾在上兑在下，好像履虎尾一樣。雖履虎尾，虎卻不咬人。説明禮很重要。你對人家講禮貌，人家對你也好。對什麼樣的惡人，你有禮貌，他也不至於咬你。

《彖》曰：履，柔履剛也。説而應乎乾，是以履虎尾，不咥人，亨。剛中正，履帝位而不疚，光明也。

上乾下兑，上邊是乾，兑卦説而應乎乾，所以才履虎尾不咥人。"剛中正"指九五爻。履卦辨上下定民志，定社會秩序。講秩序，尊者爲帝位，即九五一爻。不疚，没什麽缺陷，得到光明。與"説而應乎乾"意思一致。可見《易經》是爲統治階級服務的，講階級關係。

《象》曰：上天下澤，履。君子以辨上下定民志。

君子學履卦，可以分辨上下，安定民志。這是禮的作用。

初九，素履，往无咎。

素，樸素。履是講文的，有文還要有質。素履，即不講文飾。

《象》曰：素履之往，獨行願也。

不是爲利而往，祇是爲了實現自己的志願而前進。

九二，履道坦坦，幽人貞吉。

九二是陽爻居陰位得中。坦坦，可以隨意前行。幽人與素履意義相近。禮尚文，雖然履道坦坦，但是也要幽静安恬，不講文飾的人，才能貞固守正而得吉。

《象》曰：幽人貞吉，中不自亂也。

幽人貞吉，是因爲中心安静。

六三，眇能視，跛能履，履虎尾，咥人凶，武人爲于大君。

眇，眇目，眼有病。跛，腿有病，眇者視，看不清；跛者履，腿步不靈利。這樣的人，老虎要咬的。六三，是陰柔居陽位，好似一個人内陰柔，外陽剛，它若履於危地，等於履虎尾，咥人凶。但是如果不計利害，勇往直前，像武人爲大君打仗那樣，雖弱也可取勝。

《象》曰：眇能視，不足以有明也。跛能履，不足以與行也。咥人之凶，位不當也。武人爲于大君，志剛也。

　　六三是陰柔之人，所處的地位又不當，若有所作爲，必遭咥人之凶。不過若是武人用於王事，敢於履危蹈險，還是可取的，好的。

九四，履虎尾，愬愬終吉。

　　此爻也説履虎尾，然而是陽爻居多懼之地，人因此而恐懼小心，終必得吉。

《象》曰：愬愬終吉，志行也。

　　小心謹慎而終得吉，什麽吉呢？是上進之志得到實現。

九五，夬履，貞厲。

　　夬是決的意思。九五居君位，它的履可以剛決。但是貞而厲，還是有危險。

《象》曰：夬履貞厲，位正當也。

　　既夬履又貞厲，是由於九五所處的優越地位決定的。

上九，視履考祥，其旋元吉。

　　這一爻有給人的表現作總結的意思。祥，善；旋，周旋完備。考察一個人他的表現完美無缺，其吉是再大不過了。

《象》曰：元吉在上，大有慶也。

　　上是履之終，一個人在最後得到元吉，當然是大有慶的事。

第八講　泰卦　否卦　同人　大有

泰䷀乾下坤上

《序卦》：“履而泰，然後安，故受之以泰。”好像是這樣，經過師、比、小畜、履，社會真正達到了太平。

泰，小往大來，吉亨。

《易經》以陽爲大，以陰爲小，向上叫往，向下叫來。泰卦三陰爻在上，三陽爻在下，故云小往大來，得吉，亨。

《彖》曰：泰，小往大來，吉亨，則是天地交而萬物通也。上下交而其志同也。內陽而外陰，內健而外順，內君子而外小人，君子道長，小人道消也。

清人查慎行《周易玩辭集解》説孔子寫到此處高興了，“如身處盛際，不覺踴躍鼓舞，把卦辭一口道盡”。泰卦表示天地相交，天氣上升，地氣下降。從自然界看，是天地交，從人事看，是上下交。上下之情通，上下之志同，故可交。全卦講君子道長，小人道消，講君子、小人，很明顯是爲政治服務的。

《象》曰：天地交，泰。后以財成天地之道，輔相天地之宜，以左右民。

這一卦大象爲什麽不説“君子”如何如何，而説“后”呢？因爲這一卦是就最高統治者來説的。后與王同，亦即帝王。帝王以天地交泰得出“財成天地之道，輔相天地之宜”的道理。朱子《本義》認爲“財成以制其過，輔相以補其不及”，講得有道理。天能覆，不能載；地能載，不能覆。朱子的解釋是可取的。左右也是輔助的意思。

初九，拔茅茹以其彙，征吉。

　　程《傳》講："君子之進，必與其朋類相牽援，如茅之根然，拔其一，則牽連而起矣。茹，根之相牽連者，故以爲象。"王《注》也説："茅之爲物，拔其根而相牽引者也。茹，相牽引之貌也。"拔這一根茅草，把別的茅草的根也連帶着拔出來了。程《傳》説："彙，類也。賢者以其類進，同志以行其道，是以吉也。"君子之進，必以其類。不能獨自一人前進，而要與同志者一齊並進。征，表示前進的行動。

《象》曰：拔茅征吉，志在外也。

　　泰卦下乾之三陽都欲上進，所以取茅茹彙征之象。欲上進，從爻象看，是志在外。

九二，包荒，用馮河，不遐遺，朋亡，得尚于中行。

　　泰卦九二這一爻重要。處於泰的時代應怎樣做呢？要包荒馮河，不遐遺，朋亡。荒，大也。包荒，大度包容。馮河，有果斷勇敢的精神，能濟深越險。既能大度包容，又剛果決斷。不遐遺，遠的也不遺漏。朋亡，沒有朋黨。處在泰的時候，要這樣做才行，即大度包容，剛果決斷，不遺遐遠，不結朋黨。尚當配講。配於中行，能做到以上四點，就合於九二之德。

《象》曰：包荒得尚于中行，以光大也。

　　小象在爻辭四點之中祇舉包荒一點，因爲包荒在四點之中是根本的，最重要的。包荒而又能合乎中行，是因爲它正大光明，明斷無私。

九三，无平不陂，无往不復，艱貞无咎，勿恤其孚，于食有福。

　　泰卦之九三，下卦的乾，到了最末，平可以變成不平，往可以變成復。没有平而不陂的,没有往而不復的,總是這樣變化。内卦乾是要變成坤的,於是泰將變爲否。從這一卦可以明顯地看出裏邊有辯證法思想,不是形而上學。

《象》曰:无往不復,天地際也。

無往不復,正好是天地之際。天地之際,是説陰陽升降,否泰無常。

六四,翩翩不富以其鄰,不戒以孚。

這句話過去講法不一樣。朱子《本義》和程《傳》都把這句話當壞的意思講,但有的人當好的意思講。泰卦的時候,不是壞的。翩翩,表示上下交,上邊謙虛接乎下,下邊剛直事乎上。不戒,不待告誡,不必事先告知。

我想,還是應當作好的方面講,因爲是泰嘛,全卦是泰,不光下邊乾卦是泰。從天地交、上下交來理解“翩翩不富以其鄰,不戒以孚”,我看此爻意義還是好的不是壞的。大家還可以研究程、朱的解釋對不對。《周易玩辭集解》的解釋,就是我剛才説的那樣。

《象》曰:翩翩不富,皆失實也。不戒以孚,中心願也。

失實就是不富,有虛中無我的意思。在下卦之初,則明以集交於上,在上卦之初,則明以鄰交於下,上下之交是出於中心志願,不需事先約定。

六五,帝乙歸妹,以祉元吉。

六五,陰爻居陽位。帝乙,殷代帝王,這恐怕没問題。但有人把它作爲歷史故事、歷史資料應用,是不對的。《易經》是講思想的,不是講歷史的。帝乙歸妹,是公主下嫁。歸妹歸誰?六五與九二正應,應是歸九二。有人説帝乙以前没有這種事,是帝乙創造了這種事。這個我們不知道。京房把帝乙釋爲商湯,還搞出了“商湯嫁妹”的一個故事,我以爲是不對的。《書經》引帝乙是對的。程《傳》説殷代叫帝乙的很多，不知此帝乙指哪一個。我看還是指後邊的那個帝乙。以祉，得福，有福。元吉，大吉而完善無憾。那麼，"帝乙歸妹"用在此處是什麼意思呢？是説六五以陰柔居君位，能够屈尊而順從其下之九二，有如帝乙歸妹。這樣做是對的，所以能得福，得元吉。

《象》曰：以祉元吉，中以行願也。

　　爲什麼能够有"以祉元吉"的結果呢？因爲是"中以行願"。"中以行願"，六五以柔中之德而下合於九二，完全出於志願，不是勉强的。由六五這一爻可以看出，六四那一爻也是講泰卦好的方面，是講上下交而其志同的。如果把六四解釋成陰來了，小人來了，變壞了，像程、朱説的那樣，不見得對。

上六，城復于隍，勿用師，自邑告命，貞吝。

　　泰卦發展到最後，要發生變化了，不能長期泰呀。隍，築城時挖池取土用以修城。城修成了，因挖土而形成的那個池就是隍。城復於隍，城墙的土又回復到隍裏去，恢復原來的樣子。這是比喻，説明泰要發生變化了。此時不能興師用衆，自邑告命就行了。貞是守常，守常不變，必得羞吝。

《象》曰：城復于隍，其命亂也。

　　泰卦本來好，但好事不長，最後必然發生變化。按京氏講十二辟卦，泰卦是陰曆正月卦。十一月卦是地雷復卦，一陽生；十二月卦是地澤臨卦，二陽生。正月三陽生，恰是地天泰卦。按十二辟卦的説法，泰卦是正月卦，過去寫對聯有"三陽開泰"即本於此。

否☷☰坤下乾上

　　《序卦》："泰者通也，物不可以終通，故受之以否。"程《傳》

説:"爲卦天上地下,天地相交,陰陽和暢,則爲泰。天處下,地
處上,是天地隔絶,不相交通,所以爲否也。"

否之匪人,不利君子貞,大往小來。

　　"之匪人"三字,朱子《本義》認爲是衍文。朱子此説也不
無道理。宋人治學敢於懷疑,有點疑古精神,也有可取之處。
不過相傳的本子都有此三字。查慎行的《周易玩辭集解》就不
同意朱子之説。

　　"匪人"不好解釋,程《傳》解釋爲無人道。從否卦的時代
説,是不利君子貞。因爲這個卦是大往小來,陽往陰來了,小
人道長,君子道消了。

《象》曰:否之匪人,不利君子貞,大往小來,則是天地不交而萬物不
通也。上下不交而天下无邦也。内陰而外陽,内柔而外剛,内小人
而外君子,小人道長,君子道消也。

　　否卦坤下乾上,君子往居於外,小人來處於内,正是小人
道長,君子道消的時候。

《象》曰:天地不交,否。君子以儉德辟難,不可榮以禄。

　　程《傳》講:"君子道消,當觀否塞之象,而以儉損其德,避
免禍難,不可榮居禄位也。否者小人得志之時,君子居顯榮之
地,禍患必及其身,故宜晦處窮約也。"這個卦是告訴你在否的
時候怎麽做,要儉德避難,不可榮以禄。虞翻"榮以禄"作"營
以禄",王引之意同。高誘注《吕氏春秋·尊師》、《淮南子·原
道》並云營是惑。我看這不一定對。

初六,拔茅茹以其彙,貞吉亨。

　　泰卦拔茅茹以其彙,征吉,征是動的意思。征吉,前進則
吉。這裏是貞吉,貞,固也,要求固守,不要前進。亨是道亨。
程《傳》説:"初六能與其類貞固其節,則處否之吉,而其道之亨
也。當否而能進者,小人也。君子則伸道免禍而已。君子進

退未嘗不與其類同也。"否卦的"貞"與泰卦的"征"意思是相反的。

《象》曰：拔茅貞吉，志在君也。

　　王弼《注》說："志在於君，故不苟進。"

六二，包承，小人吉，大人否亨。

　　"包承"，王弼《注》說："居否之世，而得其位，用其至順，包承於上。小人路通，内柔外剛，大人否之，其通乃亨。"六二在否時，其象是包承。小人得吉，大人否才能亨。如王《注》說，"其道乃亨"，所亨的是道。

《象》曰：大人否亨，不亂群也。

　　大人就是君子，不與小人同類。

六三，包羞。

　　郭雍說："尸禄素餐，所謂包羞者也。孔子曰：'邦無道，穀，恥也。'其六三之謂與？"六三居下卦而上位，此時就是包羞。郭氏說"尸禄素餐"，是指小人而言。邦無道，穀，恥，這是包羞。程《傳》說："三以陰柔不中不正而居否。又切近於上，非能守道安命，窮斯濫矣。極小人之情狀者也。其所包畜謀慮邪濫無所不至，可羞恥也。"

《象》曰：包羞，位不當也。

　　王《注》說："用小道以承其上，而位不當，所以包羞也。"程《傳》說："陰柔居否而不中不正。所爲可羞者，處不當故也。處不當位，所爲不以道也。"

九四，有命无咎，疇離祉。

　　程《傳》說："四以陽剛健體居近君之位，是有濟否之才而得高位者也。足以輔上濟否……能使事皆出於君命，則可以濟時之否。其疇類皆附離其福祉。離，麗也。君子道行，則與其類同進,以濟天下之否,疇離祉也。"九四已經到上卦了。有命則无咎,疇類皆麗於祉。"有命"之命,程《傳》當君命講,項安世則以爲是天命,實際上是自然規律。程《傳》以爲是君命,看來是牽强的。

《象》曰:有命无咎,志行也。

　　"有命"就是"不知命無以爲君子也"的"知命"。能够據客觀規律行事的人,是无咎的。

九五,休否,大人吉,其亡其亡,繫于苞桑。

　　九五能使否休。休,止。否休即將變泰,大人得吉。這時心中老是念叨"要完了要完了",這樣才能反而不完。苞桑是堅固的,不會亡的。程《傳》説:"否既休息,漸將反泰,不可便爲安肆,當深慮遠戒,常虞否之復來,曰:'其亡矣,其亡矣。'其繫于苞桑,謂爲安固之道,如維繫于苞桑也。桑之爲物,其根深固。苞謂叢生者,其固尤甚。"《繫辭傳》曰:"危者,安其位者也;亡者,保其存者也;亂者,有其治者也。是故君子安而不忘危,存而不忘亡,治而不忘亂,是以身安而國家可保也。"

《象》曰:大人之吉,位正當也。

　　九五能休否,原因在於它居中得正,而且在尊位。

上九,傾否,先否後喜。

　　否傾了,否要變成泰。先極否,後傾喜。説"傾否",不説"否傾",表明人力很重要。

《象》曰:否終則傾,何可長也。

　　否發展到終極,何可長也。泰不會永久的泰,否也不會永久的否。《易經》講消息盈虚,與時偕行,很有辯證法的思想。

同人☲☰離下乾上

　　《序卦》説:"物不可以終否,故受之以同人。"同人的前卦是天地否。否主要是天地不交，上下不交，否塞。"物不可以終否"，歷史的發展運動，變化不停。變化是按辯證法規律向前進的。老子講的"反者道之動，弱者道之用"，裏邊也有辯證法。《易經》講"物不可以終否"，也是辯證法，也是講事物變化的，而且有肯定、否定、否定之否定的意思。這句話有深刻意義，不是隨便講的。有人認爲《序卦》膚淺、淺僻，是不對的。"物不可以終否，故受之以同人。"否是天下不交，同人是天下交。同人，與人同，與人相同。同人的内卦有一陰爻，其他全是陽爻。同人越是大公越好，越是無私越好。

同人于野，亨，利涉大川，利君子貞。

此卦辭裏的"同人于野"，與後面爻辭裏講的同人於門於宗不同。過去講"野"爲空曠野地。我們看，古代有"野"，"野"是最邊遠的地方。同人已經同到最邊遠的野，説明同人大公無私，這樣能亨通。"利涉大川"，能够濟險。同人，怎麼樣同啊？有這麼一個問題。君子用正來同。

《彖》曰：同人，柔得位得中而應乎乾曰同人。同人曰，同人于野，亨。利涉大川，乾行也。文明以健，中正而應，君子正也。唯君子爲能通天下之志。

六二柔得位，陰爻得位又得中，有這樣的好處，又應乎乾，即應乎九五（《易》卦初與四、二與五、三與上的關係叫應）。朱子《本義》認爲"應乎乾"的乾是九五，程《傳》認爲五是乾之主，故云應乎乾。這個説法是對的。六二柔得中，又與九五正應，所以叫同人。

"同人曰"三字，朱子《本義》以爲是衍文，是對的。否卦"否之匪人"的"之匪人"三字，朱子《本義》也説是衍文，也是對的。古書輾轉相抄，難免錯訛。朱熹治學還是有求實精神的。

"同人于野，亨。利涉大川，乾行也"，光是柔，無剛無健，是不行的。祇有應乎乾才能亨，才能"利涉大川"，渡過險難。"文明以健，中正而應，君子正也"，這是解釋"利君子貞"的。離爲火，有文明的意思。健，乾。中正而應是六二上應乎乾。"君子正也。唯君子爲能通天下之志"，小人辦不到。程《傳》說："小人則唯用其私意，所比者雖非亦同，所惡者雖是亦異。故其所同者即爲阿黨，蓋其心不正也。"君子正，故君子能通天下之志。"利君子貞"，貞，正也。君子貞即君子正。

《象》曰：天與火，同人。君子以類族辨物。

　　　　這是大象。大象由内外卦來應用於人事。它既不解卦辭也不解爻辭。它是單獨的。在《易傳》中它比較特殊。它是屬於孔子自己的，每卦的大象都是如此。

　　　　同人卦是天與火。程《傳》說："天在上，火性炎上，火與天同，故爲同人之義。"

　　　　君子學同人卦怎麽應用？用以類族辨物。光有同没有異還不行。有同無異，同不了。同與異是相聯繫的。因爲有同人，君子才類族辨物。朱子《本義》說："其性同也，類族辨物，所以審異而致同也。"同異是相關的，學同人卦應該類族辨物。類族辨物才能同，否則不能同，不能大同。

初九，同人于門，无咎。

　　　　程《傳》說："九居同人之初而無繫應，是無偏私，同人之公者也。"無繫應指初與四相應的問題。此卦初是九，四也是九，都是陽爻，不是正應。正應必須是陰爻與陽爻應。無繫應，就是無偏無私，能够出門同人，所以公。

《象》曰：出門同人，又誰咎也。

　　　　爻辭說："同人于門。"小象解釋門爲出門。既然是同人於門外，同人的面必廣，又無有偏私，所以不應當還有誰過咎於它。

六二，同人于宗，吝。

　　　　六二是成卦之主，從爻來看，六二與九五正應，所以是同
人於宗。宗是宗族宗黨，祇同於宗族宗黨，必然有所偏私，所
以可吝。

《象》曰：同人于宗，吝道也。

　　　　別的卦有中正相應的情況是好事，而在此卦則不然，此卦
九五不是君，六二與九五相應被認爲是偏私的行爲，是可吝
的。

九三，伏戎于莽，升其高陵，三歲不興。

　　　　同人卦是講同人的，而三與四兩爻卻不講同人。《周易折
中》按語（名爲康熙加，實爲李光地所加）説：“卦名同人，而三
四兩爻所以有乖爭之象者，蓋人情同極必異，異極乃復於同，
正如治極則亂，亂極乃復於治。此人事分合之端，《易》道循環
之理也。”《周易折中》按語我看加得很好。

　　　　三四兩爻有乖爭之象。伏戎于莽，草莽中埋伏有兵。然
後“升其高陵”，又到高陵去看。這是互相有爭奪了，即“有乖
爭之象”。因爲什麼呢？“蓋人情同極必異，異極乃復於同”，
從卦之六爻看，《周易折中》按語説：“卦之內體自同而異，故於
門於宗同也。至三而有伏戎之象，則不勝其異矣。外體自異
而同，故乘墉而弗克攻，大師而克相遇，漸反其異也。至上而
有於郊之象，則復歸於同矣。三四兩爻正當同而異、異而同之
際，故聖人因其爻位爻德以取象。”又説：“三四兩爻正當同而
異、異而同之際……三之所謂敵剛者，敵上也，四之所謂乘墉
者，攻初也。蓋既非應則不同，不同則有相敵相攻之象矣。”
“敵剛”一語出自小象。小象説：“伏戎于莽，敵剛也。”按語就
是根據“敵剛”本不應叫敵而言的。“敵剛”是説九三對上九，
而三與上本是相應的關係，但由於此卦三與上都是陽爻，所以

稱敵。別的卦也有稱敵的。按語的這個解釋是對的。

　　按語接下來説："以爲争六二之應,而與九五相敵相攻,似非卦意也。"這話是駁程《傳》與朱子《本義》。程朱以爲九三與九五争六二之應,"伏戎于莽"等是九三對九五。程《傳》解釋九三説:"三以陽居剛而不得中,是剛暴之人也。在同人之時,志在於同。卦唯一陰,諸陽之志皆與同之,三又與之比。然二以中正之道與五相應,三以剛强居二五之間,欲奪而同之,然理不直、義不勝,故不敢顯發,伏藏兵於林莽之中,懷惡而内負不直,故又畏懼,時陞高陵以顧望。如此至於三歲之久,終不敢興。此爻深見小人之情狀。然不曰凶者,既不敢發,故未至凶也。"

　　朱子《本義》也同意程《傳》的説法。《周易折中》按語不同意程、朱的説法,根據就是小象講九三這爻時説"敵剛也"。"敵剛"是指上九,九三與上九是相應的關係,但是上九不是陰爻是陽爻,所以稱爲"敵剛"。在同人時,因爲它們是不同的、相異的,才伏戎于莽,升其高陵,三歲不興。

《象》曰:伏戎于莽,敵剛也。三歲不興,安行也。

　　"安行也",也有不同的講法。程《傳》釋爲焉行,不能行,作爲問號講。別人也有不作問號講的。誰講的對,請大家考慮。

九四:乘其墉,弗克攻,吉。

　　墉,墙。乘其墉,要向人進攻。依程《傳》講,還是針對九五。程《傳》説:"四剛而不中正,其志欲同二,亦與五爲讎者也。墉,垣,所以限隔也。四切近於五,如隔墉耳。乘其墉欲攻之,知義不直而不克也。苟能自知義之不直而不攻,則吉也;若肆其邪欲,不能反思義理,妄行攻奪,則其凶大矣。三以剛居剛,故終其强而不能反。四以剛居柔,故有困而能反之義。能反則吉矣。畏義而能改，其吉宜矣。"

《周易折中》按語認爲九四攻的不是九五而是初九。九四與初九這兩爻也是敵剛，所以不能同，不同就是異，有異就要相攻。所以"乘其墉"，要攻初九。但是又覺得這個攻是不對的，結果"弗克攻"，終於未攻。

《象》曰：乘其墉，義弗克也。其吉則困而反則也。

又回到正確的原則上，所以得吉。程《傳》與朱子《本義》釋"則"爲法則。

總之，同人的三四兩爻不好講。前人的解釋有兩種，我的意思還是從《周易折中》按語的説法，程、朱的解釋不可取。我覺得"敵剛"衹能指九三和上九來講。九三不是與九五有什麽爭，九四也不是與九五爭，而是與初九敵剛。

九五，同人先號咷而後笑，大師克相遇。

先號咷説明異，後笑説明同。"大師克相遇"，程《傳》還是堅持他在三四兩爻上的意思。他説："九五同於二，而爲三四二陽所隔，五自以義直理勝，故不勝憤抑，至於號咷。然邪不勝正，雖爲所隔，終必得合，故後笑也。大師克相遇，五與二正應，而二陽非理隔奪，必用大師克勝之，乃得相遇也。云大師云克者，見二陽之强也。九五君位，而爻不取人君同人之義者，蓋五專以私昵應於二，而失其中正之德。人君當與天下大同，而獨私一人，非君道也。又，先隔則號咷，後遇則笑。"

孔子作《繫辭傳》對此有解釋，他説："君子之道，或出或處，或默或語，二人同心，其利斷金；同心之言，其臭如蘭。"先號咷是説異，不同，後笑是説同。同的力量極大，二人同心，其利可以斷金。

胡炳文説："同人九五剛中正而有應，故先號咷而後笑；旅上九剛不中正而無應，故先笑後號咷。"這是用旅卦來解釋。

"大師克相遇"，程《傳》還是他先前的講法。《周易折中》按語：
"《易》凡言號者皆寫心抒誠之謂，故曰中直，言至誠積於中也。
當同人之時，二五正應，必以相克而後相遇者，因外卦以反異
歸同取象，無他旁取也。"説大師必相克而後才能相遇，因爲外
卦是反異歸同的。它説内卦由同而異，外卦由異而同。反異
歸同，需要有大師，大師克相遇。"同人之先，以中直也，大師
相遇言相克也"，那就是關於三、四、五三爻，程《傳》、朱子《本
義》和《折中》的解釋是不同的。我們怎麽看？孰是孰非？大
家可以進一步考慮。

《象》曰：同人之先，以中直也。大師相遇，言相克也。

上九，同人于郊，无悔。

郊在邑之外，野之内，遠於邑而近於野。同人于郊，意思
是説，同人的廣度大於"于門"而小於"于野"。

《象》曰：同人于郊，志未得也。

《周易折中》集説引蔡淵的話説："未及乎野，非盡乎大同
之道者也，故曰志未得。"未達到圓滿。

總之，同人一卦總的説來是講如何同人的問題，而六爻每
一爻又有不同的情況。各爻有各爻的爻辭，爻辭都是不同的。
總的説是同人，但同中有異，"同人于野"最好，"同人于郊"也
好。"同人于門"不如"同人于郊"，"同人于宗"又不如"同人于
門"。若有了爭奪，產生了不同，那就不如"同人于宗"了。有
爭，所以有"伏戎于莽"，"乘其墉"。而爭的結果，大師克相遇。
整個同人卦應是這樣子。三四爻應怎麽講，有兩種講法，請大
家自己考慮。能够提出另外的解釋，那當然更好。

大有☲乾下離上

大有與同人這兩卦是相反的。六十四卦每兩卦不反則

對，同人倒過來就是大有，這叫反。《序卦》說："與人同者物必歸焉，故受之以大有。"

大有，元亨。

大有祇有一陰爻，其他都是陽爻。六五這一陰爻在上卦之中，五個陽爻都來宗它。五陽爻所有的，也都是它所有。所以叫大有。元亨，亨之善，亨之大者。

《彖》曰：大有，柔得尊位大中而上下應之曰大有。其德剛健而文明，應乎天而時行，是以元亨。

柔指六五，六五是陰爻，故稱柔。五，尊位，大中也指五。六五這個陰爻，上下各陽爻都來應它。由此我們看出，同人是一陰在下，大有是一陰在上。這在《易經》，說法不一樣。《周易折中》集說引項安世說："一陰在下，勢不足以有眾，能推所有以同乎人者也，故名曰同人。一陰在上，人同乎我，爲我所有者也，故名曰大有。象於同人曰應乎乾，明我應之也。於大有曰上下應之，明人應我也。履卦柔在下，亦曰應乎乾，小畜柔在上，亦曰上下應之，此可以推卦例矣。"卦是有例的。什麽叫"應乎乾"，什麽叫"上下應之"，不是隨便說的，有一定的例。"其德剛健而文明，應乎天而時行，是以元亨"，此卦從卦德看，剛健而文明。乾，剛健；離，火，文明。這個"應乎天"，朱、程說法不一樣，朱子《本義》以爲應天是應六五，程《傳》以爲應乎天是六五應九二。項安世說："同人大有兩卦皆以離之中爻爲主，而以乾爲應者也。同人離在下，以德爲主，故曰應乎乾者，應其德也。大有離在上，以位爲主，故曰應乎天而時行者，應其命也。履，兌在下，曰應乎乾，大畜艮在上，曰應乎天，亦卦例也。"

看起來，"應乎天"，還應該是應九二，不是應六五。朱子《本義》之說不可從。

程《傳》說："二，乾之主也，是應乎乾也。順應乾行，順乎天時也，故曰應乎天而時行，其德如此，是以元亨。"

《象》曰：火在天上，大有。君子以遏惡揚善，順天休命。

君子學大有以後，可以遏惡揚善，順天休命。順天與休命是兩義。程《傳》以爲是一義，說"奉順天休美之命"。看起來還是釋爲兩義對。楊萬里云："同人離在下，而權不敢專，故止於類而辨。大有離在上，權由己出，故極於遏而揚。"

初九，无交害，匪咎，艱則无咎。

程《傳》說："九居大有之初，未至於盛，處卑無應與，未有驕盈之失，故未交害，未涉於害也。"

《象》曰：大有初九无交害也。

黄淳耀說："无交害者，以九居初，是初心未變，無交故無害也。若過此而有交，則有害矣。安得不慎終如始，而一以艱處之也？"意思是說，處於最初最下，與別的無有交往，所以無害。

九二，大車以載，有攸往，无咎。

九二與六五正應，爲六五所倚重所信任。程《傳》說："九以陽剛居二，爲六五之君所倚重，剛健則才勝，居柔則謙順，得中則無過。其才如此，所以能勝大有之任。如大車之材強壯，能勝載重物也，可以任重行遠，故有攸往而无咎也。"

《象》曰：大車以載，積中不敗也。

大車，在古代是指載重之牛車而言。兵車、乘車有一轅，曰輈，四馬。大車有兩個轅，牛拉，載重。一轅的車不叫大車。大車在古書上有特定的含義。程《傳》說："壯大之車，重積載於其中而不損敗，猶九二材力之強，能勝大有之任也。"程《傳》對小象意思的理解是對的，但把大車釋爲壯大之車則不妥。

九三，公用亨于天子，小人弗克。

朱子《本義》把亨讀作享，是對的。程《傳》讀亨，不對。《本義》說："亨，春秋傳作享，謂朝獻也。古者亨通之亨，享獻之享，烹飪之烹，皆作亨字。九三居下之上，公侯之象，剛而得正，上有六五之君，虛中下賢，故爲亨於天子之象。"又《朱子語類》說："古文無享字。亨、享、烹並通用，如'公用亨於天子'，解作亨字便不是。"又曰："亨享二字據《說文》本是一字，故《易》中多互用，如'王用亨於岐山'，亦當爲享。如'王用亨於帝'之云也。字畫音韻，是經中淺事，故先儒得其大者，多不留意。然不知此等處不理會，卻枉費了無限辭說牽補，而卒不得其大義，亦甚害事也。"朱子在這一點上還是對的。朱子對文字是重視的。程《傳》把亨還念作享，就錯了。古代亨一字作三字用，後來才分別爲三個字。

九三是下卦之上爻，所以是公侯之象。陽爻得陽位，所以可以作爲公，用享於天子，但小人是不行的。《易經》中常有君子小人的區別，《書經》中也講小人，說明君子小人的概念很早就有了。

《象》曰：公用亨于天子，小人害也。

"公用亨于天子"，須是君子能夠做到，若是小人，則爲害了。

九四，匪其彭，无咎。

朱子《本義》說彭字音義不詳，程《傳》說彭，盛貌。根據是《詩·載驅》云"汶水湯湯，行人彭彭"，言行人盛多，及《詩·大明》云"駟騵彭彭"，言武王戎馬之盛。"匪其彭"，不盛。謙，損，不處其太盛，无咎。

《象》曰：匪其彭，无咎，明辨晢也。

明辨晢，非常明智。能夠謙虛損抑，不處其盛，從而无咎的,是非常明智的。

六五,厥孚交如,威如,吉。

六五是君位,孚是信。與誰相孚?有人説是與九二,因爲六五與九二正應。其實是上下應之,六五與各爻都相孚。"厥孚交如",互相都是信賴的。"威如",六五居君位,君與臣下光是"交如"相互信賴還不行,還要"威如",使臣下有所畏懼。

《象》曰:厥孚交如,信以發志也。威如之吉,易而无備也。

"易而无備"也不太好講。孔穎達《疏》説:"唯行簡易,無所防備,物自畏之,故云易而无備。"朱子《本義》説:"太柔,則人將易之而無畏備之心。"程《傳》説:"謂若無威嚴,則下易慢而無戒備也。謂無恭畏備上之道。備,謂備上之求責也。"《周易折中》按語説:"孔氏之説亦有理,蓋言威如,則疑於上下相防矣。故申之曰'易而无備'。明乎遏惡揚善,順理而行,非有所戒備也。"以上幾家的解釋都不同,確實不好講。大家看看到底怎麼講對。"威如之吉"何以叫"易而无備"?

上九,自天祐之,吉无不利。
《象》曰:大有上吉,自天祐也①。

大有之上九爻辭是説全卦的。這一卦在《繫辭傳》中單有解釋。《繫辭傳》説:"祐者,助也。天之所助者,順也。人之所助者,信也。履信思乎順,又以尚賢也。"孔子此話是解釋"自天祐之,吉无不利"的。祐,助也。助什麼?天助順,人助信。履信思乎順,又以尚賢,是指六五這一爻而言。大有上九爻辭所云不是單純就是最上這一爻,而是對六五這一爻得出的一個結果。

程《傳》説:"履信謂履五。五虛中,信也。思順謂謙退不

---

① "象曰"至"祐也",原本、廣西師大本俱脱。

居。尚賢謂志從於五。”“尚賢”還是應該是君之大有急於尊賢。這也應是六五得出的。

《周易折中》按語：“傳、義（程《傳》、朱子《本義》）皆以履信思順尚賢爲上九之事，然《易》中以上爻終五爻之義者甚多，如師之‘大君有命’，離之‘王用出征’，解之‘公用射隼’，皆非以上爻爲王公也，蒙五爻而終其義爾。”這樣講是對的。

胡炳文説：“小畜上九，畜之終也。其占曰厲曰凶，承六四言也。大有上九，有之終也，其占吉无不利，承六五言也。小畜一陰畜衆陽，故其終也如彼。大有一陰有衆陽，故其終也如此。君臣大分，豈不明哉。蓋五之厥孚，履信也；柔中，思順也；尚上九之一陽，尚賢也。所以其終也自天祐之，吉无不利也。”

郭雍説：“《繫辭》曰：‘祐者，助也。天之所助者，順也。人之所助者，信也。履信思乎順，又以尚賢也。’六五之君實盡此而言於上九者，蓋言大有之吉，以此終也。故象曰‘大有上吉’，故知此吉大有之吉也，非止上九之吉也。”郭氏講得極爲清楚。

王宗傳説：“六五以一柔有五剛，上九獨在五上，五能尚之。《繫辭傳》所謂又以尚賢，則上九是也。祐之自天，吉无不利。謂大有至此愈有隆而無替也。然則當大有之極，莫大於得天，而所以得天，又莫大於尚賢也。”

鄭汝諧説：“履信思順又以尚賢，蓋言五也。五厥孚交如，履信也。居中用柔，思順也。上九在上，尚賢也。五獲天之祐，吉无不利，由其有是也。言五而繫之上，何也？五成卦之主，上其終也。五之德宜獲是福，於終可驗也。《易》之取義若是者衆，小畜之上九曰‘婦貞厲，月幾望’，言六四之畜陽，至上而爲貞厲之婦，幾望之月也。若指上九而言，則上九陽也，不得爲婦與月。説《易》者其失在於泥爻以求義。故以履信思順尚賢歸之於上九也。《易》之所謂尚者上也。五尚上九之賢，故自天之祐，於上九見之。"

　《周易折中》在集説中引了以上胡、郭、王、鄭四家之説。四家之説是一致的。《周易折中》編者同意此四家之説，不同意程《傳》與朱子《本義》的説法。程、朱單就上九一爻講，四家則以六五一爻來講，不止解此一卦，而且又發現了《易》之通例。此四家之説是重要的。

第九講　謙卦　豫卦　隨卦　蠱卦

謙☷☶艮下坤上

《序卦》説："有大者不可以盈，故受之以謙。"這句話本身就有辯證法在内。

謙，亨，君子有終。

謙卦六爻皆吉，所以人要謙，謙是什麽壞處也没有的。謙必得亨，君子若能做到謙，即使先前受到委曲，最終卻一定是好的。因此過去取名叫什麽"地山"的人很多，地山謙嘛。

什麽叫謙？我看程《傳》講得對。程《傳》説："有其德而不居謂之謙，人以謙巽自處，何往而不亨乎！君子有終，君子志存乎謙巽，達理故樂天而不競，内充故退讓而不矜，安履乎謙，終身不易，自卑而人益尊之，自晦而德益光顯，此所謂君子有終也。在小人則有欲必競，有德必伐，雖使勉慕於謙。亦不能安行而固守，不能有終也。"

《彖》曰：謙亨，天道下濟而光明，地道卑而上行。天道虧盈而益謙，地道變盈而流謙，鬼神害盈而福謙，人道惡盈而好謙。謙尊而光，卑而不可逾，君子之終也。

"天道下濟"是指什麽説的呢？也是指艮爲山來講的。蔡淵説："下濟而光明，艮也。艮有光明之象，故艮之象曰'其道光明'，謂艮陽止乎上，陰不得而掩之，故光明。卑而上行，坤也。"這個天不是一般的天，是指艮卦講的。艮在下，所以説

"天道下濟而光明",坤在上,所以說"地道卑而上行"。這叫謙亨。項安世說:"'天道下濟而光明,地道卑而上行',此以卦體釋卦辭也。九三,乾也,降在下卦,是'下濟而光明'也。坤,地道,處勢至卑而升在上卦,是'卑而上行'也。'下濟'與'卑'皆釋謙字,'光明'與'上行'皆釋亨字。"項氏的解釋很好。蔡氏講艮講得好,項氏講九三講得好。

"天道虧盈而益謙"以下幾句話從幾個方面講謙的好處。"謙尊而光",項安世說:"九三,乾也,降在下卦,是'下濟而光明'也。'卑而不可逾'即地道卑而上行。"項氏這樣解釋是對的。王引之在《經傳釋詞》中一定把"尊"字改成"撙"。這樣濫改字不好,是一種壞的習氣。"尊"字有時可以當作"撙"字用,但在這裏則不可。這個尊是尊卑的尊,是代表天的,王引之改得不對。

《象》曰:地中有山,謙。君子以裒多益寡,稱物平施。

君子學此卦,有多裒去,寡者增益。程《傳》說"裒取多者,增益寡者"我看是對的。

初六,謙謙君子,用涉大川,吉。

初是第一爻,最處下,謙;又是六,陰爻,亦謙。朱子《本義》說:"以柔處下,謙之至也。"朱熹這樣講是對的。

《象》曰:謙謙君子,卑以自牧也。

孔穎達把牧講成養,是對的。程《傳》把牧講成《詩經》"自牧歸荑"的牧,即郊牧的牧,是不對的。張栻釋成牧牛羊的牧,也不對。孔氏把牧講成養,"卑以自牧"就是用卑來自養。

六二,鳴謙,貞吉。

程《傳》說:"見於聲音顏色,故曰'鳴謙'。"蘇軾《易傳》說:"雄鳴則雌應,故《易》以陰陽唱和,寄之於鳴。謙之所以為謙者三,六二其鄰也,上九其配也,故皆和之而鳴於謙。"謙成卦之主是九三。六二與九三相和，鳴謙。總而言之，鳴謙，能把謙表現出來。

《象》曰：鳴謙貞吉，中心得也。

　　君子所表現出來的謙，是發自中心的，是自然的流露，不是勉強的，更不是虛假的。

九三，勞謙君子，有終吉。

　　九三這一爻重要，全卦止此一陽爻，是成卦之主。勞謙，有功勞而又能保持謙德。這樣的人，古人也認爲不多。程《傳》説："三以陽剛之德而居下體，爲衆陰所宗，履得其位，爲下之上，是上爲君所任，下爲衆所從，有功勞而持謙德者也，故曰勞謙。古之人有當之者周公是也。"《繫辭傳》也有涉及。孔子説，勞謙君子，有終吉，"勞而不伐，有功而不德，厚之至也。語以其功下人者也。德言盛，禮言恭，謙也者致恭以存其位者也"。這幾句話專門解釋"勞謙君子，有終吉"。

《象》曰：勞謙君子，萬民服也。

　　程《傳》説："能勞謙之君子，萬民所尊服也。"

六四，无不利撝謙。

　　撝謙，發揮謙德。程《傳》説："四居上體，切近君位。六五之君，又以謙柔自處，九三又有大功德，爲上所任，衆所宗，而己居其上，當恭畏以奉謙德之君，卑巽以讓勞謙之臣，動作施爲，無所不利於撝謙也。"這樣講是對的。

《象》曰：无不利撝謙，不違則也。

　　發揮謙之德要不違背法則，就是要有個度，不宜過分。

六五，不富以其鄰，利用侵伐，无不利。

　　不富是陰爻，富是陽爻，鄰是近的意思。程《傳》説："不富而得人之親也，爲人君而持謙順，天下所歸心也。"但不是一謙到底,所以程《傳》又説:"然君道不可專尚謙柔,必須威武相濟,然後能懷服天下,故利用行侵伐也。威德並著,然後盡君道之宜,而無所不利也。蓋五之謙柔當防於過,故發此義也。"

《象》曰:利用侵伐,征不服也。

　　對於文德不能服的人,使用武力征討。六五居人君之位,文不能服人而可動武,這不但是允許的,而且是必須的。由此可見,《易經》是爲統治階級服務的。

上六,鳴謙,利用行師,征邑國。

　　利用行師征己之邑國。程《傳》説:"六以柔處柔順之極,又處謙之極,極乎謙者也。以極謙而反居高,未得遂其謙之志,故至發於聲音。柔處謙之極,亦必見於聲色,故曰鳴謙。雖居無位之地,非任天下之事。然人之行己,必須剛柔相濟。上,謙之極也,至於太甚,則反爲過矣,故利在以剛武自治。邑國,己之私有。行師,謂用剛武。征邑國,謂自治其私。"

《象》曰:鳴謙,志未得也。可用行師,征邑國也。

　　上六鳴謙,因爲上六雖外有謙之聲譽,但自己内心仍感謙之不足。征邑國,雖然可以行師,但是祗能限於征自己的邑國,還是自己管自己的意思。

　　總而言之,謙卦正如王弼所説:"夫吉凶悔吝,生乎動者也。動之所起,興於利者也。故飲食必有訟,訟必有衆起。未有居衆人之所惡,而爲動者所害;處不競之地,而爲爭者所奪。是以六爻雖有失位,無應,乘剛,而皆無凶咎悔吝者,以謙爲主也。謙尊而光,卑而不可逾,信矣哉。"這就是一般所説的謙卦六爻皆吉。六爻皆吉的話正是依據王弼此語講的。胡一桂説:"謙一卦下三爻皆吉而無凶,上三爻皆利而無害。《易》中吉利罕有若此純全者。謙之效固如此。"

豫☷☳坤下震上

《序卦》説:"有大而能謙必豫,故受之以豫。"程《傳》説:"有既大而能謙,則有豫樂也。豫者,安和悦樂之義。"

豫,利建侯,行師。

因爲上卦是震,長子主祭,故利建侯;下卦是坤,坤是衆,故利行師。

《彖》曰:豫,剛應而志行,順以動,豫。豫順以動,故天地如之,而況建侯行師乎! 天地以順動,故日月不過,而四時不忒。聖人以順動,則刑罰清而民服,豫之時義大矣哉。

剛指九四這一爻,謂四爲群陰所應而得衆。順是坤,動是震。順而動,故曰豫。天地也是如此,能按順來動,合乎規律地運動,更何況建侯行師? 建侯行師尤其是順理之事。天地以順動,日月的運轉,四時的變化,絶不反常。人類社會的事情也是如此,統治者若能做到以順動,則刑罰清,百姓服。

項安世説得好:"豫、隨、遯、姤、旅,皆若淺事而有深意,故曰時義大矣哉,欲人之思之也。坎、睽、蹇,皆非美事,而聖人有時而用之,故曰時用大矣哉,欲人之別之也。頤、大過、解、革,皆大事大變也,故曰時大矣哉,欲人之謹之也。"吴澂説:"專言'時'者,重在時字,'時義'重在義字,'時用'重在用字。"《易經》一共稱"大矣哉"的有十二卦,其中爲什麼有的稱"時義",有的稱"時用",有的稱"時",他們都作了解釋,解釋得很好,很重要。他們就全《易》考慮問題,是對的。

《象》曰:雷出地奮,豫。先王以作樂崇德,殷薦之上帝,以配祖考。

樂,音樂。殷,盛。先王觀豫卦,乃作樂。"殷薦之上帝,以配祖考",重視音樂到了極點。履卦是講禮的,豫卦是講樂的。

初六,鳴豫,凶。

　　　鳴謙好,鳴豫不好。豫,樂,一般説是好的,但是鳴豫,把樂搞過分了,就不好。程《傳》説:"不勝其豫,至發於聲音,輕淺如是,必至於凶也。"

《象》曰:初六鳴豫,志窮凶也。

六二,介于石,不終日,貞吉。

　　　介于石,即介如石。介如石,即堅如石。對於這段爻辭,《繫辭傳》有解釋,《繫辭傳》説:"知幾其神乎! 君子上交不諂,下交不瀆,其知幾乎! 幾者,動之微,吉之先見者也。君子見幾而作,不俟終日。《易》曰:'介于石,不終日,貞吉。'介如石焉,寧用終日,斷可識矣。君子知微知彰,知柔知剛,萬夫之望。"

　　　程《傳》説:"逸豫之道,放則失正,故豫之諸爻多不得正,才與時合也。唯六二一爻處中正,又無應,爲自守之象。當豫之時,獨能以中正自守,可謂特立之操,是其節介如石之堅也。介于石,其介如石也。人之於豫樂,心悦之,故遲遲遂至於耽戀不能已也。二以中正自守,其介如石,其去之速不俟終日,故貞正而吉也。處豫不可安且久也,久則溺矣,如二可謂見幾而作者也。"

　　　丘富國説:"豫諸爻以無所繫應者爲吉,豫初應四,而三五比四,皆有繫者也,是以爲凶爲悔爲疾。獨二陰静而中正與四無繫,特立於衆陰之中,而無遲遲耽戀之意。方其静也則確然自守而介于石。及其動也,則見幾而作,不俟終日。蓋其所居得正,故動静之間,不失其正,吉可知矣。"

　　　丘氏的解釋很好,不僅解釋一爻,把全卦都解釋了。

《象》曰:不終日,貞吉,以中正也。

六三,盱豫悔,遲有悔。

盱是向上看。六三向上看九四,有悔。如果遲了,有悔。這個"有",查慎行釋爲"又"。古"有"與"又"二字可以通用。在這裏講成"又",更好,比朱子《本義》、程《傳》作"有"講好。胡炳文也是把"遲有悔"講成"遲又悔"。他説:"二中而得正,三陰不中正,故盱豫與介石相反,遲與不終相反,中正與不中正故也。六三雖柔,其位則陽,猶有能悔之意,然悔之速可也,悔之遲則又必有悔矣。"

《象》曰:盱豫有悔,位不當也。

九四,由豫,大有得,勿疑,朋盍簪。

朱子《本義》説:"簪,聚也,又速也。"講得對。程《傳》説:"豫之所以爲豫者,由九四也,爲動之主。動而衆陰悦順,爲豫之義。四,大臣之位,六五之君順從之以陽剛而任上之事,豫之所由也,故云'由豫'。'大有得',言得大行其志,以致天下之豫也。'勿疑,朋盍簪',四居大臣之位,承柔弱之君,而當天下之任,危疑之地也。獨當上之倚任,而下無同德之助,所以疑也。唯當盡其至誠,勿有疑慮,則朋類自當盍聚。夫欲上下之信,唯至誠而已。苟盡其至誠,則何患乎其無助也。簪,聚也。簪之名簪,取聚發也。"

《象》曰:由豫,大有得,志大行也。

六五,貞疾,恒不死。

"貞疾,恒不死",有這樣的解釋,六五這個君好像受到大臣九四的威脅、控制,但又没有完全失去自己的地位。程《傳》説:"六五以陰柔居君位,當豫之時,沉溺於豫,不能自立者也,權之所主,衆之所歸,皆在於四。四之陽剛得衆,非耽惑柔弱之君所能制也。乃柔弱不能自立之君,受制於專權之臣也。居得君位,貞也。受制於下,有疾苦也。六五尊位,權雖失而位未亡也,故云'貞疾,恒不死',言貞而有疾,常疾而不死。"王宗傳説:"當逸豫之時,恣驕侈之欲,宜其死於安樂有餘也。然乘九四之剛恃以拂弼於己,故得恒不死也。"

王氏的講法與程《傳》不同,甚至相反。王氏以爲九五不是受九四的脅迫,而是受九四的輔弼。我看王氏的解釋好一些,比程《傳》好,這從小象中可以看出來。

《象》曰:六五貞疾,乘剛也。恒不死,中未亡也。

六五得中,乘剛。"貞疾"到底好還是壞,程氏以爲受大臣的逼迫,王氏説受大臣的輔弼。我看王氏説得對。《周易折中》按語也是同意王氏的説法。

上六,冥豫,成有渝,无咎。

冥豫,一直是豫,但因爲上上六,卦之最終一爻,若有變化,則无咎。

《象》曰:冥豫在上,何可長也。

豫悦過甚,到了極點,不可以繼續下去了,應盡快改變,才可无咎。

隨☷震下兑上

《序卦》説:"豫必有隨,故受之以隨。"隨的含義,各家説法不一。隨是從的意思,大概没有什麼疑問。悦豫和樂再發展一步,一定要隨。

隨,元亨利貞,无咎。

元亨利貞在乾卦裏用過。元亨,大亨。隨從人家,可以大亨,但要利正。能够做到元亨利貞,才可无咎。若不能元亨利貞,則有咎。此卦《左傳》襄公九年穆姜被幽禁,占得隨卦。有人説此卦吉,能很快得釋。她有自知之明,説雖然隨卦講"元亨利貞,无咎",但她自己作爲婦人,行爲很不好,没做到元亨利貞,不可能无咎,必死於此。結果到底死在裏面。

《象》曰：隨，剛來而下柔，動而說，隨。大亨貞无咎，而天下隨時。隨時之義大矣哉。

　　"隨，剛來而下柔，動而悦，隨"，以卦體解釋卦名。"剛來而下柔"有二説。一説剛指震卦，柔指兑卦。另一説，上兑本是乾卦，下震本是坤卦。坤卦之下爻變爲陽爻，乾卦之上爻變爲陰爻，好像是乾卦的上爻來到坤卦之下爻。易卦從上至下叫來，從下至上叫往。此卦説的"剛來"就是上爻來到初，也有這樣講的，用卦變來講。卦變問題過去我講過。朱子《本義》講卦變，講得非常混亂。查慎行《周易玩辭集解》駁了朱熹的説法。我過去説過，卦變問題還是蘇東坡和程頤兩家講得對。如果説剛指震，柔指兑，那就沒説的了。如果用卦變來解釋，那就還應依據蘇、程的説法。

　　"動而説"，下震下兑。《説卦》有"震，動也"、"兑，説也"的説法。剛來下柔，動而説是隨。可以説孔子釋卦名是這樣釋的。這是解釋"元亨利貞，无咎"。"元亨利貞"是隨時的，不是固定的。在這個時候這樣做，用這個隨，就无咎。不符合這個時，就要有咎。把這個説成是"天下隨時"。"天下隨時"，朱子《本義》説王肅的本子作"天下隨之"。（王肅是王朗的兒子，作過《聖證論》、《孔子家語》等，有學問，其説有的地方不一定錯，其書在晉代很流行）朱子《本義》同意王本作"天下隨之"。但一般的本子還作"天下隨時"。

　　《易》有講時義的，有講時用的，有講時的。程《傳》説共十二卦，豫以下十一卦。"豫、遯、姤、旅言時義。坎、睽、蹇言時用。頤、大過、解、革言時。各以其大者也"。項安世説："豫、隨、遯、姤、旅，皆若淺事而有深意，故曰時義大矣哉，欲人之思之也。坎、睽、蹇，皆非美事，而聖人有時而用之，故曰時用大矣哉，欲人之別之也。頤、大過、解、革，皆大事大變也，故曰時大矣哉，欲人之謹之也。"講豫卦已談及此，講隨卦也有這個問

題。隨不一定好,在某個時候是好的。"隨時之義大矣哉"與
豫卦是一樣的。

《象》曰:澤中有雷,君子以嚮晦入宴息。

雷在澤中,雷藏起來了,這就是說雷有時不是在澤中。君
子效法這個,天將昏黑時,就要休息睡覺了。

初九,官有渝,貞吉,出門交有功。

隨卦整個來説,我看,《周易折中》引龔煥的話和查慎行
《周易玩辭集解》所講的,是對的。程《傳》、朱子《本義》講的,
是不對的。查氏説,隨,從也。隨之六爻不論應不應,祗論近
比。初隨二,二隨三,三隨四,五隨上,多取以下從上之義。查
氏此説可從。《周易折中》引龔煥説:"隨卦諸爻皆以陰陽相隨
爲義。三四皆無正應,相比而相隨者也。然六三上而從陽,理
之正也。九四下爲陰從,固守則凶,若心所孚信,在於道焉,以
明自處。何咎之有?"這是專説九四這一爻的。另外,俞琰説:
"隨之六爻專取相比相隨,不取其應。"與查氏之説一致。俞氏
又解釋初九説:"初九震體,震以剛爻爲主,官也。官雖貴乎有
守,然處隨之時,不可守常而不知變也。變者何,趨時從權,不
以主自居也,故曰'官有渝'。"此俞氏解釋"官有渝"。俞氏又
云:"初九乃成卦之主爻。主不可以隨人,故不言隨而言交。"
此卦是震,震卦陽爻爲主爻,不該隨人,所以言交不言隨。又
云:"係者隨而攀戀不舍之義,六二、六三、上六,其性皆陰柔,
而攀戀相隨不舍,故皆言係。"也就是説,這個隨是初九與六二
相隨。"官有渝",變,可以從權,故陽可以隨陰。因爲是陽隨
陰,不叫隨而叫交。

《象》曰:官有渝,從正吉也。出門交有功,不失也。

《周易折中》按語説:"陽爲陰主,故曰官。夫陽爲主而陰
隨之者,正也。今以剛而下柔,是其變也,故曰'官有渝'。然

當隨而隨，變而不失其正也，故可以得吉而出門交有功。"講得挺好。

六二，係小子，失丈夫。

　　　小子、丈夫是誰？說法就不一樣了。程《傳》、朱子《本義》都認爲，初陽在下是小子，五正應在上是丈夫。丈夫是五，小子是初。但俞琰、龔煥、查慎行就不這樣講了。初以剛隨人叫作交，二以柔隨人叫作係。係小子是誰呢？小子是六三。失丈夫是誰呢？丈夫是初九。《易經》裏陽爲大陰爲小。六三是陰，故稱小，初九是陽，故稱丈夫。六二隨六三，因爲陰爻稱隨，係小子是係六三，而失掉了初九。六二既與六三相比，又與初九相比，但是它係了六三就失掉了初九。這叫作"係小子，失丈夫"。我看這樣講是對的。程《傳》說丈夫是五，小子是初，不對。因爲隨卦不取應，不取應，就不能是五爻。

《象》曰：係小子，弗兼與也。

六三，係丈夫，失小子，隨有求得，利居貞。

　　　這一爻也要按比來講。查慎行說，三與二是同體的，而外比於四，小子是六二，丈夫是九四。卦義以隨上爲貴，隨陽爲得，三與四近而相取，其情易合，故隨有求而皆得，查氏這樣講，我看是通的。程《傳》與朱子《本義》都認爲小子是初，看起來不大對。係丈夫是係九四，失小子是失六二。六二是陰爻。"隨有求得"是隨九四而有所得。"利居貞"，查氏講，以六居三，以九居四，位皆不當，恐其爲妄求，爲苟得，所以誡以"利居貞"，要正。查氏的講法，是對的。

《象》曰：係丈夫，志舍下也。

　　　係丈夫是係九四，舍下是舍六二。

九四，隨有獲，貞凶，有孚在道以明，何咎？

　　　查慎行解釋：四與五兩爻相比，初爻是四之所應爻。三爻

呢？三所係是係丈夫，失小子。我隨人而人隨我，隨有獲之
象。這就是"隨有獲"。隨有獲，但貞凶。若固守這個，容易得
凶。爲什麼得凶呢？因爲九四是大臣，五是君位。人都隨大
臣了，大臣有凶。但是"有孚在道以明，何咎"，假設你有孚有
信，人們相信你符合道，那有什麼咎呢！真正以誠相待，符合
道，便不會有咎。

《象》曰：隨有獲，其義凶也。有孚在道，明功也。

　　程《傳》説："九四以陽剛之才處臣位之極，若於隨有獲，則
雖正亦凶。有獲謂得天下之心隨於己。爲臣之道當使恩威一
出於上，眾心皆隨於君。若人心從己，危疑之道也，故凶。居
此地者奈何，唯孚誠積於中，動而合於道，以明哲處之，則又何
咎！"

九五，孚于嘉，吉。

　　九五居君位，都能隨它。《周易折中》引王應麟語："信君
子者治之原，隨之九五曰'孚于嘉，吉'。信小人者亂之機，兌
之九五曰'孚于剝，有厲'。"正相反對，"孚于嘉"即孚於美。天
下人都隨它。它陽剛中正嘛。

《象》曰：孚于嘉，吉，位中正也。

上六，拘係之，乃從維之，王用亨于西山。

　　這個王是誰？有人説是九五，不是指上六説的。"王用亨
于西山"，意思是很誠，九五對上六很誠，就像西山祭祀似的。
拘係之，還要維之。《詩・有客》"言授之縶，以縶其馬"，《詩・
白駒》"縶之維之，以永今朝"，正與此爻意義相合。

　　享字，現在《易經》還是寫成亨字。項安世曰："大有九三
公用亨于天子，隨上六王用亨于西山，益六二王用亨于帝，隨
六四王用亨于岐山，四爻句法皆同。古文亨即享字。今獨益
作享，讀者，俗師不識古字，獨於享帝不敢作亨帝也。"項氏講

了,朱熹也講了,唯高亨以爲遇亨一律念享,不對。

《周易折中》按語説:"凡《易》中五上二爻,六五下上九,則有尚賢之義,大有、大畜、頤、鼎是也。九五近上六,則有比匪之義,大過、咸、夬、兌是也。然九五上六相比不正之私情,必於兌體取之者,爲其以相悦而動,易人於不正也。獨此卦雖亦兌體,而卦以剛下柔爲義,則九五上六有相隨之義,非不正也。故於九五曰孚于嘉,所以別於兌之孚于剥也。於上六則不曰係小子,亦不曰係丈夫,而但曰拘係之,下乃云王用亨于西山,明乎其所係者王也。凡《易》爻言王用亨者三,皆謂王用如此爻者之人,以亨於山川上帝也,非謂其爻爲王也。"此王指九五而言,九五對上六不能用隨字。所以,用亨于西山,表示它這個誠,對上六拘係之,乃從維之。

《象》曰:拘係之,上窮也。

上窮,説法不同。《周易折中》按語以爲,上窮則有高亢之意,如人之絶世離群,不易係之,所以不言"係"而言"拘係之"。

蠱☶☴ 巽下艮上

《序卦》説:"以喜隨人者必有事,故受之以蠱。"隨卦之後有益,蠱是壞的意思,不是事的意思。就社會來説,蠱之時,是亂世,社會亂了。

蠱,元亨,利涉大川,先甲三日,後甲三日。

蠱是壞的意思。蘇軾講:"器久不用而蟲生之謂之蠱。人久宴溺而疾生之謂之蠱。天下久安無爲而弊生之謂之蠱。蠱之災非一日之故也,必世而後見,故爻皆以父子言之。"

《彖》曰:蠱,剛上而柔下,巽而止,蠱。蠱元亨,而天下治也。利涉大川,往有事也。先甲三日,後甲三日,終則有始,天行也。

"剛上而柔下",向來都認爲是卦變。我認爲程《傳》講得對。程《傳》說:"剛上而柔下,謂乾之初九,上而爲上九。坤之上六,下而爲初六也。"上卦原爲坤,下卦原爲乾。現在變了,上陰爻變爲陽爻,初陽爻變爲陰爻。此所謂剛上而柔下。

"巽而止",巽,順也;止,艮也,上下不相交,不相通,因而長期因循無爲,巽而止。《周易折中》引集氏說:"巽而止者,巽而不爲,因循至壞者也。"剛上而柔下,巽而止,所以卦名曰蠱。

"蠱元亨,而天下治也",有亂就可以得治了,所以元亨天下治。"利涉大川,往有事也",利涉大川,表示往有事也。《雜卦》所謂"蠱,飭也",就是要治。

"先甲三日,後甲三日,終則有始,天行也。"先甲三日,後甲三日,講的是終則有始。終以後就要有始,亂以後就要有治。這就是天行,即這是自然的規律,必然如此。程《傳》說:"甲,數之首,事之始也。如辰之甲乙,甲第甲令,皆謂首也,事之端也。治蠱之道當思慮其先後三日,蓋推原先後爲救弊可久之道。先甲,謂先於此,究其所以然也。後甲,謂後於此,慮其將然也。一日二日至於三日,言慮之深,推之遠也。究其所以然,則知救之之道。慮其將然,則知備之之方。善救則前弊可革,善備則後利可久。此古之聖王所以新天下而垂後世也。"又說:"甲者事之首,庚者變更之首。制作政教之類則云甲,舉其首也。發號施令之事則云庚。庚猶更也。有所更變也。"《易經》在蠱卦卦辭講先甲三日後甲三日,在巽卦的爻辭中講先庚三日後庚三日。在這裏連帶談庚的問題。關於這個問題過去有兩種講法。一種是王弼的講法,一種是鄭玄的講法。王氏解釋甲是事之始,程《傳》從之。鄭玄說先甲三日是辛日,義取更新。後甲三日是丁日,義取叮嚀。朱子《本義》取鄭玄說。所以程、朱二人意見不同。我認爲程《傳》講得對。《周易折中》引龔煥說:"蠱卦辭言先甲後甲,巽卦辭言先庚後庚,事壞而至蠱,則當復始。甲者事之始,故蠱象傳以先甲後甲爲終則有始也。事久而有弊,不可以不更,庚者事之變,故巽爻辭以先庚後庚爲無初有終也。夫事之壞而新之,是謂終則有始;事之弊而革之,是謂無初有終。終則有始,如創業之君,新一代之法度也。無初有終如中興之主,革前朝之弊事也。"我看龔煥講得很透徹,足以申程《傳》之説,解釋得很好。蠱是壞了,要治,好像創業,所以用甲創始。庚是説,出了毛病,要改革,要中興了,所以稱庚。故蠱象傳云終則有始,巽的爻辭講無初有終。《易》先甲三日後甲三日,先庚三日後庚三日,是很難講的東西。我看這樣講,就可以講明白了。再扼要説一遍。過去有二説,一是王弼的説法,一是鄭玄的説法。程《傳》是根據王弼講的,朱熹是根據鄭玄講的,兩相比較,我看還是程《傳》講得好。龔煥講的,足以申明程《傳》之説。

《象》曰:山下有風,蠱,君子以振民育德。

　　山下有風,表示亂了。君子由此卦得出要振民育德的思想。社會亂了,要振民,要育德。

初六,幹父之蠱,有子,考无咎,厲終吉。

　　初六這一爻在蠱卦之初,處於亂世,因爲前代因循而亂而蠱。後一代的兒子能够幹父之蠱,把亂世給治好。有了好兒子,就"考无咎",没什麽了。厲,危險,但終得吉。胡炳文(元人,專門講朱子《本義》的)説:"爻辭有以時位言者,有以才質言者。如蠱初六以陰在下,所應又柔,才不足以治蠱。以時言之,則爲蠱之初,蠱猶未深,事猶易濟,故其占爲有子,故其考可无咎矣。然謂之蠱,則已危厲,不可以蠱未深而忽之也。故又戒占者知危而能戒,則終吉。"這就講明白了。

《象》曰:幹父之蠱,意承考也。

　　考是父親。兒子治理父親留下的亂攤子,實際上是繼承了父親的意志。

九二,幹母之蠱,不可貞。

　　九二與六五是應爻。"九二,幹母之蠱",程《傳》曰:"九二陽剛,爲六五所應,是以陽剛之才,在下而幹夫在上陰柔之事也。故取子幹母蠱爲義。以剛陽之臣,輔柔弱之君,義亦相近。"

　　因爲九而居二,陽爻居陰位,這還好些,若是陽爻義居陽位,太剛了,幹母之蠱,容易出毛病。此陽爻居陰位,調和了,中道,所以幹母之蠱就好了。《周易折中》引蘇軾説:"陰之爲性,安無事而惡有爲,是以爲蠱之深而幹之尤難者。正之則傷愛,不正則傷義,以是爲之難也。二以陽居陰,有剛之實,而無用剛之迹,可以免矣。"幹母之蠱爲什麼不可貞?《周易折中》引蔣悌生説:"九二以陽剛而承六五之陰柔,有母子之象,但戒以不可貞,則與幹父小異,然以巽順而得中道,亦善幹蠱者也。"

《象》曰:幹母之蠱,得中道也。

九三,幹父之蠱,小有悔,无大咎。

　　九三陽爻居陽位,朱子《本義》云:"過剛不中,故有小悔,巽體得正,故无大咎。"胡炳文説:"幹蠱之道,以剛柔相濟爲尚,初六六五柔而居剛,九二剛而居柔,皆可幹蠱。不然,與其爲六四之過於柔而吝,不若九三之過於剛而悔,故曰小有悔。若不足其過於剛,繼之曰無大吝,猶幸其能剛也。"

《象》曰:幹父之蠱,終无咎也。

六四,裕父之蠱,往見吝。

　　六四就不行了。既是六又居四,陰爻居陰位,那就不能幹父之蠱,而祇能裕父之蠱。裕,寬裕。以柔順之才,往見就得吝了。《周易折中》引劉彌邵的話説:"强以立事爲幹,怠而委事爲裕,事弊而裕之,弊益甚矣。蓋六四體艮之止,而爻位俱

柔,夫貞固足以幹事,今止者怠,柔者懦。怠且懦,皆增益其蠱
者也。持是以往,吝道也。安能治蠱邪?"這講得很明白。六
四陰柔,不能幹父之蠱,祇能裕父之蠱。

《象》曰:裕父之蠱,往未得也。

六五,幹父之蠱,用譽。

　　六五這一爻幹父之蠱,是很好的啦,能够用譽。程《傳》
說:"五居尊位,以陰柔之質當人君之幹,而下應於九二,是能
任剛陽之臣也。雖能下應剛陽之賢而倚任之,然已實陰柔,故
不能爲創始開基之事,承其舊業則可矣。故爲幹父之蠱。夫
創業垂統之事,非剛明之才則不能。繼世之君雖柔弱之資,苟
能任剛賢則可以爲善繼而成令譽也。太甲、成王皆以臣而用
譽者也。"

《象》曰:幹父用譽,承以德也。

上九,不事王侯,高尚其事。

　　蠱的最上一爻,這是在事外的,事外能怎樣呢? 能够不事
王侯,以高尚其事。當事的以幹父爲事,不當事的以高尚其
事,高尚就是他的事。其他都在位,就以幹父之蠱爲事。此在
上,在事外,不事王侯,高尚其事。

《象》曰:不事王侯,志可則也。

第十講　臨卦　觀卦　噬嗑　賁卦

臨䷒兌下坤上

《序卦》說："蠱者事也，有事而後可大，故受之以臨。"韓康伯說："可大之業，由事而生。"程《傳》說："澤上有地則爲臨也。臨者，臨民臨事，凡所臨皆是，在卦取自上臨下，臨民之義。"

臨，元亨利貞，至于八月有凶。

八月，天山遯，二陰生。地澤臨，是二陽，發展到八月變成天山遯，那時就是陰生了，所以有凶。朱子《本義》講了兩種説法。其一説："八月，謂自復卦一陽之月至於遯卦二陰之月，陰長陽遯之時也。"這涉及京房的十二辟卦。十二辟卦，看來是《易經》舊有的。

《彖》曰：臨，剛浸而長，説而順，剛中而應，大亨以正，天之道也。至於八月有凶，消不久也。

程《傳》講八月，也是説由復至遯。程《傳》說："八月，謂陽生之八月。陽始生於復，自復至遯凡八月。自建子至建未也。二陰長而陽消矣，故云消不久也。"我看程《傳》此説可從，與朱子《本義》説法還是一致的。朱子《本義》先説："八月謂自復卦一陽之月至於遯卦二陰之月，陰長陽消之時也。"接着又説："或曰八月謂夏正八月，於卦爲觀，亦臨之反對也。"朱子前一説據程《傳》，但他猶疑不定。我看程《傳》是對的，"八月"的講法應從程《傳》。"消不久也"，不久就要消了，要變成天山遯了。遯是二陰生，臨是二陽生。復是一陽生，建子。臨是二陽生，建丑。泰是三陽生，建寅。大壯是四陽生，建卯。夬是五陽生，建辰。乾是六陽生，建巳。姤是一陰生，建午。遯是二陰生，建未。由復卦，十一月，至遯卦，六月，共八個月。復，地雷復☷☳，一陽生。遯，天山遯☰☶，二陰生。臨，地澤臨☷☱，二陽生。剛長，長到臨，由一陽變爲二陽；陰長，長到遯，由一陰變爲二陰。對於剛來説，臨好，遯不好。因爲遯時二陰生，陰要長了，陽要消了。王弼《注》衹是講八月陽衰而陰長，未具體講八月是什麼卦。若至八月，天山遯，小人道長，君子道消，故曰有凶。

《象》曰：澤上有地，臨。君子以教思无窮，容保民无疆。

　　臨是大的意思。君子傚法臨卦的含義，要盡量廣大地教民、保民。

初九，咸臨，貞吉。

　　咸字是古感字，咸字在古代恐怕就是感字。《易》下經之咸卦，那個咸也是感。後人解咸爲無心之感，恐怕是望文生義，古感字本無心，心是後加的。咸臨就是感臨。初與四應，感應，稱感臨。初九得位居正，故曰貞吉。

《象》曰：咸臨貞吉，志行正也。

九二，咸臨，吉无不利。

　　九二與六五相應，所謂剛中而應，也是咸臨吉无不利。

《象》曰：咸臨，吉无不利，未順命也。

　　"未順命也"不好講。朱子《本義》對"未順命"説"未詳"。《周易折中》按語的解釋，也不怎麼明白。查慎行《周易玩辭集解》是這樣講的："未順命當指四陰而言。二陽在下，四陰在上，其勢尚壯，未必皆順以從陽。夫子於陽長之時，致防微之慮，所以補爻辭未言也。"總之，有幾種講法，或者就説成"未詳"也可。

六三,甘臨,无攸利,既憂之,无咎。

　　　甘臨,兌爲口舌,用口舌臨人,叫甘臨。无攸利,若憂之,
則无咎。程《傳》説:"三居下之上,臨人者也。陰柔而説體,又
處不中正,以甘説臨人者也。在上而以甘説臨下,失德之甚,
無所利也。兌性既説,又乘二陽之上,陽方長而上進,故不安
而益甘。既知畏懼而憂之,若能持謙守正,至誠以自處,則无
咎也。邪説由己能憂而改之,復何咎乎!"

《象》曰:甘臨,位不當也,既憂之,咎不長也。

六四,至臨,无咎。

　　　六四與初九正應,陰爻居陰位,故曰至臨。王宗傳説:"四
以上臨下,其與下體最相親,故曰至臨。以言上下二體莫親於
此也。"

《象》曰:至臨,无咎,位當也。

六五,知臨,大君之宜,吉。

　　　六五是君位,居君位而臨天下,程《傳》曰:"五以柔中順體
居尊位,而下應於二剛中之臣,是能倚任於二,不勞而治,以知
臨下者也。夫以一人之身,臨乎天下之廣。若區區自任,豈能
周於萬事! 故自任其知者,適足爲不知。唯能取天下之善,任
天下之聰明,則無所不周。是不自任其知,則其知大矣。五順
應於九二剛中之賢,任之以臨下,乃己以明知臨天下,大君之
所宜也,其吉可知。"胡炳文説:"五虛中下應九二,不任己而任
人,所以爲知,所以爲大君之宜。"

《象》曰:大君之宜,行中之謂也。

　　　主要在於居中,有中德。

上六,敦臨,吉无咎。

敦，敦厚。敦臨，敦厚於臨。程《傳》説："六居臨之終，而不取極義。臨無過極，故止爲厚義。"艮卦上九叫敦艮，復卦六五叫敦復，與臨卦上六敦臨一樣，都是敦篤、敦厚的意思。

《象》曰：敦臨之吉，志在内也。

"志在内"，程《傳》説："應乎初與二也。志順剛陽而敦篤，其吉可知也。"

觀☷☴坤下巽上

《序卦》："臨者大也，物大然後可觀，故受之以觀。"程《傳》説："凡觀視於物則爲觀（音關），爲觀於下則爲觀（音貫）。如樓觀之謂觀者，爲觀於下也。人君上觀天道，下觀民俗，則爲觀（音關），修德行政爲民瞻仰則爲觀（音貫）。"觀字兩讀，其實是後分的，原來不分。

觀，盥而不薦，有孚顒若。

盥，祭祀之前洗手，以示誠敬。用匜盛水，往手中倒水。薦是進獻的意思。祭祀時，先洗手，然後進獻祭品。"盥而不薦"，當洗了手而尚未進獻祭品的時候，心中的誠敬已經表現出來。顒是仰望的意思。下邊信而仰之。下邊看你的樣子，你不説話也行，便受到感化。有點像《中庸》説的"不動而敬，不言而信"的意思。

《象》曰：大觀在上，順而巽，中正以觀天下。觀，盥而不薦，有孚顒若，下觀而化也。觀天之神道而四時不忒，聖人以神道設教而天下服矣。

中正是指九五。順，下卦坤；巽，上卦巽。"順而巽，中正以觀天下"，是釋卦名的。"神道"怎麽講？就文義看，還是"盥而不薦，有孚顒若"，看那個樣子，很端莊。"不忒"，不差忒。"天之神道而四時不忒，聖人以神道設教而天下服矣"，看這段

話的文義,好像説"不言而信"的意思。祇要下邊一看就行了,
就感化了。

《象》曰:風行地上,觀,先王以省方觀民設教。

　　朱子《本義》説:"省方以觀民,設教以爲觀。"

初六,童觀,小人无咎,君子吝。

　　胡炳文説:"觀以遠近爲義。"因爲初爻離五爻最遠,故爲
童觀,像兒童看不清楚似的。童觀,對於小人來説是无咎的,
對於君子來説則有咎。程《傳》説:"六以陰柔之質,居遠於陽,
是以觀見者淺近,如童稚焉,故曰童觀。陽剛中正在上,聖賢
之君也。近之則見其道德之盛,所觀深遠。初乃遠之,所見不
明,如童蒙之觀也。小人,下民也,所見昏淺,不能識君子之
道,乃常分也,不足謂之過咎,若君子如是,則可鄙吝也。"講得
很明白。

《象》曰:初六,童觀,小人道也。

六二,闚觀,利女貞。

　　程《傳》説:"二應於五,觀於五也。五,剛陽中正之道,非
二陰暗柔弱所能觀見也。故但如闚覘之觀耳。闚覘之觀,雖
少見而不能甚明也。二既不能明見剛陽中正之道,則利如女
子之貞,雖見之不能甚明,而能順從者,女子之道也,在女子爲
貞也。二既不能明見九五之道,能如女子之順從,則不失中
正,乃爲利也。"

《象》曰:闚觀女貞,亦可醜也。

　　男女吉凶不同。既云"利女貞",則對於男子來説,便是可
醜的了。

六三,觀我生進退。

　　孔穎達《疏》:"三居下體之極,是有可進之時,又居上體之

下，復是可退之地。遠則不爲童觀，近則未爲觀國，居在進退之處，可以自觀。時可則進，時不可則退，故曰觀我生進退也。"看我自己，講得不錯。劉牧説："自觀其道，應於時則進，不應於時則退。"胡炳文説："六三上下之間，可進可退之地，故不必觀五，但觀我所爲而爲之進退。"

《象》曰：觀我生進退，未失道也。

六四，觀國之光，利用賓于王。

　　《周易折中》引劉定之説："九五大君，觀己所爲以儀型天下。初居陽而去五遠，所觀不明如童子。二居陰而去五遠，所觀不明，如女子。唯四得正而去五近，所觀最明，故曰觀光賓王。蓋諸爻皆就五取義也。"朱子《本義》説："六四最近於五，故有此象，其占爲利於朝覲仕進也。"程《傳》説："古者有賢德之人，則人君賓禮之，故士之仕進於王朝，則謂之賓。"

《象》曰：觀國之光，尚賓也。

九五，觀我生，君子无咎。

　　九五是君，看我的嘛。孔穎達《疏》："九五居尊，爲觀之主，四海之内，由我而化。我教化善，則天下有君子之風；教化不善，則天下著小人之俗。故觀民以察我道，有君子之風者，則无咎也。"

《象》曰：觀我生，觀民也。

上九，觀其生，君子无咎。

　　王弼説："觀我生，自觀其道者也。觀其生，爲民所觀者也。不在於位，最處上極，高尚其志，爲天下所觀者也。處天下所觀之地，可不慎乎！故君子德見，乃得无咎。"《周易折中》按語説："上九觀其生，似祇是承九五之義而終言之爾。蓋九五正當君位，故曰我。上非君位，而但以君道論之，故曰其。辭與九五無異者，正所以見聖人省身察己，始終如一之心，故象傳發明之曰:'志未平也。'"

《象》曰:觀其生,志未平也。

　　"志未平也",不好講。程《傳》説:"平,謂安寧也。"也不好講。《周易折中》引陸希聲説:"民之善惡,由我德化,其志未平,憂民之未化也。"

噬嗑☲☳震下離上

　　《序卦》説:"可觀而後有所合,故受之以噬嗑。"此卦震下離上,火雷噬嗑。如果把第四爻變爲陰爻,就變成震下艮上,山雷頤。頤之上爻是陽爻,初爻也是陽爻,中間是四個陰爻。陽實陰虚,這叫頤。頤也就是人的嘴。頤卦上下實,中間虚,而且上邊爲艮止,下邊爲震動。上不動下動,所以其象爲頤。噬嗑則象頤中有物。象傳説頤中有物叫噬嗑。嘴中有物,需要咬一下方能合。噬,咬。噬嗑,咬一口以後才能合。頤中有物,作爲卦來説,九四就是物。口中有一個硬物,要咬要嚼,口方可合。社會中有個强梗的,就要用刑法合。天地之間有梗物,需用雷電合,故曰噬嗑。

噬嗑,亨,利用獄。

　　咬掉口中之物,必亨通。社會要安寧亨通,咬的辦法是利用刑法去掉天下之梗。噬嗑這一卦主要是講刑獄的。

《彖》曰:頤中有物曰噬嗑。噬嗑而亨,剛柔分,動而明,雷電合而章,柔得中而上行。雖不當位,利用獄也。

　　"剛柔分",爲卦三陰三陽。離爲火,象電,故明。震爲雷,故動。"柔得中而上行",指六五而言。《易經》中柔往往説上行。因爲一般陽應在上,陰應在下。今六五以陰居上卦,故曰"上行"。六五以陰柔居陽位,雖居中但不當位。雖不當位,但利用獄。獄,需要有離的明察,有雷的威嚴。程《傳》説:"剛爻與柔爻相間，剛柔分而不相雜，爲明辨之象。明辨，察獄之本也。"關於"上行"，《周易折中》引石介説："大凡柔則言上行，剛則言來。柔下剛上，定體也。"

這是就全《易經》講的。石介説："剛來，如訟、无妄、渙等，剛體本在上而來下。上行，如晉、睽、鼎、噬嗑等，柔體本在下，今居五位，爲上行。"又引俞琰説："噬嗑倒轉爲賁，亦有頤中有物之象，而以爲賁，何也？"曰："凡噬者必下動。賁無震，故不得爲噬嗑也。夫頤而中虛，則無事於噬而自可合。今有物焉，則窒塞矣。苟不以齒決之，烏得而合？故噬已則嗑。嗑則窒者去而上下亨通。故文王曰'噬嗑亨'，孔子添一'而'字，蓋謂噬而嗑之則亨，不噬則不嗑，不嗑則不亨也。"

《象》曰：雷電噬嗑，先王以明罰敕法。

這裏有這麽一個問題：本應説電雷，此處倒過來説雷電，是什麽緣故？朱子《本義》以爲雷電當作電雷，程《傳》亦如此説。《周易折中》引張清子説："蔡邕石經本作電雷。"看來本來可能是電雷，後來變成雷電了。查慎行還維護電雷説。這問題沒有更多的深意。

先王效法這一卦的意義，明罰敕法，該定什麽罪就定什麽罪。項安世説："陰陽相噬而有聲則爲雷，有光則爲電。二物相噬而合。"

初九，屨校滅趾，无咎。

關於此卦六爻，王《注》、程《傳》、朱子《本義》皆以爲初九、上九是受刑的。無位不是無陰陽之位，是在社會等級中無位。中間四爻是用刑的。朱子《本義》説："初上無位，爲受刑之象，中四爻爲用刑之象。"程《傳》説："初與上無位，爲受刑之人，餘四爻皆爲用刑之人。"

初爻在一卦之最下，屨校，腳帶刑具。滅，没，不是消滅。

滅趾,看不見腳趾,无咎。這個无咎,《繫辭傳》中講過。《繫辭傳》説:"小人不耻不仁,不畏不義。不見利不勸,不威不懲,小懲而大誡。此小人之福也。《易》曰:'屨校滅趾,无咎。'此之謂也。"程《傳》、朱子《本義》以爲初九是受刑的人。

《象》曰:屨校滅趾,不行也。

使其不得行走,不再作惡事。

六二,噬膚滅鼻,无咎。

六二是用刑的人,柔順中正。膚是肉,噬膚,咬到了肉。朱熹説肉之柔脆者曰膚,很像猪肚下面的肉,容易咬。滅鼻,咬得深入,把鼻子都没進去了。无咎,六二居中得正,終能制服有罪的人,故无咎。

《象》曰:噬膚滅鼻,乘剛也。

孔穎達説:"乘剛者,釋噬膚滅鼻之名,以其乘剛,改用刑深也。"

六三,噬腊肉遇毒,小吝,无咎。

腊肉是陳久之肉,不好咬。朱子《本義》説:"腊肉,謂獸腊全體骨而爲之者,堅韌之物也。"古人把肉晾乾,變成腊。程《傳》説:"六居三,處不當位。自處不得其當而刑於人,則人不服而怨懟悖犯之。如噬嚙乾腊堅韌之物,而遇毒惡之味,反傷於口也。用刑而人不服,反致怨傷,是可鄙吝也。"然而衹是小吝,無有大咎。

《象》曰:遇毒,位不當也。

九四,噬乾胏,得金矢,利艱貞,吉。

關於"得金矢"的講法不一樣。朱子《本義》據《周禮》"獄訟,入鈞金(三十斤銅)束矢,而後聽之"。束矢是十枝箭。程《傳》説:"金取剛,矢取直。九四陽德,爲得剛直之道。"説與朱子《本義》不同。三國時的陸續説：“金矢者，剛直也。”看來金矢當剛直講是對的。查慎行也駁朱説，窮人打不起官司，《周禮》的東西不要用在這裏。查氏説：“矢百爲束，三十斤爲一鈞。必入金矢而後聽其獄，竊恐貧民之冤，無由上達肺石矣。”查氏反對朱説，認爲剛直説是對的。治獄的人必須爲人剛直，又有艱難守正，才可能得吉。

《象》曰：利艱貞，吉未光也。

　　　　治獄的人尚未做到光明正大的程度，他辦案，還應利艱貞，下點工夫。

六五，噬乾肉，得黄金。貞厲，无咎。

　　　　九五這一爻就像咬乾肉似的，可以得到黄金。黄，中色；金，剛物。五是陽位，有君道，有四大臣爲輔，故得黄金。貞厲，六五還是有危險的，比較困難的。胡炳文説：“噬膚，噬臘肉，噬乾肺，一節難於一節。六五噬乾肉，則易矣。五君位也，以柔居剛，柔而得中，用獄之道也，何難之有！”

《象》曰：貞厲无咎，得當也。

上九，何校滅耳，凶。

　　　　此爲受刑之人，刑很重，刑具把耳朵都没上了，所以凶。《繫辭傳》對此也有解釋：“善不積不足以成名，惡不積不足以滅身。小人以小善爲無益而弗爲也，以小惡爲無傷而弗去也。故惡積而不可掩，罪大而不可解。《易》曰：‘何校滅耳，凶。’”滅作没講，滅耳不是割掉耳朵。郭雍説：“初上滅字，或以爲刑，獨孔氏訓没。屨校，桎其足，桎大而滅趾。何校，械其首，械大而滅耳也。”這種説法我看是對的。

　　　　《周易折中》總論引李過説：“以六爻之位言之，五，君位也，爲治獄之主。四，大臣位也，爲治獄之卿。三二又其下也，爲治獄之吏。”總之，以初上爲受刑者，中間四爻爲用刑者。全卦講治獄的問題。

《象》曰：何校滅耳，聰不明也。

賁䷕離下艮上

賁字正音讀畢。《序卦》説："嗑者合也，物不可以苟合而已，故受之以賁。"程《傳》説："物之合則必有文，文乃飾也。如人之合聚則有威儀上下，物之合聚則有次序行列。合則必有文也，賁所以次噬嗑也。"賁卦講文，從中能看出文與質的關係。荀子説："墨子蔽於用而不知文。"墨子光看到實用方面，未看到文的重要性。其實文對於社會也是很重要的，例如禮儀等。賁卦專講這個問題。

賁，亨，小利有攸往。

程《傳》説："物有飾而後能亨，故曰無本不立，無文不行。有實而加飾則可以亨矣。文飾之道可增其光彩，故能小利於進也。"王申子説："徒質則不能亨，質而有文以加飾之，則可亨，故曰賁亨。然文盛則實必衰，苟專尚文以往則流，故曰小利攸往。小者謂不可太過以滅其質也。"

《象》曰：賁亨。柔來而文剛，故亨。分剛上而文柔，故小利有攸往，天文也。文明以止，人文也。觀乎天文，以察時變；觀乎人文，以化成天下。

朱子《本義》説"亨"是衍文，我看此説有道理。"柔來而文剛"是什麽？"分剛上而文柔"是什麽？這又涉及卦變的問題。蘇軾《易傳》在賁卦對卦變問題有解釋。他説："《易》有剛柔往來上下相易之説，而其最著者賁之象傳也。故學者治是爭推其所從變，曰：'泰變爲賁。'此大惑也（京房以來有此説）。一卦之變爲六十三，豈獨爲賁也哉？徒知泰之爲賁，又烏知賁之不爲泰乎？凡《易》之所謂剛柔往來相易者，皆本諸乾坤也。

乾施一陽於坤，以化其一陰而生三子。凡三子之卦有言剛來者，明此本坤也，而乾來代之。坤施一陰於乾，以化其一陽，而生三女。凡三女之卦有言柔來者，明此本乾也，而坤來化之。非是卦也則無是言也。”程《傳》也有一段話：“卦之變皆自乾坤，先儒不達，故謂賁本是泰卦。豈有乾坤重而爲泰，又由泰而變之理。下離本乾，中爻變而成離。上艮本坤，上爻變而成艮。離在内，故云柔來。艮在上，故云剛上，非自下體而上也。乾坤變而爲六子，八卦重而爲六十四，皆由乾坤之變也。”蘇、程二人意見一致，孰先孰後，今不明。據我看，他們解決了卦變的問題。朱熹後來又講了一番卦變問題，講錯了，不要信他。

“柔來而文剛”，乾之陽爻，柔來加以文飾。陽爻是本是實是質，由陰爻來了加以文飾。因爲有柔來文飾，所以變成亨了。“分剛上而文柔”，上艮原爲坤，坤之上爻變爲剛陽則爲艮。這個“文”不是文飾，而是加上質了。所以小利有攸往。“天文也”，此語不好理解。王《注》有一個“剛柔交錯”，朱子《本義》解釋説：“先儒説‘天文’上當有‘剛柔交錯’四字，理或然也。”看來，加上“剛柔交錯”四字，還是對的。不然的話，“天文也”不好講。意謂柔來文剛，剛上文柔，剛柔交錯，天文也。

“文明以止，人文也”，離爲明，艮爲止；止要有節，有限度。這就是人文。

“觀乎天文，以察時變；觀乎人文，以化成天下。”察時變，察日月星辰四時的變化。程《傳》説：“人文，人理之倫序。觀人文以教化天下，天下成其禮俗，乃聖人用賁之道也。”《周易折中》引梁寅説：“賁者文飾之道也。有質而加之文，斯可亨矣。朝廷文之以儀制而亨焉。賓主文之以禮貌而亨焉。家人文之以倫序而亨焉。官府文之以教令而亨焉。推之事物，凡有質者，無不待於文也，文則無不亨也。然既亨矣而曰小利有攸往,何也？文飾之道,但加之文采耳,非能變其實也。故文之過盛,非所利也。但小利於有往而已矣。世之不知本者,或忘其當務之急而屑屑然於文飾,雖欲其亨,亦安得而亨乎!"這段話講得很好。

《象》曰:山下有火,賁。君子以明庶政,无敢折獄。

為什麼不敢折獄？程《傳》説:"折獄者專用情實,有文飾則没其情矣,故無敢用文以折獄也。"程《傳》講得很好。

初九,賁其趾,舍車而徒。

賁卦講文飾,不過内卦與外卦有所不同。外卦三爻,剛上而文柔,表示無質而又加上質。外卦重質,内卦重文。内卦三爻,柔來而文剛,表示有質而又加之文。初九賁其趾,六二賁其須,九三賁如濡如,都是講文飾的。初九,初爻在下,象趾。"舍車而徒",不用車,徒步而行。程《傳》的解釋不見得對,實際上,因為賁其趾,才舍車而徒行。

《象》曰:舍車而徒,義弗乘也。

六二,賁其須。

須是胡鬚,對人的臉面有文飾的作用,没什麼大的用處。毛在頤曰鬚,在口曰髭。《周易折中》引俞琰説:"二無應而比三,三亦無應而比二。故與之相賁。賁以柔來文剛故亨。文當從質,非質則不能自飾。陰必從陽,非陽則不能自進。六二純柔,必待九三之動而後動,故曰:'賁其須。'"九三動,六二才動。

《象》曰:賁其須,與上興也。

嘴動,須也就動了。須附於口,是文飾口的。

九三,賁如濡如,永貞吉。

九三是陽爻,但處在六二與六四兩陰爻之間,所以賁如濡如，文飾太多了。程《傳》説："賁飾之盛，光彩潤澤，故云濡如。"俞琰説："文過則質喪，質喪則文弊。要當永久以剛正之德自守則吉。"所以要求永貞嘛，守剛正，才能得吉。

《象》曰：永貞之吉，終莫之陵也。

蔡淵説："陵，侮也。三能永貞，則二柔雖比己而濡如，然終莫之陵侮，而不至陷溺也。"

六四，賁如皤如，白馬翰如，匪寇婚媾。

皤，今音播。過去有很多寫法，加火旁等，音訓也很多。賁如，文飾；皤如，白的意思。六四與初九正應。初九用質來文四，故此文飾不是加文采，而是加上很質樸的"皤如"。"白馬翰如"，白馬是初九，初九對六四不是來寇，而是與它婚媾。程《傳》説："四與初爲正應，相賁者也。本當賁如，而爲三所隔，故不獲得相賁而皤如。皤，白也，未獲賁也。馬，在下而動者也。未獲相賁，故云白馬。其從正應之志如飛，故云翰如。匪爲九三之寇讎所隔，則婚媾遂其相親矣。已之所乘，與動於下者，馬之象也。初四正應，終必獲親，第始爲其間隔耳。"朱子《本義》與程《傳》意同。《周易折中》按語不同意程、朱的觀點，它説："程《傳》沿《注疏》之説，《本義》又沿程《傳》之説。皆以爲初、四相賁而爲三所隔，故未得其賁而皤然也。然《朱子語類》以無飾言之，則已自改其説矣。故以後諸儒皆以皤白爲崇素返質之義，實與卦意爲合。"俞琰説："髮白曰皤，馬白爲翰。《禮記》云：'殷人尚白，戎事乘翰。'鄭《注》云：'翰，白色馬也。'四當賁道之變，文返於質，故其象如此。"下三爻用文來賁，上三爻用質來賁。梁寅説："六四在離明之外，爲艮止之始，乃賁之盛極，而當反質素之時也。故云賁如皤如。"此説可從。《周易折中》引蘇濬説："六四一爻當以白賁之義推之。四與初相賁者也。以實心而求於初，不爲虛飾。初曰賁趾，四曰皤如,初曰舍車,四曰白馬,同一曰賁之風而已。"就是説,皤如是文返於質,崇素返質的意思,不是爲九三所隔。《注疏》及程、朱義皆不可從。

《象》曰:六四,當位疑也。 匪寇婚媾,終无尤也。

不是寇,而是婚媾,因爲與初没有過錯,无尤也。有解釋賁如皤如,好像都是相對的。這麽説又那麽説,所以認爲是疑。《周易折中》按語説:"《易》中凡重言者,皆兩端不定之辭。故屯如邅如者欲進而未徑進也。此三爻賁如濡如者,得陰自賁,又慮其見濡也。此爻賁如皤如者,當賁之時,既外尚乎文飾,而下應初剛,又心崇乎質素,兩端未能自決。象傳謂之疑者,此也。白馬翰如指初九也。已有皤如之心,故白馬翰如而來者,匪寇也,乃已之婚媾也。"

六五,賁于丘園,束帛戔戔,吝,終吉。

丘園指上爻説。五與上是比的關係。賁于丘園,不是賁於朝市,也是崇素返質的意思。束帛,禮物。賢人給的禮物。戔戔,束帛很少的意思。戔戔是淺小之意。朱子《本義》説得對。從水爲淺,從貝爲賤,從金爲錢,是儉的意思、吝嗇的意思。此在賁卦有反本之意。朱熹此説有理。胡炳文説:"不賁於市朝,而賁于丘園,敦本也。束帛戔戔,尚實也。"胡氏之説對。

《象》曰:六五之吉,有喜也。

《周易折中》按語:"傳於五位多言有慶,慶大而喜小也。"

上九,白賁,无咎。

上九更素了,用白來文飾,而不是用彩來文飾,无咎。《雜卦》説"賁無色也",重在質。上,文用白賁。胡炳文説:"《雜卦》曰賁無色也,可謂一言以蔽之也。"丘富國(宋人,朱熹之再傳弟子)説:"陰陽二物,有應者以應而相賁,無應者以比而相

賁。四與初應，求賁於初。故初賁趾而四翰如也。二比三而
賁於三，故二賁須而三濡如也。五比上而賁於上，故五賁丘園
而上白賁也。初與四應而相賁者也。二與三，五與上，比而相
賁者也。此賁六爻之大旨也。"這段話可作賁卦之總論。

《象》曰：白賁无咎，上得志也。

第十一講　剥卦　復卦　无妄　大畜

剥☷☶坤下艮上

《序卦》説:"賁者飾也,致飾然後亨則盡矣,故受之以剥。"剥,陰剥陽的意思。剥與復兩卦專講陰陽消長,而且每一卦從初到上,確實有一個發展過程,説明其中是有思想的。裏邊談到君子小人、先王聖人、男女夫婦,也反映當時的社會已有了階級關係。這是客觀存在的,但是有的人完全不承認這個,實際上這些人治《易經》的目的是爲了否定《易經》。

剥,不利有攸往。

程《傳》説:"剥者,群陰長盛,消剥於陽之時,衆小人剥喪於君子,故君子不利有所往,唯當巽言晦迹,隨時消息,以免小人之害也。"

《彖》曰:剥,剥也,柔變剛也。不利有攸往,小人長也。順而止之,觀象也。君子尚消息盈虛,天行也。

"消息盈虛"是規律,"天行也"就是自然規律。程《傳》説:"君子尚消息盈虛,天行也,君子存心消息盈虛之理而能順之,乃合乎天行也。理有消衰,有息長,有盈滿,有虛損,順之則吉,逆之則凶。君子隨時敦尚,所以事天也。"這是説,剥卦是九月卦,衹有一個陽。剥卦之後是十月卦,十月卦是坤卦,一個陽也沒有,全是陰爻。

《象》曰:山附于地,剥。上以厚下安宅。

　　　　研究剝卦，居上位的應厚下而安宅。程《傳》説：“《書》曰：
‘民唯邦本，本固邦寧。’”

初六，剝牀以足，蔑貞凶。

　　　　蔑，也是没的意思。俞琰説：“陰之消陽，自下而進。初在
下，故爲剝牀而先以牀足滅於下之象。當此不利有攸往之時，
唯宜順時而止耳。貞凶，戒占者固執而不知變，則凶也。”這個
貞是固執的意思，不當正講。

《象》曰：剝牀以足，以滅下也。

六二，剝牀以辨，蔑貞凶。

　　　　俞琰説：“既滅初之足於下，又滅二之辨於中，則進而上
矣。得此占者，若猶固執而不知變，則其凶必也。”

《象》曰：剝牀以辨，未有與也。

　　　　無與，没有應爻，没有援助。“未有與也”，君子還是未有
應，未有所與。龔焕説：“六二陰柔中正，使上有陽剛之與，則
必應之助之，而不爲剝矣。唯其無與，所以雜於群陰之中而爲
剝。若三則有與，故雖不如二之中正而得无咎。”

六三，剝之无咎。

　　　　六三有應爻，所以在剝卦中它是无咎的。荀爽説：“衆皆
剝陽，三獨應上，無剝害意，是以无咎。”講得比較明白。

《象》曰：剝之无咎，失上下也。

　　　　王《注》説：“三，上下各有二陰，而三獨應於陽，則失上下
也。”

六四，剝牀以膚，凶。

　　　　繼續往上來，六四剝牀已剝到人身上，剝到肉了。這當然
凶。

《象》曰：剝牀以膚，切近災也。

六五,貫魚以宮人寵,无不利。

　　六五雖是陰爻,卻在君位。卦中五陰似魚給穿了起來,受
五的領導。程《傳》説:"五,群陰之主也。魚,陰物,故以爲象。
五能使群陰順序,如貫魚然。反獲寵愛於在上之陽,如宮人,
則無所不利也。宮人,宮中之人,妻妾侍使也。以陰言,且取
獲寵愛之義,以一陽在上,衆陰有順從之道,故發此義。"朱子
《本義》:"五爲衆陰之長,當率其類,受制於陽,故有此象。"

《象》曰:以宮人寵,終无尤也。

上九,碩果不食,君子得輿,小人剝廬。

　　上九是陽爻,好似碩果剩下了,留下不食。君子得到車,
小人則剝了自己的房子。程《傳》説:"諸陽削剝已盡,獨有上
九一爻尚存,如碩大之果不見食,將見復生之理。上九亦變,
則純陰矣。然陽無可盡之理,變於上則生於下,無間可容息
也。聖人發明此理,以見陽與君子之道,不可亡也。或曰剝盡
則爲純坤,豈復有陽乎? 曰,以卦配月,則坤當十月,以氣消息
言,則陽剝爲坤,陽來爲復,陽未嘗盡也。剝盡於上,則復生於
下矣。故十月謂之陽月,恐疑其無陽也。陰亦然,聖人不言
耳。陰道盛極之時,其亂可知。亂極則自當思治。故衆心願
載於君子。君子得輿也。《詩・匪風》、《下泉》所以居變風之
終也。理既如是,在卦亦衆陰宗陽,爲共載之象。小人剝廬,
若小人則當剝之極,剝其廬矣,無所容其身也。更不論爻之陰
陽,但言小人處剝極,則及其廬矣。廬,取在上之象。或曰陰
陽之消,必待盡而後復生於下。此在上便有復生之義,何也?
夬之上六,何以言終有凶? 曰,上九居剝之極,止有一陽,陽無
可盡之理,故明其有復生之義,見君子之道不可亡也。夬者陽
消陰。陰,小人之道也,故但言其消亡耳,何用更言卻有復生
之理乎?"

《象》曰：君子得輿，民所載也。小人剝廬，終不可用也。

復䷖震下坤上

　　《序卦》説："剝者剝也，物不可以終盡，剝窮上反下，故受之以復。"程《傳》説："物無剝盡之理，故剝極則復來，陰極則陽生。陽剝極於上而復生於下。窮上而反下也。復所以次剝也。爲卦一陽生於五陰之下，陰極而陽復也。"

復，亨，出入无疾，朋來无咎，反復其道，七日來復，利有攸往。

　　程《傳》説："復亨，既復則亨也。陽氣復生於下，漸亨盛而生育萬物。君子之道既復，則漸以亨通，澤於天下，故復則有亨盛之理也。出入無疾，出入謂生長。復生於內，入也。長進於外，出也。先云出，語順耳。陽生非自外也，來於內，故謂之入。物之始生，其氣至微，故多屯艱。陽之始生，其氣至微，故多摧折。春陽之發，爲陰寒所折。觀草木於朝暮，則可見矣。出入無疾，謂微陽生長，無害之者也。既無害之，而其類漸進而來，則將亨盛，故无咎也。所謂咎，在氣則爲差忒，在君子則爲抑塞，不得盡其理。陽之當復，雖使有疾之，固不能止其復也，但爲阻礙耳。而卦之才，有無疾之義，乃復道之善也。一陽始生至微，固未能勝群陰，而發生萬物，必待諸陽之來，然後能成生物之功，而無差忒，以朋來而无咎也。三陽子丑寅之氣，生成萬物，衆陽之功也。若君子之道，既消而復，豈能便勝於小人，必待其朋類漸盛，則能協力以勝之也。反復其道，謂消長之道，反復迭至。陽之消，至七日而來復。姤，陽之始消也。七變而成復，故云七日，謂七更也。臨云八月有凶，謂陽長至於陰長，歷八月也。陽進則陰退。君子道長則小人道消，故利有攸往也。"過去講七日來復，有許多不同的解釋，我們還是從程《傳》説。

《彖》曰：復，亨，剛反。動而以順行，是以出入无疾，朋來无咎。反復其道，七日來復，天行也。利有攸往，剛長也。復見其天地之心乎！

地雷復，雷動，地順，按規律行動，無阻礙，所以朋來无咎。《周易折中》引侯行果説："五月，天行至午，陰升也。十一月，天行至子，陽生也。天地運往，陰陽升復，凡歷七月，故曰七日來復，此天之運行也。《豳風》曰：'一之日觱發，二之日栗烈。'一之日，周之正月也。二之日，周之二月也，則古人呼月爲日明矣。"這也是一種説法，稱月爲日，王引之給駁了。我們暫取程《傳》的説法，没有找到更好的解釋。

"利有攸往，剛長也。復其見天地之心乎！"項安世説："剝曰不利有攸往，小人長也。復曰利有攸往，剛長也。《易》之意，凡以爲君子謀也。"

復怎麼能見天地之心呢？孔子講過"消息盈虛"這麼一句話，天地之心可能就由這當中反映出來。朱子《本義》引邵雍詩曰："冬至子之半，天心無改移。一陽初動處，萬物未生時。玄酒味方淡，大音聲正希。此言如不信，更請問包羲。"這麼一首詩，講冬至，講復卦。説復卦是冬至子之半，可比作大音、玄酒。

《象》曰：雷在地中，復。先王以至日閉關，商旅不行，後不省方。

至日就是冬至日。《易傳》也把復卦看成是冬至，即十一月。所謂十二辟卦、十二消息卦，《易》中真有，是漢代的人從《易經》中看出來的。《易經》中確實有十二辟卦，至於卦氣那個東西，《易經》中没有。復卦之至日，此時要閉關，商旅停止活動，人君也不出巡了。

初九，不遠復，无祇悔，元吉。

孔子作的《繫辭傳》中有一段話説："顔氏之子，其殆庶幾乎！有不善，未嘗不知，知之未嘗復行也。《易》曰：'不遠復，無祇悔，元吉。'"程《傳》説："復者，陽反來復也。陽，君子之道，故復爲反善之義，初剛陽來復，處卦之初，復之最先者也，是不遠而復也。失而後有復。不失則何復之有？唯失之不遠而復，則不至於悔。大善而吉也。祇，宜音柢，抵也。《玉篇》云：'適也。'義亦同。無祇悔，不至於悔也。坎卦曰，祇既平无咎，謂至既平也。顏子無形顯之過，夫子謂其庶幾，乃無祇悔也。過既未形而改，何悔之有。既未能不勉而中，所欲不逾矩，是有過也。然其明而剛，故一有不善，未嘗不知，既知未嘗不遽改，故不至於悔，乃不遠復也。"

《象》曰：不遠之復，以修身也。

六二，休復吉。

　　程《傳》説："二雖陰爻，處中正而切比於初，志從於陽，能下仁也。復之休美者也。復者，復於禮也。復禮則爲仁。初陽復，復於仁也。二比而下之，所以美而吉也。"

《象》曰：休復之吉，以下仁也。

　　程《傳》説："爲復之休美而吉者，以其能下仁也。仁者天下之公，善之本也。初復於仁，二能親而下之，是以吉也。"我認爲，此"仁"字似應作人。修身下人其義一貫。"下仁"當與"何以守位曰仁"、"井有仁焉"一致。仁是人的同音假借。

六三，頻復厲无咎。

　　六三以陰爻處陽位，不中不正。程《傳》説："三以陰躁處動之極，復之頻數而不能固者也。復貴安固。頻復頻失，不安於復也。復善而屢失，危之道也。聖人開遷善之道，與其復而危其屢失，故云厲无咎，不可以頻失而戒其復也。頻失則爲危，屢復何咎？過在失而不在復也。"

《象》曰：頻復之厲，義无咎也。

程《傳》説："頻復頻失,雖爲危厲,然復善之義則无咎也。"

六四,中行獨復。

程《傳》説："此爻之義,最宜詳玩。四行群陰之中,而能獨復,自處於正,下應於陽剛,其志可謂善矣。不言吉凶者,蓋四以柔居群陰之間,初方甚微,不足以相援,無可濟之理,故聖人但稱其能獨復,而不欲言其獨從道而必凶也。曰,然則不言无咎,何也?曰,以陰居陰,柔弱之甚,雖有從陽之志,終不克濟,非无咎也。"五個陰爻當中,六四陰爻居陰位,得正,且與初九正應,在群陰之中能獨復。

《象》曰:中行獨復,以從道也。

孔穎達説："中行獨復者,處於上卦之下,上下各有二陰,已獨應初,居在衆陰之中,故云中行,獨自應初,故云獨復。"

六五,敦復,无悔。

敦,厚也。五爲敦復,上六是迷復。《周易折中》引項安世的話説："臨以上六爲敦臨,艮以上九爲敦艮,皆取積厚之極。復於五即言敦復者,復之上爻,迷而不復,故復至五而極也。卦中復者五爻,初最在先,故爲不遠,五最在後故爲敦。"説得很好。

《象》曰:敦復无悔,中以自考也。

《周易折中》引梁寅説："中以自考,言以其有中德,故能自考其善不善也。"又引丘富國説："二、四待初而復,故曰下仁曰從道,五不待初而復,故曰自考。"

上六,迷復,凶。有災眚,用行師,終有大敗,以其國君凶,至于十年不克征。

迷復不好。程《傳》説："以陰柔居復之終,終迷不復者也。迷而不復,其凶可知。有災眚,災,天災,自外來。眚,己過,由自作。既迷不復善,在己則動皆過失。災禍亦自外而至,蓋所招也。迷道不復,無施而可。用以行師,則終有大敗。以之爲國,則君之凶也。十年者,數之終。至於十年不克征,謂終不能行。既迷於道,何時而可行也。"程《傳》講得很好。《周易折中》總論引胡炳文説:"迷復與不遠復相反。初不遠而復,迷則遠而不復。敦復與頻復相反,敦無轉易,頻則屢易。獨復與休復相似,休則比初,獨則應初也。十年不克征,亦七日來復之反。"胡氏這段話講得也很好,對於瞭解全卦很有幫助。

《象》曰:迷復之凶,反君道也。

无妄☶☰震下乾上

《序卦》説:"復則不妄矣,故受之以无妄。"前卦是復。所謂復,就是陰消以後陽又復長。從《易》來説,陰是虛,陽是實,所以復以後就表明是實。无妄,沒有虛妄,也是實的意思。所以在復卦以後,緊接着就是无妄。

无妄,元亨利貞,其匪正有眚,不利有攸往。

乾卦有元亨利貞,无妄也有元亨利貞。无妄能得到大亨大通。但是必須是利於正,守正道,做事合於客觀規律。天雷无妄,這與乾爲天的天有關係。无妄即是順應自然。如果不能守正,便要有眚,不利有所往。

《象》曰:无妄,剛自外來而爲主于内,動而健,剛中而應,大亨以正,天之命也。其匪正有眚,不利有攸往。无妄之往,何之矣。天命不祐,行矣哉。

"設卦觀象,繫辭焉而明吉凶",設卦就觀象,无妄卦的卦象,剛自外來而爲主于内,指下卦震説的。程《傳》説:"坤初爻變而爲震。"《説卦》説:"震一索而得男,故謂之長男。"坤之初爻變爲陽爻,坤變爲震。"一索而得男",是説坤卦初爻由陰變陽,此陽來自乾卦。《説卦》是這樣講的。程《傳》説"坤初爻變而爲震",是有根據的,是根據《説卦》講的。剛自外來,初九陽爻是剛,外即外卦乾,表明初九這一陽爻是自乾來的。初九這一爻在震,處在内卦,故云"爲主於内"。王弼《周易略例》談到卦主的問題,就是根據无妄卦的象傳講的,不是憑空編造的。无妄卦的象傳衹説无妄卦有卦主,王弼加以發揮,認爲每一卦都有卦主。程《傳》説:"震以初爻爲主,成卦由之,故初爲无妄之主。"

　　"動而健",下卦震是動,上卦乾是健。這一卦的象是"動而健"。"剛中而應",九五這一爻得中,又是陽爻,是剛。"而應",六二是陰爻,也得中,與九五爲正應。由上文講到的這些條件,便可以得到大亨大通。我們知道,乾卦有元亨利貞。乾卦元亨利貞,就是自然規律。這裏講的"大亨以正,天之命也",也是這個意思。若匪正,便有眚,不利有攸往。"无妄之往",往哪裏去! 這樣違背規律的往,天不祐,你還怎樣前行呢?《周易折中》引何楷説:"震初一剛,其所從來,即乾之初畫。无妄外乾内震,初九得外卦乾剛初爻,以爲内卦之主,故曰剛自外來而爲主于内。"

《象》曰:天下雷行,物與无妄,先王以茂對時育萬物。

　　這好像自然界打雷,所有的物都與它无妄。程《傳》説:"洪纖高下,各正其性命,無有差妄,物與无妄也。"茂,程《傳》釋爲盛,不對。茂在這裏應爲勉勵的意思。"對時育萬物",勉勵對時育萬物,天按照四時生育萬物嘛。先王也應該按時去成育萬物。古代有朔政制度,實際上就是"茂對時育萬物"。什麼季節來了,做什麼工作,按季節安排工作。朔政即月令,也就是一年的工作計劃。

初九,无妄,往吉。

　　　　无妄，實，可以往，往則吉。初九，"剛自外來而爲主于內"，故可以往。《周易折中》引何楷説："此爻足蔽无妄全卦。震陽初動，誠一未分，是之謂无妄。以此而往，動與天合，何不吉之有？"古人講的天，實際上是指自然界而言。

《象》曰：无妄之往，得志也。

　　　　程《傳》説："以无妄而往，無不得其志也。蓋誠之於物，無不能動。"

六二，不耕獲，不菑畬，則利有攸往。

　　　　此話程《傳》解釋得比較費力。看來，《周易折中》引何楷的解釋，挺好。何楷説："人之有妄，在於期望。不耕獲者，不方耕而即望有其獲也。不菑畬者，不方菑而即望成其畬也。學者之除妄心而必有事焉。當如此矣，故曰則利有攸往，言必如此而後利也。"比程《傳》講得直截明白。

《象》曰：不耕獲，未富也。

　　　　"未富也"這句話不好講，各家都没解釋通順。大家可以研究。程《傳》説："未者，非必之辭，臨卦曰未順命是也。"其實臨卦的"未順命"也不好講。《周易折中》引豐寅初説："未，猶非也。富謂利也。"也不大好。朱子《本義》講："富，如非富天下之富，言非計其利而爲之也。"講得也不是很通順。我看，"未富"這句話暫時就存疑吧，我没有想出更好的解釋。

六三，无妄之災，或繫之牛，行人之得，邑人之災。

　　　　六三爻辭，朱子《本義》的解釋比程《傳》好。朱子《本義》説："卦之六爻皆无妄者也。六三處不得正，故遇其占者無故而有災，如行人牽牛以去，而居者反遭詰捕之擾也。"或繫之牛，是説不知道誰把牛拴在這兒了，後來有路人將牛牽走了，牛丟了。牛的主人問邑人，以爲邑人牽去了。這叫"行人之得，邑人之災"，此謂无妄之災也。有災，但不是應得之災。

《周易折中》引胡炳文説:"匪正有眚,人自爲之也。无妄之災,天實爲之也。六爻皆无妄,三之時,則无妄而有災者也。《雜卦》曰'无妄,災也',其此之謂與?"

《象》曰:行人得牛,邑人災也。

九四,可貞,无咎。

此爻我看還是何楷講得直截,何云:"四,剛陽而居乾體,本自无妄者也。可貞固守此則无咎。初九之无妄,往吉,行乎其當行者也。九四之可貞无咎,止乎其所當止者也。"可貞就是不行不往。初九是往,初九往得吉,九四可貞即不行不往得无咎。何楷的解釋挺好。

《象》曰:可貞无咎,固有之也。

本身就自无妄,所以无咎,所以可貞。

九五,无妄之疾,勿藥有喜。

本來是无妄,是真實无妄。得疾,就是无妄之災,不要吃藥。本來無病,不吃藥倒好,吃藥倒壞。

《象》曰:无妄之藥,不可試也。

上九,无妄,行有眚,无攸利。

《周易折中》引龔焕語:"无妄者,實理自然之謂,循是理則吉,拂是理則凶。初往吉,二利有攸往,循是理而動者也。四,可貞无咎,守是理而不動者也。三有災,五有疾,不幸而遇無故非意之事,君子亦聽之而已。守是理而不爲動者也。或動或静,惟理是循,所以爲无妄。上九居无妄之極,不可有行,若不循理而動,則反爲妄矣。其有眚而不利也宜哉。"《周易折中》引胡炳文語:"六爻皆无妄也,特初九得位而爲震動之主。時之方來,故无妄往吉。上九失位而居乾體之極,時已去矣,故其行雖无妄,有眚无攸利,是故善學《易》者在識時。初曰吉,二曰利,時也。三曰災,五曰疾,上曰眚,非有妄以致之也,亦時也。初與二皆可往，時當動而動也。四可貞，五勿藥，上行有眚，時當靜而靜也。"

《象》曰：无妄之行，窮之災也。

大畜☷乾下艮上

《序卦》説："有无妄然後可畜，故受之以大畜。"畜，蓄聚。大畜，所畜至大。

大畜，利貞，不家食吉，利涉大川。

程《傳》説："莫大於天，而在山中，艮在上而止乾於下，皆蘊畜至大之象也。在人爲學術道德充積於内，乃所畜之大也。凡所畜聚皆是。專言其大者，人之蘊畜宜得正道，故云利貞。若夫異端偏學，所聚至多，而不正者，固有矣。既道德充積於内，宜在上位，以享天禄，施爲於天下，則不獨於一身之吉，天下之吉也。若窮處而自食於家，道之否也。故不家食則吉。所畜既大，宜施之於時，濟天下之艱險，乃大畜之用也，故利涉大川。此祇據大畜之義而言，彖更以卦之才德而言。諸爻則唯有止畜之義，蓋《易》體道隨宜，取明且近者。"

《象》曰：大畜，剛健篤實輝光，日新其德。剛上而尚賢，能止健，大正也。不家食吉，養賢也。利涉大川，應乎天也。

剛健是乾，篤實是艮。剛健篤實就能發其輝光，就能日新其德。這是釋卦名。剛上，上爻是乾，是剛，剛居尊位五之上，有尚賢之義。艮止居乾健之上，能止剛健，没有大正之道，是辦不到的。"利涉大川，應乎天地"，剛健，故能涉險，胡炳文説："卦有乾體者，多曰利涉大川，健故也。"

《象》曰：天在山中，大畜。君子以多識前言往行，以畜其德。

君子學此卦，要多多學習古代賢哲的言行，以充實自己的道德修養。程《傳》説："天爲至大而在山之中,所畜至大之象。
君子觀象以大其蘊畜。人之蘊畜由學而大,在多聞前古聖賢
之言與行,考迹以觀其用,察言以求其心,識而得之,以畜成其
德,乃大畜之義也。"

初九,有厲,利已。

　　　大畜下卦乾,上卦艮。乾是健,健是要前進的。艮是止,
止是要止健前進的。《朱子語類》説:"大畜下卦取其能自畜而
不進,上卦取其能畜彼而不使進。"胡炳文説:"它卦取陰陽相
應,此取相畜。内卦受畜,以自止爲義。外卦能畜,以止之爲
義。獨三與上居内外卦之極,畜極而通,不取止義。"

　　　初九有厲,厲是危險,初九與六四相應,不該有厲,但此卦
不取相應之義,取自止之義。已是中止,停止。有危險而停止
前進,那就好了。

《象》曰:有厲利已,不犯災也。

九二,輿説輹。

　　　輹是車軸下邊那個東西,不是輻。"輿説輹",車自己把輹
説下來了,表示車自己就不走了。程《傳》説:"二爲六五所畜
止,勢不可進也。五據在上之勢,豈可犯也? 二雖剛輹之體,
然其處得中道,故進止無失。雖志於進,度其勢之不可,則止
而不行,如車輿説去輪輹,謂不行也。"

《象》曰:輿説輹,中无尤也。

　　　九二以剛居中,知不可行而不行,是没有過錯的。

九三,良馬逐,利艱貞,曰閑輿衛,利有攸往。

　　　曰字朱子《本義》以爲應是日月之日。九三與上九都是陽
爻,不是相應的。不相應也就不相畜,但卻有同志的意思。九
三是陽爻,剛健之才,上九與之志同道合,所以它的前進有如
良馬馳逐一樣的迅速。但還是要艱難其事,慎重小心,堅守正

道。閑，練習。輿，車。衛，自我防衛。“曰閑輿衛”，要經常練習車的使用和自我防衛。這樣，有所前進才是有利的。

《象》曰：利有攸往，上合志也。

　　《周易折中》引趙汝楳説：“它卦陰陽應爲得，此則爲畜。它卦陰陽敵爲不胥與，此則爲合。”

六四，童牛之牿，元吉。

　　　　上卦艮取止義。六四處在上卦而與初九相應。初九，陽爻，居全卦之下，是陽之微者，最易蓄止。一個人的錯誤剛剛萌發，容易糾正，就像“童牛之牿”似的。童牛，未長角的小牛。牿是牛角前面放的橫木，使之不觸及東西。這樣，牛就不會頂人了。六四好比那個牿，能夠把下的錯誤蓄止在未發之前。這當然是再好不過了，所以叫元吉。

《象》曰：六四元吉，有喜也。

六五，豶豕之牙，吉。

　　　　六五居君位又守中，能以柔道制止九二的剛暴之氣。九二居乾卦之中，剛暴之性已經形成，就像豬牙一樣厲害。怎麼辦呢？直接治豬之牙，不是根本辦法。根本的辦法是“豶豕”，也就是把豬給去勢了。豬去了勢，自然老實。厲害的牙變成“豶豕之牙”，也就構不成危害了，這樣就吉。

《象》曰：六五之吉，有慶也。

　　《周易折中》引蔡清説：“五不如四所處之易者，時不同也。四不如五所濟之廣者，位不同也。”項安世説：“喜者，據己言之，慶則其喜及人。五居君位，故及人也。若論止物之道，則制之於初，乃爲大善，故四爲元吉。五獨得吉而已。”講得很好。

上九，何天之衢，亨。

　　這個"何"字有數種講法。程《傳》說："予聞之胡先生曰，天之衢亨，誤加何字。"朱子《本義》將何字作語詞講，"何天之衢，言何其通達之甚也"。可是過去有很多人，如漢王延壽作《魯靈光殿賦》，何作荷。《釋文》說梁武帝何音賀。《周易折中》按語說："何字，程《傳》以爲誤加，《本義》以爲發語。而諸家以荷字爲解，義亦可從。蓋剛上尚賢者，唯上九一爻當之。且爲艮主，是卦之主也。故取尚賢之義，則是賢路大通。卦所謂不家食者此已。取艮主之義，則能應天止健，卦所謂涉大川者此已。故天衢者喻其通也。荷天之衢者，言其遇時之通也。《雜卦》曰'大畜時也'，正謂此也。"看起來還是作荷音賀爲是，不從程、朱。

　　《周易折中》大畜總論引葉良佩說："卦彖兼取畜止、畜聚二義，大象專取畜聚義，六爻專取畜止義。初九進則有厲，唯利於已，知難而止者也。九二處得中道，能說輹而不行，時止而止者也。九三與上合志，其進也如良馬之馳逐，此畜極而通之象，然猶以艱貞閑習爲戒者，慮其可進而銳於進也。六四當大畜之任，能止惡於初，若童牛始角而加之以牿，則大善之吉也。六五制惡有道，得其機會，故其象爲豶豕之牙。其占雖吉，然比之於四則有間矣。"

第十二講　頤卦　大過　坎卦　離卦

頤☲☷震下艮上

　　《序卦》説："物畜然後可養，故受之以頤。"頤是養的意思。
上卦是艮，艮爲山。下卦是震，震爲雷。最上是一陽爻，初也
是一個陽爻，中間是四個陰爻。全卦很像人的口。口中虛，上
下實。而且上止下動，樣子極像人在吃飯，所以卦名叫頤。程
《傳》説："卦上艮下震，上下二陽爻，中含四陰，上止而下動，外
實而中虛，人頤頷之象也。頤，養也。人口所以飲食養人之
身，故名爲頤。"

頤，貞吉，觀頤自求口實。

　　貞，正，正即得吉。觀頤與自求口實兩個方面，程《傳》説：
"頤之道，以正則吉也。人之養身養德，養人養於人，皆以正道
則吉也。天地造化，養育萬物，各得其宜者，亦正而已矣。觀
頤，自求口實，觀人之所頤在其自求口實之道，則善惡吉凶可
見矣。"

《彖》曰：頤，貞吉。養正則吉也。觀頤，觀其所養也。自求口實，觀
其自養也。天地養萬物，聖人養賢以及萬民，頤之時大矣哉。

　　程《傳》説："貞吉，所養者正則吉也。所養謂所養之人與
養之之道。自求口實，謂其自求養身之道，皆以正則吉也。"
《周易折中》引趙汝楳説："聖人之於萬民，豈能家與之粟，而人
與之衣，其急先務者，亦曰養賢而已。賢得所養，則仁恩自及

於百姓矣。"

《象》曰:山下有雷,頤。君子以慎言語,節飲食。

病從口人,禍從口出。君子學頤卦,不要隨便説話,吃勿太多。《周易折中》引俞琰説:"頤乃口頰之象,故取其切於頤者言之,曰慎言語,節飲食。充此言語之類,則凡號令政教之出於己者,皆所當慎,而不可悖出。充此飲食之類,則凡貨財賦税之人於上者,皆所當節,而不可悖人。"頤卦有些爻不好解釋。

初九,舍爾靈龜,觀我朵頤,凶。

初九與六四相應。六四對初九説,"觀我朵頤"。朵是垂的意思。"朵頤",程《傳》釋爲垂涎,即流口水。"觀我朵頤",你本來有靈龜,不用吃就活着,挺好哇,你怎麼看到我就流口水?這不好,凶。《周易折中》引鄭汝諧説:"頤之上體皆吉而下體皆凶。上體止也,下體動也。在上而止,養人者也。在下而動,求養人者也。動而求養於人者,必累於口體之養,故雖以初之剛陽,未免於動其欲而觀朵頤也。"

《象》曰:觀我朵頤,亦不足貴也。

六二,顚頤,拂經于丘頤,征凶。

這一爻不好講,顚頤一般指陰爻。二與初兩爻相比。六二陰爻,不能獨立自養,乃求比於下,這叫顚頤。程《傳》説:"女不能自處,必從男。陰不能獨立,必從陽。二陰柔不能自養,待養於人者也。天子養天下,諸侯養一國。臣食君上之禄,民賴司牧之養,皆以上養下,理之正也。二既不能自養,必求養於剛陽。若反下求於初,則爲顚倒,故云顚頤。"

程《傳》與朱子《本義》説"丘頤"指上九。程《傳》説:"丘,在外而高之物,謂上九也。"程《傳》説得對,不過他把"拂經"與"顚頤"斷在一起講,認爲"顚頤"是拂經,違背經常。許多人不這麼講，把"顛頤"斷爲句，把"拂經于丘頤"斷爲句。項安世說："二五得位得中而不能自養，反由頤於無位之爻，與常經相悖，故皆爲拂經。上艮體，故爲'于丘'。"程《傳》與朱子《本義》與此不同。又黃幹說："頤之六爻，祇是顛拂二字。求養於下則爲顛，求養於上則爲拂。六二比初而求上，故顛頤當爲句，拂經于丘頤爲句。"程、朱斷顛頤拂經，于丘頤爲句。《周易折中》按語說："項氏黃氏說深得文義，可從。"

《象》曰：六二征凶，行失類也。

六三，拂頤貞凶，十年勿用，无攸利。

　　《周易折中》引楊時說："頤正則吉，六三不中正而居動之極，拂頤之正也。十年勿用，則終不可用矣，何利之有？"程《傳》說："頤之道唯正則吉。三以陰柔之質而處不中正，又在動之極，是柔邪不正而動者也。其養如此，拂違於頤之正道，是以凶也。得頤之正，則所養皆吉。"

《象》曰：十年勿用，道大悖也。

　　《周易折中》引項安世語："拂頤貞三字當連讀。頤之卦辭曰頤貞吉，三之爻辭曰拂頤貞凶。卦中唯此一爻與卦義相反，故曰道大悖也。"

六四，顛頤吉，虎視眈眈，其欲逐逐，无咎。

　　六四與初九相應，又得正。程《傳》說："四在人上，大臣之位，六以陰居之，陰柔不足以自養，況養天下乎。初九以剛陽居下，在下之賢也，與四爲應，四又柔順而正，是能順於初，賴初之養也。以上養下則爲順，今反求下之養，顛倒也，故曰顛頤。然己不勝其任，求在下之賢而順從之，以濟其事，則天下得其養，而己無曠敗之咎，故爲吉也。"

　　《周易折中》引蘇軾說："自初而言之，則初之見養於四爲凶；自四言之，則四之得養初九爲吉。"又引游酢說："以上養

下,頤之正也。若在上而反資養於下,則於頤爲倒置矣。此二
與四所以俱爲顛頤也。然二之志在物,而四之志在道,故四顛
頤而吉,而二則征凶也。"《朱子語類》説:"問:'音辨載馬氏曰
眈眈虎下視貌,則當爲下而專矣。'曰:'然。'又問:'其欲逐逐
如何?'曰:'求於下以養人,必當繼繼求之,不厭乎數,然後可
以養人而不窮。'"此是對"虎視眈眈"、"其欲逐逐"的講法。朱
子《本義》:"虎視眈眈,下而專也。其欲逐逐,求而繼也。"吳澂
説:"自養於内者莫如龜,求養於外者莫如虎。故頤之初九、六
四取二物爲象。四之於初,其下賢求益之心,必如虎之視下求
食而後可。其視下也專一而不他,其欲食也繼續而不歇。如
是則於人不貳,於己不自足,乃得居上求下之道。"

《象》曰:顛頤之吉,上施光也。

　　　谷家杰説:"養逮於下,則上施光,是養賢及民也。"

六五,拂經居貞吉,不可涉大川。

　　　六五求養於上九叫拂經,拂經是違背常理的意思。如果
能够居貞守正,則得吉。但是涉大川還不行,遇到艱險是無力
渡過的。

《象》曰:居貞之吉,順以從上也。

上九,由頤,厲吉,利涉大川。

　　　王《注》説:"以陽處上而履四陰,陰不能獨爲主,必宗於陽
也,故莫不由之以得其養。"丘富國説:"陽實陰虛,實者養人,
虛者求人之養,故四陰皆求養於陽者。然養之權在上,是二陽
爻又以上爲主。"程《傳》説:"上九以剛陽之德,居師傅之任,六
五之君,柔順而從於己,賴己之養,是當天下之任,天下由之以
養也,以人臣而當是任,必常懷危厲則吉也,如伊尹、周公,何
嘗不憂勤兢畏,故得終吉。夫以君之才不足而倚賴於己,身當
天下大任,宜竭其才力,濟天下之艱危,成天下之治安,故曰利

涉大川。"

《象》曰:由頤厲吉,大有慶也。

　　《周易折中》引王宗傳説:"豫之九四,天下由之以豫,故曰大有得。頤之上九,天下由之以頤,故曰大有慶。"項安世説:"六五、上九二爻皆當以小象解之。六五之居貞,非自守也,貞於從上也,故曰'居貞之吉,順以從上也'。上九之厲吉,非能自吉也,得六五之委任而吉也,故曰'由頤厲吉,大有慶也'。"《周易折中》頤卦總論引吳曰慎説:"養之爲道,以養人爲公,養己爲私。自養之道,以養德爲大,養體爲小。艮三爻皆養人者,震三爻皆養己者。初九、六二、六三皆自養口體,私而小者也。六四、六五、上九皆養其德以養人,公而大者也。公而大者吉,得頤之正也。私而小者凶,失頤之貞也,可不觀頤而自求其正邪!"

大過 ䷛ 巽下兑上

　　《序卦》説:"頤者養也,不養則不可動,故受之以大過。"

大過,棟橈,利有攸往,亨。

　　棟橈就是本末弱。爲卦上下二陰爻,中間四陽爻。

《彖》曰:大過,大者過也。棟橈,本末弱也。剛過而中,巽而説行,利有攸往乃亨。大過之時大矣哉。

　　程《傳》説:"大者過,謂陽過也。"又説:"謂上下二陰衰弱,陽盛則陰衰,故爲大者過。在小過,則曰小者過陰過也。"《周易折中》引何楷説:"棟,《説文》謂之極,《爾雅》謂之桴,其義皆訓中也。即屋之脊檁。惟大過,是以棟橈,是以利有攸往。惟有攸往,是以亨。""剛過而中",程《傳》説:"言卦才之善也。剛雖過而二五皆得中,是處不失中道也。下巽上兑,是以巽順和説之乃而行也。在大過之時,以中道巽説而行,故利有攸往,道所以能亨也。"項安世説:"棟橈二字,以六爻之象言之,中四爻强,初上二爻弱,有棟橈之象,此禍變之大者也。利有攸往,亨。以六爻之才言之,中四爻剛雖大過,而得時措之中,初上二爻又能巽而説,不失人心,故利於有行,雖遇大變而可以亨。此才略之大者也。巽而説之下加行字者,能以巽説而行,是以利有攸往也。"

"大過之時大矣哉",程《傳》説:"大過之時,其事甚大,故贊之曰大矣哉。如立非常之大事,興不世之大功,成絶俗之大德,皆大過之事也。"

《象》曰:澤滅木,大過。君子以獨立不懼,遯世无悶。

巽爲木、爲風,見《説卦》。澤滅木,滅木是滅没於木,故稱大過。君子觀大過這一卦,能够學到獨立不懼,遯世无悶。程《傳》説:"澤,潤養於木者也,乃至滅没於木,則過甚矣,故爲大過。君子觀大過之象,以立其大過人之行。君子所以大過人者,以其能獨立不懼,遯世无悶也。天下非之而不顧,獨立不懼也。舉世不見知而不悔,遯世无悶也。如此然後能自守,所以爲大過人也。"講得極明白。

初六,藉用白茅,无咎。

《繫辭傳》對此爻有解釋。"藉用白茅",《繫辭傳》説:"苟錯諸地而可矣,藉之用茅,何咎之有?慎之至也。夫茅之爲物薄而用可重也,慎斯術以往,其无所失矣。"把物放在地上可以,若用茅鋪上,不是更好了嗎!有什麽不好呢?程《傳》説:"初以陰柔巽體而處下,過於畏慎者也。以柔在下,用茅借物之象。不錯諸地而藉以茅,過於慎也,是以无咎。茅之爲物雖薄而用可重者,以用之能成敬慎之道也。慎守斯術而行,豈有失乎。大過之用也,《繫辭傳》云:'苟錯諸地而可矣,藉之用茅,何咎之有?慎之至也。夫茅之爲物薄而用可重也,慎斯術以往，其无所失矣。'言敬慎之至也。茅雖至薄之物，然用之可甚重，以之藉薦，則爲重慎之道，是用之重也。人之過於敬慎，爲之非難，而可以保其安而無過。苟能慎斯道，推而行之於事，其無所失矣。"

《象》曰：藉用白茅，柔在下也。

　　　《周易折中》大過初六按語説："蓋大過者大事之卦也。自古任大事者必以小心爲基，故聖人於初爻發義。任重大者，棟也。基細微者，茅也。棟支於上，茅借於下。故《繫辭傳》云'茅之爲物薄而用可重也'，正對棟爲重物重任而言。"

九二，枯楊生稊，老夫得女妻，无不利。

　　　程《傳》説："陽之大過，比陰則合，故二與五皆有生象。九二當大過之初，得中而居柔，與初密比而相與。初既切比於二，二復無應於上，其相與可知。是剛過之人而能以中自處，用柔相濟者也。過剛則不能有所爲，九三是也。得中用柔則能成大過之功，九二是也。楊者，陽氣易感之物，陽過則枯矣。楊枯槁而復生稊，陽過而未至於極也。九二陽過而與初，老夫得女妻之象。老夫而得女妻，則能成生育之功。二得中居柔而與初，故能復生稊而無過極之失。無所不利也。在大過，陽爻居陰則善，二與四是也。二不言吉，方言無所不利，未遽至吉也，稊，根也。"程《傳》把稊當根講，但有的人不作根講。《周易折中》引王申子説："大過諸爻以剛柔適中者爲善。初以柔居剛，二以剛居柔而比之，是剛柔適中，相濟而有功者也。其陽過也，如楊之枯，如夫之老。其相濟而有功也，如枯楊而生稊，如老夫得女妻，言陽雖過矣，九二處之得中，故无不利。"王氏講得很好。

《象》曰：老夫女妻，過以相與也。

九三，棟橈，凶。

程《傳》説："夫居大過之時，興大過之功，立大過之事，非剛柔得中，取於人以自輔，則不能也。既過於剛强，則不能與人同，常常之功，尚不能獨立，況大過之事乎？以聖人之才，雖小事必取於人，當天下之大任，則可知矣。九三以大過之陽，復以剛自居而不得中，剛過之甚者也。以過甚之剛，動則違於中和，而拂於衆心，安能當大過之任乎？故不能勝其任，如棟之橈傾敗其室，是以凶也。"俞琰説："卦有四剛爻，而九三過剛特甚，故以卦之棟橈屬之。"吴曰慎説："九三棟橈，自橈也。所謂太剛則折，故象有取於剛過而中，巽而説行也。"

《象》曰：棟橈之凶，不可以有輔也。

《周易折中》引項安世説："全卦有棟橈之象，而九三乃獨有之。全卦有利往之象，而九二乃獨有之，蓋九二當剛過之時，獨能居柔而用中，在六爻之中，獨此一爻不過，故無不利也。卦體本以中太强而本末弱，是以爲橈。九三以剛居剛，在六爻中獨此一爻爲過，故棟愈橈而不可輔也。"

九四，棟隆吉，有它吝。

《周易折中》引李過説："下卦上實而下弱，下弱則上傾。故三居下卦之上而曰棟橈凶，言下弱而無助也。上卦上弱而下實，下實則可載，故四居上卦之下而曰棟隆吉，言下實而不橈也。此二爻當分上下體看。"李氏講得挺好，吴曰慎説："三、四居卦之中，皆有棟象。三橈而四隆者，三以剛居剛，四以剛居柔，一也。三在下四在上，二也。三於下卦爲上實下虛，四於上卦爲下實上虛，三也。"李、吴二人所説大意相同。"有它吝"是什麽呢？程《傳》説："大過之時，非陽剛不能濟，以剛處柔爲得宜矣。若又與初六之陰相應，則過也。既剛柔得宜而志復應陰，是有它也。有它則有累於剛，雖未至於大害，亦可吝也。蓋大過之時，動則過也。有它，謂更有它志。吝爲不足之義,謂可少也。"又曰:"四與初爲正應,志相繫者也。九既居四,剛柔得宜矣,復牽繫於陰以害其剛,則可吝也。"《周易折中》引劉牧説:"大過之時陽爻皆以居陰爲美,有應則有它吝。"

《象》曰:棟隆之吉,不橈乎下也。

九五,枯楊生華,老婦得其士夫,无咎无譽。

　　　程《傳》説:"九五當大過之時,本以中正居尊位,然下無應助,固不能成大過之功。而上比過極之陰,其所相濟者如枯楊之生華。枯楊下生根稊,則能復生,如大過之陽,興成事功也。上生華秀,雖有所發,無益於枯也。上六,過極之陰,老婦也。五雖非少,比老婦則爲壯矣,於五無所賴也。故反稱婦得,過極之陰,得陽之相濟,不爲無益也。以士夫而得老婦,雖無罪咎,殊非美也,故云无咎无譽,象復言其可醜也。"

《象》曰:枯楊生華,何可久也。老婦士夫,亦可醜也。

　　　項安世説:"二五皆無正應,而過以與陰者也。二所與者初,初本也,故爲稊。亨者,木根新生之芽也。過而復芽,故有往亨之理。五所與者上。上,末也,故爲華。木已過而生華,故無久生之理也。"講得挺好。程《傳》説:"老婦而得士夫,豈能成生育之功,亦爲可醜也。"

上六,過涉滅頂,凶,无咎。

　　　滅頂,没頂。此爻的講法各家不同。程《傳》以爲是小人蹈禍,朱子《本義》以爲是君子成仁。《周易折中》按語説:"此爻程《傳》以爲履險蹈禍之小人,《本義》以爲殺身成仁之君子。《本義》之説固比程《傳》爲長,然又有一説,以爲大過之極,事無可爲者。上六柔爲説主,則是能從容隨順,而不爲剛激以益重其勢,故雖處過涉滅頂之凶,而无咎也。"此爻有三種解釋。因爲无咎而以爲是小人,不大合適。朱子説殺身成仁,這樣解釋也不好。看來還是第三種説法好些。

《象》曰：過涉之凶，不可咎也。

　　《周易折中》大過卦總論引馮椅說："《易》大抵上下畫停者，從中分反對爲象，非他卦相應之例也。頤、中孚、小過皆然，而此卦尤明。三與四對，皆爲棟象，上隆下橈也。二與五對，皆爲枯楊之象，上華下稊也。初與上對，初爲借用白茅之慎，上爲過涉滅頂之凶也。"馮氏發明《易》之例，應該注意。

坎☵☵坎下坎上

　　《序卦》說："物不可以終過，故受之以坎。"《序卦》的辭例都是這樣的："不可……故……"或者"……必……"。今天我們可以把它作爲一種必然性來看待，這是一點。另外一點，說"物不可以終過，故受之以坎"，這裏邊有辯證法。這是向相反的方向轉化。大過和坎，這裏邊有相反的意思。"物不可以終過"，那就是說，發展到一定的程度就要發生變化。怎麽變呢？就是坎。坎和過是相反的。程《傳》講："陽居陰中則爲陷。"這是就這一卦講的。坎卦正是陽居陰中。"陽居陰中則爲陷"，解釋坎所以是陷的思想内容。"陰居陽中則爲麗"，這是解釋離的。程《傳》又說："凡陽在上者止之象。"陽在上就是艮，艮者止也。"在中，陷之象"，就是坎。"在下，動之象"，就是震。我看程《傳》的解釋也是有點道理。"陰在上，說之象"，說是兑。"陰在中，麗之象"，麗，離也。這些都是講得對的。不過他把"習坎"的"習"字當作學習、温習講，有問題。按象傳的說法，"習坎"就是重坎，那就是把習字作爲重字講，沒有什麽學習、温習的意思。習就是重，習坎就是重險。象傳的解釋是對的。此卦上下兩卦都是坎，所以叫習坎。

習坎，有孚，維心亨，行有尚。

　　有孚就是有信。象傳裏說的"水流而不盈，行險而不失其信"，我看實際上就是講"有孚"。"水流而不盈"，這個各家解釋不大一樣。我體會這句話主要在"流"字。"流"是講這個"水"的性質的。坎爲水，水是流的。"水"之"流"也是一種"有孚"，一種"信"。流與盈是相反的。"流而不盈"，若盈滿，它就不流了。水的性質是流，向下流。"水流而不盈"，這就是"行險而不失其信"。流，經過艱難險阻，一直流向大海。這個水是"有孚"的，有信的。程《傳》把孚作誠字講。俞琰說："坎水，流水也。晝夜常流，流則不盈，故曰水流而不盈。"俞琰的解釋是對的，比程《傳》講得好。其他人的解釋都不怎麼好。

"維心亨"的心字怎麼解釋？我看可從"心"和"深"來講。坎是險，習坎是重險，也是深險，然而心是亨的。那麼這也是"有孚"，是從"有孚"那兒來的。"維心亨"，心是亨的，而身還是險的，並不是說不險。

《彖》曰：習坎，重險也。水流而不盈，行險而不失其信。維心亨。乃以剛中也。行有尚，往有功也。天險不可升也，地險山川丘陵也。王公設險以守其國，險之時用大矣哉。

爲什麼說"維心亨"呢？"乃以剛中也"，這就是指坎卦，特別是指坎九五這一爻。當然九二也是中，也是剛中。所以"有孚"，所以"維心亨"，都是因爲此卦九五與九二兩爻是"剛中"。

"行有尚，往有功也"，行險也就能出險，所以有功。這是把"行有尚"的意思解釋爲"往有功"。

下邊的容易懂，因爲這個是孔子作象傳時加上的。"天險不可升也，地險山川丘陵也。王公設險以守其國，險之時用大矣哉。"坎卦重坎，也就是說是重險，這個卦被看作是不好，險嘛。內外兩卦都是險，重險，不好。孔子作《易傳》的時候，講究應用。孔子從險之用這方面考慮問題。"王公設險"，王公什麼時候開始設險？談談這個問題。桃林之塞是險，虎牢是險，可是過去對險不一定這麼重視。武王伐紂，從現在的西安出發到河南，隊伍很容易就過去了。後來的秦國想往東擴展，經過桃林之塞就不容易了。因爲晉國在那裏阻擋，桃林之塞的險起了作用。戰國時代不僅設險，而且還修城，修長城。所以説"王公設險以守其國"顯然不是《易經》的思想，作於殷周之際的《易經》不可能有這種思想。這種思想應該是在春秋以後出現的。所以我在《中國奴隸社會史》講戰國軍事時講過，古代的軍將就駐在國門守國，國之外一般就不守了，不設防了。所謂設險，春秋時代不見得有，後來慢慢就有了。因此，我看"王公設險以守其國"還是孔子作的。"天險不可升也，地險山川丘陵也。王公設險以守其國，險之時用大矣哉"，看你怎麼用法，你要"時用"。險不好，但是有用，用得恰當就好。"險之時用大矣哉"，這個思想也有辯證法。

《象》曰：水洊至，習坎。君子以常德行，習教事。

　　　　洊，再，仍。"水洊至"，水又至，因爲是習坎，兩個坎，所以稱爲"水洊至，習坎"。君子學習這個坎卦，能得到什麼呢？可以"常德行，習教事"。"常德行"，德行要常，不是暫時的。教事要習，也不是一次就完了。俞琰説："常德行，謂德行有常而不改。習教事，謂教事練習而不輟。"俞氏講得比較簡明，還是好的。

初六，習坎，入于坎窞，凶。

　　　　初六是坎卦的最下一爻，重險之下，不能出險了。程《傳》説："窞，坎中之陷處，已在習坎中，更入坎窞，其凶可知。"

《象》曰：習坎入坎，失道凶也。

　　　　程《傳》説："能出於險，乃不失道也。"

九二。坎有險，求小得。

　　　　程《傳》説："二當坎險之時，陷上下二陰之中，乃至險之地，是有險也。然其剛中之才，雖未能出乎險中，亦可小自濟，不至如初益陷入於深險，是所求小得也。"

《象》曰：求小得，未出中也。

　　　　没有出這坎，坎還没有出來，但是有剛中，有孚，所以求能得到"小得"。

六三，來之坎坎，險且枕，入于坎窞，勿用。

　　　　這一爻是在下坎。《周易折中》引王申子的話，講得比較好："下卦之險已終，上卦之險又至。"來，向下來。之，向上往。來也好之也好，統統都是坎，都是險。上邊是險，下邊也是險，進退皆險。"險且枕"，王申子説"且者，聊爾之辭"，聊且在這個地方休息休息，如果在這個時候前進，那就"入于坎窞"了，這時不要再動。王申子説："其進而入，則陷益深，爲不可用。"祇能止，不可動，暫時等待好了。

《象》曰：來之坎坎，終无功也。

　　　　程《傳》説："進退皆險，處又不安，若用此道，當益入於險，終豈能有功乎？"

六四，樽酒簋貳，用缶，納約自牖，終无咎。

　　　　樽酒，一樽酒，也就是一瓶酒。簋是盛食物的器具，圓的叫簋，方的叫簠。貳，有人當副字講。《周易折中》引何楷説："貳，副也，謂樽酒而副以簋也。"朱子《本義》根據《管子·弟子職》(這一篇，是説學生應該如何對待老師的)"周旋而貳"的貳來解釋。這個貳是什麼意思呢？這個貳就是益、添加的意思。這兩個解釋不同。總而言之，這個貳不能爲兩個。《周易折中》坎六四爻按語同意何楷的解釋，貳當副講。有樽酒，還之副以簋，就是"樽酒簋貳"。

　　　　"用缶"，缶也是一種器具，是很簡樸的器具。樽酒，酒很少，一樽。簋貳，也是不多的，而且是用瓦器來盛。這都説明很簡易、很簡約的。

　　　　"納約自牖"的約字有兩種講法。一是王弼的解釋，認爲

約是簡約,亦即從"樽酒簋貳,用缶"中來的。用的東西很簡
樸,不多。程《傳》和朱子《本義》把這個約字釋爲約結、結交。
大臣(六四的位是大臣的位,九五代表國君)想辦法去結國君
的歡心。這樣,約就作爲結字講了。這兩種講法都説得通。
不過,我個人的想法,還是覺得王弼的解釋更好些。究竟怎樣
講好,同志們還可以考慮。"自牖"的牖本來是窗子。學"三
禮"就知道了。古代的宮室建築,前邊是寢門,裏邊庭中有兩
條小路,進了寢門後經過小路而陞階登堂,登堂然後入室。室
的東面有個向南的門,叫户,户的西邊有個窗子,叫牖。牖是
透亮的,是室中唯一采光的地方,是"明"處。所以程《傳》説,
你要説服一個人,要知道他哪些地方明白,哪些地方不明白,
你要從他明白的地方去説服他。漢高祖想立他寵愛的戚姬之
子爲太子,這是廢嫡立庶的做法,在當時是違禮的。張良、周
昌、叔孫通勸阻,都不行。應該立長子,漢高祖不是不知道,但
是他不立長子。後來找來了四皓勸説,這回高祖就信了。一
個人就是這樣,這方面他糊涂,那方面他明白,你要沿着他明
白的地方講。趙太后愛其少子長安君,不肯讓他去齊國做人
質,誰説都不聽,最後是觸龍把説她通了。觸龍就是從她明白
的地方講,亦即"自牖",才講通的。程《傳》對"自牖"一詞就是
這麽講的。這一爻是説,如果是"樽酒簋貳,用缶,納約自牖",
就无咎。雖然有些艱難,但最終可以得到无咎。

《象》曰:樽酒簋貳,剛柔際也。

　　　剛柔指六四與九五這兩爻。"剛柔際",六四與九五相交
接。"樽酒簋貳",質實無文,簡樸誠篤。朱子《本義》引晁氏
説:"先儒讀'樽酒簋'爲一句,'貳用缶'爲一句,今從之。"在小
象,朱子《本義》又説:"晁氏曰,陸氏《釋文》本無貳字。"小象
説:"樽酒簋貳,剛柔際也。"説明朱熹引晁氏的説法不對。《周
易折中》引姜寶説:"觀孔子小象以樽酒簋貳爲句,則晁氏之説

以貳用缶爲句者,非矣。"既不同意晁氏之説,也不同意朱熹的説法。

九五,坎不盈,祗既平,无咎。

俞琰解釋説:"坎不盈,以其流也。象傳云'水流而不盈',是也。不盈則適至於既平,故无咎。"《周易折中》按語也是同意俞氏之説的:"如程《傳》説,則不盈爲未能盈科出險之義,與象傳異指矣,須以何氏、俞氏之説爲是。蓋不盈,水德也。有源之水,雖涓微而不舍晝夜,雖盛大而不至盈溢,唯二五剛中之德似之。此所以始於小得而終於不盈也。"

《象》曰:坎不盈,中未大也。

"中未大也",項安世解釋説:"水流而不盈,謂不止也。坎不盈,謂不滿也。不止,故有孚。不滿,故中未大。凡物盈則止,水盈則愈行,故坎有時而盈,水無時而盈也。"實際上,這句話是不大好講的。

上六,繫用徽纆,寘于叢棘,三歲不得,凶。

到了最後,終於還是險,被拘繫到牢獄裏去了。徽是三股麻絞成的繩,纆是兩股麻絞成的繩。這是《經典釋文》講的。"叢棘"是牢獄,牢獄的墻上搞上刺,就像後世的"刺鬼"一樣。"繫用徽纆,置之叢棘"用繩索拴上,投人牢獄。

"三歲不得,凶",程《傳》認爲:"至於三歲之久,不得免也,其凶可知。吳澂引《周禮·司圜》:'收教罷民……能改者,上罪三年而舍……其不能改而出圜土者,殺。'三歲不得,其罪大而不能改者與。"上罪拘禁三年可以釋放,若不能改,跑出監獄,要殺頭。這是《司圜》裏的規定。程《傳》説:"言久,有曰十,有曰三,隨其事也。陷於獄,至於三歲,久之極也。他卦以年數言者,亦各以其事也,如'三歲不興'、'十年乃字'是也。"這是説時間之長。

《象》曰：上六失道，凶三歲也。

　　程《傳》説："以陰柔而自處極險之地，是其失道也。故其
凶至於三歲也，三歲之久而不得免焉，終凶之辭也。"

　　《周易折中》坎卦總論引龔煥的話説："坎卦本以陽陷爲
義，至爻辭則陰陽皆陷，不以陽陷於陰爲義矣。二小得，五既
平，是陽之陷爲可出。初與三之入於坎窞，上之三歲不得，則
陰之陷反爲甚。《易》卦爻取義不同多如此。"

離☲☲離下離上

　　《序卦》講："坎者陷也，陷必有所麗，故受之以離。離者麗
也。"程《傳》説："離爲火，火體虛，麗於物而明者也。"火都是麗
於一種東西才明。程《傳》又説："又爲日，亦以虛明之象。"

離，利貞，亨，畜牝牛，吉。

　　程《傳》説："離，麗也。萬物莫不皆有所麗，有形則有麗
矣。在人則爲所親附之人，所由之道，所主之事，皆其所麗也。
人之所麗，利於貞正，得其正則可以亨通，故曰'離，利貞，亨'。
'畜牝牛，吉'，牛之性順，而又牝焉，順之至也。既附麗於正，
必能順於正道，如牝牛，則吉也。畜牝牛，謂養其順德。"

《象》曰：離，麗也。日月麗乎天，百穀草木麗乎土，重明以麗乎正，
乃化成天下。柔麗乎中正，故亨，是以畜牝牛吉也。

　　這個"麗"不是美麗的"麗"，是附麗的"麗"。"重明"，兩個
"離"。"重明以麗乎正"的"正"，主要是指六二來説的。六二
是中爻，陰居陽位，又是正，所以亨，也所以"畜牝牛，吉"。這
主要是指牛的柔來説的。項安世説："'重明以麗乎正'，此統
論一卦之義，以釋卦名也。'柔麗乎中正'，此以二五成卦之爻
釋卦辭也。"吳曰慎説："坎性就下，下不已則人坎窞。離性炎
上，炎之盛則突如焚如。坎陷，欲之類也。離炎，忿之類也。

坎維心亨,以剛中則不陷。離畜牝牛,以中順則不突。"

《象》曰:明兩作,離。大人以繼明照于四方。

　　"明兩作",兩個離。"繼明",明,又明,很像古代繼承的意思。繼承前人的明德,發揚光大,以此照臨於四方。大人,是統治者,王者。

初九,履錯然,敬之无咎。

　　對此爻的解釋也不一樣。有人把"錯然"和"敬之"放在一起,作爲兩個意思來講。離卦的下邊三爻,荀爽説:"初爲日出,二爲日中,三爲日昃。"初爻是太陽初升,二爲日當中午,三爲太陽到下午了,昃了。"履錯然",馮當可解釋:"日方出,人夙興之晨也。'履錯然',動之始也。"開始動了。又説:"於其始而加敬,則終必吉。禍福幾微,每萌於初動之時,故戒其初。"看起來這個解釋還是對的。胡瑗説:"錯然者,敬之之貌也。居離之初,如日之初生。於事之初,則當常錯然警懼,以進德修業,所以得免其咎。"這樣的解釋是不對的。孔穎達把"錯然"和"敬"解釋爲一個意思,也是不對的。程《傳》釋爲交錯,還是對的。

《象》曰:履錯之敬,以辟咎也。

六二,黃離,元吉。

　　程《傳》説:"二居中得正,麗於中正也。黃,中之色,文之美也。文明中正,美之盛也,故云黃離。以文明中正之德,上同於文明中順之君,其明如是,所麗如是,大善之吉也。"郭雍説:"離之六爻,二五爲美。五得中而非正。柔麗中正者,唯六二盡之。黃爲中之色,而德之至美者也,故言元吉,其義與坤六五相類。"

　　俞琰説:"九三言日昃之離,六二其日中之離乎? 居下卦之中,而得其中道,故比他爻爲最吉。六二蓋離之主爻也。"楊

啓新説："畜牝牛而利貞,六二得之。明而不失其中正,故曰黄
離。"

《象》曰:黄離元吉,得中道也。

九三,日昃之離,不鼓缶而歌,則大耋之嗟,凶。

這就是荀爽所説的"三爲日昃"了,日偏斜了。這一點,我
看《周易折中》引梁寅的話,挺好。梁寅説:"三居下離之終,乃
日昃之時也。夫持滿定傾,非中正之君子不能。三處日之夕
而過剛不中,其志荒矣。故不鼓缶而歌,則大耋之嗟。其歌
也,樂之失常也;其嗟也,哀之失常也。哀樂失常,能無凶乎?"
這個解釋我看是好的。

《象》曰:日昃之離,何可久也。

九四,突如其來如,焚如,死如,棄如。

《周易折中》引何楷説:"三處下卦之盡,似日之過中。四
處上卦之始,似火之驟烈。"這就像"明兩作",現在下卦已盡,
上卦的"明"又該繼續了。這個"繼續"是突如其來的。因爲九
四太剛了,有突如其來之象。程《傳》説:"剛躁而不中正,且重
剛以不正,而剛盛之勢突如而來,非善繼者也。"所以才有焚
如、死如、棄如之象。

《象》曰:突如其來如,无所容也。

六五,出涕沱若,戚嗟若,吉。

六五是君位,又是柔爻,以柔居上,下又無應,在兩剛爻之
間,處境很不好。程《傳》説:"六五居尊位而守中,有文明之
德,可謂善矣。然以柔居上,在下無助,獨附麗於剛强之間,危
懼之勢也。唯其明也,故能畏懼之深,至於出涕;憂慮之深,至
於戚嗟,所以能保其吉也。出涕戚嗟,極言其憂懼之深耳。時
當然也。居尊位而文明,知憂畏如此,故得吉,若自恃其文明
之德與所麗中正,泰然不懼,則安能保其吉也?"蔡淵説:"坎離

之用在中。二五皆卦之中也。坎五當位而二不當位，故五爲勝。離二當位而五不當位，故二爲勝。”劉定之説：“坎者陰險之卦，唯剛足以濟之，沉潛剛克也。離者陽躁之卦，唯柔足以和之，高明柔克也。二五同歸於吉，以柔而然也。”

《象》曰：六五之吉，離王公也。

上九，王用出征，有嘉折首，獲匪其醜，无咎。

程《傳》説：“九以陽居上，在離之終，剛明之極者也。明則能照，剛則能斷。能照足以察邪惡，能斷足以行威刑。故王者宜用如是剛明，以辨天下之邪惡，而行其征伐，則有嘉美之功也。”折首之“首”，就是“頭”。又説：“夫明極則無微不照，斷極則無所寬宥。不約之以中，則傷於嚴察矣。去天下之惡，若盡究其漸染詿誤，則何可勝誅？所傷殘亦甚矣……”所以重要的是折首，懲罰頭頭，所獲的不是醜類，不是一般群衆。

《象》曰：王用出征，以正邦也。

第十三講　咸卦　恒卦　遯卦　大壯

咸䷞艮下兌上

《序卦》在這個地方講得較多。它說："有天地然後有萬物,有萬物然後有男女,有男女然後有夫婦,有夫婦然後有父子,有父子然後有君臣,有君臣然後有上下,有上下然後禮義有所錯。"這段話講得極好,極深刻。

"有天地然後有萬物",這是講六十四卦產生的問題。"天地"就是乾坤。《序卦》是在說,開始時有天地,然後產生萬物。萬物是從這兒開始的。那麼天地是什麼呢? 天地是自然界,在《易》就是乾坤。有了天地之後,有萬物生焉。這個道理我以前講《繫辭傳》時講過,今天沒必要再講。《序卦》在這裏講的,意思與《繫辭傳》一樣。

"有萬物然後有男女,有男女然後有夫婦",這個提法很值得注意。有萬物然後有男女,用我們現在的歷史唯物主義來講,也是講得通的。那時候,祇能説"有男女",不能説"有夫婦"。依《儀禮・喪服》所説,那時還是知有母不知有父,處在群婚階段。這樣的説法看起來還是符合歷史實際的,不違背科學。"有男女然後有夫婦"這個提法很不簡單,歷史正是這樣,一夫一妻的個體婚制是在父權制確立時才有的。的確是先有男女群婚,然後才產生了夫婦關係。

"有夫婦然後有父子",知有母不知有父,哪裏會有父子關係? 知母又知父,必然就有了一夫一妻制的夫婦關係。

"有父子然後有君臣",這個説法看起來也不錯。父權制發展的結果產生君臣關係。恩格斯説,個體婚制是文明社會的細胞形態,階級壓迫是同男人對女人的壓迫同時產生的。我們可以説,階級的產生,可以一直追溯到"有夫婦"。有夫婦,有父子,發展以後就有君臣,國家是一步一步產生的。有父子,還不能説就有了國家,有父子還可能是原始社會的。有君臣,那就到了文明社會了。

"有君臣然後有上下",有上下就不限於最高的君主,社會普遍有了等級的關係。"有上下然後禮義有所錯",有的人對此不大重視。其實這一點還是很重要的。禮這個東西,是有上下以後才有的。禮是階級社會的東西,至少在《周易》看來,禮是階級社會的東西,而這個觀點和《禮記·禮運》講的"天下爲家"以後才有"禮義以爲紀"是一致的。古人講的"義",實際上講的是階級關係。古人講的"仁",特別是孔子講的"仁",反映的主要是血緣關係,是父子有親,而"義"這個概念則不是反映血緣關係的。《禮記·中庸》説"仁者人也,親親爲大;義者宜也,尊賢爲大",這講得很清楚。當然,禮之中包括風俗習慣在內,而風俗習慣在原始社會就有了。所以孔子講:"殷因於夏禮,所損益可知也;周因於殷禮,所損益可知也。"孔子講禮的時候,講的是夏、殷、周。《禮運》講"禮義以爲紀",説的也是階級社會的東西。孔子是把禮看成是階級社會的東西了。我們今天進行研究,應透過現象看本質,不爲表面現象所迷惑。在那個時代,能提出從"有天地"一直到"禮義有所錯"的一套説法,是很不簡單的。孔子當然不知道什麼是歷史唯物主義,竟能講出這麼一套來,值得重視。這一套説法,即便在今日看來,也不錯。

程《傳》説:"天地,萬物之本;夫婦,人倫之始。"儒家孔子對這一點非常重視。"男女有別而後夫婦有義,夫婦有義而後父子有親,父子有親而後君臣有正",這是《禮記・昏義》講的。周人講:"君子之道,造端乎夫婦。"這和恩格斯所説"個體婚制是文明社會的細胞形態",至少説不違背吧。我看是一致的。學《易》學到這個地方,我們應該予以重視,不要隨隨便便讀過,否則看不出深刻的意義。程《傳》又説:"上經首乾坤,下經首咸繼以恒也。天地二物,故二卦分爲天地之道。男女交合而成夫婦,故咸與恒皆二體合爲夫婦之意。咸,感也,以説爲主。恒,常也,以正爲本。而説之道自有正也,正之道固有説焉。巽而動,剛柔皆應,説也。咸之爲卦,兑上艮下,少女少男也。男女相感之深,莫如少者,故二少爲咸也。艮體篤實,止爲誠慤之義。男志篤實以下交,女心説而上應。男感之先也,男先以誠感,則女説而應也。"

咸,亨,利貞,取女吉。

　　咸就是感。感能够亨,但是要貞正,取女吉。

《彖》曰:咸,感也。柔上而剛下,二氣感應以相與。止而説,男下女,是以亨,利貞,取女吉也。天地感而萬物化生,聖人感人心而天下和平,觀其所感而天地萬物之情可見矣。

　　過去都講咸,不講感,以爲感是無心之感。我看不應這樣解釋,古代的咸字就是感字,後來在咸字上加一個心字。"柔上而剛下",程《傳》説:"柔爻上而剛爻下。柔上變剛而成兑,剛下變柔而成艮。"上邊三爻本來都是陽爻,現在變成兑了。那就是坤的一爻上來了,把最上一爻變成陰爻了,所以乾卦變成了兑卦。下邊的艮卦原來本是坤卦即三個陰爻,現在變成了艮卦。原因是上邊的一陽爻下來把坤卦的第三爻變成了陽爻。這就叫"剛下變柔而成艮"。我看"柔上而剛下",用卦變來解釋,是對的。不過卦變問題應該按照程《傳》的觀點講,朱子《本義》講得是不對的。顧炎武《日知錄》講卦變問題時,也是從程《傳》的。"二氣感應",下卦艮,艮爲山;上卦兌,兌爲澤,山澤通氣。"止而説",艮是止,兌是説。"男下女",艮是少男,在下;兌是少女,在上。由於柔上剛下,二氣相應,從此而説,男下女,然後是以亨,利貞,取女吉。

然後又擴展來講了。這和坎卦一樣,"天地感而萬物化生,聖人感人心而天下和平,觀其所感而天地萬物之情可見矣"。推廣來講,講到感,講到天地感,講到聖人與人心感。這個"聖人"顯然不是一般的人,是指統治階級的王侯而言。這一點我們要看清楚。《易經》的政治性是很強的,我們研究《易經》不能離開當時的歷史條件,《易經》的思想是由當時的歷史條件決定的。我們研究《易經》,講《易經》的問題,祇能這樣講。天下和平是怎麼得來的呢? 聖人得感人心。現在我們講改革講開放,大家認爲這政策對,也是因爲它是感人心的。這樣講也有道理。"觀其所感而天地萬物之情可見矣","天地萬物之情"我們本來不知道,由這個地方就可以看得出來,這就不簡單了,從一個很小的事物能看出來很大的問題。

《象》曰:山上有澤,咸。君子以虛受人。

君子要虛,祇有虛才能受於人。程《傳》説:"澤性潤下,土性受潤。澤在山上,而其漸潤通徹。是二物之氣相感通也。君子觀山澤通氣之象,而虛其中以受於人。夫人中虛則能受,實則不能人矣。虛中者,無我也。中無私主,則無感不通。以量而容之,擇合而受之,非聖人有感必通之道也。"

初六,咸其拇。

咸其拇,就是感其拇。初六在一卦之下。拇是足之大指,在身體之最下。咸其拇,是說感於最下最初,感的程度不深。咸卦的卦辭與爻辭並不一致。卦辭講"取女吉",而爻辭裏邊不講這個。六爻都祇講"咸",而且各爻都從人的身體取象,根本没有提到"取女",也没有像《序卦》所説的"有男女然後有夫婦"等。這就提出一個問題,卦辭與爻辭究竟是不是一個人作的。卦辭與爻辭多少有一點矛盾,卦爻辭與《序卦》的内容也不完全一樣。這個問題我們也應注意。

《象》曰:咸其拇,志在外也。

　　程《傳》説:"初志之動,感於四也,故曰在外。志雖動而感未深,如拇之動,未足以進也。"光是感拇,還没有往前進呢。咸卦六爻皆以人身取象。初六爲拇,第二爻爲腓,第三爻爲股,第四爻爲心,第五爻是脢,脢即背。最上爻是舌。

六二,咸其腓,凶,居吉。

　　腓是腿肚,這個地方動了,還是需要静,不需要動。動則凶,居則吉。

《象》曰:雖凶居吉,順不害也。

九三,咸其股,執其隨,往吝。

　　"執其隨",講法也不一樣,隨誰? 程《傳》認爲是隨上,因爲九三與上六相應,九三是隨上六。朱子《本義》認爲是隨其下之二爻。《周易折中》按語認爲是隨四。它説:"執其隨,本義以爲隨下二爻,程《傳》以爲隨上。然隨之爲義,取於雁行相從,則以三爲隨四者近是。"這是第三説。三種説法,哪個對呢? 我同意朱子《本義》的説法,因爲小象講:"咸其股,亦不處也。志在隨人,所執下也。""亦不處也"的"亦"是從哪兒來的? 這就是説初與二兩爻都動,"咸其拇","咸其腓",九三也是不處的,它也動。人家動,它也動。"志在隨人",是它隨初二兩爻。

《象》曰:咸其股,亦不處也。志在隨人,所執下也。

九四,貞吉悔亡,憧憧往來,朋從爾思。

　　九四是人的心,能得正則吉。如果不這樣,"憧憧往來,朋從爾思”，是不好的。這個在《繫辭傳》裏有説明。《繫辭傳》説：“《易》曰：‘憧憧往來，朋從爾思。’子曰：‘天下何思何慮？天下同歸而殊途，一致而百慮。天下何思何慮？日往則月來，月往則日來，日月相推而明生焉。寒往則暑來，暑往則寒來，寒暑相推而歲成焉。往者，屈也；來者，信也。屈信相感而利生焉。尺蠖之屈，以求信也。龍蛇之蟄，以存身也。精義入神，以致用也。利用安身，以崇德也。過此以往，未之或知也。窮神知化，德之盛也。’”程《傳》説：“聖人感天下之心，如寒暑雨暘，無不通無不應者，亦貞而已矣。貞者，虛中無我之謂也。‘憧憧往來，朋從爾思’，夫貞一則所感無不通，若往來憧憧然，用其私心以感物，則思之所及者有能感而動，所不及者不能感也，是其朋類則從其思也。以有係之私心，既主於一隅一事，豈能廓然無所不通乎。子曰：‘天下何思何慮？天下同歸而殊途，一致而百慮。天下何思何慮？’夫子因咸極論感通之道，夫以思慮之私心感物，所感狹矣。天下之理一也。途雖殊而其歸則同，慮雖百而其致則一。雖物有萬殊，事有萬變，統之以一，則無能違也。故貞其意，則窮天下無不感通焉。故曰‘天下何思何慮’。用其思慮之私心，豈能無所不感也？”又説：“屈則有信，信則有屈。所謂感應也。故日月相推而明生，寒暑相推而歲成。功用由是而成，故曰‘屈信相感而利生焉’。感，動也。有感必有應，凡有動皆爲感，感則必有應，所應復爲感，感復有應，所以不已也。尺蠖之屈，以求信也。龍蛇之蟄，以存身也。精義入神，以致用也。利用安身，以崇德也。過此以往，未之或知也。前云屈信之理矣，復取物以明之。尺蠖之行，先屈而後信，蓋不屈則無信，信而後有屈。觀尺蠖則知感應之理矣。龍蛇之藏，所以存息其身而後能奮迅也。不蟄則不能奮矣。動息相感，乃屈信也。君子潛心精微之義，入於神妙，所以致其用也。潛心精微，積也。致用，施也。積與施乃屈信也。利用安身以崇德也，承上文致用而言。利其施用，安處其身，所以崇大其德業也。所爲合理，則事正而身安。聖人能事盡於此矣。故云過此以往，未之或知也。"這裏程《傳》就《繫辭傳》做了發揮。"憧憧往來"的意思究竟是什麼？《朱子語類》説："憧憧祇是加一個忙迫的心，不能順自然之理。"朱熹的這個解釋比較好。他又説："方往時又便要來，方來時又便要往，祇是一個忙。"

"日往則月來，月往則日來"，范文瀾同志在《中國通史簡編》中把它解釋爲循環論，是不對的。"日月相推而明生焉"，往來以後就産生了明。明天就不會是今天了。"寒往則暑來，暑往則寒來，寒暑相推而歲成焉"，成了歲了。今年的歲和明年的歲不一樣。這與辯證法的螺旋式發展的規律是一致的，而且這裏講得極明白透徹。人利用安身，能做到"窮神知化"。什麼叫"窮神知化"？ 所謂神、化，用今天的話説，實際上還是規律，是社會的發展規律。規律的運動是自然的運動。"憧憧往來"，那就是説用私心，不用自然，所以才"朋從爾思"。

《象》曰：貞吉悔亡，未感害也。憧憧往來，未光大也。

九五，咸其脢，无悔。

　　　脢是後背上裏脊肉。程《傳》説："九居尊位，當以至誠感天下，而應二比上，若係二而説上，則偏私淺狹，非人君之道，豈能感天下乎？ 脢，背肉也，與心相背而不見也。言能背其私心，感非其所見而説者，則得人君感天下之正而無悔也。"程《傳》的這個解釋還是好的。

《象》曰：咸其脢，志末也。

　　　程《傳》説："戒使背其心而咸脢者，爲其存心淺末，係二而説上，感於私慾也。"李鼎祚説："末，猶上也。五比於上，故咸其脢志末者，謂五志感於上也。"

上六，咸其輔頰舌。

> 頰，兩頰。輔，上頜。頰與輔及舌都是説話的東西。這些東西動了，就是要動口舌説話。光是用口舌説話感人，是不行的。程《傳》説："唯至誠爲能感人，乃以柔説騰揚於口舌言説，豈能感於人乎！"

《象》曰：咸其輔頰舌，滕口説也。

> 王弼説："咸道轉末，故在口舌言語而已。"
>
> 《周易折中》咸卦總論引丘富國説："咸六爻以身取象，上卦象上體，下卦象下體。初在下體之下，爲拇。二在下體之中，爲腓。三在下體之上，爲股。此下卦三爻之序也。四在上體之下，爲心。五在上體之中，爲脢。上在上體之上，爲口。此上卦三爻之序也。"丘氏的這個解釋很好。

恒䷟巽下震上

> 《序卦》説："夫婦之道不可以不久也，故受之以恒。"程《傳》説："咸，夫婦之道，夫婦終身不變者也。故咸之後受之以恒也。咸，少男在少女之下。以男下女，是男女交感之義。恒，長男在長女之上，男尊女卑，夫婦居室之常道也。論交感之情，則少爲親切；論尊卑之序，則長當謹正。"

恒，亨，无咎，利貞，利有攸往。

> 恒是久常。"利貞"和"利有攸往"有兩個意思。"利貞"是利正，表示常。《周易折中》引徐幾説："恒有二義。有不易之恒，有不已之恒。利貞者，不易之恒也。利有攸往，不已之恒也。合而言之，乃常道也。倚於一偏，則非道矣。"因爲是正，便要求久有正，不必變。但是如果不正，做不到正，那就要有變了。有變之恒，是不已之恒。這時候，變動一下，是好的，所以叫利有攸往。

《彖》曰：恒，久也。剛上而柔下，雷風相與，巽而動，剛柔皆應，恒。恒，亨，无咎，利貞，久于其道也。天地之道，恒久而不已也。利有攸往，終則有始也。日月得天而能久照，四時變化而能久成。聖人久于其道而天下化成，觀其所恒，而天地萬物之情可見矣。

"恒，久也。剛上而柔下，雷風相與，巽而動，剛柔皆應，恒"。這是解釋卦名恒的。"剛上而柔下"，程《傳》解釋說："謂乾之初上居於四，坤之初下居於初，剛爻上而柔爻下也。"這樣解釋是對的。"雷風相與"，震爲雷，巽爲風，"雷震則風發，二者相須，交助其勢，故云相與"。巽而動，六爻剛柔相應，所以亨。

"亨，无咎，利貞，久于其道也。天地之道，恒久而不已也。利有攸往，終則有始也"，這個程《傳》講得還是好的："恒非一定的謂也，一定則不能恒矣。唯隨時變易乃常道也，故云利有攸往。"這樣講是對的。"利有攸往"則"終則有始"，"終則有始"，就是說恒不能總是一成不變，要有變化。總的說，恒是常。然而在恒的過程中，還必須有變化，沒有變化不能常。"終則有始"的意思就是有變化。象傳接着又作了發揮："日月得天而能久照，四時變化而能久成，聖人久於其道而天下化成。"這是由自然又說到社會歷史。這裏也是"明于天之道而察于民之故"，其中有自然又有社會。我們研究《易經》，要看到兩方面。一方面講自然，講自然規律；一方面講社會，講歷史。這裏講到日月，講到四時，這當中也有變化的意思，不是一定的。事物若總是一定則不能久，變化才能久。"聖人久于其道而天下化成"，也得靠"久"，沒有一定的時間是不行的。"觀其所恒，則天地萬物之情可見矣"。

龔煥說："利貞久於其道，體常也。利有攸往，終則有始，盡變也。體常而後能盡變，盡變亦所以體常。天地萬物所以常久者，以其能盡變也。"講得挺好。

《象》曰：雷風恒，君子以立不易方。

　　　　雷風就是變化的，而雷風合起來卻是恒。君子從此卦學習什麽呢？應該立不易方。胡炳文説："雷風雖變，而有不變者存。體雷風之變者，爲我之不變者，善體雷風者也。"胡氏講變和不變，不變就是立不易方。任何時候，我們自己都應該有所樹立，即立不易方。

初六，浚恒，貞凶，无攸利。

　　　　初六，恒卦第一爻。浚，深的意思。浚恒，謂求恒之深，能守常而不能隨時應變。固定這一條道而不知變，必凶。

《象》曰：浚恒之凶，始求深也。

　　　　郭雍説："進道有漸而後可久，在恒之初，浚而深求，非其道也。"陸希聲説："常之爲義，貴久於其道。日以浸深，初爲常始，宜以漸爲常，而體巽性躁，遽求深人，是失久於其道之義，不可以爲常，故貞凶。"

九二，悔亡。

　　　　程《傳》説："在恒之義，居得其正，則常道也。九陽爻，居陰位，非常理也。處非其常，本當有悔，而九二以中德而應於五，五復居中，以中而應中，其處與動皆得中也，是能恒久於中也。能恒久於中，則不失正矣。中重於正，中則正矣，正不必中也。九二以剛中之德而應於中，德之勝也，足以亡其悔矣。"

　　　　《周易折中》按語説："恒者常也，中則常矣。"都是講所重要的是中。

《象》曰：九二悔亡，能久中也。

九三，不恒其德，或承之羞，貞吝。

　　　　蘇軾説："咸恒無完爻，以中者用之，可以悔亡。以不中者用之，無常之人也。故九三不恒其德。"主要的還是這個"中"，九三的問題是不得中。

《象》曰：不恒其德，无所容也。

　　《周易折中》按語説："此无所容，與離四相似，皆謂德行無常度，自若無所容，非人之不容之也。"

九四，田无禽。

　　程《傳》説："以田爲喻，言九之居四，雖使恒久，如田獵而無禽獸之獲，謂徒用力而無功也。"

《象》曰：久非其位，安得禽也。

六五，恒其德貞，婦人吉，夫子凶。

　　程《傳》説："夫以順從爲恒者，婦人之道，在婦人則爲貞，故吉。若丈夫而以順從於人爲恒，則失其剛陽之正，乃凶也。"

《象》曰：婦人貞吉，從一而終也。夫子制義，從婦凶也。

　　丘富國説："二以剛中爲常，而五以柔中爲常也。以剛處常，能常者也。以柔爲常，則是婦人之道，非夫子所尚，此六五所以有從婦之凶。"

上六，振恒，凶。

　　王弼説："夫静爲躁君，安爲動主，故安者上之所處也。静者可久之道也。處卦之上，居動之極，以此爲恒，無施而得也。"

《象》曰：振恒在上，大无功也。

　　丘富國説："恒卦六爻無上下相應之義，唯以二體而取中焉，則恒之義見矣。初在下體之下，四在上體之下，皆未及乎恒者，故泥常而不知變，是以初浚恒，四田無禽也。三在下體之上，上在上體之上，皆已過乎恒者，故好變而不知常，是以三不恒而上振恒也。唯二五得上下體之中，知恒之義者。而五位剛爻柔，以柔中爲恒，故不能制義，而但爲婦人之吉。二位柔爻剛，以剛中爲恒，而居位不當，亦不能盡守常之義，故特言悔亡而已。恒之道豈易言哉！"

李舜臣説："咸恒二卦，其象甚善，而六爻之義鮮有全吉者。蓋以爻而配六位，則陰陽得失，承乘逆順之理，又各不同故也。"也指出恒卦卦辭與爻辭不一致的問題。

遯䷠艮下乾上

恒卦以後是遯卦。天山遯，上面是乾，乾爲天；下面是艮，艮爲山。《序卦》説："恒者久也，物不可以久居其所，故受之以遯。"這裏反映了辯證思想。過去有人認爲《序卦》淺僻，不知道其中有辯證思想。在那個時候能有這樣的思想，是不簡單的。

遯，亨，小利貞。

遯的意思是逃，退。遯怎麼能亨？象傳講"遯亨"是"遯而亨"，加個而字，"遯亨"變成"遯而亨"。程《傳》認爲，"君子退藏以伸其道，道不屈則爲亨"。這是説，在政治上不能够前進了，要想退避了。但這個退避從道來講，還是亨的。遯裏邊有"小利貞"。什麼叫"小利貞"？看法就不一樣了。朱子《本義》認爲是君子遯，小人利貞。把小作爲小人講。遯卦是二陰長嘛。程《傳》小不作小人講，它説："陰柔方長而未至於甚盛，君子尚有遲遲致力之道，不可大貞而尚利小貞也。"程《傳》是從君子這方面看的。遯的時代還未達到否，到否的時代就不利君子貞了。現在，君子還有可爲，要小利貞。這是程《傳》的説法。朱子《本義》認爲，君子退了，小人你還得老實點。兩種觀點不一樣。《周易折中》按語同意程《傳》的説法，它説："小利貞之義，傳義（程《傳》與朱子《本義》的簡語）説各不同。據《易》例，則似傳説爲長。蓋至於三陰之否，則直曰不利君子貞矣。遯猶未至於否，但當遜避以善處之，不可過甚以激成其勢，故曰小利貞也。"我同意程《傳》的解釋。

《彖》曰：遯亨，遯而亨也。剛當位而應，與時行也。小利貞，浸而長也。遯之時義大矣哉。

　　“剛當位而應，與時行也”，在遯卦裏，九五陽爻在陽位而應六二，能够與時行也。這個“與時行也”，也有不同的解釋。怎麽叫“與時行”？也就是君子還有可爲，遯了還與時行。程《傳》説：“五以剛陽之德，處中正之位，又下與六二以中正相應，雖陰長之時，如卦之才，尚當隨時消息。苟可以致其力，無不至誠自盡以扶持其道，未必於遯藏而不爲，故曰與時行也。”《周易折中》引吴曰慎説：“非以剛當位而應爲猶可亨，惟其當位而應，能順時而遯，所以亨也。與時行，謂時當遯而遯。”吴氏以爲不是要做事，是要遯。兩種解釋，我同意程《傳》。還是要做事的，不是完全不貞。

　　“小利貞，浸而長也”，浸而長，是慢慢地長。什麽長？柔長，陰長。遯卦已經兩個陰長了。《周易折中》引張清子説：“二陽爲臨，二陰爲遯，遯者臨之反對也。臨之象曰‘剛浸而長’，遯之象則不曰‘柔浸而長’，而止曰‘浸而長’。”實際上是柔浸而長，二陰漸漸地長。

　　遯象傳最後又加一句“遯之時義大矣哉”，孔子是贊成這個遯的。遯有好處。《周易折中》引郭雍的話説：“遯之小利貞，暌之小事吉。不知者遂以爲小而不思也。故孔子明其大，而後知小利貞小事吉者有大用存焉。”

《象》曰：天下有山，遯。君子以遠小人，不惡而嚴。

　　君子應該遠小人。“不惡而嚴”，惡讀憎惡的惡。對待小人的辦法，就該這樣，不讓他知道你討厭他，要讓他敬畏你。陰長就是小人長。

初六，遯尾厲，勿用有攸往。

　　在全卦裏，兩個陰爻是代表小人的，在爻裏則不一定代表小人了。《周易折中》引楊啓新説：“卦中以二陰爲小人，至爻

中則均退避之君子。蓋皆遯爻,則發遯義也。"遯尾,遯之初爻
爲尾。遯而在後,是危險的,所以"勿用有攸往",往就不利了。
王申子説:"位居卑下,不往即遯也。若又有所進往,則危厲益
甚矣。"往就是前進。

《象》曰:遯尾之厲,不往何災也。

六二,執之用黃牛之革,莫之勝説。

　　説,程《傳》讀爲言説之説,朱子《本義》讀爲脱。朱子《本
義》是對的。"執之",朱熹認爲必遯之志很堅決,誰也改變不
了。程《傳》認爲六二與九五相應,國君(九五)拉大臣,像用黃
牛之革那樣拉他。兩人的解釋不一樣,我看程《傳》講得對。
程《傳》説:"二與五爲正應,雖在相違遯之時,二以中正順應於
五,五以中正親合於二,其交自固,黃,中色;牛,順物;革,堅固
之物。二五以中正順道相與,其固如執係之以牛革也。莫之
勝説,謂其交之固,不可勝言也。在遯之時,故極言之。"《周易
折中》引龔煥曰:"五爻皆言遯,惟六二不言者,二上與五應,雖
當遯時,固結而不可遯者也。故有執用黃牛之革之象。謂其
有必遯之志,似未必然。"龔氏同意程《傳》,不同意朱熹之説。
我同意龔氏的解釋。孔穎達説:"處中居内,非遯之人也。既
非遯之人,便爲所遯之主。物皆棄己而遯,何以執固留之? 惟
有中和厚順之道,可以固而安之也。能用此道,則無能勝己解
脱而去。"這是程、朱之外又一説。

《象》曰:執用黃牛,固志也。

　　這個"固志",按程《傳》解釋,是比較好的。

九三,係遯,有疾厲,畜臣妾吉。

　　係誰? 九三上無應,係二或係初。受之陰,有疾,不好。
厲,危險。程《傳》説:"陽志説陰,三與二切比,係乎二者也。
遯貴速而遠,有所係累,則安能速且遠也。害於遯矣。故爲有

疾也。遯而不速,是以危也。臣妾,小人女子,懷恩而不知義。親愛之則忠其上,繫戀之私恩,懷小人女子之道也。故以畜養臣妾,則得其心爲吉也。然君子之待小人,亦不如是也。三與二非正應,以暱比相親,非待君子之道。若以正,則雖係不得爲有疾。蜀先主之不忍棄士民是也。雖危爲无咎矣。"一方面受二與初繫,對九三要畜要養才對。《周易折中》按語説:"孔子曰:'惟女子與小人爲難養也。近之則不遜,遠之則怨。'然則不遠不近之間,豈非不惡而嚴之義乎!故當遯之時,有所繫而未得去者,待小人以畜臣妾之道則可矣。"

《象》曰:係遯之屬,有疾憊也。畜臣妾吉,不可大事也。

九四,好遯,君子吉,小人否。

　　程《傳》説:"四與初爲正應,是所好愛者也。君子雖有所好愛,義苟當遯,則去而不疑。"君子這時候吉,小人否。因爲小人則不能遯。《周易折中》按語説:"好者,惡之反也。好遯,言其不惡也。從容以遯,而不爲忿戾之行。孟子曰:'予豈若是小丈夫然哉。怒悻悻然見於其面。'正好遯之義也。小人否者即孟子所謂小丈夫者也。"

《象》曰:君子好遯,小人否也。

九五,嘉遯,貞吉。

　　九五剛中得正,貞得吉。程《傳》説:"九五中正,遯之嘉美者也。處得中正之道,時止時行,乃所謂嘉美也。故爲貞正而吉。"

《象》曰:嘉遯貞吉,以正志也。

　　張載説:"居正處中,能正其志,故獲貞吉。"

上九,肥遯,无不利。

　　王弼説:"最處外極,無應於内,超然絶去,心無疑顧,憂患不能累,矰繳不能及,是以肥遯无不利也。"肥遯,程《傳》講:

“寬綽有餘裕也。遯者，窮困之時也。善處則爲肥矣。”肥字有的本子作蜚。

《象》曰：肥遯无不利，无所疑也。

《周易折中》遯卦總論引項安世說：“下三爻艮也，主於止，故爲不往，爲執革，爲係遯。上三爻乾也，主於行，故爲好遯，爲嘉遯，爲肥遯也。”這是對全卦所作的說明，講得極清楚。

大壯 ䷡ 乾下震上

《序卦》說：“遯者退也，物不可以終遯，故受之以大壯。”

大壯，利貞。

陽大陰小，大者壯也。

《彖》曰：大壯，大者壯也。剛以動，故壯。大壯利貞，大者正也。正大而天地之情可見矣。

《象》曰：雷在天上，大壯。君子以非禮弗履。

初九，壯于趾，征凶有孚。

壯于趾，初其象爲趾。陽爻要前進，要前進必有凶。王申子說：“卦雖以剛壯爲義，然爻義皆貴於用柔。蓋以剛而動，剛不可過也。”用柔，是就六爻說的。初九沒有柔，所以征凶。

《象》曰：壯于趾，其孚窮也。

九二，貞吉。

陽處陰位，也好，貞得吉。《周易折中》引易袚說：“爻貴得位，大壯則以陽居陰爲吉，蓋慮其陽剛之過於壯也。故二與四皆言貞吉。”

象曰，九二貞吉，以中也。

九三，小人用壯，君子用罔，貞厲，羝羊觸藩，羸其角。

項安世說：“君子用罔，說者不同。然觀爻辭之例，如小人

吉,大人否亨;君子吉,小人否;婦人吉,夫子凶。皆是相反之
辭。又象辭曰'小人用壯,君子罔也',全與'君子好遯,小人否
也'句法相類。《詩》、《書》中罔字與弗字、勿字、毋字皆通用,皆
禁止之義也。"這是說,朱子《本義》、程《傳》對罔字的解釋不對。

《象》曰:小人用壯,君子罔也。

九四,貞吉,悔亡。藩決不羸,壯于大輿之輹。

　　　　九四藩決不羸,是接九三講的。《易經》中輹與輻常通用。
輹,在車軸;輻,在車輪。程《傳》說"輹與輻同",不對。王弼
說:"未有違謙越禮而能全其壯者也,故陽爻皆以居陰位爲
美。"鄭汝諧說:"居四陽之終,其壯易過。故必正吉則悔亡。
群陽並進,非二陰之所能止。藩決不羸,其道通也。壯於大輿
之輹,其行健也。"

《象》曰:藩決不羸,尚往也。

　　　　項安世說:"九四以剛居柔,有能貞之吉,無過剛之悔。貞
吉悔亡四字既盡之矣,又曰藩決不羸,壯於大輿之輹者,恐人
以居柔爲不進也。故以尚往明之。"尚往是進,不是不進。

六五,喪羊于易,无悔。

　　　　程《傳》釋易爲和易,說:"羊群行而喜觸,以象諸陽並進。
四陽方長而並進,五以柔居上,若以力制,則難勝而有悔,惟和
易以待之,則群陽無所用其剛,是喪其壯於和易也。如此則可
以無悔。五以位言則正,以德言則中,故能用和易之道,使群
陽雖壯,無所用也。"胡炳文說:"旅上九喪牛于易。牛性順,上
九以剛居極,不覺失其所謂順。此曰喪羊于易,羊性剛,六五
以柔居中,不覺失其所謂剛,自失其壯,故爻獨不言壯。"朱子
《本義》游移不定,易字作容易解,義作疆埸解。我看朱子《本
義》講得不對。程《傳》和胡炳文之說是對的。有人說"喪羊于
易"是一段歷史故事。此說不可取。但此說頗迷惑一些人,現

在還很流行。其實"喪羊于易"與那個歷史故事没有關係。

《象》曰：喪羊于易，位不當也。

　　這個"位不當也"不好講。《周易折中》按語説："位當位不當，《易》例多借爻位以發明其德與時地之相當不相當也。此位不當，不止謂以陰居陽，不任剛壯而已。蓋謂四陽已過矣，則五所處非當壯之位也。於是而以柔中居之，故爲喪羊于易。"項安世説："有以事理得中爲正者，有以陰陽當位爲正者。剛以柔濟之，柔以剛濟之，使不失其正。此事理之正也。以剛處剛，以柔處柔，各當其位，此爻位之正也。大壯之時義，其所謂利貞者，利守事理之正，故曰大者正也，明不以爻位言也。是故九二、九四、六五三爻，不當位而皆利，初九、九三、上六三爻當位而皆不利。又於九二、九四爻辭明言'貞吉'，於初九、九三爻辭明言'征凶'、'貞厲'。① 聖人猶恐其未明也，又以小象釋之。於九二之吉則曰：'九二貞吉，以中也。'明貞吉以中而不以位也。於六五之无悔則曰：'位不當也。'亦明无悔在中不在位也。②《易》之時義屢遷如此。"項氏此説也通，不過也有一點勉强。

上六，羝羊觸藩，不能退，不能遂，无攸利。艱則吉。

　　走不了，也不能退，艱則吉。《朱子語類》説："上六取喻甚巧，蓋壯終動極，無可去處，如羝羊之角挂於藩上，不能退遂。然艱則吉者，畢竟有可進之理，但必艱始吉耳。"

《象》曰：不能退，不能遂，不詳也。艱則吉，咎不長也。

　　詳，詳慎、詳審的意思。

---

① 此處有省文，據《周易玩辭》："蓋二、四於事理爲正，故其正也、利，初與三以爻位爲正，故其正也不利。由此觀之，則卦辭所利之貞在大而不在小明矣。"

② 此處有省文，據《周易玩辭》："初九以剛居爻剛，其仗正力行爲可孚矣，而象則曰'其孚窮也'。言在他卦，以孚爲美，當大壯之時，則以孚爲凶，故至大壯而窮矣。"

第十四講　晉卦　明夷　家人　睽卦

晉☷☲坤下離上

《序卦》説："物不可以終壯，故受之以晉。"

晉，康侯用錫馬蕃庶，晝日三接。

現在有人把這附會成歷史故事，我不同意。彖傳明確講："晉，進也。"程《傳》説："晉爲進盛之時，大明在上，而下體順附，諸侯承王之象也，故爲康侯。康侯者，治安之侯也。上之大明，而能同德以順附，治安之侯也。故受其寵數，錫之馬衆多也。車馬，重賜也。蕃庶，衆多也。不惟錫與之厚，又見親禮，晝日之中，至於三接。言寵遇之至也。"朱子《本義》説："晉，進也。康侯，安國之侯也。錫馬蕃庶，晝日三接，言多受大賜而顯被親禮也。"程、朱這樣講是對的。郭雍説："晉卦取名之義，與大有略相類。大有火在天上，君道也。晉明出地上，臣道也。以人臣之進，獨備一卦之義，則臣之道至大者，非康侯安足以當之！"《周易折中》按語説："《易》有晉、升、漸三卦皆同爲進義而有別。晉如日之方出，其義最優。升如木之方生，其義次之。漸如木之既生，而以漸高大，其義又次之。觀其彖辭皆可見矣。"

《象》曰：晉，進也。明出地上，順而麗乎大明。柔進而上行，是以康侯用錫馬蕃庶，晝日三接也。

程《傳》説："晉，進也。明進而盛也。明出於地，益進而盛，故爲晉。所以不謂之進者，進謂前進，不能包明盛之義。明出地上，離在坤上也。坤麗於離，以順麗於大明，順德之臣，上附於大明之君也。柔進而上行，凡卦離在上者，柔居君位，多云柔進而上行，噬嗑、睽、鼎是也。六五以柔居君位，明而順麗，爲能待下寵遇親密之義，是以爲康侯用賜馬蕃庶，晝日三接也。大明之君，安天下者也。諸侯能順附天子之明德，是康民安國之侯也，故謂之康侯。是以享寵錫而見親禮，晝日之間，三接見於天子也。不曰公卿而曰侯，天子治於上者也，諸侯治於下者。在下而順附於大明之君，諸侯之象也。”項安世説：“三女之卦，獨離柔在上爲得尊位，大中而行之，故謂之上行。巽在六四，例謂之上合上同。兑在上六，例謂之上窮，皆不得爲上行也。”這是從離來講的。王申子説：“六十四卦，離上者八，專以六五一爻以爲成卦之主者二，晉、大有也。大有曰，柔得尊位大中而上下應之，晉則曰柔進而上行，是專以康侯之晉者，當此一卦之義矣。”

《象》曰：明出地上，晉。君子以自昭明德。

　　　　俞琰説：“明德，君子固有之德也。自昭者，自有此德而自明之也。人德本明，人欲蔽之，不能不少昏昧。其本然之明，固未嘗息，知所以自明，則本然之明，如日之出地，而其昭著初無增損也。《大學》所謂明明德，所謂自明，與此同旨。”

初六，晉如摧如，貞吉，罔孚，裕，无咎。

　　　　“晉如”是進，“摧如”是不進。這樣能貞正。“罔孚”不信的話，處以寬裕則无咎。程《傳》説：“初居晉之下，進之始也。晉如，升進也。摧如，抑退也。於始進而言遂其進不遂其進，惟得正則吉也。罔孚者，在下而始進，豈遽能深見信於上；苟上未見信，則當安中自守，雍容寬裕，無急於求上之信也。苟欲信之心切，非汲汲以失其守，則悻悻以傷於義矣，皆有咎也。

故裕則无咎,君子處進退之道也。"

《象》曰:晉如摧如,獨行正也。裕,无咎,未受命也。

　　程《傳》與朱子《本義》皆以爲"未受命"指未受官守之命,
所以裕无咎。

六二,晉如愁如。貞吉,受兹介福,于其王母。

　　程《傳》説:"六二在下,上無應援,以中正柔和之德,非強
於進者也。故於進爲可憂愁,謂其進之難也。然守其貞正,則
當得吉。故云'晉如愁如,貞吉'。王母,祖母也,謂陰之至尊
者,指六五也。二以中正之道自守,雖上無應援,不能自進,然
其中正之德,久而必彰。上之人自當求之。蓋六五大明之君,
與之同德,必當求之,加之寵祿,受介福於王母也。介,大也。"
《周易折中》按語説:"二五相應者也。以陰應陽,以陽應陰,則
有君臣之象。以陰應陰,則有姑婦之象。不曰母而曰王母者,
禮重昭穆,故孫祔於祖,則孫婦祔於祖姑,蓋以昭穆相配,《易》
爻以相配喻相應也。此明其爲王母,而小過祇言姑。蒙上過
其祖之文爾。"又説:"六五,卦之主,而二應之,故有受福之
義。"王母指六五説的。六二、六五都是陰,以陰應陰。

《象》曰:受兹介福,以中正也。

六三,衆允,悔亡。

　　程《傳》説:"以六居三,不得中正,宜有悔咎。而三在順體
之上,順之極者也。三陰皆順上者也。是三之順上,與衆同
志,衆所允從,其悔所以亡也。有順上向明之志,而衆允從之,
何所不利。"

《象》曰:衆允之志,上行也。

　　《周易折中》引李過説:"初之罔孚,衆未允也;二之愁如,
猶有悔也;三德孚於衆,進得所願而悔亡也。"衆允,指三爲兩
陰所信。

九四,晉如鼫鼠,貞厲。

因不中不正,以竊高位。程《傳》說:"以九居四,非其位也。非其位而居之,貪據其位者也。貪處高位,既非所安,而又與上同德,順麗於上,三陰皆在己下,勢必上進,故其心畏忌之。貪而畏人者,鼫鼠也。故云'晉如鼫鼠'。貪於非據而存畏忌之心,貞固守此,其危可知。言貞厲者,開有改之道也。"《周易折中》按語說:"此卦以象辭觀之,則九四以一陽而近君,康侯之位也。參之爻義,反不然者,蓋卦義所主在柔,則剛正與時義相反。當晉時,居高位,而失靜正之道,乖退讓之節,貪而畏人,則非鼫鼠而何? 貞厲者,戒其以持祿保位爲常,而不知進退之義也。"

《象》曰:鼫鼠貞厲,位不當也。

六五,悔亡,失得勿恤,往吉无不利。

程《傳》說:"六以柔居尊位,本當有悔,以大明而下皆順附,故其悔得亡也。下既同德順附,當推誠委任,盡衆人之才,通天下之志,勿復自任其明,恤其失得。如此而往,則吉无不利也。六五大明之主,不患其不能明照,患其用明之過,至於察察,失委任之道,故戒以失得勿恤也。夫私意偏任,不察則有蔽盡天下之公,豈當復用私察也。"不要考慮失或得,往吉无不利。

《象》曰:失得勿恤,往有慶也。

不必憂失,不必憂得,"往有慶也"。

上九,晉其角,維用伐邑。厲吉无咎,貞吝。

項安世說:"晉好柔而惡剛,故九四、上九皆以厲言之。四進而非其道,故爲鼫鼠。上已窮而猶晉,故爲晉其角。"陸振奇說:"當晉之時,聖人最喜用柔而不用剛,故四陰吉、悔亡,二陽厲且吝也。"《周易折中》總論引龔煥說:"晉卦諸爻,皆以進爲

義,初、二、三、五,柔之進,四與上,剛之進也。四陰二陽,陰多
吉而陽多厲者,晉以柔順爲善,剛強則躁矣。故象傳曰:'順而
麗乎大明,柔進而上行。'卦之得名,其亦以柔爲主與?"

明夷䷣離下坤上

《序卦》説:"晉者進也,進必有所傷,故受之以明夷。"

明夷,利艱貞。

程《傳》説:"君子當明夷之時,利在知艱難而不失其貞正
也。在昏暗艱難之時,而不能失其正。所以爲明君子也。"

《彖》曰:明入地中,明夷。內文明而外柔順,以蒙大難,文王以之。
利艱貞,晦其明也。內難而能正其志,箕子以之。

內卦離,文明;外卦坤,柔順。蒙受大難時能內文明而外
柔順,文王就能這樣。"利艱貞,晦其明也。內難而能正其志,
箕子以之。"紂之暴虐,對箕子來説,是內難。內難而能正其
志,箕子能夠這樣做。

《象》曰:明入地中,明夷。君子以莅衆,用晦而明。

孔穎達講:"冕旒垂目,黈纊塞耳。"意思就是不要察察爲
明。水至清則無魚,人至察則無徒。

初九,明夷于飛,垂其翼,君子于行,三日不食,有攸往,主人有言。

"明夷于飛",象鳥飛,要垂其翼,不要高飛。"君子于行",
趕快走。"三日不食,有攸往,主人有言",是説有些人不相信,
有些議論。程《傳》説:"君子見幾,故亟去之。世俗之人未能
見也。故異而非之,如穆生之去楚,申公、白公且非之,況世俗
之人乎?但譏其責小禮,而不知穆生之去,避胥靡之禍也。當
其曰'不去,楚人將鉗我於市',雖二儒者亦以爲過甚之言也。
又如袁閎於黨事未起之前,名德之士方鋒起,而獨潛身土室,
故人以爲狂生,卒免黨錮之禍。所往而人有言,何足怪也?"

　　　　項安世説："垂其翼，不言夷，未傷也。夷於左股（六二），言已傷也。説者以垂其翼爲傷翼，非也。斂翼而下飛者，避禍之象也。"俞琰説："居明夷之初，不敢高飛，遂垂斂其翼以向下。此見幾之明，不待難作而早避者也。夫知幾而早去，此君子獨見，主人固不識也，豈得無言？"

《象》曰：君子于行，義不食也。

六二，明夷，夷于左股，用拯馬壯，吉。

　　　　明夷已夷於左股了。這時用拯，馬壯，這是好的。王宗傳説："六二，文明之主也。以六居二，柔順之至，文王以之。"

《象》曰：六二之吉，順以則也。

　　　　則，中正之道。項安世説："明夷之下三爻，唯六二有救之之誠。上三爻，惟六五無去之之心。皆中順之臣也。"王申子説："以柔順處之，而不失其中正之則，昔者文王用明夷之道，其如是乎！"

九三，明夷于南狩，得其大首，不可疾貞。

　　　　"夷于南狩"，一般説指武王伐紂。"得其大首"，俘獲敵人的大頭頭。"不可疾貞"，但不要着急。胡炳文説："二之救難，可速也。三之除害，不可速也。故有不可疾貞之戒。"程《傳》説："九三，離之上，明之極也，又處剛而進。上六，坤之上，暗之極也。至明居下而爲下之上，至暗在上而處窮極之地，正相敵應，將以明去暗者也。斯義也，其湯武之事乎！南，在前而明方也。狩，畋而去害之事也。南狩，謂前進而除害也，當克獲其大首。大首謂暗之魁首，上六也。三與上正相應，爲至明克至暗之象。不可疾貞，謂誅其元惡。舊染污俗，未能遽革，必有其漸，革之遽，則駭懼而不安。故《酒誥》云：'惟殷之迪諸臣惟工，乃湎於酒，勿庸殺之，姑惟教之。'至於即久，尚曰餘風未殄。是漸漬之俗不可以遽革也，故曰'不可疾貞'。正之不

可急也。上六雖非君位。以其居上而暗之極，故爲暗之主，謂
之大首。"講得明白。

《象》曰：南狩之志，乃大得也。

六四，入于左腹，獲明夷之心，于出門庭。

　　　一般認爲這說的是微子。程《傳》講是指小人。程《傳》的
說法不可從。朱子《本義》說"此爻之義未詳"。《周易折中》引
胡炳文說："初、二、三在暗外，至四則將入暗中。然比之六五，
則四尚淺也，猶可得意於遠去。獲明夷之心者，微子之自靖。
於出門庭者，微子之行遯也。"把這比作微子，是對的。

《象》曰：入于左腹，獲心意也。

六五，箕子之明夷，利貞。

　　　箕子的處境是這樣。《周易折中》總論引蘇軾說："力能救
則救之，六二之用拯是也。力能正則正之，九三之南狩是也。
既不能救又不能正，則君子不敢辭其辱以私便其身，六五之箕
子是也。君子居明夷之世，有責必有以塞之，無責必有以全其
身而不失其正。初九、六四，無責於斯世，故近者則入腹獲心
於出門庭，而遠者則行不及食也。"蘇軾這段話講得挺好。

《象》曰：箕子之貞，明不可息也。

　　　蘇軾說："六五之於上六，正之則勢不敵，救之則力不能，
去之則義不可。此最難處者也，如箕子而後可。箕子之處於
此，身可辱也，而明不可息也。"

上六，不明晦，初登于天，後入于地。

　　　指紂王不明，晦，初登于天，後入于地了。胡炳文說："下
三爻以明夷爲句首，四、五明夷之辭在句中，上六不曰明夷而
曰不明晦。蓋惟上六不明而晦，所以五爻之明皆爲其所夷
也。"

《象》曰：初登于天，照四國也；後入于地，失則也。

　　明夷這一卦講的是文王與紂王的事，看得比較明顯。

家人☲☴離下巽上

　　家人這一卦實際上談的是家庭問題。我們學習馬克思主義，知道恩格斯說過"家庭是文明社會的細胞形態"。所以也應當重視中國古人是怎麼看的，同時我們也要運用歷史唯物主義觀點看這個問題。社會存在決定社會意識，有那樣的社會條件才産生那樣的思想。《序卦》說："夷者傷也，傷于外者必反于家，故受之以家人。"

家人，利女貞。

　　家人卦辭"利女貞"，貞是正。利女貞，這裏邊就有男尊女卑的思想，反映那時的社會存在男尊女卑的現象。《易經》在君臣夫婦的關係方面，觀點很清楚。

《象》曰：家人，女正位乎内，男正位乎外。男女正，天地之大義也。家人有嚴君焉，父母之謂也。父父子子，兄兄弟弟，夫夫婦婦，而家道正。正家而天下定矣。

　　"女正位乎内"指六二説的。六是陰爻，二是陰位。陰爻在陰位就叫作正。六二在内卦，所以叫"女正位乎内"。九五是陽爻在陽位，也是得正。陰象女，陽象男。九五在外卦，所以叫"男正位乎外"。卦辭强調"利女貞"，没講男的。象傳則男女都講了，說"男女正，天地之大義也"。這是推廣來説了。"男女正"不簡單，是"天地之大義"。由此看來，古人認爲天人關係很密切。天人合一呀，法天呀，在《易經》裏有反映。《繫辭傳》講"是以明于天之道而察于民之故，是興神物，以前民用"，不是把自然界和人類社會截然分開的，而是認爲人應該效法自然。講到男女，講到夫婦，而後又講到天地。"男女正"

是"天地之大義也"。程《傳》説："男女各得其正位也,尊卑内外之道正,合天地陰陽之大義也。"

"家人有嚴君焉,父母之謂也",家裏也得有尊卑上下,父母是家中的嚴君。"父父子子,兄兄弟弟,夫夫婦婦,而家道正",一家之人,應該是父盡父道,子盡子道,兄盡兄道,弟盡弟道,夫盡夫道,婦盡婦道。《論語》説"君君臣臣,父父子子",也談到這個問題。這個思想是一致的。所以,説《易傳》是孔子作的,我看不應該有什麽懷疑。

"父父子子,兄兄弟弟,夫夫婦婦,而家道正。正家而天下定矣",這個思想還是家齊而後國治,國治而後天下平呀。修身齊家治國平天下,家道正了以後,天下就定了。家庭都好了,天下就好了。定字和正字是一樣的意思。俞琰説:"彖辭(即卦辭)舉其端,故但言利女貞。彖傳極其全,故兼言男女之正,而又以父子兄弟夫婦推廣而備言之。"林希元説:"正家而天下定,猶云人人親其親,長其長而天下平,不作正家之效説。"這引了孟子之話。

《象》曰:風自火出,家人。君子以言有物而行有恒。

君子學家人卦,就要言有物,説話不要空。我們寫文章也要言有物,談問題要明白,要通。説了半天,人家不知道你講的是什麽,那怎麽行!"行有恒",做事,辦事情,搞事業,要有始有終,不可半途而廢。

初九,閑有家,悔亡。

閑,防閑。比如畜養牛馬,給一個欄,圈住不會跑掉,那叫閑,那個欄是閑。圈起來不會跑掉,就是防閑。防閑要一開始就做,等馬跑掉了才做欄,那就晚了。所以初九的爻辭叫"閑有家,悔亡"。胡炳文説:"初之時當閑,九之剛能閑。顏之推曰:'教子嬰孩,教婦初來。'"

《象》曰：閑有家，志未變也。

　　　初九正在開始之時，志還未變，沒有沾染上壞東西，是純潔的，這時就閑，最有效。

六二，无攸遂，在中饋，貞吉。

　　　六二是陰爻，象家中之婦女。家中的婦女應該怎麼樣呢？應該"无攸遂"。遂是自專的意思。婦女不可有所有專，就是不可自己想幹什麼就幹什麼。《公羊傳》講"大夫無遂事"，大夫要聽國君的，出國辦事，不許自作主張。比如外交官，國家派你去日本辦事，辦完要回來。你辦完事不回來，臨時又自作主張去美國，那不行。可見，遂有自專的意思。"在中饋"，現代北方方言叫"鍋臺轉"。"鍋臺轉"是主持家人伙食，在古代除這一項責任外，主婦還要負責家中祭祀的事情。王宗傳說："无攸遂，示不敢有所專也。婦人之職不過奉祭祀饋飲食而已。此外無他事也。《詩》曰：'無非無儀，惟酒食是議。'"家中婦女衹能做這兩件事，他事勿問。這就是"无攸遂，在中饋，貞吉"。

《象》曰：六二之吉，順以巽也。

　　　因爲陰爻是講順講巽的，順巽則吉。

九三，家人嗃嗃，悔厲吉。婦子嘻嘻，終吝。

　　　九，陽爻；三，陽位。朱子《本義》講嗃嗃和嘻嘻，意思是相反的，嗃嗃是比較嚴的。過於嚴，要有悔厲，然而這樣能夠得吉。如果女人和孩子都嘻嘻，那終究得吝。程《傳》說："嘻嘻，笑樂無節也。"那終究是吝的。胡炳文說："嗃嗃以義勝情，雖悔厲而吉。嘻嘻以情勝義，終吝。悔，自凶而吉；吝，自吉而凶。九三以剛居剛，若能嚴於家人者；比乎二柔，又若昵於婦子者。三其在吉凶之間乎！故悔吝之占兩言之。"

《象》曰：家人嗃嗃，未失也。婦子嘻嘻，失家節也。

嗃嗃，還未失家節，家長管得嚴一點，但不爲過分。嘻嘻，家長管得鬆，就不好了，失了家節了。

六四，富家大吉。

六四，富家；六，陰爻居四，得正，故大吉。《周易折中》按語說："四在他卦，臣道也。在家人卦，則亦妻道也。夫，主教一家者也；婦，主養一家者也。老子所謂教父食母是也。自二之在中饋，進而至於四之富家，則內職舉矣。"

《象》曰：富家大吉，順在位也。

九五，王假有家，勿恤吉。

假字，程《傳》、朱子《本義》當至講，另外一些人當格講。龔煥說："假與格同，猶'奏假無言，昭假烈祖'之假，謂感格也。九五以陽剛中正居尊位，爲有家之主，盛德至善，所以感格於家人之心者至矣。王者家大人衆，其心難一，有未假者，勿用憂恤而自吉也。蓋初之閑有家，是以法度防閑之。至王假有家，則躬行有以感化之矣。"我看假作格，當感格講，還是好的。《周易折中》按語也作感格講。感格有家，勿用恤，自然得吉。"王假有家"，就是說，一家人都可以感化過來了。

《象》曰：王假有家，交相愛也。

家中之人互相之間都能愛。龔煥說："交相愛，則一家之父子兄弟夫婦長幼莫不相愛，非特夫婦而已也。"這與程《傳》、朱子《本義》的講法不一樣。程、朱說"交相愛"是夫婦相愛。我看龔煥講得好。不單是夫婦相愛，是全家人相愛。

上九，有孚威如，終吉。

上九，最上一爻，陽爻。有孚，有信。威如，治家嚴格，終能得吉。不嚴就不行了。

《象》曰：威如之吉，反身之謂也。

反身，自正。自己不正，別人也不能信服你。《周易折中》
總論引吳曰慎説："家人之道，男以剛嚴爲正，女以柔順爲正。
初曰閑，三曰厲，上曰威，男子之道也。二、四象傳皆曰順，婦
人之道也。五剛而中，非不嚴也，嚴而泰也。"

睽☲☱兑下離上

上離，離爲火。下兑，兑爲澤。火澤睽。《序卦》説："家道
窮必乖，故受之以睽。"

睽，主要是談同異問題。這是一個大問題。

睽，小事吉。

不是大事，是小事。"小事吉"，何楷説："業已睽矣，不可
以忿疾之心驅迫之也，惟不爲已甚，徐徐轉移，此合睽之善術
也，故曰小事吉。小事，猶言以柔爲事，非大事不吉而小事吉
之謂。"何氏的這個説法實際上是駁朱子《本義》。朱子《本義》
説："其占不可大事，而小事尚有吉之道也。"何氏説"小事猶言
以柔爲事"，與朱熹的説法不同。

**《彖》曰：睽，火動而上，澤動而下，二女同居，其志不同行。説而麗
乎明，柔進而上行，得中而應乎剛，是以小事吉。天地睽而其事同
也，男女睽而其志通也，萬物睽而其事類也，睽之時用大矣哉。**

睽卦上卦是離，下卦是兑。離爲火，兑爲澤。火動而上，
澤動而下，那就是睽。"二女同居"，離是中女，兑是少女，處於
一卦之中，是二女同居了。"其志不同行"，程《傳》説："女之少
也同處，長則各適其歸。"長大了就出嫁了。各適其歸，其志不
同，這是就睽字來講的。"説而麗乎明"，離，麗也。麗明是就
兑來講的。"柔進而上行，得中而應乎剛"，六五在上，所以上
行。五居中得正，"應乎剛"，下與九二相應，九二是剛爻，故叫
"應乎剛"。"麗乎明"，"柔進而上行"，"得中而應乎剛"，這幾

條長處,歸納起來,便得"小事吉"。《周易折中》按語講:"蓋明乎當睽之時,有此數善,是以小事吉;亦唯因睽之時,故有此數善,而唯小事吉也。"

推廣開來講,天地是睽的,但其事是同的,天地相感而成四時,生萬物。同樣的道理,"男女睽而其志通也,萬物睽而其事類也"。睽不要看成是不好的,如果用之得當,其時用大矣哉。這是把睽推廣開來講,從中能看出很多問題。

《象》曰:上火下澤,睽。君子以同而異。

君子學這一卦,應該能夠以同而異。同而異的說法,我看與和而不同是一個意思。是講和的,不是講同的。和與同不是相同的。和同問題,《國語》上講過,《左傳》上也講過。晏子講和同問題,從音樂上講,從飲食上講,證明同是不行的。從音樂上講是這樣呀,五音和才好聽。如果管弦樂都是一種樂器,那還有人聽嗎?同中要有異,都一樣不行。所以同異的問題是個大問題。睽卦主要講同異問題,而且提出來"以同而異",和而不同。我看這裏面包含有辯證法。

初九,悔亡,喪馬勿逐自復,見惡人无咎。

程《傳》說:"夫合則有睽,本異則何睽?"本來就異,那裏還有睽呢?初九與九四皆陽,不是應爻。然而同德相與,雖都是陽爻,也沒問題。好像喪馬,不用追,馬自己會回來的。"見惡人无咎",王申子說:"方睽之時,其睽未深,馬之失也未遠。惡人睽間之情未甚也。失馬逐之則愈逐愈遠,惡人激之則愈激愈睽。故勿逐而聽其自復,見之而可以免咎也。處睽之初,其道當如此。不然,睽終於睽矣。"鄭汝諧說:"居睽之初,在卦之下,必安靜以俟之,寬裕以容之,睽斯合矣。喪馬勿逐,久則自復,安靜以俟之也。睽而無應,無非戾於己者,拒絕之則愈戾,故寬裕以容之也。合睽之道,莫善於斯。"《周易折中》按語說:

"此爻所謂不立同異者也,不求同,故喪馬勿逐。不立異,故見惡人。然惟居初處下,其睽未甚者,用此道爲宜耳。立此心以爲之本,然後隨所處而變通也。"

《象》曰:見惡人,以辟咎也。

九二,遇主于巷,无咎。

九二與六五是應爻。程《傳》説:"在睽乖之時,陰陽相應之道衰,而剛柔相戾之意勝。學《易》者識此,則知變通矣。故二五雖正應,當委典以相求也。"遇主于巷,委曲以求。巷,委曲之途。遇,會逢之謂。《周易折中》按語講得對:"《春秋》之法,備禮則曰會,禮不備則曰遇。睽卦皆言遇,小事吉之意也。又,禮君臣賓主相見,皆由庭以升堂。巷者,近宮垣之小徑。故古人謂循墻而走,則謙卑之義也。謙遜謹密,巽以入之,亦小事吉之意也。"

《象》曰:遇主于巷,未失道也。

六三,見輿曳,其牛掣,其人天且劓,无初有終。

應與上九一爻合着看。我看這樣的事有沒有,可懷疑。後邊有車曳,前邊有牛掣,人嘛天且劓,上邊髡了,鼻子也受刑了。程《傳》説:"三以正應在上,欲進與上合志,而四阻於前,二牽於後。"六三本來與上九合志,而處九四、九二之間,四阻於前,二牽於後。"牛掣",程《傳》説:"車牛,所以行之具也。輿曳,牽於後也;牛掣,阻於前也。在後者,牽曳之矣;當前者,進者之所力犯也。故重傷於上,爲四所傷也。其人天且劓。天,髡首也。劓,截鼻也。三從正應,而四隔止之。三雖陰柔,處剛而志行,故力進以犯之,是以傷也。天而又劓,言重傷也。三不合於二與四。睽之時,自無合義,適合居剛守正之道也。其於正應,則睽極有終合之理。"所以無始有終,最後還是合的。開始受二陽爻的阻隔,是無初;最後必與上六合,是有終。

《象》曰：見輿曳，位不當也。无初有終，遇剛也。

　　六三陰爻居陽位，位不當。遇剛也，遇上九。與上九相
遇，所以雖然初未合，最終還是合的。程《傳》説："以六居三，
非正也。非正則不安。又在二陽之間，所以有如是艱厄，由位
不當。无初有終者，終必與上九相遇而合，乃遇剛也。"胡瑗
説："无初有終遇剛也者，言初爲上之見疑，然終則知己之誠而
與之應，是六三所遇，得剛明之人也。"就是説，上九開始時懷
疑，最後終於理解了六三之誠，而與之合。

九四，睽孤，遇元夫，交孚，属无咎。

　　睽孤，無應爻。遇元夫，誰遇元夫呢？是初九遇元夫。初
九與九四雖不是陰陽相應，但是同德相應。遇元夫，交孚，雖
然危厲，也无咎。孔穎達説："元夫謂初九也。處於卦始，故云
元。"程《傳》説："四與初皆以陽處一卦之下，居相應之位，當睽
乖之時，各無應援，自然同德相親，故會遇也。同德相遇，必須
至誠相與。交孚，各有孚誠也。上下二陽以至誠相合，則何時
之不能行，何危之不能濟，故雖處危厲而无咎也。當睽離之
時，孤居二陰之間，處不當位，危且有咎也。以遇元夫而交孚，
故得无咎也。"朱子《本義》講得也很清楚。什麼叫睽孤呢？謂
無應，無應爻。遇元夫，謂得初九。交孚，謂同德相信。講得
很簡明易懂。

《象》曰：交孚无咎，志行也。

六五，悔亡，厥宗噬膚，往何咎。

　　六五的宗是誰呢？是九二。六五與九二是容易相合的，
像噬膚一樣，往何咎呢？程《傳》説："六以陰柔當睽離之時而
居尊位，有悔可知。然而下有九二剛陽之賢與之爲應，以輔翼
之，故得悔亡。"

《象》曰：厥宗噬膚，往有慶也。

　　項安世説："二以五爲主，而委曲以入之，巷雖曲而通諸
道，遇主于巷，將以行道，非爲邪也。五以二爲宗而親之，二、
五以中道相應，當睽之時，其間也微而易合，如膚之柔，噬之則
入，豈獨无咎，又將有慶。二五陰陽正應，故其辭如此。"

上九，睽孤，見豕負塗，載鬼一車。先張之弧，後説之弧。匪寇婚
媾，往遇雨則吉。

　　"睽孤"，程《傳》説："上九有六三之正應，實不孤，而其才
性如此，自睽孤也。""見豕負涂，載鬼一車"這是什麽呢？因爲
它心裏有疑惑。六三本來陰爻，上九是陽爻，是能合的。但是
他看她像豬，背上還有泥。載鬼一車，並没有鬼，是懷疑，是猜
想。因爲懷疑，先張弧，要射箭。後來説之弧，箭不射了。知
道他匪寇婚媾。六三並不是寇而是婚媾。"往遇雨"，遇雨是
陰陽合了，陰陽合則吉。程《傳》説："然居睽極，無所不疑。其
見三如豕之污穢，而又背負泥涂，見其可惡之甚也。既惡之
甚，則猜成其罪惡，如見載鬼滿一車也。鬼本無形，而見載之
一車，言其以無爲有，妄之極也。物理極而必反。以近明之，
如人適東，東極矣，動則西也。如升高，高極矣，動則下也。既
極則動而必反也。"以後也就解開了，不疑了。丘富國説："上
本與三應，不孤也。睽極而疑生，故亦曰睽孤。豕鬼皆指三
也。上睽疑而未敢親近乎三，如見豕背之負泥塗，義如載鬼滿
於一車之中。始焉致疑則張弧，終焉釋疑則説弧。知其匪爲
寇仇，乃我之婚媾也。自此以往，陰陽和暢，向之疑心群起者，
至此盡冰釋而亡矣。"

《象》曰：遇雨之吉，群疑亡也。

　　孔穎達説："群疑亡者，往與三合，如雨之和。向之見豕見
鬼，張弧之疑，並消釋矣，故曰群疑亡也。"

　　《周易折中》總論引吳曰慎的話説："六爻皆取先睽後合之

象,初之喪馬自復,即四之睽孤遇元夫也。二之遇主于巷,即五之厥宗噬膚也。三之无初有終,即上之張弧遇雨也。合六爻處睽之道而言,在於推誠守正,委曲含弘,而無私意猜疑之蔽,則雖睽而必合矣。"這樣講,我看很好。玩其辭,這個上九還是好理解的。有的人故意説得不好理解。

第十五講　蹇卦　解卦　損卦　益卦

蹇☵☶艮下坎上

上坎爲水，下艮爲山，水山蹇。《序卦》説："睽者乖也，乖必有難，故受之以蹇。"蹇的意思就是難。

蹇，利西南，不利東北，利見大人，貞吉。

這是説從社會歷史看，如有這種情況，應該怎麼辦？蹇利西南，不利東北，西南、東北大家講的不一樣。我看依《説卦》講，坤爲西南，艮爲東北，還是有根據的，還是好的。這個西南、東北，《周易折中》按語解爲西方、南方和東方、北方，我不同意。我覺得把西南作爲坤，把東北作爲艮，就是指兩隅而言，也就是兩個隅，就是按西南隅和東北隅講，不要講成西方、南方、東方、北方。我不同意《周易折中》按語的講法，我看舊説還是可從的。王弼説："西南，地也；東北，山也。之平則難解，之山則道窮。"王弼的這個講法我看是好的。程《傳》和朱子《本義》的解釋與王弼一致。這個講法我看還是對的。程《傳》説："西南坤方，坤地也，體順而易。東北艮方，艮山也，體止而險。在蹇難之時，利於順處平易之地，不利止於危險也。處順易則難可紓，止於險則難益甚矣。"這是講爲什麼利西南，不利東北。這樣講，我看是好的。"利見大人"，程《傳》説："蹇難之時，必有聖賢之人則能濟天下之難，故利見大人也。濟難者，必以大正之道，而堅固其守，故貞則吉也。凡處難者，必在乎守貞正。設使難不解，不失正德，是以吉也。若遇難而不能固其守，入於邪濫，雖使苟免，亦惡德也。知義命者不爲也。”
這是解利西南不利東北，利見大人，貞吉。

《彖》曰：蹇，難也。險在前也。見險而能止，知矣哉。蹇利西南，往
得中也。不利東北，其道窮也。利見大人，往有功也。當位貞吉，
以正邦也。蹇之時用大矣哉。

　　　險嘛，就是坎。止嘛，就是艮。坎在上，就是“險在前”。
“見險而能止”，止屬艮，見險而能止，知矣哉。從思路看，蹇也
不是什麽好事情，彖傳又把它推廣了。程《傳》説：“蹇之時，利
於處平易。西南坤方爲順易，東北艮方爲險阻，九上居五而得
中正之位，是往而得平易之地，故爲利也。五居坎險之中而謂
之平易者，蓋卦本坤，由五往而成坎，故但取往而得中，不取成
坎之義也。方蹇而又止危險之地，則蹇益甚矣，故不利東北。
其道窮也，謂蹇之極也。”這裏講五本來在坎險之中，而謂之平
易，是什麽意思呢？程《傳》説：“蓋卦本坤。”是坤卦，再索而得
男，謂之中男。這是乾坤交錯的結果。我看程《傳》的講法很
好，能發前人所未發。“利見大人，往有功也”，大人指九五。
“當位貞吉以正邦也”，能够濟蹇呀。“蹇之時用大矣哉”，重在
時用。胡炳文説：“坎、睽、蹇皆非順境，夫子以爲雖此時亦有
可用者，故皆極言贊之。坎、睽釋卦辭後，復從天地人物極言
之，以贊其大。蹇則釋卦辭以贊之而已。蓋上文所謂往得中
有功正邦，即其用之大者也。”《周易折中》按語不同意講坎、
艮、坤，這一點，我不同意，我認爲舊解還是可從的。《周易折
中》引龔焕説：“蹇以見險而能止得名。故爻辭除二五相應以
濟外，餘皆不宜往而宜止。然事無終止之理，故利西南，利見
大人，以濟蹇難，而諸爻皆無凶咎也。”這個講法好。

《象》曰：山上有水，蹇。君子以反身修德。

初六，往蹇來譽。

卦的前邊有止有險,初六以不往爲好,若往就有困難,有
坎險。若來就好。這叫"往蹇來譽"。程《傳》有兩句話我看挺
好:"來者對往之辭,上進則爲往,不進則爲來。"這兩句話《朱
子語類》也是很贊賞的。何楷説:"此卦中言來者皆就本爻言,
謂來而止於本位也,對往之辭。初六去險最遠,其止最先,獨
見前識,正傳之所謂智也。""所謂智也"是王弼的話。

《象》曰:往蹇來譽,宜待也。

六二,王臣蹇蹇,匪躬之故。

　　"王臣蹇蹇"是對九五説的。王臣蹇而又蹇,這是必濟蹇
的。程《傳》説:"志在濟君於蹇難之中,其蹇蹇者非爲身之故
也,雖使不勝,志義可嘉。"王弼説:"處難之時,當位居中,以應
乎五,執心不違,志匡王室者也,故曰王臣蹇蹇,匪躬之故。"

《象》曰:王臣蹇蹇,終无尤也。

　　无尤,没有過錯。

九三,往蹇來反。

　　往就蹇。來,下來;反,還歸。九三反就二陰。二陰是初
六、六二。初六與六二是柔,它們喜附於九三。程《傳》説:"九
三以剛居正,處下體之上。當蹇之時,在下者皆柔,必依於三,
是爲下所附者也。三與上爲正應,上陰柔而無位,不足以爲
援,故上往則蹇也。來,下來也;反,還歸也。三爲下二陰所
喜,故來爲反其所也,稍安之地也。"

《象》曰:往蹇來反,内喜之也。

　　《注疏》和程《傳》、朱子《本義》的解釋都是一樣的。孔穎
達説:"内卦三爻,唯九三一陽,居二陰之上,是内之所恃,故云
内喜之也。"我看這樣解釋是對的。

六四,往蹇來連。

　　　這一爻有兩種解釋。程《傳》和朱子《本義》都説連是指九三來説的。程《傳》説："往則益入於坎險之深,往蹇也。居蹇難之時,同處艱厄者,其志不謀而同也。又四居上位,而與在下者同有得位之正,又與三相比相親者也。二與初同類相與者也。是與下同志,衆所從附也,故曰來連。來則與在下之衆相連合也。能與衆合,得處蹇之道也。"朱子《本義》説:"連於九三,合力以濟。"程、朱的講法我看是對的。另外一種講法,荀爽説:"蹇難之世,不安其所,故曰往蹇也,來還承五,則與至尊相連,故曰來連也。"把來連説成連九五,《周易折中》按語贊成荀氏的講法。我不同意荀氏的講法,因爲《易》中來都是往下,往都是向上,沒有來還是向上的。這個問題,大家還可以研究。

《象》曰:往蹇來連,當位實也。

　　　程《傳》説:"四當蹇之時居上位,不往而來,與下同志,固足以得衆矣。又以陰居陰,爲得其實,以誠實與下,故能連合而下之,二三亦各得其實。"這是從以陰居陰來講的。《周易折中》按語列舉了荀爽、沈該、姜寶的説法,並同意他們的觀點,即説"實"是指九五而言。我看還是程《傳》的講法好。

九五,大蹇朋來。

　　　程《傳》説:"五居君位而在蹇難之中,是天下之大蹇也。當蹇而又在險中,亦爲大蹇。大蹇之時,而二在下,以中正相應,是其朋助之來也。方天下之蹇而得中正之臣相輔,其助豈小也!"

《象》曰:大蹇朋來,以中節也。

　　　孔穎達説:"得位履中,不改其節,則同志者自遠而來,故曰朋來。"

上六,往蹇來碩,吉,利見大人。

項安世説："上六本無所往,特以不來爲往也。初六本無所來,特以不往爲來耳。"這樣解釋往來,我看挺好。"利見大人",指九五講的。程《傳》説："六以陰柔居蹇之極,冒極險而往,所以蹇也。不往而來,從五求三,得剛陽之助,是以碩也。蹇之道阨塞窮蹙。碩,大也,寬裕之稱。來則寬大,其蹇紓矣。蹇之極有出蹇之道。下六以陰柔,故不得出,得剛陽之助,可以紓蹇而已。在蹇極之時,得紓則爲吉矣。非剛陽中正,豈能出乎蹇也。利見大人,蹇極之時,見大德之人,則能有濟於蹇也。大人謂五,以相比發此義。五剛陽中正而居君位,大人也。在五不言其濟蹇之功,而上六利見之,何也? 曰,在五不言,以其居坎險之中,無剛陽之助,故無能濟蹇之義。在上六蹇極而見大德之人,則能濟於蹇,故爲利也。各爻取義不同。"

《象》曰:往蹇來碩,志在内也。利見大人,以從貴也。

程《傳》説："上六應三而從五,志在内也。蹇既極而有功,是以碩而吉也。六以陰柔當蹇之極,密近剛陽中正之君,自然其志從附以求自濟。故利見大人,謂從九五之貴也。所以云從貴,恐人不知大人爲指五也。"蘇軾説:"内與貴皆五之謂。"

解☵☳坎下震上

上震爲雷,下坎爲水,雷水解。解讀謝音。《序卦》説："蹇者難也,物不可以終難,故受之以解。"

解,利西南,无所往,其來復吉,有攸往,夙吉。

孔穎達引褚氏説:"世有無事求功,故誡以無難宜靜。亦有待敗乃救,故誡以有難須速也。"沒有難時宜靜,不要無事求功,當有難時要速,不要等敗以後才救。我看"无所往,其來復吉",這就是無難宜靜。"有攸往,夙吉",這就是有難須速。

《象》曰:解,險以動,動而免乎險,解。解利西南,往得衆也。其來

復吉,乃得中也。有攸往夙吉,往有功也。天地解而雷雨作,雷雨
作而百果草木皆甲坼。解之時大矣哉。

下邊是水,水險。上邊是雷,雷動。雷動在險之外,所以
是動而免乎險。這是解釋卦名。"解利西南,往得衆也",《説
卦》説,坤爲衆。朱子《本義》説:"坤爲衆,得衆謂九四入坤體。
得中有功,皆指九二。"西南坤方,坤爲衆,所以往得衆也。這
麽講,我看是好的,因爲《説卦》是説坤爲衆的。"其來復吉,乃
得中也",這就是功啊!九二,我看從蹇、解兩易卦來説,蹇、解
反對,蹇是坎在上,解是坎在下。"天地解而雷雨作,雷雨作而
百果草木皆甲坼。解之時大矣哉",這又是推廣來講了。天地
解雷雨作,到春天了,雷雨作了,百果草木的甲都坼開了。"解
之時大矣哉",是讚揚解的。

《象》曰:雷雨作,解。君子以赦過宥罪。

赦過宥罪,看來君子是指在位的人講的。

初六,无咎。

程《傳》説:"六居解初,患難既解之時,以柔居剛,以陰應
陽,柔而能剛之義。既無患難,而自處得剛柔之宜。患難既
解,安寧無事,唯自處得宜,則爲无咎矣。方解之初,宜安静以
休息。爻之辭寡,所以示意。"郭雍説:"處解之初,得無往其來
復吉之義,故无咎也。"胡炳文説:"恒九二悔亡,大壯九二貞
吉,解初六无咎。三爻之占祇二字,其言甚簡。象在爻中,不
復言也。"

《象》曰:剛柔之際,義无咎也。

程《傳》説:"初四相應,是剛柔相際接也。剛柔相際,爲得
其宜。難既解而處之,剛柔得宜,其義无咎也。"

九二,田獲三狐,得黄矢,貞吉。

田是田獵,田獵中捕獲三隻狐。狐在此是指小人,亦即卦

中三陰爻。黄是中色,矢是直的意思。這樣嘛,就是貞吉。
《周易折中》引何楷説:"天下之難,率自小人始。欲解天下之
難者,必有以處小人然後可。"何楷以爲三狐是指小人説的。

《象》曰:九二貞吉,得中道也。

　　　得黄矢就是得中道。黄者中也,矢者直也。中而且直,是
　　　九二的特點。

六三,負且乘,致寇至,貞吝。

　　　《繫辭傳》裏講了這一爻。《繫辭傳》説:"子曰,作《易》者,
　　　其知盜乎?《易》曰:'負且乘,致寇至。'負也者,小人之事也。
　　　乘也者,君子之器也。小人而乘君子之器,盜思奪之矣。上慢
　　　下暴,盜思伐之矣。慢藏誨盜,冶容誨淫。《易》曰:'負且乘,
　　　致寇至。'盜之招也。"

　　　負,背東西,是小人的事情。乘,乘車,是君子的事情。負
　　　且乘,古代男子乘車,站立不坐。背着東西立在車上。小人而
　　　乘君子乘的車,盜一看不像君子,就要下手搶奪了。所以負且
　　　乘,致寇至。"上慢下暴,盜思伐之矣"。慢藏,不好好地藏,這
　　　就等於教盜行盜。冶容,就是誨淫。這是《繫辭傳》對"負且
　　　乘,致寇至,盜之招也"這一爻的解釋。《周易折中》引胡瑗説:
　　　"六三以不正之質,居至貴之地,是小人在君子之位也,故致寇
　　　盜之至,爲害於己而奪取之。然而小人得在高位者,蓋在上之
　　　人慢其名器,不辨賢否而與之,以至爲衆人所奪,而致寇戎之
　　　害也。"《周易折中》按語説:"《繫辭傳》釋此爻云'盜思奪之'
　　　者,奪負乘之人也。義曰'盜思伐之'者,非伐負乘之人,乃伐
　　　上慢下暴之國家也。"這一點説得我看挺好。奪是奪負乘之
　　　人,伐不是伐負乘之人,是伐上慢下暴之國家。按語又説:"蓋
　　　上褻其名器,則是上慢,如慢藏之誨盜。下肆其貪竊,則是下
　　　暴,如冶容之誨淫。夫是以賊民興而國家受其害,難又將何時

而解乎!"這是講"負且乘,致寇至"。貞吝,貞也是吝的。

《象》曰:負且乘,亦可醜也。自我致戎,又誰咎也。

　　咎由自取,那怨誰呀。

九四,解而拇,朋至斯孚。

　　拇指初爻。《周易折中》引劉牧説:"拇謂初也。居下體之下而應於己,故曰拇。"又引何楷説:"解,去小人之卦也。卦惟二四兩陽爻,皆任解之責者。而,汝也。拇,足大指也。九四居近君之位,苟昵近比之小人而不解,則君子之朋雖至,彼必肆其離間之術矣。""解而拇",解你的大腳趾,去掉周邊的小人,朋必然都來了。若不這樣,你親近小人,不讓小人都離開,那麼,朋也就都不會來。

《象》曰:解而拇,未當位也。

　　"未當位也",有個説法。鄭汝諧説:"四之所自處者不當,宜小人之所附麗也。必解去之,然後孚於其朋。朋,剛陽之類。拇,在下之陰。"

六五,君子維有解,吉,有孚于小人。

　　程《傳》説:"六五居尊位,爲解之主,人君之解也。以君子通言之,君子所親比者,必君子也。所解去者,必小人也。故君子維有解則吉也。小人去,則君子進矣。吉孰大焉。有孚者,世云見驗也。可驗之於小人。小人之黨去,則是君子能有解也。小人去,則君子自進,正道自行,天下不足治也。"胡炳文説:"卦惟四、五言解。四能解小人,可以來君子。五能解小人,亦可驗其能爲君子。"鄭汝諧説:"益之戒曰,任賢勿貳,去邪勿疑。如使世之小人皆信上之所用者必君子,而所解者必小人,則必改心易慮,不復有投隙抵巇之望。惟未孚於小人,此小人所以猶有覬幸之心也。五,解之主也,以其陰柔,故有戒意。"《周易折中》按語説:"鄭氏説有孚于小人,與傳義(程

《傳》與朱子《本義》》異，而其理尤精。蓋朋至斯孚者，君子信之也。有孚于小人者，小人亦信之矣。君子信，故樂於爲善，小人信，故化而不爲惡。往往國家有舉錯，而小人未革心者，未信之也。信則枉者直，而不仁者遠矣。"

《象》曰：君子有解，小人退也。

上六，公用射隼于高墉之上，獲之，无不利。

　　　這個隼也是指小人説的。程《傳》説："上六，尊高之地，而非君位，故曰公。但據解終而言也。隼，鷙害之物。象爲害之小人。墉，墻，内外之限也。害若在内，則是未解之時也。若出墉外，則是無害矣，復何所解。故在墉上，離乎内而未去也。云高，見防限之嚴而未去者。上，解之極也。解極之時，而獨有未解者，乃害之堅强者也。上居解極，解道已至，器已成也，故能射而獲之。既獲之，則天下之患，解已盡矣，何所不利。夫子於《繫辭》復伸其義，曰：隼者，禽也；弓矢者，器也；射之者，人也。君子藏器於身，待時而動，何不利之有？動而不括，是以出而有獲，語成器而動者也。"括當結字講。程《傳》説，括，"括結，謂阻礙"。動而不括，這個意思，我看還是按程《傳》解爲好。解卦主要是説如何去小人。隼是小人中的强者，必須除去這個强的小人。"射隼於高墉之上，獲之，无不利"，孔子在這裏解釋爲君子藏器於身，待時而動。《周易折中》引王申子説："隼指上，以其柔邪謂之狐，以其陰鷙謂之隼。上以陰柔處震之極，而居一卦之上，是陰鷙而居高者。解之既極，尚何俟乎，故獲之无不利。"王氏這個解釋，我看是好的。

《象》曰：公用射隼，以解悖也。

損 ䷨ 兑下艮上

　　《序卦》説："解者緩也，緩必有所失，故受之以損。"解卦與

損卦之間的必然聯繫好像不那麼明顯。《序卦》中有些卦之間
的必然聯繫很明顯，有的就不那麼明顯，甚至看起來有些牽
強。這是事實，我們不能否認。過去葉適、康有爲説《序卦》膚
淺，不是完全没有道理的，但是我們看問題應該看主要方面。
從《序卦》的主要方面來看，卦與卦之間的必然聯繫是存在的。
但它的排列順序是人爲的，也確實難免有牽強的地方。我們
祇是説，它的排列反映出作《易》者的一定的思想，即事物互相
聯繫的思想，不必一定要求它每一卦都是這樣。

損，有孚，元吉，无咎，可貞，利有攸往。曷之用，二簋可用享。
《象》曰：損，損下益上，其道上行。損而有孚，元吉，无咎，可貞，利
有攸往。曷之用，二簋可用享。二簋應有時，損剛益柔有時，損益
盈虛，與時偕行。

　　"損，損下益上"，怎麼叫"損下益上"？那就是把内卦看成
乾，把外卦看成坤，怎麼變成損了呢？内卦乾的第三爻，陽爻
變爲陰爻了。外卦坤的第三爻，陰爻變爲陽爻了。從這個意
義來説，是損下益上。損卦的六三談到"三人行則損一人，一
人行則得其友"，實際上也是談這個問題。蘇軾、程頤講卦變，
認爲各卦全是從乾坤兩卦變來的。這個思想看來是對的。乾
純剛，坤純柔，以下各卦都是剛柔交錯形成的。從損卦的結構
意義來看，也是這樣。所以《繫辭傳》講"乾坤《易》之緼"，"乾
坤《易》之門"，也就是説，《易經》的安排，本來就是這樣，並不
是穿鑿附會。應當這樣認識。

　　卦辭整段話中最重要的是"有孚"，所以象傳講"損而有
孚"。孚是信，如果你的損爲多人所信，這樣就符合人心。這
個損可以得元吉，可以无咎，也可貞，也可以利有攸往。這個
"有孚"很重要。象傳説："損下益上，其道上行。"此卦之所以
名損，因爲這是損下益上。這個卦的上爻，就是把乾的第三爻
放在坤的第三爻，坤的第三爻放到乾的第三爻。這是損下益

上,損剛益柔。有的人發揮這個問題,以爲《易經》講這個損,是損下益上。從政治上説,損下益上,叫損;損上益下,叫益。對人民搜刮太多了,損下益上了,這是損。《周易折中》引蔡清説:"損下益上,利歸於上也,故曰其道上行。下損則上不能獨益矣,卦所以爲損也。"講得很明白。又引林希元説:"損下益上,下損則上亦損,故曰其道上行。道者損之道也。"講得更明白了。《周易折中》按語不完全采用蔡、林之説,顯然它有立場問題,它是站在剥削階級的立場講話的。

"曷之用,二簋可用享",古代簋是盛黍稷稻粱的。最多的用八簋,其次用四簋,用二簋是最簡的了。二簋,表示很簡約的意思。簋的形制問題,過去的解釋也不同。有人説簋是圓形的,簠是方的。有人説簋是裏邊圓外邊方。現在考古方面得出的形狀也不完全一樣。過去許慎、鄭玄二人的解釋正相反,不一樣。這裏是講,孚誠是最根本的,不在於東西怎麼多。曷之用,二簋可用享。心若誠敬,用二簋也足够了。

象傳説"二簋應有時",《易經》特別着重這個"時"字。"損剛益柔有時","損益盈虛,與時偕行"。應當損的時候損,應當益的時候益。不是損就一定好,也不是益就是一定好,要與時偕行。《易經》、《易傳》很強調這個"時"字。孟子説"孔子,聖之時者也",也是強調孔子的這個特點。我們讀《易經》、《易傳》,很明顯,會發現它最強調"時"字。第一個就是"時"字,其次強調"中",再次強調"正",強調"順",強調"應"。這是孔子作《易傳》從《易經》中發掘出來的,是辯證法的思想。這裏講的"二簋應有時","損剛益柔有時",這個"時"我看符合辯證法。形而上學是不會強調"時"的,"時"字是靈活的,不是死的。我們學習《易經》,對於這一點應特別注意。

《象》曰:山下有澤,損。君子以懲忿窒欲。

君子學了損卦,應該這樣:懲忿窒欲。孔穎達説:"懲者,

息其既往；窒者，閉其將來。懲窒互文而相足也。"忿這個東西
是不好的。如果打仗，有忿那是不行的。一朝之忿，而遺終身
之憂。蘇東坡《留侯論》説："匹夫見辱，拔劍而起，挺身而鬥，
此不足爲勇也。天下有大勇者，卒然臨之而不驚，無故加之而
不怒。"有忿應當懲，懲是止的意思。窒欲，有各種私慾也是不
好的，要窒，以閉其將來。懲忿窒欲也是很重要的一個修養，
有忿要懲，不要一朝之忿而遺終身之憂。欲要窒，養心莫善於
寡欲。從儒家的整個思想來看，不是禁慾的，祇主張寡欲。這
裏邊看起來也有"時"的問題，也有正與不正的問題，欲一味地
禁也不行。

初九，已事遄往，无咎，酌損之。

　　"已事"的講法，程《傳》與朱子《本義》不一樣。《本義》説
"輟所爲之事而速往以益之"，認爲這是講初九與六四兩爻相
應的關係。所做的事情要停下來。程《傳》不這樣講，程《傳》
説："事既已則速去之，不居其功，乃无咎也。"事情已經做完，
不是没做完而中途停止。孔穎達《疏》："竟事速往，乃得無
咎。"與程頤的講法一樣。我看，"已事"的解釋應從程、孔之
説。孔穎達説："損之爲道，損下益上，如人臣欲自損己奉上，
然各有職掌，若廢事而往，咎莫大焉。竟事速往乃得无咎。酌
損之者，以剛奉柔，初未見親也，故須酌而減損之。"初九是剛，
六四是柔。初九損自己而益六四，損剛益柔，已事遄往，趕快
去。這個"損"要"酌"，要斟酌。

《象》曰：已事遄往，尚合志也。

　　這個"上"就是六四，因爲六四和它合作，所以它可以已事
遄往。遄，速。

九二，利貞，征凶，弗損益之。

　　程《傳》説："守其中乃貞也。"意思是説，不要征，要守。朱

子《本義》説："志在自守，不肯妄進，故占者利貞，而征者凶也。"九二對六五，九二本身没有損，没有損也能對六五有所益，所以叫"弗損益之"。林希元説："夫自守而不妄進，宜若無益於上矣，然由是而啓時君尊德樂道之心，止士大夫奔競之習，其益於上也不少，是弗損乃所以益之也。桐江一絲，係漢九鼎，清風高節，披拂士習，可當此爻之義。"嚴子陵不做漢光武的官，没什麽益，可實際益處很大。桐江一絲能係漢九鼎。

《象》曰：利貞，中以爲志也。

　　九二是中，這是强調"中"，因爲九二居中，所以能弗損而益之。

六三，三人行則損一人，一人行則得其友。

　　程《傳》説："損者，損有餘也。益者，益不足也。三人謂下三陽、上三陰。"損卦原來是下三陽，乾。上三陰，坤。"三陽同行，則損九三以益上。三陰同行，則損上六以爲三"。朱子《本義》與程《傳》講的不大一樣。《本義》説："下卦本乾，而損上爻以益坤。三人行而損一人也。"《本義》的講法好一些。因是損下益上，損剛益柔。程《傳》講三陽又講三陰，看來和爻辭的意思不合。我同意《本義》之説。《本義》專就乾來講，是對的。《本義》然後又説："一陽上而一陰下，一人行而得其友也。兩相與則專，三則雜而亂。卦有此象，故戒占者當致一也。"這個"致一"，是根據《繫辭傳》講的。《繫辭傳》説："天地絪緼，萬物化醇，男女構精，萬物化生。《易》曰：'三人行，則損一人。一人行，則得其友。'言致一也。"這裏邊主要强調這個"二"。程《傳》説："初、二，二陽；四、五，二陰。同德相比，三與上應，皆兩相與，則其志專，皆爲得其友也。三雖與四相比，然異體而應上，非同行者也。'三人則損一人，一人則得其友'，蓋天下無不二者。一與二相對待，生生之本也。三則餘而當損矣。

此損益之大義也。"這裏強調二，強調天地，強調男女。程《傳》
又説："夫子又於《繫辭》盡其義曰：'天地絪緼，萬物化醇……'
絪緼，交密之狀。天地之氣，相交而密，則生萬物之化醇。醇，
謂濃厚，濃厚猶精一也。男女精氣交構，則化生萬物。惟精醇
專一，所以能生也。一陰一陽，豈可二也。故三則當損，言專
致乎一也。天地之間當損益之明且大者，莫過此也。"這個意
思應依程《傳》的説法理解。而"三人行則損一人"，則應按朱
子《本義》的解釋。三人指乾的三陽。損一人，這個"一人"益
上卦坤的第三爻。三人損一人，剩二人了。

《象》曰：一人行，三則疑也。

程《傳》説："一人行而得一人，乃得友也。若三人行，則疑
所與矣。理當損去其一人，損其餘也。"

六四，損其疾，使遄有喜，无咎。

"損其疾"，六四應當減損它的不善。六四與初九相應，如
果它能損去自己不好的地方，而且損得迅速、及時，初九就可
以與之來往，能有喜无咎。程《傳》説："四以陰柔居上，與初之
剛陽相應，在損時而應剛，能自損以從剛陽也，損不善以從善
也。初之益四，損其柔而益之以剛，損其不善也。故曰'損其
疾'。疾謂疾病，不善也。損於不善，唯使之遄速，則有喜而无
咎。人之損過，唯患不速。速則不至於深過，爲可喜也。"這樣
講是可以的。

《象》曰：損其疾，亦可喜也。

六五，或益之，十朋之龜弗克違，元吉。

"十朋之龜"，解釋也不一樣。有人説這個"龜"就是《洪
範》"龜從筮從"的"龜"。這就是鬼神不能違背，釋爲卜筮用的
龜。這是一種講法。再一種是朱子《本義》的講法。《本義》
説："兩龜爲朋，十朋之龜，大寶也。"這是當作貨幣來講。程

《傳》的解釋屬於前一種講法，即説"十朋之龜"即龜策之龜。《周易折中》所引，不少是前一種意見，與程《傳》一致。我看"十朋之龜"應依朱子《本義》講，因爲這裏有"十朋"，有這個數字。查慎行説："古者以貝爲貨，兩貝爲一朋。"《漢書·食貨志下》："元龜岠冉長尺二寸，直二千一百六十，爲大貝十朋。"這個還是對的。十朋之龜，用現代語言説，就是有很多錢。有人給你十朋之龜，你也不能違背，這就能得元吉。損卦下三爻强調損，上三爻强調益。

《象》曰：六五元吉，自上祐也。

　　　　這個"自上祐"解釋也有不同。有人解釋成上爻。查慎行説："五之祐，蓋自上來也。"這樣講還好一些。

上九，弗損益之，无咎，貞吉，利有攸往，得臣无家。

　　　　下卦三爻都是損己益人，而上九是弗損，不損下以益己。不但不損下，還要益於人，所以得无咎，貞吉，利有攸往。上九與六三相應。"得臣无家"，那就是説，在上能益於下邊，下邊得到上邊的好處，很普遍，得到好處的人很多。

　　　　程《傳》説："凡損之義有三，損己從人也，自損以益於人也，行損道以損於人也。損己從人，徙於義也。自損益人，及於物也。行損道以損於人，行其義也。各因其時，取大者言之。四、五二爻，取損己從人。下體三爻，取自損以益人。損時之用，行損道以損天下之當損者也。上九則取不行其損爲義。九居損之終，損極而當變者也。以剛陽居上，若用剛以削損於下，非爲上之道，其咎大矣。若不行其損，變而以剛陽之道益於下，則无咎而得其正且吉也。如是則宜有所往，往則有宜矣。在上能不損其下而益之，天下孰不服從？從服之衆，無有內外也。故曰'得臣无家'。'得臣'，謂得人心歸服；'无家'，謂無有遠近內外之限也。"大意是説，上爻以不損而益之人。這樣能得到臣，得到人心的歸附。王肅説"萬方一軌"，意猶"四海爲家"，"得臣无家"有這樣意思。

《周易折中》按語説："九二之弗損，謂損己。益之，謂益人。此爻之弗損，謂損人。益之，謂益己。辭同而旨異者，卦義損下益上，故在下卦爲自損，在上卦爲受益。"這段話講得挺好，值得注意。九二與上九都説"弗損益之"，但兩爻的意思不一樣。

《象》曰：弗損益之，大得志也。

程《傳》説："居上不損下而反益之，是君子大得行其志也。君子之志，唯在益於人而已。"

益䷩震下巽上

《序卦》説："損而不已必益，故受之以益。"

益，利有攸往，利涉大川。

利於有所行動，有所作爲，利於做大事情。故程《傳》説："益者，益於天下之道也。故利有攸往，益之道可以濟險難，利涉大川也。"這一卦正好與損卦相反。益是損上益下，損是損下益上。

《象》曰：益，損上益下，民説无疆。自上下下，其道大光。利有攸往，中正有慶。利涉大川，木道乃行。益動而巽，日進无疆。天施地生，其益无方。凡益之道，與時偕行。

還是重在一個"時"字。損上益下，上邊是乾，把乾的最下邊一爻放在下卦坤的最下一爻。把坤的最下一爻放在乾的最下一爻。這就是損上益下，損剛益柔。損上益下，自然是民説无疆了。這個叫作益。"利有攸往，中正有慶"，指的是九五和六二兩爻。"利涉大川，木道乃行"，這個"木"字，程《傳》認爲錯了，應當是"益道乃行"。但從《説卦》來看，巽爲風又爲木。

　　朱震説:"利涉大川,言木者三,益也,涣也,中孚也。皆巽也。"
好幾個地方這樣講,那就是説,這個"木道"不能認爲是錯了。
我們還是應按原義來講。有巽,巽爲木嘛,所以能涉川。"天
施地生",還是説上卦是乾,下卦是坤,然後損上益下。這樣講
"天施地生",是合適的。過去没有根據卦畫講,不見得對。

《象》曰:風雷益,君子以見善則遷,有過則改。

初九,利用爲大作,元吉,无咎。

　　　　卦辭講"利涉大川,利有攸往",能做出大的事情、大的事
業。《朱子語類》説:"初九在下,爲四所任而大作者,必盡善而
後无咎。若所作不盡善,未免有咎也。"

《象》曰:元吉无咎,下不厚事也。

　　　　因初九在下,不應有大作,所以必須元吉才可无咎,盡善
了才无咎。

六二,或益之,十朋之龜,弗克違,永貞吉。王用享于帝,吉。

　　　　這與損卦講的一樣。"或益之",或就是有,有人給你十朋
之龜,弗克違,你能够永貞吉。王用這個可以享于帝,吉。朱
子《本義》説:"六二當益下之時,虚中處下,故其象占與損六五
同。然爻位皆陰,故以永貞爲戒,以其居下而受上之益,故又
爲卜郊之吉占。"享于帝,朱子認爲是卜郊,是祭祀上帝的。

《象》曰:或益之,自外來也。

　　　　程《傳》説:"衆人自外來益之矣。"孔穎達説:"自外來者,
明益之者從外而來,不召而至也。"

六三,益之,用凶事,无咎。有孚,中行告公用圭。

　　　　查慎行在《周易玩辭集解》中引林黄中的話解釋"凶事",
説:"凶事有三,有札瘥之政,有死喪之禮,有甲兵之事。歉歲
曰凶。益之時,損上益下,其爲凶荒札瘥之政乎?"查氏又引了

《周禮》上講的一些事情，把"用凶事"解釋爲凶歲凶年，政府采取措施救災。這樣用凶事，自然无咎。我看查氏這樣講是對的。

"有孚，中行告公用圭"，古代用圭、璋作爲信物。有的人見這裏有"中行"二字，就聯繫到春秋時代晉國的中行氏，就説《易經》的出現不會早於春秋。這是毫無根據的，《易經》中的"中行"與春秋時代中行氏無關。

《象》曰：益用凶事，固有之也。

查慎行説："象曰'固有之也'，積儲本以備荒，如旅師聚粟，遺人委積之類，本民間固有之物，不用更求益也。"查氏所講，與別人不一樣。我看這樣講還是通的。

六四，中行告公從，利用爲依遷國。

益卦净是講些特殊的事。"爲依遷國"，在古代是最大的事情。《周易折中》按語説："遷國，大事也。亦即卦之所謂利有攸往，利涉大川者也。"六四要告公遷國之意，公必然依從。吳曰慎説："四正主於益下者，然非君位，不敢自專，必告於公也。中行則見從矣。"

《象》曰：告公從，以益志也。

龔焕説："六四之告公，以益民爲志，故得見從也。"

九五，有孚惠心，勿問元吉。有孚，惠我德。

"有孚"，有誠意。"惠心"，心有惠，對人民有益，那就不用問，一定得元吉。有孚，爲人所信，能夠惠我德。蔡清説："惠心，惠下之心也。惠我德，下惠我之德也。而皆有孚，上感而下應也。有孚之施於下者，在我祇爲心，自下之受此施者目之，則爲德矣，實非有二也。"這樣解釋比較好。

《象》曰：有孚惠心，勿問之矣，惠我德，大得志也。

上九，莫益之，或擊之，立心勿恒，凶。

　　"莫益之"，居於上，没有人益他，倒是有人擊他，因爲他立心勿恒。這是凶的。

《象》曰：莫益之，偏辭也。或擊之，自外來也。

　　《周易折中》所引各家及程《傳》、朱子《本義》都把"偏辭"釋爲偏。這樣解釋是不對的，《經典釋文》説："偏辭，偏音篇，孟作徧，云周匝也。"我看《經典釋文》説得對，這個字應當是徧，而不是偏。與莫字合起來看，"莫益之"，就是普遍都不益他，誰也不益他。這樣講，比較通，也比較好講。若用偏字解釋，挺費力，還解釋不明白。

第十六講　夬卦　姤卦　萃卦　升卦

夬☰乾下兌上

《序卦》說：“益而不已必決，故受之以夬。”

夬，揚于王庭。孚號有厲。告自邑，不利即戎。利有攸往。

夬，五陽決去一陰。五陽決去一陰，應該說是容易的。但是一陰居上，那就不簡單了。所以首先要揚于王庭，聲罪正辭，宣布小人的罪狀。“孚號有厲”，“孚號”是揚于王庭，得到群衆的信任。“有厲”是心懷危懼。“告自邑”告自己的邑。“不利即戎。利有攸往”，是不尚威武，但仍要前進。可見雖然是五陽，去一陰，還是要謹慎。

《彖》曰：夬，決也。剛決柔也。健而說，決而和。揚于王庭，柔乘五剛也。孚號有厲，其危乃光也。告自邑，不利即戎，所尚乃窮也。利有攸往，剛長乃終也。

尚戎，尚武。尚武，則窮也。不尚武，像程《傳》所說：“不宜專尚剛武。”“利有攸往，剛長乃終也”，爲什麼“利有攸往”呢？五陽長，就可以成爲純剛，成爲乾了，那才“終”了。所以這一步還是得往前走，“剛長乃終也”。吳曰慎說得好：“複利有攸往，譬如平地之一簣，故喜其進而曰剛長也。夬利有攸往，譬如九仞之尚虧一簣，故恐其止而曰‘剛長乃終也’。”

《象》曰：澤上于天，夬。君子以施祿及下，居德則忌。

“施祿及下”好解釋，“居德則忌”不好解釋。查慎行講，

"居德"與"施禄"是相反的。他説："居者,吝而不施也。人君當施澤於下,不當居德於上。居德乃人君所最忌者。"這個解釋,我看是比較通的。

初九,壯于前趾,往不勝,爲咎。

夬卦與大壯卦有點相似。大壯卦上邊兩個陰爻,夬是一個陰爻。壯是前進的意思,初九要前進,但是要有勝利的把握;若不勝,就是咎了。

《象》曰:不勝而往,咎也。

九二,惕號,莫夜有戎,勿恤。

惕號,號呼,表示警惕。莫,暮。雖然暮夜有戎,也不要憂,不要害怕,因爲有準備了。程《傳》説:"夬者,陽決陰,君子決小人之時,不可忘戒備也。"

《象》曰:有戎勿恤,得中道也。

九三,壯于頄,有凶。君子夬夬,獨行遇雨,若濡,有愠,无咎。

朱子《本義》説:"頄,顴也。九三當決之時,以剛而過乎中,是欲決於小人而剛壯見於面目也。如是則有凶道矣。"君子夬之又夬,獨行遇雨,九三與上六正應,《本義》又説:"然在衆陽之中,獨與上六爲應,若能果決其決,不係私愛,則雖合於上六,如獨行遇雨,至於若濡,而爲君子所愠。然終必能決去小人而無所咎也。"上六是陰,是小人,和九三又相應,他們就像遇雨,九三受到上六的玷污,故愠怒,但獨行遇雨。君子夬夬,沒有什麽,終得无咎。《本義》講得是好的。

王安石説:"九三乾體之上,剛亢外見,壯於頄者也。夬夬者,必乎夬之辭也。應乎上六,疑於污也,故曰若濡。君子之所爲,衆人固不識,若濡則有愠之者矣。和而不同,有夬夬之志焉,何咎之有?"這段話講得比較好。

何楷説:"上六爲成兑之主,澤上於天,故稱雨。以其適值

而非本心也，故稱遇。本非濡也，而迹類之，故稱若。或觀其
迹而不察其心也，故稱有愠。"他這個解釋也挺好。

《象》曰：君子夬夬，終无咎也。
九四，臀无膚，其行次且。牽羊悔亡，聞言不信。

　　"臀无膚"，臀沒有肉了，走起路來次且，很難走。程《傳》
說："臀无膚，居不安也；行次且，進不前也。次且，進難之狀。"
表示九四還是要前進的。

　　"牽羊悔亡，聞言不信"，方應祥說："羊還是九四，羊性善
觸，不至羸角不已。聖人教以自牽其羊，抑其狠性，則可以亡
悔矣。"自牽其羊，偶而有狠，這樣可以悔亡。這個意思也是
"壯頄之凶"之意。

　　《周易折中》按語："苟能制其剛壯如牽羊然，則可亡其悔。
特恐當此時也，聞持重之言而不信耳。"這樣講，就把這句話講
明白了。

《象》曰：其行次且，位不當也。聞言不信，聰不明也。
九五，莧陸夬夬，中行无咎。

　　"莧陸"程《傳》與朱子《本義》都解作馬齒莧。鄭汝諧引
《本草》釋莧陸說："莧陸，《本草》云，一名商陸，其根至蔓，雖盡
取之，而旁根復生，小人之類難絕如此。"《朱子語類》說："莧陸
是兩物。莧者，馬齒莧。陸者，草陸，一名商陸，皆感陰氣多之
物。"程《傳》說："莧陸，今所謂馬齒莧是也，曝之難乾，感陰之
多者也，而脆易折。"這是說九五對上六一陰，應當夬夬然，要
把它折去。九五是中行，能得到中行，无咎。

　　項安世說："夬夬者，重夬也。當夬者，上六也。三應之，
五比之，嫌其不能夬也，故皆以夬夬明之。三謂之遇雨，五謂
之莧陸，皆與陰俱行者也。比於陰而能自決以保其中，故可免
咎。"講得比較好。

《象》曰：中行无咎，中未光也。

张载说："陽近於陰，不能無累，故必正其行，然後无咎。"《周易折中》按語："張子之說極是，蓋因中未光，故貴於中行，非謂雖中行而猶未光也。"並不是中行不好，是説中行可貴。

上六，无號，終有凶。

最後這一爻，不要號呼，終究還是凶的。程《傳》説："陽長將極，陰消將盡，獨一陰處窮極之地，是衆君子得時，決去危極之小人也。其勢必須消盡，故云無用號嘑畏懼，終必有凶也。"這個解釋挺好，挺明白。還有人説，《易》爲君子謀，不爲小人謀，以爲上六爻辭這樣講，好像替小人謀了。我看這個説法不可取。程《傳》與朱子《本義》在此按字面意義來解釋，是對的。

《象》曰：无號之凶，終不可長也。

姤☰☴巽下乾上

姤在《經典釋文》上是這個"遘"字，馬王堆出土的《易經》也是這個"遘"，《雜卦》裏也用這個"遘"。遘，遇也，古人稱不期而遇曰遘。諸侯之間的會盟，也有一種不期而會的"遘"。姤卦的姤，也就是遇、不期而會的意思。因爲前卦是夬，夬上爻一變而爲乾。現在姤一陰生，陰生而遇剛，有不期而會的意思。

姤，女壯，勿用取女。

孔穎達解釋"女壯"爲"一女而遇五男"，"爲壯至甚"。朱熹説"一陰而遇五陽"。但是程《傳》不這樣説，程《傳》説："一陰始生，自是而長，漸以盛大，是女之將長壯也。"程《傳》講得好。一陰生，二陰生，三陰生，陰長陽消，這是不好的，故曰"勿用取女"。

《象》曰：姤，遇也。柔遇剛也。勿用取女，不可與長也。天地相遇，品物咸章也。剛遇中正，天下大行也。姤之時義大矣哉。

　　"柔遇剛"，就是一陰生。"勿用取女，不可與長也"，勿用取女，因爲女壯。程《傳》長讀長久之長，是對的。遇，很正常，天地相遇，天地交感，生出萬物。"品物咸章"，萬物咸生，萬物暢茂。"剛遇中正"，剛指九五，九五中正。陽得位，所以天下大行。遇，該怎麼看？遇不是壞事，是符合規律的。這有個時義在裏面。朱子《本義》說："幾微之際，聖人所謹。"這句話有意思。"天地相遇"，要從兩方面看，一方面是正常的，一方面姤裏面也有不好的含義，所以說"姤之時義大矣哉"。

《象》曰：天下有風，姤。后以施命誥四方。

　　稱后稱先王，說明《易經》是爲統治階級服務，爲當時的政治服務的。

初六，繫于金柅，貞吉。有攸往，見凶。羸豕孚蹢躅。

　　初六，陰爻在下。"繫于金柅"，防止陰長。柅是止車之物，繫有牽制之義。若前進的話，則見凶。"羸豕"，很瘦的豕，指陰。"孚蹢躅"，還要跳躍，還要前進，還要發展。

《象》曰：繫于金柅，柔道牽也。

　　牽，程《傳》說"引而進也"，往前拉。孔《疏》："柔道牽者，陰柔之道，必須有所牽繫也。"這是說是往回拉，不是往前拉。《周易折中》姤九三小象按語說："《易》中言牽者，自小畜至此，皆當爲牽制之義。"牽制它，使它不能往前走。程《傳》講得不對。這個"牽"字很重要。

九二，包有魚，无咎，不利賓。

　　魚在《易》中是代表陰的。《周易折中》引李開說："剝之貫魚，姤之包有魚，皆能制陰者也。"魚是對初講的。程《傳》說："二與初密比，相遇者也。在他卦則初正應於四，在姤則以遇爲重。"包有牽制之義。"包有魚",可以,但不利於外,不利於賓。程《傳》説:"賓,外來者也。不利賓,包苴之魚,豈能及賓,謂不可更及外人也。"《周易折中》引陸希聲説:"不正之陰與剛中之二相比,能包而有之,使其邪不及於外。"《周易折中》按語説:"制陰之義,不取諸九四之相應,而取諸九二之相比者,陰陽主卦,皆以近比者爲親切,而處之又有中有不中焉。故復六四之獨復,亦不如六二之休復之爲美也。"

《象》曰:包有魚,義不及賓也。

　　《周易折中》引吳曰慎説:"九二既包有魚,則當盡其防制之責,以義言之,不可使遇於賓也。若不制而使遇於賓,則失其義矣。"

九三,臀无膚,其行次且,属,无大咎。

　　《周易折中》引李簡説:"居則臀在下,故困初六言臀,行則臀在中,故夬姤三四言臀。""臀无膚",有行的意思。《周易折中》按語説:"臀无膚之義,與夬四同。其行次且,志欲制陰也。非其位任而欲制之,有危道焉,然於義則无咎。"制陰還是好的嘛。

《象》曰:其行次且,行未牽也。

　　九四,包无魚,起凶。

　　九二包有魚,九四包无魚,吳曰慎説:"九三以不遇陰而无大咎,上九以不遇陰而无咎。四則包无魚起凶,何也？ 蓋初六本其正應,當遇而不遇故也。"

《象》曰:无魚之凶,遠民也。

　　《周易折中》按語:"九四因與陰相應,故惡而欲遠之。正如夬三壯于頄之意,徒欲遠之而不能容之制之,此所以包无魚也。君子之於小人也,惟其能容之,是以能制之。不能容之,則彼自絶矣。欲以力制,不亦難乎？《書》曰'民可近不可下',

此之謂也。，'《周易折中》九四爻辭按語又説："四與初正應，當制陰之任者也，然不能制之而爲包无魚之象，何也？曰，此與夬之九三同。當決陰制陰之任，而德非中正，故一則剛壯而懷愠怒，一則疾惡而胥絶遠。無包容之量，無制服之方故也。"此與小象"遠民也"意同。

九五，以杞包瓜，含章，有隕自天。

　　這句話不好講，各家認識不一致。《周易折中》引俞琰説："含即包之謂。其初含蓄不露，一旦瓜熟蒂脱，自杞墜地，故曰含章有隕白天。'胡炳文説："魚與瓜皆陰物。二與初遇，故包有魚。五與初無相遇之道，猶以高大之杞，而包在地之瓜也。"這與程《傳》所説"杞高木而葉大。處高體大而可以包物者，杞也。美實之在下者，瓜也"説法相同。胡炳文又説："然瓜雖始生而必潰。九五陽剛中正，能含晦章美静以待之。是雖陰陽消長，時運之常，而造化未有不可回者。""有隕自天"，俞琰"一旦瓜熟蒂脱，自杞墜地"的解説好，結合胡炳文説，我看可取。程《傳》講得不對。

《象》曰：九五含章，中正也。有隕自天，志不舍命也。

　　程《傳》以爲舍是違的意思。"不舍命"是不違天命，亦即不違規律。

上九，姤其角，吝，无咎。

　　角最尖，故在上。《周易折中》按語説："此爻亦與夬初反對，皆與陰絶遠者也。不與陰遇，不能制陰，故可吝（這是一方面）。然非其事任也，故无咎（這是另一方面）。此如避世之士，不能救時，而亦身不與亂者也。"講得通達。程《傳》第一句"至剛而在最上者，角也。九以剛居上，故以角爲象"，講得還可以。

《象》曰：姤其角，上窮吝也。

　　　　《周易折中》按語説："不與陰遇雖无咎，然君子終以不能
濟時爲可羞，爲其身在事外，所處之窮故爾。"

萃☷坤下兑上

　　　　《序卦》説："姤者遇也，物相遇而後聚，故受之以萃。"

萃，亨。王假有廟。利見大人，亨，利貞。用大牲，吉。利有攸往。

　　　　程《傳》與朱子《本義》都以爲萃下之"亨"字是衍文，此説
有根據。《經典釋文》等好幾種本子都没有這個"亨"字，祇有
王肅的本子有"亨"字，王弼《注》用了王肅本，所以有這個"亨"
字。象傳就没有講亨字。假音格，作至講。"有廟"就是廟。
有，如有虞氏、有夏之有，無意義。古有大事，必於廟中祭祀，
取秉承先人意志辦事之意。如何聚合天下人，必有廟，還有大
人，還要正，才能聚合天下人，才有利。

《彖》曰：萃，聚也。順以説，剛中而應，故聚也。王假有廟，致孝享
也。利見大人，聚以正也。用大牲，吉，利有攸往，順天命也。觀其
所聚，而天地萬物之情可見矣。

　　　　下卦是坤，坤是順。上卦是兑，兑是説，所以叫"順以説"。
上卦九五與下卦六二是正應，所以叫"剛中而應"。"王假有
廟，致孝享也"，廟有禰、祖、曾、高，王有始祖廟。一般的祭祀
活動都在禰廟。"致孝享"這話有政治意義。大人指統治階級
代表人物。"聚以正"，不正則不能聚。"順天命"，這是孔子的
發揮。程頤用宋儒的天理來解釋天命。"觀其所聚，而天地萬
物之情可見"，不僅是社會，不僅是國家，整個兒的宇宙天地有
這麽一個意義，這樣才叫聚。《周易折中》引胡炳文説："咸之
情通，恒之情久，聚之情一。然其所以感，所以恒，所以聚，則
皆有理存焉。如天地聖人之感，感之理也。如日月之得天，聖
人之久於道，恒之理也。萃之聚以正，所謂順天命，聚之理

也。"其實這個理就是天命,就是規律。

《象》曰:澤上于地,萃。君子以除戎器,戒不虞。

　　朱子《本義》説:"除者,修而聚之之謂。"

初六,有孚不終,乃亂乃萃,若號。一握爲笑,勿恤,往无咎。

　　《周易折中》引王宗傳説:"初之於四,相信之志,疑亂而不
一也。然居萃之時,上下相求,若號焉,四必説而應之,則一握
之頃,變號咷而爲笑樂矣。謂得其所萃也。故戒之曰勿恤,又
勉之曰往无咎。"

《象》曰:乃亂乃萃,其志亂也。

六二,引吉,无咎。孚乃利用禴。

　　"引吉",誰來牽引,吉? 六二與九五正應。《周易折中》引
張載説:"能自持不變,引而後往,吉乃无咎。凡言'利用禴',
皆誠素著白於幽明之際。"

《象》曰:引吉无咎,中未變也。

六三,萃如嗟如,无攸利,往无咎,小吝。

　　《周易折中》引俞琰説:"萃之時,利見大人。三與五非應
非比,而不得其萃,未免有嗟嘆之聲,則无攸利矣。既曰无攸
利,又曰往无咎。三與四比,則其往也,舍四可乎? 三之從四,
四亦巽而受之,故无咎。第無正應而近比於四,所聚非正,有
此小疵耳。"又引吳澄説:"與二陰萃於下而上無應,故嗟嘆不
得志。雖無應而比近九四之陽,苟能往而上求九四,則可无
咎。"此二人講法可取。

《象》曰:往无咎,上巽也。

　　上,是哪個上? 各家解釋不同。程《傳》説是上六。《周易
折中》引虞翻説:"動之四,故上巽。"引鄭汝諧説:"下二陰皆萃
於陽矣,三獨無附,故咨嗟怨嘆而无攸利。雖然,當萃之時,下

欲萃於上，上亦欲下之萃於我。三不以無應之故，能往歸於上，雖小吝而亦可以无咎。上非上六，謂在上之陽也。"吳澄認爲"上巽也"之上指九四，是對的。

九四，大吉，无咎。

　　《周易折中》引項安世説："無尊位而得衆心，故必大吉而後可以无咎。如益之初九，在下位而任厚事，亦必元吉而後可以无咎也。"九五是君位，九四是臣位。胡炳文説："比卦五陰，皆比五之一陽。萃四陰，皆聚歸五與四之二陽。五曰萃有位，以見四之萃非有位也。無尊位而得衆心，非大吉安能无咎？"

《象》曰：大吉无咎，位不當也。

九五，萃有位，无咎，匪孚。元永貞，悔亡。

　　《周易折中》引王宗傳説："五，萃之主也。當萃之時爲萃之主，莫大於有其位；尤莫大於有其道，有是位而無是道，則天下不我信者亦衆矣，故曰匪孚。謂天下之人容有言曰，上之人但以位而萃我也，而其道則未至也，故必元永貞而後悔亡。"

《象》曰：萃有位，志未光也。

　　龔煥説："五有其位者也。徒有其位，故人或匪孚，此志之所以未光也。"

上六，齎咨涕洟，无咎。

　　"齎咨涕洟"，就是哭泣嘆息，解釋也不一樣。程《傳》説："六説之主，陰柔小人，説高位而處之。天下孰肯與也，求萃之人莫之與，其窮至於齎咨而涕洟也。"朱子《本義》説法不同，它説："處萃之終，陰柔無位，求萃不得，故戒占者必如此而後可以无咎也。"程《傳》把上六説壞了，朱熹没説壞。《周易折中》引黄淳耀説："上乃孤孽之臣子也，萃極將散，而不得所萃，乃不得於君親者也。'齎咨涕洟'四字，乃極言怨艾求萃之情，故終得萃而无咎。"把上六看成孤臣孽子。《周易折中》按語説："方氏、黄氏之説得之，蓋不止孤臣孽子，乃放臣屏子之倫也。方氏以比上相照亦是。然比上直曰凶，此則賷咨涕洟而無咎者，比象有後夫凶之辭，故遂以上六當之。此象有利見大人之辭，正與蹇卦同例，故尚有積誠求萃之理也。"黄氏之説是對的，程《傳》之説不對。

升☷☴巽下坤上

　　《序卦》説："萃者聚也，聚而上者謂之升，故受之以升。"

升，元亨。用見大人，勿恤。南征，吉。

　　《周易折中》按語説："卦直言元亨而無他辭者，大有、鼎也。雖有他辭而非戒辭者，升也。歷選《易》卦，唯此三者。蓋大有與比相似，然所比者，陰也，民也，所有者，陽也，賢也。鼎與井相似，然往來井井者民也，大烹以養者賢也。升與漸相似，然漸者，賢之有所需待而進者也，升者賢之無所阻礙而登者也。《易》道莫大於尚賢，而賢人得時之卦，莫盛於此三者，故其象皆曰元亨，而無戒辭也。"程《傳》説："南征，前進也。"代淵説："尊爻無此人，故不云利見。"

《象》曰：柔以時升。巽而順，剛中而應，是以大亨。用見大人，勿恤，有慶也。南征吉，志行也。

　　"剛中而應"指九二與六五相應。"南征"，向前進。"柔以時升"指什麽？《周易折中》按語説："柔以時升之義，或主四言，或主五言，或主上體之坤而言。"有這麽一些分歧。朱子《本義》以卦變講。龔焕説："象傳柔以時升，似指六五而言，非謂卦變，故下文言剛中而應，亦謂二應五也。"程《傳》認爲："以二體言，柔升謂坤上行也。"有三種説法了。《周易折中》又是一種説法，它説："升象曰柔以時升，明陰道自下以達於上也。然則柔以時升云者，尤當以初六之義爲重。"認爲"柔以時升"

者,不是四,不是五,也不是上體的坤,而是初六。加起來,共四種説法。我看初六的説法還是可取的。地中生木,木是爲主的,還是一個初爻。胡炳文説:"木之生也,一日不長則枯。德之進也,一息不慎則退。必念念謹審,事事謹審。其德積小高大,當如木之升矣。"木之升,指初六,還足對的。

《象》曰:地中生木,升。君子以順德,積小以高大。

巽在《説卦》裹爲木爲風。從卦畫看,巽在坤下,有地中生木之象。君子學此卦,要順德,要積小以成高大。

初六,允升,大吉。

《周易折中》引何楷説:"初六巽主居下,猶木之根也。而得地氣以滋之,其升也允矣。所以爲升者,巽也。所以爲巽者,初也。大吉孰如之。"解釋得比較好。

《象》曰:允升大吉,上合志也。

上指什麼?程《傳》認爲是指九二。《周易折中》引吕大臨認爲上指上體三陰。吕大臨説:"初六以柔居下,當升之時,柔進而上,雖處至下,志與三陰同升,衆之所允,無所不利,故曰允升大吉。"《周易折中》按語認爲吕氏之説對。我看吕氏之説確實對。

九二,孚,乃利用禴,无咎。

《周易折中》引張清子説:"萃六二以中虛爲孚,而與九五應。升九二以中實爲孚,而與六五應。二爻虛實雖殊,其孚則一也。孚則雖用禴而亦利,故二爻皆曰孚乃利用禴。象言剛中而應,指此爻也。"講得挺好。

《象》曰:九二之孚,有喜也。

九三,升虛邑。

朱子《本義》説:"陽實陰虛,而坤有國邑之象。九三以陽剛當升時,而進臨於坤,故其象占如此。"程《傳》以爲:"以是而升,如入無人之邑,孰御哉?"《周易折中》按語説:"諸爻皆有吉利之占,三獨無之。則升虛邑者,但言其勇於進而無所疑畏耳。方升之時,故無凶咎之辭,然終不如二五之中,初四之順也。九三過剛,與柔以時升之義反,故其辭非盡善。"不是全好,也有不足之處。

《象》曰:升虛邑,无所疑也。

六四,王用亨于岐山。吉,无咎。

　　　岐山,周文王初時所居。程《傳》講:"四,柔順之才,上順君之升,下順下之進,已則止其所焉。"這裏邊有深意。

《象》曰:王用亨于岐山,順事也。

　　六四是順,指什麼? 指岐山還是指紂? 朱子《本義》説:"以順而升,登祭於山之象。"

六五,貞吉,升階。

　　正而得吉。程《傳》説:"五以下有剛中之應,故能居尊位而吉。然質本陰柔,必守貞固,乃得其吉也。若不能貞固,則信賢不篤,任賢不終,安能吉也。"這樣講,是可以的。"升階"怎麼講? 程《傳》講:"階,所由而升也。任剛中之賢,輔之而升,猶登進自階,言有由而易也。"朱子《本義》講:"階,升之易者。"這樣講,不怎麼令人滿意。《周易折中》引李元量説:"貞吉升階,升而有序,故以階言之。謂賓主以揖遜而升者也。"李氏强調升而有序。熊良輔講"以順而升,如歷階然",還是有序。其實,升階就是升到階上。歷階而升,主賓各有道,升階而到堂,已經升上去了。六五已升到高處了,這就是"升階"。

《象》曰:貞吉升階,大得志也。

　　"大得志也",就是升階。《周易折中》按語説:"自初而升,至此而升極矣。"

上六，冥升，利于不息之貞。

　　冥升與冥豫，當然不是好的意思。《周易折中》引徐之祥說：“豫上樂極，故冥豫。升上進極，故冥升。”利于不息之貞，不全壞。《周易折中》按語説：“利于不息之貞，其戒亦與唯用伐邑之義同。皆勤於自治，不敢以盛滿自居者也。”不是講壞。程《傳》講“小人貪求無已之心”是講壞。

《象》曰：冥升在上，消不富也。

　　“消不富”這句話也是不好講的。程《傳》説：“昏冥於升極，上而不知已，唯有消亡，豈復有加益也。不富，無復增益也。升既極，則有退而無進也。”胡瑗説：“上六既不達存亡之幾，以至於上位，固當消虛自損，不爲尊大，以自至於富盛也。”這講的是消富，消不富没有講。《周易折中》按語説：“胡氏之説善矣，然不曰‘不息之貞，消不富也’，而曰‘冥升在上’者，以在上明其位勢之滿盛，故當以自消損爲貞也。”還是一個消和不富的問題，好像是相同的，其實應該不同。“消富”好講，“消不富”不好講。我没有想好，大家研究吧。

第十七講　困卦　井卦　革卦　鼎卦

困 ䷮ 坎下兑上

《序卦》說："升而不已必困,故受之以困。"這句話有點道理,但不是那麼明顯,看來《序卦》確實有些地方牽强。

困,亨。貞大人吉,无咎。有言不信。

《彖》曰:困,剛揜也。險以説,困而不失其所亨,其唯君子乎! 貞大人吉,以剛中也。有言不信,尚口乃窮也。

《象》曰:澤无水,困。君子以致命遂志。

澤水困,上是兑,下是坎。大象從坎爲水兑爲澤來談,澤水困。彖傳從卦畫來講,故曰"困,剛揜也"。就是説,幾個陽爻都被陰爻揜蓋,從這個意義上説,它是困。這就看出來,一個卦的彖辭、彖傳和大象從根本上説是一致的,但是這裏邊還是有很多特點的。大象好像自成體系,它與卦辭、爻辭不能説没有關係,但是這個關係不是緊密的。此卦卦名是困,爲什麽叫困,解釋有兩種。一是大象的解釋,一是彖傳的解釋。一個認爲澤无水,一個認爲剛揜蔽。從卦辭來看,"困,亨。貞大人吉,無咎。有言不信",也就是説,在困的時候怎樣怎樣。孔穎達説:"困者,窮厄委頓之名。道窮力竭,不能自濟,故名爲困。"窮困,但是有亨,困而能亨,能通,也還能貞。彖傳從另一角度解釋。彖傳從卦畫看,這一卦下邊是坎,坎是險。上邊是兑,兑是説。從這裏看,"險以説,困而不失其所亨,其唯君子乎",彖傳是這樣講的。坎是險,是陷,但是又能説,"險以説",

因爲一個六畫卦是由兩個三畫卦組成的。在困時，還不能失其所亨，還能通。那就是説，有的能亨有的不能亨，有的不失其所亨有的失其所亨。那麼，不失其所亨的，"其唯君子乎"！正如孔子所説："君子固窮，小人窮斯濫矣。"處困之道，有的是君子，有的是小人。祇有君子處困之時，才能亨，才能"險以説"。

　　卦辭裏還有"貞大人吉，无咎"的話，這怎麼來的呢？彖傳説："貞大人吉，以剛中也。"是就這一卦的卦畫來講的。九五、九二都是剛爻，還都得中。"剛中"就是卦的九五、九二兩爻。因爲此卦有剛中，所以貞大人吉无咎。"有言不信"，在困的時候，如果你有言，人家也不相信，所以彖傳説："有言不信，尚口乃窮也。"在困的時候，你靠自己申辯，越講越不好。

　　"困，亨。貞大人吉，无咎。有言不信"，這是卦辭，也叫彖辭。"困，剛揜也"以下是彖傳。彖傳是孔子作的，是解釋彖辭即卦辭的。解釋卦辭爲什麼這樣説，它是怎麼來的。

　　大象講："澤无水，困。君子以致命遂志。"我們講了這麼多卦，大象都是從另一個角度來談問題的，和卦辭爻辭不一致，當然根本上是一致的，但它談問題的角度的確不同。困卦大象説"澤无水"，那麼，人在困的時候應該怎麼辦呢？大象回答説："君子以致命遂志。"我看這個"致命"實際上就是豁出生命。"遂志"就是兑現自己的夙願，應該有犧牲精神，要殺身成仁，舍生取義。君子處困境，絕不苟且媮生。

初六，臀困于株木，入于幽谷，三歲不覿。

　　困初六是陰柔在最下，這個困就是沒有辦法了。臀，坐。株木，沒有枝葉的木。"臀困于株木"，困於株木之下，無所蔭庇，而且還入於幽谷，因爲正好處在坎卦，坎是險、陷嘛。"三歲不覿"，程《傳》説："終困者也。"意思就是説，長久地不能解除這個困。

《象》曰：入于幽谷，幽不明也。

　　　　那就是幽暗不能得到明呀。困在各個階段，各個地位不同。在初六是這樣，"臀困于株木，入于幽谷，三歲不覿"。

九二，困于酒食，朱紱方來，利用享祀，征凶，无咎。

　　　　亨讀享，不讀亨。"困于酒食"，講法不一樣。特別是程《傳》，講得很多，看完以後，問題還是沒有得到說明。在《周易折中》的按語裏有這樣的話，我們可以看一看。它說："小人以身窮爲困，君子以道窮爲困。卦之三陽，所謂君子也。所困者非身之窮乃道之窮也。故二五則紱服榮於躬，四則金車寵於行。然而道之不通，則其榮寵也適以爲困而已矣。"我看這個講法還挺好。它說君子小人對於困的理解不一樣。小人以身窮爲困。古代說君子與小人，是有階級內容的。小人是不在位的。不在位的人怎麼叫困？那就是窮嘛。沒有錢花，沒有出路，就窮了。君子以道窮爲困。君子是在位的，做官的，沒有吃不上穿不上的問題。君子所以不以身窮爲困，而以道窮爲困，君子要行道。困卦中有三個陽爻，三陽爻就是所謂君子。君子之困乃道之窮，非身之窮。你在位，給你俸祿，給你吃喝，你想實行自己的一套，那不行。你要行道。紱是蔽膝，是用在膝蓋上的東西。朱紱，是蔽膝中高貴的，諸侯或者三公才能用朱紱。九五的赤紱，也是很尊貴的。九二與九五兩爻，紱服榮於躬，表明是地位很高的人，普通人穿不上這個。九四則金車寵於行。走路坐金車，這也不是一般的人吧。它並不像九二那個榮，然而道之不通與九二是一致的，其榮寵也適以爲困而已矣。道不通不能行其志，所以這個榮寵恰恰是困。九二"困于酒食，朱紱方來"，從表面上看，酒食、朱紱看不出困，而實際上正是困。這個困，與初六困於株木不一樣。初六是陰爻，九二是陽爻。前者是身困，後者是道困。

　　　　"利用享祀"，怎麼講？有的人這樣講，說這個就是孔子講的"知我者其天乎"的意思。就是説，他的上級不知道他的困，對他不理解，那麼誰知道誰理解？ 就祇靠鬼神理解了，所以説"利用享祀"。《周易折中》困九五集説引王應麟説："困九五曰'利用祭祀'，李公晦謂'明雖困於人而幽可感於神'，豈不人不能知，而鬼神獨知之乎！ 愚謂孔子云'知我者其天乎'。 韓子云'惟乖於時，乃與天通，不求人知而求天知，處困之道也'。"九二與九五都提到"利用享祀"，我看祇能這麼講。在當時的歷史條件下，也祇能如此。

"征凶，无咎"，處困的時候，要急於求亨，要有所作爲，那是不行的，否則是要得凶的。不征，即不行動，還可以无咎。

《象》曰：困于酒食，中有慶也。

這個主要是中有慶，因爲九二居中呀，有中德呀，所以有慶。不是中不能有慶的。看來困於酒食朱紱，比株木幽谷還是强的了。

六三，困于石，據于蒺藜。入于其宮，不見其妻，凶。

石是指什麼？ 朱子《本義》，還有一些人，都認爲石指九四。程《傳》以爲石指二陽，就是九四與九五。看起來，石指九四的説法還是有道理的。因爲三與四是相比的關係，上邊是個陽爻，好像個石頭，阻擋着道路，使三不能進，所以説"困于石"。六三下邊又是一個陽爻，九二，蒺藜指九二説。據，就像坐刺上似的。蒺藜是帶刺的東西，坐在蒺藜上是不行的。把蒺藜作爲九二的講法，大家没有分歧，因爲小象明白説了："據于蒺藜，乘剛也。""困于石，據于蒺藜"，前進不得，不前進也不得，進退維谷。

"入于其宮，不見其妻"，宮是指什麼，妻是指什麼，這個説法有一些不同。朱子《本義》説這個宮就是六三本身，妻就是陰爻六。這是一種解釋。還有一種解釋，《周易折中》集説引鄭汝諧説:"進厄於四,故困于石,退乘二之剛,故據于蒺藜。"
這個他們都是一樣的,可是關於宮,鄭氏説"入于其宮",宮指
上六。因爲六三與上六是應的關係,其宮是可入的。但是,
"而以柔遇柔,非其配也,以此處困,不祥莫甚焉"。入其宮可
以,你配就不行,就是不能見其妻。這是以宮爲上爻的説法。
《周易折中》按語説:"三陰皆非能處困者。初在下,坐而困者
也。三居進退之際,行而困者也。傷於外者必反其家,而又無
所歸,甚言妄行取困,其極如此。"《繫辭傳》裏有一段講這個,
《左傳》裏也有。《繫辭傳》説:"《易》曰:'困于石,據于蒺藜。
入于其宮,不見其妻,凶。'子曰:'非所困而困焉,名必辱;非所
據而據焉,身必危。既辱且危,死期將至,妻其可得見邪?'"

《象》曰:據于蒺藜,乘剛也。入于其宮,不見其妻,不祥也。

九四,來徐徐,困于金車,吝,有終。

　　《易經》講往來,往上是往,往下是來。那麽這個"來徐徐"
應指四與初。九四與初六是相應的,"困于金車",它的困是爲
金車所困。雖然"來徐徐",可是"有終",最後的結果還是好
的。對"困于金車"的解釋,《周易折中》按語與程《傳》、朱子
《本義》不同。程《傳》認爲金車是九二,不對。其實"困于金
車"就像九二"困于石",是九四本身有困。"有終"是指什麽來
説呢? 説法也不一樣。小象説:"來徐徐,志在下也。"從這句
話看,是指初六説的。小象又説:"雖不當位,有與也。"九四以
陽居陰,不當位,但是有與,因爲有與才有終。可是這個有與
是誰呀,這個問題的講法也是不一樣的。程《傳》説有與是講
它有應爻,下邊的初六與九四正應。《周易折中》引蘇濬和何
楷説,何楷説:"五爲近比,則四之所與者。"這是説"與"是九
五。九五與九四相比,這裏不看應不應,而看比不比。程《傳》
與蘇、何氏的解釋不同,我看蘇、何之説可從。

《象》曰：來徐徐，志在下也。雖不當位，有與也。

九五，劓刖，困于赤紱，乃徐有説，利用祭祀。

這句話這樣就有很大問題了。從字面上看，這個劓是割鼻子，肉刑。刖也是肉刑，施之於腳。程《傳》説："截鼻曰劓，傷於上也。去足爲刖，傷於下也。上下皆揜於陰，爲其傷害，劓刖之象也。"程《傳》這種講法，看起來是很難通的。解劓爲截鼻，解刖爲刑足，是對的。講傷上傷下，總是勉强，這就是文字上的問題了。王弼就用劓刖這兩個字。程頤、朱熹以及以後的人都用這兩個字，不敢改。實際上不該這麼講。我們看《經典釋文》，荀爽王肅本，劓刖作臲卼，解釋爲"不安貌"。《釋文》引鄭玄説"劓刖當爲倪仉"。惠棟《周易述》就是用鄭玄説，把這兩字作爲倪仉，是不安的意思。這樣解釋可能是依字音定的。卼、刖，大概是一個音，因爲《莊子·德充符》説"魯有兀者王駘"。兀者，刖也。莊子稱刖足者爲兀。所以困卦九五"劓刖"這兩個字，應該説毫無疑義是"臲卼"。"臲卼"這兩個字寫法又有不同，譬如《書·秦誓》"邦之阢隉"，寫成"阢隉"，也可以。王弼把劓刖兩字從字面意義上看，解成去足截鼻，是錯誤的，被宋儒繼承下來了，宋儒不大搞文字。清人重漢學，講究文字考據，因此惠棟把這兩個字弄明白了，這一點是可取的。按王弼、程《傳》的講法，忽然間來個割鼻子去腳的，真是不好理解。所以我們斷定王弼、程頤、朱熹的講法是錯誤的，應該根據荀爽、王肅、鄭玄等人的解釋，讀成臲卼，意思就是不安。

"劓刖，困于赤紱，乃徐有説，利用祭祀"，説讀如悦，因爲此卦上體是兑。但是，這個説字到底應讀如悦還是讀如別的，很難説。這個説字歷來有悦、説、脱幾種讀法。這裏是不是可以讀如脱呢？讀如脱，不一定對。讀如悦是有根據的。若讀如脱，"乃徐有説"，就是擺脱困境。是不是這樣，請大家繼續研究。“利用祭祀”，與九二之“利用享祀”是一樣的。

《象》曰：劓刖，志未得也。乃徐有説，以中直也。利用祭祀，受福也。

　　　我認爲説應讀如脱。

上六，困于葛藟，于臲卼。曰動悔有悔，征吉。

　　　葛藟，程《傳》説是“纏束之物”，“臲卼，危動之狀”，實際上，這個臲卼與九五的劓刖應該是一個詞兒。爲葛藟爲臲卼，這是在卦之上六，要變了。不是在下卦時候的困了，不是入于幽谷，三歲不覿了，而是動悔。程《傳》説：“動悔有悔。”“有悔，咎前之失也。曰，自謂也。若能曰如是動皆得悔。當變前之所爲，有悔也。能悔，則往而得吉也。”這就是説，能改正過失，還是能得吉的。《周易折中》引項安世説：“此象所謂尚口乃窮也。若能斷葛藟而不牽，辭臲卼而不居，行而去之，吉孰加焉。”又引徐幾説：“震无咎者存乎悔。困已極矣，有悔則可出困而征吉。困窮而通，其謂是夫？”

《象》曰：困于葛藟，未當也。動悔有悔吉，行也。

　　　程《傳》説：“爲困所纏而不能變，未得其道也，是處之未當也。知動有得悔，遂有悔而去之，可出於困，是其行而吉。”《周易折中》引陸希聲説：“行而獲吉，故曰變乃通也。”我看這個解法也就可以了。

井☴☵巽下坎上

　　　困卦不好解釋，井卦比較好解釋。《序卦》説：“困乎上者必反下，故受之以井。”這個説法也有點牽强。看井卦，上邊是坎，坎爲水；下邊是巽，巽爲木。彖傳釋卦名説：“巽乎水而上水，井。”巽人於水下，而上其水，這是井。大象説：“木上有水，井。”木上有水，就下巽上坎兩卦之象解釋卦名。

井，改邑不改井。无喪无得，往來井井。汔至亦未繘井，羸其瓶，凶。

　　　　"改邑不改井"，井打成之後就成井了，一般來説不能斷。邑就不同，人居住的地方是容易改變的。邑變了，井還是依舊。"无喪无得"，井這個東西是无喪无得的，如程《傳》所説："汲之而不竭，存之而不盈。"井，人們不斷地汲水，它還是不見水少。人們不汲水，它的水也不見滿盈。"往來井井"，往來的人都用這個井。"汔至亦未繘井"，繘就是綆，亦即汲水用的繩子。用繩子打水，水還没完全打上來，這時"羸其瓶，凶"。羸，朱子《本義》當敗講，就是壞了。有人當撈講。我看朱熹的講法還是可從的。瓶是汲水的陶罐。打水打到中途，汲水的陶罐壞了，這不是凶嘛！

《彖》曰：巽乎水而上水，井。井養而不窮也。改邑不改井，乃以剛中也。汔至亦未繘井，未有功也。羸其瓶，是以凶也。

　　　　井養人是無窮的。井裏的水，你打了之後還有，不見少。"改邑不改井"，從卦畫上看，是剛中的。九二與九五兩爻是陽爻居中嘛。"汔至亦未繘井，未有功也"，打水没打上來，瓶就壞了，是没有功，是以凶。這是彖傳對卦辭的解釋。《易經》井卦，講的實際上就是井，就是人們飲水的那個井。井的意思，從養人這一點説，就是養。井，養人，養而不窮。鄭康成説："井以汲人，水無空竭，猶人君以政教養天下，惠澤無窮也。"把井養人的意義引到政治上，引到人君以政教養天下上。別人也有講到這上面的。《周易折中》按語也透露出這樣的意思。我看没有這個必要，就從井養人來講就行了，不必和王者政教一起來講。

《象》曰：木上有水，井。君子以勞民勸相。

　　　　勞民，養民。相，相助。

初六，井泥不食，舊井无禽。

把這個卦完全作爲井來看待。"井泥不食"，井不能用不能吃了。"舊井无禽"，舊井，禽獸也不喝它的水。

《象》曰：井泥不食，下也。舊井无禽，時舍也。

棄井，人們不用它了。

九二，井谷射鮒，甕敝漏。

九二以剛陽之才而居下，上邊沒有應，它祇能比於初。井這一卦，應該向上才好，而九二祇能在下。"井谷射鮒"，谷是井底出水的穴。鮒的解釋不同，有人說是鯽魚，有人說是蛤蟆。井中之泉水少，僅够射鮒的。射，注。"甕敝漏"是就人在井上汲水而言。甕壞了，漏了，井裏的水汲不上來。就是說，井裏的水還是吃不到。

《象》曰：井谷射鮒，无與也。

无與，九二上無應援。程《傳》說："井以上出爲功。二陽剛之才，本可濟用，以在下而上無應援，是以下比而射鮒。若上有與之者，則當汲引而上，成井之功矣。"上無應援，上邊是九五，九五與九二都是陽爻，故無應。

九三，井渫不食，爲我心惻，可用汲。王明，並受其福。

渫，治，就像淘井似的，把井裏的臟東西都清除出去。這個井已經渫治過了，水清潔可食了，但是還不用不吃。"爲我心惻"，在心裏對它憐惻。這井裏的水是可汲而食的。如果王明的話，一定會任用九三這個賢才的，那對大家是都有好處的。

《象》曰：井渫不食，行惻也。求王明，受福也。

朱子《本義》說："行惻者，行道之人皆以爲惻。"這樣講行惻，我看是對的。《周易折中》引蔡清說："'爲我心惻'，我指旁人，所謂行惻也，非謂九三自惻也。可用汲，帶連'王明並受其

福’，皆惻之之辭也。”這個講法，我看還是好的。《周易折中》
按語說：“不曰明王而曰王明，乃惻者祈禱之辭。言王若明，則
吾儕並受其福矣。”這些講法我看都挺好。小象這段話的意思
是説，井水乾净而不用，多可惜！

六四，井甃无咎。

　　甃，砌累，修治。“井甃”，井修治了。朱子《本義》説：“以
六居四，雖得其正，然陰柔不泉，則但能修治而無及物之功，故
其象爲井甃。”

《象》曰：井甃无咎，修井也。

　　井經過修治，雖不能起多大的作用，但井自身因此不至於
廢棄，所以无咎。

九五，井洌，寒泉食。

　　井修好了，水可以吃了。這井水清凉甜美，可食呀。《周
易折中》引易祓説：“三與五皆泉之潔者。三居甃下，未汲之泉
也，故曰不食。五出乎甃，已汲之泉也，故言食。”

《象》曰：寒泉之食，中正也。

上六，井收勿幕，有孚元吉。

　　收是汲水，幕是井蓋。井上邊不要蓋着，讓人們隨便來汲
水。有孚就是有水。《周易折中》按語說：“勿幕，謂取之無禁，
所謂往來井井者也。有孚，謂有源不窮，所謂無喪無得者也。
此爻得備卦之義者，巽乎水而上水，至此爻則上之極也。”

《象》曰：元吉在上，大成也。

　　我們看《周易折中》井卦總論：“李過曰：‘初井泥，二井谷，
皆廢井也。三井渫，則渫初之泥。四井甃，則甃二之谷。既渫
且甃，井道全矣。故五井洌而泉寒，上井收而勿幕。功始及
物，而井道大成矣。’丘富國曰：‘先儒以三陽爲泉，三陰爲井，

陽實陰虛之象也。九二言井谷射鮒,九三言井渫不食,九五言井洌寒泉。曰射,曰渫,曰洌,非泉之象乎?初六言井泥不食,六四言井甃无咎,上六言井收勿幕。曰泥,曰甃,曰收,非井之象乎?以卦序而言,則二之射,始達之泉也;三之渫,已潔之泉也;五之洌,則可食之泉矣。初之泥,方掘之井也;四之甃,已修之井也;上之收,則已汲之井也。又以二爻爲一例,則初二皆在井下,不見於用,故初爲泥,而二爲谷。三四皆在井中,將見於用,故三爲渫而四爲甃。五上皆在井上,而已見於用矣,故五言食而上言收。'"這個講法挺好。

革☲☱離下兑上

《序卦》説:"井道不可不革,故受之以革。"程《傳》説:"井之爲物,存之則穢,易之則清潔,不可不革者也,故井之後受之以革者也。"這個"革",用我們今天的眼光來看,就是講革命了。這對我們很有啟發。

革,已日乃孚,元亨,利貞,悔亡。

程《傳》説:"革者,變其故也。變其故則人未能遽信,故必已日,然後人心信從。"這個"已",也有人念作巳(sì)。我看念已(yǐ)還是好的。李簡説:"已日者,已可革之時也。"看來古人對革命,也不是看得很容易的。

《彖》曰:革,水火相息,二女同居,其志不相得,曰革。已日乃孚,革而信之;文明以説,大亨以正;革而當,其悔乃亡。天地革而四時成,湯武革命,順乎天而應乎人,革之時大矣哉!

"革,水火相息,二女同居,其志不相得,曰革",這是就卦畫來解釋卦名。澤火革。上邊是兑,兑爲澤;下邊是離,離爲火。這個卦叫作革。坎是水,澤也是水,但澤與坎不同。坎是流水,是動的。澤水是不動的,是死水。胡炳文説:"坎之水,動水也。火不能息之。澤之水，止水也。止水在上而火炎上，故息。"水火兩個是相息的。我們現在常說水火不相容，是矛盾的。這有革的意思。另外，這個卦下體是離，離爲中女。上體是兌，兌爲少女。中女與少女在一起，二女同居，其志不相得，所以不免有相克之事。

"已日乃孚，革而信之"，已日以後，你的革就得到人們的信任，相信你。革對了，其悔乃亡。所以革不見得一定就好，你若革對了就好。若革不對，那就可能是反革命。王莽也變法，王莽的革能叫革命嗎？恐怕不能叫革命。

"革而當，其悔乃亡"，這個説法還是有道理的。講這個革命，革若不對，那就要後悔了。歷史上的商鞅也變法，王安石也變法。有的變法變得好，有成功的經驗，也有失敗的經驗。

孔子接着又發揮説："天地革而四時成，湯武革命，順乎天而應乎人，革之時大矣哉！"從這個革看出來，革的意義是偉大的。古人崇天，人法天。天地是革的，由春天變成夏天、秋天、冬天。天地革而四時才成，才有四時變化。孔子在這裏很明確地提出"湯武革命"。認爲商湯代夏，周武王代商，是一種革命。革命這個詞兒，看起來首先還是在《易經》上用的。湯武的革命，就像天地的革一樣，應該説是合乎規律的。能够順乎天而應乎人。那麼這個"天"是什麼？古代這個"天"是自然還是上帝？是不清楚的。我們現在認爲，古人説的這個"天"就是規律，不是超自然的主宰。那麼天地革而四時成，是天地自己變的，不是有個上帝。這個"天"是順乎自然的，也就是順乎規律，順乎自然規律。一方面重視自然規律，一方面又應乎人。弔民伐罪，人都滿意。把湯武作爲革命看待，明明白白地提出"湯武革命"這個概念，這就不簡單。承認社會發展到一定的時候要有變革，要革命。但是革命要革而當，應當順乎天而應乎人。孔子看出革的意義重大，贊美這個革。他講革卦的時候，能够想到這些，發揮這個革，這實在很不簡單。彖傳開頭是解釋卦辭，下邊是孔子的發揮。彖傳裏有許多地方是孔子的發揮。這個發揮，很不簡單，很值得我們學習、研究。湯武革命的"命"，還是一個規律，孟子説："莫之爲而爲者，天也；莫之致而至者，命也。"這裏的"革"，是説整個的一套都要革了，要換新的了。過去講的"周德雖衰，天命未改"，那是未到應該改的時候，到應該改的時候就要改了。周武王把殷商滅了，就是到了應該改的時候了。周武王這個革，已經有孚了，已經悔亡了，大家都很滿意了。

"巳日乃孚，革而信之；文明以説，大亨以正；革而當，其悔乃亡"，革卦下體是離，有文明象。上體是兑，兑有悦象。革得正當，能够元亨利貞，否則就要後悔的。這些都還容易理解。不好懂的是"巳日乃孚"的這個"巳日"。"巳"應當怎麽講，甚至這個"巳"字應該怎麽讀，大家的看法從來不一樣。王弼《注》、程《傳》、朱子《本義》都讀已(yǐ)，已經的已。還有的讀戊己庚辛的己，也有人讀作辰巳午未的巳。究竟怎樣讀對，怎樣講對，這裏就有問題。程《傳》和朱子《本義》把"巳日"當"終日"講。程《傳》在解釋彖傳時説："必終日而孚。"終日是過了一天。宋儒朱震著有《漢上易傳》一書，他説："先儒讀作已事之已。當讀作戊己之己。十日至庚而更，更，革也。自庚至己，十日浹矣。""十日至庚而更"，這個"十日"就是甲、乙、丙、丁、戊、己、庚、辛、壬、癸十天干，所謂"天有十日，人有十等"。十日，從辛到庚，至庚而更，更改了。"庚，革也"，"自庚至己，十日浹矣"，從庚一直到己，十日一周了。"至庚至己，十日浹矣。己日，浹日也"，朱駿聲也是這麽講的。

我的意見，這個字還應該念已(yǐ)，不應該念己(jǐ)。這個"巳日"解釋爲浹日，我看是對的。《周禮·天官·太宰》："浹日而斂之。"把"治象之法"挂出十天之後，把它收起來，浹日就是十天。鄭玄説自甲到甲，共十天，這叫作浹日。《左傳》上有"浹辰"的説法。古人把十天干叫作日，把十二地支叫作辰。浹辰，就是經過了十二辰。我的意見是，朱震把"巳日"作爲"浹日"來講，是對的。但是應該讀爲巳日，不應該讀爲己日。巳日的意思就是浹日。巳日，已經經過了十天，和浹日的意思是一個樣的。若作己，由庚到己，這個解釋未免顯得穿鑿。巳日，浹日，表示一周。這個"一周"，好像是一個大的階段，所以古人説"先甲三日，後甲三日"，"先庚三日，後庚三日"。這裏用"巳日"，也有這個意思，也是用十天干。十天干裏邊代表許多内容，甚至整個社會，社會的歷史都是這樣，好像總是有個大的階段。

"巳日乃孚"，這是説革命、改革，不可能一下子得到人們的理解、信任和擁護，需要經過一段時間，要有一個過程。"巳日"就是代表這一段時間的。《雜卦》説："革，去故也。"程《傳》説："革者，變其故也。"説得很對。把原來的東西加以改變，在今天來説，就是革命。孔子作的象傳就是説"革命"的，革卦的革是從社會、歷史要改變來説的。但是你要革，這事不容易。"革而當，其悔乃亡"，你得革得當，革得對，那人們就擁護你。你革錯了，那就不行。我們講，革命是前進的，前進的才叫革命。"巳日乃孚"，革命以後，經過一個周期以後，好像大家都理解了，都信任了，都認爲革得對，這樣革才行。巳日，就是過了十天。但它的意思不僅僅是這樣。它代表歷史上很大的一個周期。經過這麽一個大周期以後，人們都相信你了，那就是你革對了，這才行，才能元亨利貞，悔才能無。不是元亨利貞，就有悔，就錯了。"其悔乃亡"，乃，就是經過一段時間以後，才能孚。要是不經過"巳日"，就不能孚。

《象》曰：澤中有火，革。君子以治歷明時。

初九，鞏用黄牛之革。

革，是不能輕易的。所以程《傳》説：“變革，事之大也，必有其時，有其位，有其才，審慮而慎動，而後可以無悔。”初九之時之位，是不應該革的。“鞏用黄牛之革”，鞏，今指鞏固。黄，中；牛，順。要中要順，不要輕易革。

《象》曰：鞏用黄牛，不可以有爲也。

在初的時候，在初的地位，不要革；要用黄牛之革。

六二，已日乃革之，征吉，无咎。

已，也應讀作已（yǐ），但不應和卦辭與象傳的“巳日”一樣理解。《周易折中》裏引述的一些人把它們一樣理解了，我看是不對的。“巳日乃孚”，是説革命以後經過一段時間。“已日乃革之”，是説革命以前的那一段時間。“乃孚”，是説革命以後經過一段時間證明革對了。“乃革之”，表示以前的事太壞了，時間已經證明應該革，非革不可。那個説“巳日乃孚”，這個説“已日乃革之”。舊的東西已經很腐敗了，要革了，但是不可隨便革。“湯武革命”，是革夏桀、殷紂，沒有這個，還是不要革。不是任何時候想革就可以革的。什麽時候都要革，那不行。革命是好的，但是如果要不間斷地革命，那就不行了。我們吃過這方面的虧。我們革過了，還搞階級鬥争爲綱，一直革到“文化大革命”，結果搞壞了。革之後要建設，革是爲了建設嘛，總革是不行的。“文革”中講“造反有理”。造舊社會的反，造剥削階級的反，的確有理。但是要看造誰的反，革誰的命，誰來造反，誰來革命。在我們新社會，你還造反，就不對了。不能隨便造反，隨便革命。

“已日乃革之”，“巳日乃孚”，都是“巳日”，“巳日”是一個，但所反映的不是一個。一個代表革命之前，壞透了，這才革命。“征吉，无咎”，你就進行吧，沒有錯兒。“巳日乃孚”，是革命以後的事情，上邊已經進過了。

《象》曰：已日革之，行有嘉也。

　　經過"已日"證明舊的東西非革不可，那麼你就幹吧，你的行動必是美的、嘉的。

九三。征凶，貞厲。革言三就，有孚。

　　九三和六二不一樣，六二中正，九三剛陽不中。從本身講，征凶，貞厲。進行有危險，不進行也不行。怎麼辦呢？《周易折中》引龔煥説："九三以過剛之才，躁動以往，則凶。處當革之時，貞固自守，則厲。"那怎麼辦呢？龔氏説："唯於改革之言，詳審三就，則無躁動之凶，又無固守之厲，得其時宜，所以可革也。"要經過詳審三就。程《傳》説："革言，猶當革之論。就，成也，合也。"反復研究討論，審慎考慮。"有孚"，取得人們的信任了，這就可以革了。胡炳文説："以其過剛也，故恐其征而不已則凶。以其不中也，又恐其一於貞固而失變革之義則厲。故必革之言至於三就，審之屢，則有孚而可革矣。"這樣講，挺好，挺明白。

《象》曰：革言三就，又何之矣。

　　經過這樣審慎的討論研究，還到哪兒去呢，那就革吧。

九四，悔亡，有孚改命，吉。

　　卦已到上體，這是已經革了，革對了，悔亡了。"改命"，程《傳》説："改爲也，謂革之也。"講得不很明確。《周易折中》引陸希聲説："革而當，故悔亡也。爲物所信，則命令不便於民者，可改易而獲吉。"陸氏這麼講。兩人的解釋都不很明確。我看這個"改命"，實際上就是革命，就是湯武革命的革命。《左傳》宣公三年楚莊王問鼎時王孫滿説："周德雖衰，天命未改。鼎之輕重，未可問也。""其命未改"，周的命還沒有改。周武王滅殷之後，典章呀，制度呀，統統都要改。這就是改命。過去叫天命，新朝代建立了叫天命。舊朝代滅亡了，就是天命完了，好像老天叫它完了。到底是什麼，是老天還是發展規律，孟子説："莫之爲而爲者，天也。莫之致而至者，命也。"孟子講天命講得還是很好的。所以説，這個改命不是衹改行爲，改命就是改朝換代。過去的東西都要換新的了。武王革命，改命了嘛，在革之後，有孚了，悔亡了。大家都很滿意了。程《傳》和陸希聲講得不見得對。我看丁壽昌《讀易會通》把改命講成革命，還是對的。

《象》曰：改命之吉，信志也。

九五，大人虎變，未占有孚。

九五這一爻得中位。"大人虎變"，大人稱爲虎，稱爲龍。"虎變"就是大人之變。變是變革，也就是革命。九五剛陽居中得正，有大人之象。大人革天下之事，"未占有孚"，不必占卜，人們就相信的。

《象》曰：大人虎變，其文炳也。

革命已成，這時候發號施令，事理簡明，若虎文之炳然也。

上六，君子豹變，小人革面，征凶，居貞吉。

革命成功以後，君子也就豹變了。"小人革面"，這個"革面"怎麼講？王引之《經義述聞》認爲"革面"是革向。這是搞文字學，其實沒有必要。革面就是革面嘛，表面上贊成革命，而内心則未必有認識。小人衹能是革面，表面上服從聽命。真正的心悦誠服，中心悦之，小人做不到。這是君子小人之別。這個君子小人，我看在當時還是從階級關係上劃分。君子是有位的，小人是沒有位的。在奴隸社會，奴隸主既掌握物質生產資料，又掌握精神文化生產資料。小人處在治於人的地位，不掌握文化。所以小人對待一些事物，衹能是革面。我認爲這樣講，也是符合實際的。

《象》曰：君子豹變，其文蔚也。小人革面，順以從君也。

“小人革面，順以從君也”，順而能從君，“草上之風必偃”，這是必然的。在當時那個時候，你要讓老百姓都懂得，恐怕很難。孔子講“民可使由之，不可使知之”，還是有道理的。因爲是那個時代嘛，那個時代，事實就是那樣。

《周易折中》革卦總論引龔焕説：“初言鞏用黄牛，未可以革者也。二言已日乃革，不可遽革者也。三言革言三就，謹審以爲革者也。皆革道之未成也。四言有孚改命，則事革矣。五言大人虎變，則爲聖人之神化矣。上言君子豹變，小人革面，則天下爲之丕變，而革道大成矣。”我看龔氏把革卦概括得很好。總的説來，革卦講的就是革命。《易經》裏能講出革命這個道理，不簡單哪！我們應該重視這個革卦。

鼎☲☴巽下離上

《序卦》説：“革物者莫若鼎，故受之以鼎。”我看不見得正確。《雜卦》講：“革，去故也。鼎，取新也。”革與鼎兩卦是相對應的。去故，改變舊的，去掉舊的，革命。取新，建設新的。鼎卦，我看應該這麽看，應據《雜卦》“鼎，取新也”的説法來理解。

鼎，元吉，亨。

吉字，程《傳》與朱子《本義》都認爲是衍文。我看認爲是衍文，是對的。類似這樣的地方，查慎行的《周易玩辭集解》都一概不同意。他認爲原來是什麽樣就是什麽樣，都不能改動。他們改錯了的當然不能同意，但不能凡是改的，都不同意。這個吉字就的確是衍文，原文就是元亨，無吉字。鼎，元亨，從革去故、鼎取新來看，鼎是新建立一個社會，所以元亨、大通。

《彖》曰：鼎，象也。以木巽火，亨飪也。聖人亨，以享上帝，而大亨以養聖賢。巽而耳目聰明。柔進而上行，得中而應乎剛，是以元亨。

鼎卦象鼎這個實物，而程《傳》講"鼎之爲器，法卦之象也，有象而後有器"，這就錯了。不是先有鼎卦而後有鼎這個器物，而是先有鼎這個器物而後才有卦象。這很明顯嘛。程《傳》的講法我看是不對的。當然程《傳》也有來歷，《繫辭傳》講"包犧氏之王天下也"，"于是始作八卦"，講古人制器蓋取諸《易》卦等。但這講法沒有道理，是後人加進《繫辭傳》的，不是孔子的東西。這個卦呀，是象鼎的，不是鼎象這個卦。

"以木巽火"，從卦來講，火風鼎，上體是離，離爲火；下體是巽，巽爲風。《説卦》講巽爲木爲風，又是爲木又是爲風，所以象傳説"以木巽火"。鼎，是器具，下面用木火燒。古人煮牲肉，先用鑊，把牲肉放在鑊裏煮。煮熟後取出放進鼎裏，加進佐料，再煮，使五味調和。鼎是調和五味的。鼎下面要用火燒，所以説"以木巽火"。當吃的時候把鼎的肉拿出來，放在俎上。鼎與俎都是單數的。鼎這個東西有兩大類，一種是飲食用的，另一種是作爲重器的，不是實用的。比如夏鑄九鼎，是中央政權權力的象徵。九鼎從夏傳到商，由商傳到西周。楚莊王問鼎，問的就是從夏商傳下來的九鼎。那九鼎肯定不是一般用來煮東西的鼎，這是一種重器。鼎卦講的鼎是尋常日用的器物，這種鼎也有大小之分，現在發現的商代司母戊大鼎就是很大的鼎，也有很小的鼎。

"以木巽火，亨飪也"，鼎下邊用火燒，這是表示鼎要用來烹飪的。"聖人亨，以享上帝"，聖人用烹飪來奉祀上帝，"而大亨以養聖賢"。這兩句話，我看朱子《本義》講得好。他説："享帝貴誠，用犢而已。"《禮記》講郊天的時候要用特牲。特牲是單獨一個牲，用牛犢。多大的牛犢呢？牛犢的角要像繭栗那麼大。用這樣小的牛犢郊天，主要表示誠。要誠，所以用犢。這是郊天之禮，用特牲，其他的祭祀要用少牢或者太牢。養賢用太牢，即牛羊豕三牲都用。所謂大亨，就是這樣。三牲具有，是很厚的。亨以養上帝，大亨以養聖賢。亨和大亨這樣分析是對的。"巽而耳目聰明。柔進而上行，得中而應乎剛，是以元亨"，這是解釋卦辭元亨的。下卦是巽，上卦是離。所以說"巽而耳目聰明"。"柔進而上行"，六五是柔爻，上行，"得中而應乎剛"，下與九二那個剛爻相應，所以才能够元亨。

《象》曰：木上有火，鼎。君子以正位凝命。

在革以後，要正位。改命以後還要凝命。也就是說，取得政權之後，還要鞏固政權。鼎卦裏有這麽個意思。君子以正位凝命，這個鼎卦的意義就大了。

初六，鼎顛趾，利出否，得妾以其子，无咎。

鼎下是趾。"顛趾"，這個鼎倒過來了，趾在上了。"利出否"，倒過來也有好處。鼎裏邊有些破爛東西，現在"出否"，把它們倒出來了。"得妾以其子"，得妾這個事兒，在這裏不大好講。得妾這個事，也是不好的。妾是賤的。但得妾也有好處，母以子貴，有子也好嘛。

《象》曰：鼎顛趾，未悖也。利出否，以從貴也。

《周易折中》按語說："當此之時，雖其就上也如顛趾，而因得去污穢以自濯於潔清。雖其媟嬻也如妾，而因得廣嗣續以薦身於嬪御。盛世所以無棄才，而人人於士君子之路者，此也。"這個解釋也是有道理的。

九二，鼎有實，我仇有疾，不我能即，吉。

九是陽爻，陽是實，又居中，剛實居中，是鼎中有實之象。"我仇有疾"，仇就是配，"君子好逑"的逑，與仇是一樣的，就是匹配的意思。在鼎卦之中，誰是九二的仇呢？是初六。因爲九二與初六是相比的。"不我能即，吉"，如果它不能就我，就得吉。程《傳》說："仇，對也。陰陽相對之物，謂初也。相從則非正而害義，是有疾也。二當以正自守，使之不能來就己。人能自守以正,則不正不能就之矣,所以吉也。"這樣講,還是好的。

《象》曰:鼎有實,慎所之也。我仇有疾,終无尤也。

　　我仇有疾,不我能即,終无尤呀。

九三,鼎耳革,其行塞,雉膏不食。方雨,虧悔,終吉。

　　"鼎耳革",不好講。鼎卦哪個是耳呢?程《傳》認爲六五是耳。但是六五和九三它們沒有什麽關係。革是變的意思。搬鼎,用耳貫鉉,才能動。"鼎耳革,其行塞",鼎就不能搬動了。九是陽,是實,雉膏是好東西,是美肴。因爲"其行塞",有好東西不能吃,但是方雨,虧悔,終吉。方雨是陰陽合,能虧能悔,最後吉。胡炳文說:"井鼎九三,皆居下而未爲時用。井三如清潔之泉而不見食。鼎三如鼎中有雉膏而不得以爲人食。然君子能爲可食,不能使人必食。六五鼎耳,三與五不相遇,如鼎耳方變革而不可舉移,故其行不通。然五文明之主,三上承文明之腴,以剛正自守,五終當求之,方且如陰陽合而爲雨,始雖有不遇之悔,終當有相遇之吉。井三所謂王明並受其福者,亦猶是也。"胡氏這個解釋,挺好。

《象》曰:鼎耳革,失其義也。

　　《周易折中》按語說:"象傳凡言義者,謂卦義也。此失其義,非謂已之所行失義,蓋謂爻象無相應之義爾。"就是九三與六五不相應,所以"鼎耳革,其行塞"。但是,方雨虧悔之後嘛,還是有相遇之吉的。

九四,鼎折足,覆公餗,其形渥,凶。

　　九四與初六相應,九四處大臣地位而任用初六那樣的陰柔小人,其敗事是必然的。就如同"鼎折足","覆公餗",把鼎中的好肉好菜都給傾覆了。《繫辭傳》說:"德薄而位尊,知小而謀大,力小而任重,鮮不及矣。《易》曰:'鼎折足,覆公餗,其

形渥,凶。'言不勝其任也。"不勝其任,所以折足。"其形渥",
渥怎麽講? 朱子《本義》引晁氏曰:"形渥,諸本作刑劇,謂重刑
也。"程《傳》不同意這個説法。程《傳》認爲"形渥,赧汗也",認
爲這個人慚愧赧汗。程氏的這個講法不是很通的。王弼《注》
説渥是霑濡之貌。《周易玩辭集解》説:"形渥乃覆公餗之象,
謂鼎旁汁沈淋漓也。"我看查慎行的這個解釋,是對王弼《注》
的發揮。汁沈淋漓,實際上就是霑濡。這樣講,比朱熹講成重
刑好,比講成赧汗也好。

《象》曰:覆公餗,信如何也。

　　　　力不勝任,未能做到應該做到的事情,當然不會得到信
任。

六五,鼎黄耳,金鉉,利貞。

　　　　鼎下是趾,鼎上是耳。黄耳,黄是中。金鉉,鉉是鼎耳中
用以抬鼎的。金鉉是指什麽呢? 朱子《本義》、程《傳》都認爲
是指九二。《周易折中》引王宗傳説:"在鼎之上,受鉉以舉鼎
者,耳也,六五之象也。在鼎之外,貫耳以舉鼎者,鉉也,上九
之象也。"王氏以爲金鉉指上九。我認爲説金鉉指上九是對
的。《周易折中》又引胡一桂説:"程《傳》及諸家,多以六五下
應九二爲金鉉,本義從之。然猶舉或曰之説,謂金鉉以上九
言。竊謂鉉所以舉鼎者也,必在耳上,方可貫耳。九二在下,
勢不可用。或説爲優。然上九又自謂玉鉉者,金象以九爻取,
玉象以爻位剛柔相濟取。"我同意金鉉是上九的説法。

《象》曰:鼎黄耳,中以爲實也。

上九,鼎玉鉉,大吉,无不利。

《象》曰:玉鉉在上,剛柔節也。

　　　　表示剛柔節的意思叫玉鉉。鼎已至上爻,大吉无不利,成
功了。《周易折中》鼎卦總論説:"丘富國曰:初爲足,故曰顛

趾。二三四爲腹,故曰有實,曰雉膏,曰公餗。五爲耳,故曰黄耳。上爲鉉,故曰玉鉉。此豈非全鼎之象乎! 然初曰趾,四亦曰足者,以四應乎初,而四之足即初也。上曰鉉,而五亦曰鉉者,以五附乎上,五之鉉即上也。五曰耳而三亦曰耳者,則以三無應乎五,而有鼎耳革之象。"講得很清楚。

第十八講　震卦　艮卦　漸卦　歸妹

震䷲震下震上

《序卦》説："主器者莫若長子,故受之以震。"

震,亨。震來虩虩,笑言啞啞。震驚百里,不喪匕鬯。

鬯,是這個時候一種高質量的酒。這酒是由秬黍酒與鬱金香調和而成的,有芳香之氣。匕是宗廟之器,是木制的,用它把鼎裹的肉盛到俎上。這兩件東西都是祭祀時用的。祭祀時用的東西多了,爲什麼這裹祇説匕鬯呢? 干寶説："祭禮薦陳甚多,而《經》獨言不喪匕鬯者,匕牲體,存鬯酒,人君所自親也。"匕牲和薦鬯兩事,祭祀時由祭主親自做。

在天上打雷,震驚百里的時候,主祭的人,要匕鬯不失手,祭祀能够照樣進行。這是一種修養,看起來也有道理。《書經》説："納於大麓,烈風雷雨弗迷。"這也是一種考驗。雷震百里,一個人在這種時候,能够身閑氣静,不動聲色,坐如泰山之安,是最好的。如果一有大的風浪就害怕,不能動了,那就不行。要經受住考驗。這一點值得我們重視。吕坤有幾句話,也可以品味。他説："大事難事看擔當,逆事順事看襟度,臨喜臨怒看涵養,群行群止看識見。"看來,震是一種考驗。天塌下來也不怕,也要挺得住。從卦辭看來,經過震,能够亨。

《彖》曰:震亨。震來虩虩,恐致福也。笑言啞啞,後有則也。震驚百里,驚遠而懼邇也。出,可以守宗廟社稷,以爲祭主也。

程《傳》和朱子《本義》都以爲脱掉了"不喪匕鬯"一句。這個看法是對的。查慎行《周易玩辭集解》就不同意脱字之説。出字，程《傳》與朱子《本義》解釋不一樣。程《傳》以爲是君出；君出，繼承人能够守宗廟社稷。朱子《本義》則以爲，出是繼世而主祭。國君死了，繼位者主祭。《周易折中》引張清子説："出者，即《説卦》'帝出乎震'之謂。主者，即《序卦》'主器莫若長子'之謂。若舜之烈風雷雨弗迷，可以出而嗣位矣。"張氏同意朱子《本義》的意見，又加了解釋，比朱子《本義》説得更好。我看，可以同意朱子《本義》的説法。

《象》曰：洊雷震，君子以恐懼修省。

洊是再，兩個雷。君子學這一卦，應該恐懼修省。胡炳文説："恐懼作於心，修省見於事。修，克治之功；省，審察之力。"

初九，震來虩虩，後笑言啞啞，吉。

《象》曰：震來虩虩，恐致福也。笑言啞啞，後有則也。

與象傳一個樣。

六二，震來厲，億喪貝，躋于九陵。勿逐，七日得。

初九是陽爻，震；震來厲，厲是威。震來得猛。"億喪貝"的億字，各家有不同的説法。王弼認爲無義。程《傳》認爲是度，猜度。查慎行按照億、兆、萬數字講。我看程《傳》的説法是講得通的。"躋于九陵"是跑了，上了高處。程《傳》説："以震來之厲，度不能當，而必喪其所有，則陟至高以避之也。九，言其重，岡陵之重，高之至也。九，重之多也，如九天九地也。"這樣講，也講得通。躋是陟的意思。"勿逐"，不用追。"七日得"，程《傳》講："卦位有六，七乃更始。事既終，時既易也。不失其守，雖一時不能御其來，然時過事已，則復其常，故云七日得。"没有另外的解釋。《易經》這些語言不好懂，説明《易經》是卜筮之書。卜筮藴藏有思想。孔子讀《易》，韋編三絶，才作了十翼。孔子發揮的是《易經》的思想。這思想是《易經》原來就有的不過是以卜筮的形式出現的。孔子《易傳》講的都是思想。《易經》就不是了。《易經》用的是卜筮語言,有一點神秘。在神秘的下邊,產生了思想。《易經》還得保留原樣,裏邊有卜筮語言是不奇怪的。看起來有矛盾,我們要認識這個矛盾。《易經》奇而法。奇就是它的卜筮語言。卦是代表一類東西,不是具體指某一物。要把《易經》都解釋明白,我看很難。我們盡可能地多理解一些。我們對《周易》應該有個正確的認識,不要走極端。朱熹強調《易經》是卜筮之書,是片面的。

《象》曰:震來厲,乘剛也。

　　初九是剛爻,乘剛就是乘初九。

六三,震蘇蘇,震行无眚。

　　蘇蘇,程《傳》、朱子《本義》都認爲是神氣緩散自失之狀。惠棟説:"蘇蘇猶索索。《淮南子》摸索作摸蘇,蘇索一聲之轉耳。"還是沒有解決問題。還是程《傳》講對了。"震行无眚",行則無過失。往哪兒行? 往九四。

《象》曰:震蘇蘇,位不當也。

九四,震遂泥。

　　程《傳》説:"九四居震動之時,不中不正。處柔失剛健之道,居四,無中正之德,陷溺於重陰之間,不能自振奮者也。故云遂泥。泥,滯溺也。"一陽陷於四陰之中,不能自拔。

《象》曰:震遂泥,未光也。

六五,震往來厲,億无喪有事。

　　往也厲,來也厲,往來皆危。以其得中,故能"无喪有事"。无喪有事,就是卦辭所説的"不喪匕鬯"。《春秋》凡祭祀都説"有事"。這裏的"有事",指的也是祭祀。項安世説:"二居下震之上,故稱來,五居重震之上,故稱往來。"俞琰説:"有事謂有事於宗廟社稷也。震之主爻在初,而‘无喪有事’乃歸之五。五乃震之君也。”

《象》曰:震往來厲,危行也。其事在中、大无喪也。

上六,震索索,視矍矍,征凶。震不于其躬,于其鄰,无咎。婚媾有言。

　　征凶,再往前行就凶。索索,程《傳》説:“消索不存之狀,謂其志氣如是。六以陰柔居震動之極,其驚懼之甚,志氣彌索也。矍矍,不安定貌。志氣索索,則視瞻徊徨。”震不在自身,而在鄰,你无咎。“有言”,他們不明白,對你有意見。《周易折中》按語説:“瑣瑣姻婭,見識凡近。當禍患之未至,則相誘以宴安而已爾。安能爲人深謀長慮,而相與儆戒於未然乎!”

《象》曰:震索索,中未得也。雖凶无咎,畏鄰戒也。

艮☶☶艮下艮上

　　《序卦》説:“震者動也,物不可以終動,止之,故受之以艮。”艮爲止。《莊子・德充符》引孔子説:“人莫鑒於流水而鑒於止水。唯止能止衆止。”《荀子・解蔽》説:“虛一而静。”雖然話説得不一樣,但意思是相通的,都很重視静止。

艮其背,不獲其身。行其庭,不見其人。无咎。

《象》曰:艮,止也。時止則止,時行則行,動静不失其時,其道光明。艮其止,止其所也。上下敵應,不相與也,是以不獲其身。行其庭,不見其人,无咎也。

　　孔子對這個好像加過工似的。卦辭説“艮其背”,象傳説“艮其止”。朱子《本義》引晁説之説:“艮其止,當依卦辭作背。”項安世説:“自王弼以前,無‘艮其止’之説,今按古文背字爲北,有訛爲止字之理。”不過,“艮其背”的意思,還是“艮其止”。象傳是按照卦畫來説的。《周易折中》按語説:“此是以卦體爻位釋卦辭。以卦體言,陽上陰下,止其所也。以爻位言,陰陽無應,不相與也。艮其背內,兼此二義。故其止所者,爲不獲其身;不相與者,爲不見其人。孔氏(穎達)所謂卦既止而不交,爻又峙而不應者,極爲得之。”

《象》曰:兼山,艮。君子以思不出其位。

初六,艮其趾,无咎,利永貞。

《象》曰:艮其趾,未失正也。

六二,艮其腓,不拯其隨,其心不快。

　　　腓,腿肚子。腿肚子自己不動,隨腳動。隨字的解釋,有不同意見,程《傳》、朱子《本義》以爲隨指九三,王弼《注》說隨指初六。我認爲程《傳》說法可從。《周易折中》引楊簡說:“腓隨上而動者也。上行而小見拯,不得不隨而動,故心不快。”

《象》曰:不拯其隨,未退聽也。

九三,艮其限,列其夤,厲薰心。

　　　朱子《本義》說限是身體上下之際,就是腰胯。程《傳》說,“夤,脊也,上下之際也。列絕其夤,則上下不相從屬,言止於下之堅也。”九三這個止,是列絕其夤,所以厲薰心。《周易折中》引楊啓新說:“此爻是惡動以爲靜,而反至於動心者,蓋心之與物本相聯屬,時止而止,時行而行,則事應於心,而心常泰然。有意絕物,則物終不可絕,而心終不可靜矣。”這個講得很好。

《象》曰:艮其限,危薰心也。

　　　何楷說:“以強制,故危熏心。艮限者,強制之謂也。”《周易折中》按語說:“震之九四,不當動而動。此爻則不當止而止。咸之九四感之妄,此爻則止之偏。皆因失中正之德故如此。”

六四,艮其身,无咎。

　　　《周易折中》引吳曰慎説："視、聽、言、動，身之用也。非禮勿視聽言動，艮其身也。時止而止，故无咎。若艮限則一於止，是猶絶視聽言動，而以寂滅爲道者矣。"

《象》曰：艮其身，止諸躬也。
六五，艮其輔，言有序，悔亡。

　　　輔是嘴，人用嘴來説話。"言有序"，不是不説話，是不隨便説話。龔焕説："艮其輔，非不言也。言而有序，所以爲艮也。""言有序"就是艮，話該説就説，不該説就不説。

《象》曰：艮其輔，以中正也。

　　　朱子《本義》説："正字羨文，叶韻可見。"朱熹説得對。《周易》是有韻的，前邊是"止諸躬也"，後邊是"以厚終也"，此當言"以中也"。況且六五陰居五，祇能説"中"，不能有"正"，正是衍文。

上九，敦艮，吉。

　　　項安世説："上九與三相類，皆一卦之主也。然九三當上下之交，時不可止而止，故危。上九當全卦之極，時可止而止，故吉。"《周易折中》按語説："咸艮之象所以差一位者，咸以四爲心，故五爲背而上爲口。艮以三爲心，故四爲背而五爲口。其位皆緣心而變者也。二之腓兼股爲一象，故與咸三俱言隨。"這段話帶有全卦總論的性質。

《象》曰：敦艮之吉，厚其終也。

漸䷴艮下巽上

　　　《序卦》説："艮者止也，物不可以終止，故受之以漸。"漸卦與歸妹是對立的。歸妹究竟是什麼意思？漸卦卦辭講"女歸吉"，歸妹爻辭講"以娣"、"以須"。漸是嫁，歸妹是娶。女歸

吉，是説嫡，夫人。歸妹不是説夫人，是指姪娣。《公羊傳》莊
公十九年説："媵者何？諸侯娶一國，則二國往媵之，以姪娣
從。姪者何？兄之子也。娣者何？弟也。諸侯一聘九女。諸
侯不再娶。"這是古時的制度。九女中有一夫人，有左媵右媵。
《公羊傳》隱公二年："伯姬歸於紀。"七年又説："叔姬歸於紀。"
何休注説："叔姬者，伯姬之媵也。至是乃歸者，待年父母國
也。婦人八歲備數，十五從嫡，二十承事君子。"何休是有根據
的，古代確有姪娣制度。漸卦講嫡，歸妹講姪娣。向來解釋歸
妹，没有這麽講的，我這麽講。

　　漸和歸妹這兩卦是反對卦。風山漸，倒過來就變成雷澤
歸妹。漸是進的意思，但是是漸進，不是一般的進。

漸，女歸吉，利貞。

　　從卦義説，是"女歸吉"，若從卦畫説，可以從各方面講。
這個卦辭是專就女歸這方面講的。"女歸"與咸卦的"取女"不
是一回事。"取女"是男子娶，"女歸"是女子嫁。古代女子出
嫁，有個過程，要經過納采、問名、納吉、納征、請期、親迎這六
個禮節。這裏就有個漸的過程。《周易折中》引郭雍説："進之
漸者，無若女之歸。女歸不以漸則奔也。漸則爲歸，速則爲
奔。故女歸以漸爲吉。"女歸漸，這是正式的嫁娶。女歸漸則
吉，利於正，若女歸速便不吉了。從卦畫來看，從二到五，位皆
得正。程《傳》説："初終二爻雖不得位，亦陽上陰下，得尊卑之
正。男女各得其正，亦得位也。"

《象》曰：漸之進也，女歸吉也。進得位，往有功也。進以正，可以正
邦也。其位，剛得中也。止而巽，動不窮也。

　　朱子《本義》説："之字疑衍，或是漸字。"我不同意朱熹的
説法。這裏是漸進的意思。它和晉卦講的晉進也不同，晉與
進實際上是一字，而漸與進不是一個字。漸，不能就一定聯繫

爲進，漸衹是進的一種情況。"漸之進"，説明不是別的進，是漸之進。所以"漸之進"的"之"字，不是衍文。"漸之進"，"女歸吉"，主要還在這個漸字上。

"進得位，往有功也。進以正，可以正邦也"，這兩句話的解釋，各家是不同的。程《傳》自己就有兩種説法。一方面説"漸進之時而陰陽各得正位，進而有功也"，另一方面又説"四復由上進而得正位，三離下而爲上，遂得正位，亦爲進得位之義"。依程《傳》的認識，原來此卦上體是個乾，下體是個坤，由乾坤變成漸。下邊的一個陰爻到上邊去，上邊的一個陽爻到下邊來。結果上體由乾變爲巽，下體由坤變爲艮，巽與坤構成風山漸。這是屬於卦變的問題了。程頤講卦變，都是這樣講的，都是由乾坤變的。朱熹講卦變不是這樣講。比方這一卦，他説："蓋此卦之變，自涣而來，九進居三；自旅而來，九進居五。皆爲得位之正。"爲什麼自涣來，爲什麼自旅來，他沒有講。我看也是不通的。我們認爲朱熹講的卦變不可從。我贊成程頤講的卦變，程頤是根據象傳體會出來的，有根據，有道理，可從。這是關於卦變的兩種講法。另外還有一種講法，它不談卦變，不同意朱熹的解釋。它説："漸與歸妹反對，歸妹下卦之兑，進而爲漸上卦之巽，則二三四五皆得位，而五又得中，乃反對之象。"這是查慎行《周易玩辭集解》講的。這個講法在我看來還是可從的。爲什麼呢？因爲象傳在下邊講，"其位，剛得中也"。"其位"的"其"哪兒來？從文字上看，"其位"是上邊的位，就是指"剛得中"講的。"剛得中"是九五。我覺得查慎行的這個講法是有道理的。九五是中又是正，是剛爻居陽位，是剛得中。因爲剛得中，所以説"往有功也"。剛陽進得位，所以説"進以正"。"進以正"，所以可以正邦。這樣按文義講，可以講得通，也不必按程《傳》的卦變説來講。

"止而巽，動不窮也"，就卦德説，下艮止，上巽順，其進衹能是漸進。“動不窮也”，是指漸説。

《象》曰：山上有木，漸。君子以居賢德善俗。

　　　君子學此卦，要“居賢德善俗”。“居賢德善俗”，從文字方面看，與别的大象比較，顯得不整齊。所以朱子《本義》懷疑賢字爲衍文，或者善字下面有脱字。朱熹是從句子結構方面考慮問題的。《周易折中》引馮當可説：“居，積也。德以漸而積，俗以漸而善。内卦艮止，居德者止諸内也。外卦巽人，善俗者入於外也。體艮以居德，體巽以善俗。”馮氏這麽講，没有説衍字或脱字。查慎行反對朱熹改字，他説賢字非衍，善下無脱。但是他講了一些，其實與朱熹没什麽不同。他説：“賢德善俗猶如仁裏也。從來風俗之美惡，視男女之貞淫。入其鄉而嫁娶以正，婚姻以時，則風俗之善可知。君子居仁裏，則事賢友仁。積日積月，吾德不覺漸成。如山上有木，不見其長，以漸而高也。若衍卻賢字，則與夬大象居德無别矣。”查氏把賢德善俗作爲一個整體來看，然後把居字提出來講。這個問題我們没必要在這裏費勁，不關係重大的事。

初六，鴻漸于干。小子厲，有言，无咎。

　　　漸卦六爻都用鴻象。鴻是大雁。大雁的特點是來有時，去有向。程《傳》説：“鴻之爲物，至有時而群有序。不失其時序，乃爲漸也。”“鴻漸于干”的干，程《傳》説它是水湄，朱子《本義》説它是水涯，總之是水邊、河邊。“漸于干”，鴻飛到了水邊，或者説飛到河岸上。“小子厲，有言”，它這樣進，小子認爲是危險的、不對的，所以就有了怨言。程《傳》説：“小人幼子，唯能見已然之事，從衆人之知，非能燭理也，故危懼而有言，蓋不知在下所以有進也，用柔所以不躁也，無應所以能漸也。於義自无咎也。”就是説，“鴻漸于干”是對的，小子認爲不對，乃有言，而實際上是對的，所以无咎。

《象》曰：小子之厲，義无咎也。

　　　　程《傳》説："雖小子以爲危厲，在義理實无咎也。"是説雖
　　然小子反對，但事情辦得對，没有錯。

六二，鴻漸于磐，飲食衎衎，吉。

　　　　程《傳》認爲六二居中得正，又上應於九五，這個進能進到
　　磐。磐，磐石。磐石平穩、平安。進到磐，就能飲食衎衎。衎
　　衎，和樂。這樣就能得吉。

《象》曰：飲食衎衎，不素飽也。

　　　　雖然飲食衎衎，還是想有作爲的，不是素餐徒飽的。

九三，鴻漸于陸。夫征不復，婦孕不育，凶。利禦寇。

　　　　九三這一爻，鴻進到陸。程《傳》説："平高曰陸，平原也。"
　　"夫征不復，婦孕不育"，這兩句話不好講。《周易折中》引程敬
　　承的話："三以過剛之資，當漸進之時，懼其進而犯難也，故有
　　戒辭焉。征孕皆凶，言不可進也。利在禦寇，言可止也。"總的
　　意思是不可前進。因爲九三過剛，按其本性説，它是要進的，
　　但是進不對，有凶。"利禦寇"，止是可以的。程《傳》説："三在
　　下卦之上，進至於陸也。陽，上進者也。居漸之時，志將漸進，
　　而下無應援，當守正以俟時，安處平地，則得漸之道。若或不
　　能自守，欲有所牽，志有所就，則失漸之道。"也就是説，此時不
　　可進。程《傳》進一步具體講："四陰在上而密比，陽所説也。
　　三陽在下而相親，陰所從也。二爻相比而無應。相比則相親
　　而易合，無應則無適而相求。故爲之戒。夫，陽也。夫謂三。
　　三若不守正而與四合，是知征而不知復。征，行也。復，反也。
　　不復謂不反顧義理。婦謂四。若以不正而合，則雖孕而不育，
　　蓋非其道也。如是則凶也。三之所利，在於禦寇。非理而至
　　者，寇也。守正以閑邪，所謂禦寇也。不能禦寇，則自失而凶
　　矣。"這是從卦畫來解釋爻辭。大意是：夫爲九三，婦爲六四；

征孕皆凶，不可進也；應該禦寇，否則自失而凶。

《象》曰：夫征不復，離群醜也。婦孕不育，失其道也。利用禦寇，順相保也。

九三上進，是離開它的醜類，是失其道。因爲是講漸嘛，所以征孕皆凶。征孕皆凶，是説不可進，要止。

六四，鴻漸于木，或得其桷，无咎。

大雁的趾是連着的，不可能栖於樹上。但是桷是平柯，雁可以落於其上。"唯平柯之上，乃能安處"。桷在卦中指什麽？六四與九五相比，九五是它的桷，得其桷无咎。《周易折中》引房喬説："進而漸於木，失所也。或得勁直之桷，可容網足而安栖。謂上附於五，故无咎。"《周易折中》按語説："六四亦無應者也。然六四承九五，例皆吉者，以陰承陽，合於女歸之義矣。順以事上，高而不危，故有集木得桷之象。"

《象》曰：或得其桷，順以巽也。

四是柔爻，上承九五之尊，故順。

九五，鴻漸于陵。婦三歲不孕，終莫之勝，吉。

陵是更高的地方。"婦三歲不孕"，是指什麽説的呢？程《傳》認爲九五與六二相應，都居中得正，而中間被三、四兩爻隔着。三與二相比，四與五相比。九五與六二隔兩爻，所以不能合。不能合，其象爲"婦三歲不孕"。但是最終還是能合的，也就是説，三與四終不能勝，不能得逞。程《傳》這麽講，還是説得通的。看不出有其他更好的講法。

《象》曰：終莫之勝，吉，得所願也。

上九，鴻漸于陸，其羽可用爲儀，吉。

這個陸字有問題了。上邊九三有個"鴻漸于陸"，這裏怎麽又出一個"鴻漸于陸"？因此有人就想改上九這個陸字。胡

瑗以陸當作逵,程《傳》、朱子《本義》都從胡瑗説。胡瑗説,逵
是雲路。朱熹補充説逵與儀是一個韻。可是這是宋人的韻,
古代逵儀不是一個韻。看來這個改法也是不對的。陸就是
陸,不要改了。《周易折中》引孔穎達説:"上九與三皆處卦上,
故並稱陸。"按這個講法就可以了,這個陸雖出於外,但是羽毛
作爲儀表還是可用的,故吉。

《象》曰:其羽可用爲儀,吉,不可亂也。

　　《周易折中》引胡炳文説:"二居有用之位,有益於人之國
家,而非素飽者。上在無用之地,亦足爲人之儀表,而非無用
者。二志不在温飽,上志卓然不可亂。士大夫之出處,於此當
有取焉。"

　　這一卦講漸,要漸進,不要速進。什麼漸呢? 取象於女歸
之漸。但在六爻,又取鴻漸之象。

歸妹☲☳兌下震上

　　歸妹這一卦和漸卦是相反的。漸卦從二至五都得正,歸
妹都不得正。

歸妹,征凶,无攸利。

　　卦辭認爲歸妹之時,征是凶的,無所利。《周易折中》引張
振淵説:"妹乃少女,而從長男。又其情以説而動,是其情勝而
不計乎匹偶之宜者,故爲歸妹,所歸在妹,不正可知。故凶而
無所利也。"張振淵這個講法我看還是可取的。這一卦着重在
歸妹。上卦漸爲女歸,看起來,那一個好像是嫡夫人,這一個
是侄娣,所以這一卦稱爲歸妹。

《象》曰:歸妹,天地之大義也。天地不交而萬物不興。歸妹,人之
終始也。説以動,所歸妹也。征凶,位不當也。无攸利,柔乘剛也。

　　説歸妹是天地之大義,這也就看出了群婚制的殘餘。講

漸卦時講過，諸侯一娶九女，諸侯不但有媵，還有姪娣，這在當時被認爲是合理的。男女交而後有生息，有生息而後人類相續不窮，前者有終，後者有始。"說以動，所歸妹也"，這是歸妹這一卦要講的主要内容。《周易折中》引鄭汝諧説："長男居上，少女居下，以女下男也。少女說以動，而又先下於男。其所歸者妹，故以征則凶，且无攸利。"

《象》曰：澤上有雷，歸妹。君子以永終知敝。

永終，是説要一代一代往下傳。敝是壞的意思，是終的反面，敝則不得有終。君子要知道敝，防止敝的發生。

初九，歸妹以娣，跛能履，征吉。

這個娣就是姪娣的娣，《公羊傳》所説的娣："姪者何？兄之子也。娣者何？弟也。"娣其實就是妹妹。姐姐嫁給諸侯，妹妹要從。

《象》曰：歸妹以娣，以恒也。跛能履，吉相承也。

鄭汝諧説："初，少女，且微而在下，以娣媵而歸，乃其常也。"跛，瘸子，一條腿。"跛者之履，雖不足以有行，然亦可以行者，以其佐小君，能相承助也。如是而征，則爲安分，故吉。"《周易折中》按語講："言以恒者，女而自歸非常，唯娣則從嫡而歸，乃其常也。"

九二，眇能視，利幽人之貞。

眇能視和跛能履是一樣的。在這裏，實際上還是講娣。九二得中，故利幽人之貞。

《象》曰：利幽人之貞，未變常也。

還是没改變常。這是娣，没有變常。

六三，歸妹以須，反歸以娣。

須字，過去有很多講法。有的人把須當待字講，有的人把須當賤字講。朱子《本義》說："須，女之賤者。"程《傳》說："須，待也。待者，未有所適也。"還有一種講法，認爲須與下加一個女字的嬃是一樣的。屈原《離騷》中有"女嬃"，有人說女嬃是屈原的姐姐。鄭玄說是屈原的妹妹。總之，須字有很多的解釋。在這句話裏，我考慮，須字還可以當姐姐講。須與娣是相對待的。因爲六三不中不正，它歸妹以須，把妹妹當作姐姐那樣出嫁，是不行的，所以又反歸作娣。是不是這樣，請大家考慮。

《象》曰：歸妹以須，未當也。

　　　未當也，還是說六三。六三本不正卻要"歸妹以須"，足不行的。若反歸以娣，那就正了。

九四，歸妹愆期，遲歸有時。

　　　愆期就是誤了期。遲歸有時，要等待，勿急。程《傳》說："過時未歸，故爲愆期。"遲歸有時，就是等待的意思，等待也可以說是待年。《公羊傳》隱公七年何休注說："叔姬者，伯姬之媵也。至是乃歸者，待年父母國也。婦人八歲備數，十五從嫡，二十承事君子。"

《象》曰：愆期之志，有待而行也。

六五，帝乙歸妹，其君之袂，不如其娣之袂良，月幾望，吉。

　　　這句話也不好講。帝乙的講法就不一樣，有的人說帝乙是紂王的父親，有的人說帝乙是成湯。不管是哪一位帝乙，他是商代的一位王，是沒有問題的。一般來說，帝乙歸妹，是王把妹妹下嫁給臣家。帝乙歸妹這個事情，看來是有的。泰卦六五講帝乙歸妹，這裏又講帝乙歸妹，這可能是事實。若不然，《易經》怎麼一再提到它呢？這個歸妹是什麼呢？是嫁出去做夫人呢，還是做侄娣？這一點，過去沒有人說。但是就這一卦看，又說"其君之袂，不如其娣之袂良"。袂是衣着穿戴，衣服怎麼好看啦、貴重啦。君是女君，也就是夫人。夫人的衣服沒有侄娣的衣服好，這樣説來，是不是可以把帝乙歸妹的妹解釋爲娣呢？我以爲是可以的，因爲王下嫁妹妹，陪嫁東西必然要好一些。過去沒有人這樣講，都説帝乙歸妹是王的妹妹下嫁，下嫁就是做夫人了，做嫡，做正。我看帝乙歸妹和一般人的歸妹一樣，是歸妹做娣，不是做夫人。這個問題大家還可以再研究。"月幾望"，月到十五了，月亮即將滿盈，尚未滿盈。娣袂雖良，然而整個地説，還沒超過夫人，所以吉。

《象》曰：帝乙歸妹，不如其娣之袂良也，其位在中，以貴行也。

因爲王貴，居中，這個歸妹是貴行。其貴行，當然因爲帝乙才貴的。

上六，女承筐无實，士刲羊无血，无攸利。

筐、血，都是講祭祀的事。可是這個筐沒有實，裏邊沒盛東西，是空筐。羊沒有血。這都説明不能進行祭祀，不能承先祖奉祭祀，可能也是指歸妹，指娣。奉祭祀祇能由嫡，即夫人做，侄娣不能奉祭祀。

《象》曰：上六无實，承虛筐也。

程《傳》説："筐无實，是空筐也。空筐可以祭乎？言不可以奉祭祀也。女不可以承祭祀，則離絕而已。是女歸之無終者也。"我看這主要是指侄娣講的，娣沒有奉祭祀的職責。是不是這樣，請大家思考。

這是講歸妹。對於漸和歸妹兩卦，我有些看法和過去一些人的看法不一樣。這個請大家考慮，進一步研究。

第十九講　豐卦　旅卦　巽卦　兌卦

豐☲☳離下震上

豐卦在歸妹卦以下，《序卦》説："得其所歸者必大，故受之以豐。"這種説法好像也有一些牽强。《序卦》中有些地方是符合必然性的，有些地方確實也是有點牽强，這也是無足怪的。一方面，我們承認《序卦》講得還是對的，另一方面也要承認它有牽强的地方。

這一卦是豐，雷火豐。

豐，亨，王假之。勿憂，宜日中。

從卦辭看，不好理解。但從孔子作的《彖傳》看，還是能够理解的。所以，孔子晚而喜《易》，韋編三絶，看來是可信的。孔子對這部卜筮之書經過研究，從中發掘出很寶貴的思想，是不容易的。豐，是盛大的意思。豐，自然得亨。"王假之"，從字面看，這是個假字。在這個地方應該讀成格，當至講。這個卦辭的意思，好像是講，豐這樣的盛大，衹有王能够達到。程《傳》説："極天下之光大者，唯王者能至之。假，至也。天位之尊，四海之富，群生之衆，王道之大，極豐之道，其唯王者乎！"程《傳》這段話講得挺好。

"勿憂，宜日中"，這裏涉及自然規律了。盛之極就是衰的開始，在盛極的時候是很可憂慮的。卦辭説"勿憂"，應當總是保持日中，持盈保泰。這是從自然界的規律談起。日盈則昃，月盈則食。在盛的時候能總保持日中就好了。

《彖》曰：豐，大也。明以動，故豐。王假之，尚大也。勿憂，宜日中，宜照天下也。日中則昃，月盈則食。天地盈虛，與時消息，而況于人乎？況于鬼神乎？

　　“豐，大也。明以動，故豐”，這是從卦畫方面談的。此卦下體是離，離爲火，表示明。上體是震，震爲雷，表示動。全卦的構成是“明以動”。因爲“明以動”，所以能豐，這是就卦本身來説的。朱子《本義》説這是以卦體釋卦名義。

　　“王假之，尚大也。勿憂，宜日中，宜照天下也。”程《傳》説：“王者之所尚，至大也。”這個“大”，還是指社會。社會發展到盛大，發展到極點的時候，就容易衰落了。

　　“日中則昃，月盈則食。天地盈虛，與時消息，而況于人乎？況于鬼神乎？”朱子《本義》説：“此又發明卦辭外意。”這樣講是對的。根據這個來體會，就談出哲理了。從客觀的自然界看，太陽到了正午的時候，很快就要昃了。程《傳》説：“日中盛極，則當昃昳。”過了正午，太陽就歪了。“月盈則食”，到了十五，月亮滿盈，那也就要虧缺了。當然，當時的人對這些日月運動的現象，沒有科學的認識，祇能看現象。古人從日月的變化，看到人的生死，發現事物總是變化着的。自然界有時候盈，有時候虛，是不一定的。它們按照“時”消息。消，消失，消滅。程《傳》把盈虛皆解爲盛衰，消息皆解爲進退，看起來還是對的。從自然界中看出“日中則昃，月盈則食”，然後把它作爲普遍規律，用以看天地，那就不以日月爲限了。整個天地，整個自然界，都有盈虛。盈虛都是“與時消息”的。孔子強調這個“時”字，這裏邊就有辯證法，認爲事物不是一成不變的，總是變化的。因爲時間不同，事物就變化，就不一樣。根據這一卦能得出這個結論，不簡單。這是學習了《易》以後，提高到理論上，提高到一般的意義上。不是僅僅從字面上解釋卦辭，而是把卦辭的思想發揮了，推廣了。這看起來應當屬於孔子。

　　天地都是這樣,何況人呢,人也是像自然界一樣變化的。中國古代哲學總是把人、社會、歷史和自然界聯繫起來,認爲人與自然密切相關。人應當順應自然,改造自然。在順應自然這一點上,道家有一點絕對化了。儒家看起來還不是這樣絕對化。儒家承認人的主觀能動性。這一點是對的,應該肯定,然而如果説儒家已認識到改造自然的問題,這恐怕有些高了。

　　古代的哲學,講人與天的關係,這是有道理的。從發展上看,原始宗教發展到一定時候就産生哲學及科學,中西都是如此。比如中國古代哲學,由於宗教的東西與哲學思想、科學意識混在一起,有些概念確實不好講。統治階級講的"天"這個概念,的確有點宗教意味,很像神。但是在古代講理論的人那里,"天"還是作爲自然來講的。因此,中國古代的"天",講成都是自然,或者講成都是上帝、神,都講不通,應當分別來講。古代有原始宗教,統治階級確實用"天"這樣的東西來迷惑人。然而,另一方面,"天"有時候還是被作爲自然看待的。因爲人的行爲實際上離不開自然,所以《尚書・堯典》説:"曆象日月星辰,敬授人時。"人們把曆法搞好以後,按曆法來行動。人能够脱離自然嗎? 春種秋收,你冬天種田就不行嘛。古代統治階級掌握曆法,《論語・堯曰》就説:"咨爾舜,天之曆數在爾躬。"堯傳位給舜,他對舜説,你應該掌握曆法這個東西。後來講的"人法天",正是這個意思。人與自然是分不開的。《荀子・天論》講"天人之分",那時候也要講天人之分了。在中國古代,講思想,講哲學,天人關係是一個大問題。《易經》在這裏講到這個問題,就很不簡單了。

　　這裏提的"而況于人乎? 況于鬼神乎"裏的"鬼神"是什麽呢? 程《傳》認爲鬼神是"造化之迹"。《朱子語類》裏記弟子問朱熹説:"鬼神者造化之迹,然天地盈虚即是造化之迹矣,而復言鬼神,何也?"朱熹回答説:"天地舉全體而言,鬼神指其功用之迹,似有人所爲者。"我看朱熹的解釋還是挺好的。天地是整個自然界,這個"功用之迹",就像有人在那兒主宰一樣。可見在朱熹這裏,或者説整個儒學,是不相信上帝的,不相信這個鬼神是一般的那個"鬼神"。似乎是有人在主宰,實際上是没有人,那是自然的變化。自然的變化是什麽呢? 在我們今天看來,那是規律,是自然規律。這鬼神是指的規律,不過叫作鬼神罷了。《易經》裏像這樣的地方,如果祗從字面上解釋,就不行。《易經》中有不少地方講到鬼神,我們應該很好地理解。我認爲《朱子語類》的理解,還是很好的。張載認爲鬼神是"二氣之良能",就是陰陽的變化。氣也就是自然,自然也就是良能。在張載那裏,鬼神還是屬於唯物主義的概念,不是唯心主義哲學或者宗教講的那個鬼神。

《象》曰:雷電皆至,豐。君子以折獄致刑。

雷火豐,震爲雷,也爲火。火這東西也是一個象。雷爲火,也可以爲電。坎爲水,也可以爲雲。兑爲澤,也可以爲水。什麽爲什麽,這不是固定的。有人學《易》,認爲乾就是天,坤就是地,這個解釋是不對的。"乾,健也。坤,順也",這是對的。乾就是健,坤就是順,健與順才是乾與坤的根本特點,根本性質,這是不變的。而其他,是很靈活的,可以爲這個,也可以爲那個。乾可以爲天,也可以爲馬。坤可以爲地,也可以爲牛。爲天也好,爲馬也好,都是表示乾的健的性質。爲地也好,爲牛也好,都是表示坤的順的性質。因此把離就看成是火,是不對的。有的地方它不爲火,爲電。雷電也就是這個雷火豐。學習這個,君子用這個來折獄,來致刑。折獄嘛,一方面要明,一方面要動,要有威。孔穎達説:"斷決獄訟,須得虚實之情。致用刑罰,必得輕重之中。若動而不明,則淫濫斯及。故君子象於此卦而折獄致刑。"朱震説:"電,明照也,所以折獄。雷，威怒也，所以致刑。"我看他們的解釋還是對的，講得很明白。

初九，遇其配主，雖旬，无咎，往有尚。

　　　　這個"配主"指的是什麼？指的是九四。初九和九四都是陽爻，所以在這裏稱爲"配主"。"雖旬，无咎"的旬字，《注疏》和程《傳》、朱子《本義》統統作均講。這個旬字本來也是均。《説文》也是作均字講的。我看作均字講是對的。但是在文獻中又稱十日爲旬，從字面上看，一般總認爲旬就是十日。因此過去對這裏的旬字解釋就不同了，比如胡瑗就認爲："旬者，十日也。"而且小象説"雖旬，无咎，過旬災也"，也好像把旬作爲十日講。意思是在十天之中无咎，過了十天就有災了。這樣講，很通順。但是我反復考慮，覺得這個旬字還是作均講爲好。看《經典釋文》，古人講"雖旬"的旬字，還是當均講。"雖旬，无咎"，是説初九與九四雖然都是陽爻，但也是无咎的。我看這樣講，也是成立的。

　　　　"往有尚"這句話，我覺得程《傳》講得很好，很透徹。他説："雷電皆至，成豐之象；明動相資，致豐之道。非明無以照，非動無以行。相須猶形影，相資猶表裏。初九明之初，九四動之初，宜相須以成其用，故雖旬而相應。位則相應，用則相資，故初謂四爲配主，己所配也。配雖匹稱，然就之者也，如配天以配君子。故初於四云配，四於初云夷也。'雖旬，无咎'，旬，均也。天下之相應者常非均敵，如陰之應陽，柔之從剛，下之附上。敵則安肯相從？唯豐之初、四，其用則相資，其應則相成。故雖均是陽剛，相從而無過咎也。蓋非明，則動無所之；非動，則明無所用。相資而成用，同舟則胡越一心，共難則仇怨協力，事勢使然也。往而相從，則能成其豐，故云有尚。有可嘉尚也。在他卦則不相下而離隙矣。"

《象》曰：雖旬无咎，過旬災也。

程《傳》將旬作均字講，是講得通的，但是《周易折中》引劉牧説："旬，數之極也。"數之極，還是十天嘛，他是按十天爲旬講。接着他説："猶日之中也。言无咎者，謂初未至中，猶可進也。若進而過中則災，故象稱'過旬災也'。"胡瑗也是作十日講，説："言雖居豐盛之時，可以无咎，若過於盈滿，則必有傾覆之災也。"他們都把十作爲盈數來講，也不無道理。看來這個旬字很難講，我是認爲作均講爲好的，大家還可以繼續研究嘛。

六二，豐其蔀，日中見斗，往得疑疾，有孚發若，吉。

有人説豐卦裏邊有日食，這一爻講的就是日食，祇有日食的時候才有這種現象。"日中見斗"，白天就看見星星了。没有日食，白天怎能看見星星呢？這個斗，是北斗，是星星。人們解釋這一卦，認爲六二和六五兩爻是陰爻相應，它成爲六二的蔀。這樣講日中見斗。但另一方面，又把六五作爲君看，因爲五是君位。"往得疑疾"，那就是説，六五是昏暗之君，容易受它猜疑，爲它所疾。"有孚發若，吉"，六二雖然遇到了六五這個昏主，但如果有孚，有誠意表現出來，人爲之感動，那麼還能得到吉。

《象》曰：有孚發若，信以發志也。

因爲自己信，誠信，所以能感動別人。

九三，豐其沛，日中見沫，折其右肱，无咎。

九三本來是陽爻居陽位，可以有爲，但它上邊是個沛。這個沛，程《傳》與朱子《本義》都説作旆。王弼釋作"幡幔"，太陽上面有了遮的東西，太陽被遮，所以白天就看到沫了。這也是作爲日食來講的。説作《易經》的時候，人們已經發現日食現象了。"折其右肱"，也就是説，上六這一爻是昏的。右肱是有爲的。折掉右肱,不能有爲了,這樣就可无咎。《周易折中》按語説:"所謂豐其蔀豐其沛者,乃蔽日之物,非蔽人之物也。"

《象》曰:豐其沛,不可大事也。折其右肱,終不可用也。

儘管九三是剛爻,是可以有爲的,然而在這個時候是不可能有爲了。

九四,豐其蔀,日中見斗,遇其夷主,吉。

"遇其夷主"的夷主指的是初九。初九與九四爲兩陽爻相應。初九認爲九四是配主,九四認爲初九是夷主,得吉。程《傳》説:"四雖陽剛,爲動之主,又得大臣之位,然以不中正遇陰暗柔弱之主,豈能致豐大也。"張載説:"近比於五,故亦云見斗,正應亦陽,故云夷主。"張載認爲這個見斗,是指六五説的。

《象》曰:豐其蔀,位不當也。日中見斗,幽不明也。遇其夷主,吉,行也。

項安世説:"六二指六五爲蔀爲斗,故往則入於暗而得疑。九四之蔀與斗,皆自指也,故行則遇明而得吉。"項安世與張載的看法不同,認爲是九四自指。從整個卦來看,九四的蔀、斗,還是説指九五好一些。我是這樣看的。大家還可以研究。

六五,來章,有慶譽,吉。

六五與六二相應,因六五是柔弱之君,六二往得譽,吉。程《傳》説"在下章美之才",有這樣的人而能用之,就能有慶譽,有聲譽。項安世説:"六二以五爲蔀,在上而暗也。六五以二爲章,在下而明也。"

《象》曰:六五之吉,有慶也。

上六,豐其屋,蔀其家,闚其户,闃其无人,三歲不覿,凶。

這是最不好的了。上六在上又爲陰,好像是豐其屋,屋子很大。小象説:"豐其屋,天際翔也。"屋子跑到天上去了。小象又説："闚其户，闃其无人，自藏也。"自己藏起來了。程《傳》説："至於三歲之久而不知變，其凶宜矣。"龔煥説："豐卦與明夷相似，唯變九四一爻。"地火明夷，雷火豐。地火明夷變成雷火豐，祇差了九四一爻。豐如果没有九四，那也就是地火明夷了。龔氏又説："豐其蔀蔽，皆六五上六二陰所爲。二豐其蔀，以五爲應也。三豐其沛，以上爲應也。四豐其蔀，以承五也。然五雖柔暗，以其得中，故有來章之吉。上居豐極，始則蔽人之明，終以自蔽，與明夷上六相似。"龔氏把這一卦講得挺好，挺清楚。

　　《周易折中》總論引熊良輔説："豐六爻以不應爲善。初四皆陽，初曰遇其配主，四曰遇其夷主。二五皆陰，二曰有孚發若，吉；五曰來章有慶譽吉。三與上爲正應，三不免於折肱，而上則甚凶。當豐大之時，以同德相輔爲善，不取陰陽之應也。"又引揚雄的話，揚雄的話可能也是從豐卦上六這一爻來的。揚雄説："炎炎者滅，隆隆者絶。觀雷觀火，爲盈爲實，天收其聲，地藏其熱。高明之家，鬼瞰其室。"揚雄此話實際就是講豐卦上六這一爻的。

《象》曰：豐其屋，天際翔也。闚其户，闃其无人，自藏也。

旋☲☶ 艮下離上

　　《序卦》説："豐者大也，窮大者必失其居，故受之以旅。"豐和旅這兩卦是反對的。旅是羈旅的意思。

旅，小亨，旅貞吉。

　　旅可以得亨，但是旅祇能得小亨，旅能夠得正，得正則吉。

《象》曰：旅，小亨，柔得中乎外而順乎剛，止而麗乎明，是以小亨，旅貞吉也。旅之時義大矣哉。

　　旅卦六五這一爻，是"柔得中"，而且還是"柔得中乎外"，六五是在外卦嘛。"止而麗乎明",下體是艮,艮是止。上體是離,離是明。從全卦來看,是"止而麗乎明"。止與明附麗在一起,成爲旅卦,這就得出"旅,小亨吉"來。最後說"旅之時義大矣哉",發揮旅卦的意義。

《周易折中》引錢一本說:"難處者,旅之時,難盡者,旅之義。或以旅興,或以旅喪,所關甚大。"歷史上有人以旅而興,如晉文公在外流亡十多年而終於回國做了諸侯,也有人因旅而喪的。旅的關係是甚大的。錢一本所說,是對象傳"旅之時義大矣哉"一語的很好的說明。

《象》曰:山上有火,旅。君子以明慎用刑而不留獄。

孔穎達說:"火在山上,逐草而行,勢不久留,故爲旅象。又上下二體,艮止離明。故君子象此以明察審慎用刑,而不稽留獄訟。"朱子《本義》說:"慎刑如山,不留如火。"

初六,旅瑣瑣,斯其所取災。

初六是陰爻居下,所以旅的時候是瑣瑣然,很卑瑣的。"斯其所取災",斯字王弼作賤講。斯字的原意可以作爲儩,但是在這個地方作賤講可能更通順一些。王應麟說:"旅初六'斯其所取災',王輔嗣注云'爲斯賤之役'。唐郭京謂斯合作儩。愚按後漢左雄傳'職斯祿薄',注云:'斯,賤也。'不必改儩字。"王應麟同意斯作賤講。《周易折中》同意王應麟的說法。我看斯字在這裏不一定必須講成賤。作爲"此"來講,我看是可以的。比如乾卦就未把斯作賤講。我同意程《傳》的看法,不把斯解釋爲賤。

《象》曰:旅瑣瑣,志窮災也。

六二,旅即次,懷其資,得童僕貞。

旅卦中六二是很好的,在旅的時候,還是柔順好。二又得中,這樣能"即次",得到住所,旅所安也。還有資財,還有可信的童僕。這一爻是很好的。胡炳文説:"旅中不能無賴乎童僕之用,亦終不免乎童僕之欺,唯得其貞信者,則無欺而有賴。"

《象》曰:得童僕貞,終无尤也。

九三。旅焚其次,喪其童僕貞,厲。

作爲旅,還是柔弱好。九三陽爻陽位,未免有點剛暴,所以"焚其次",住處被燒,童僕貞也喪失了。厲,危險。這裏有一個問題,是"童僕貞"連着呢,還是"童僕"與"貞次"斷開。程《傳》以爲是"童僕貞"連讀。朱子《本義》認爲貞字連下句爲義。兩種解釋,哪個對呢?我同意程《傳》的意見,因爲小象講"得童僕貞,終无尤也"。

《象》曰:旅焚其次,亦以傷矣。以旅與下,其義喪也。

下是什麽?黃淳耀認爲:"下即童僕。'以旅與下'者,謂視童僕如旅人也。"這樣講,我看是對的。把童僕看作旅人,那麽童僕當然也就不信任你了。

九四,旅于處,得其資斧,我心不快。

這又是陽爻,陽爻是剛。剛在旅卦是不好的,所以"旅于處"而已。"得其資斧"的資字,查慎行《周易玩辭集解》引《漢書·敍傳》資作齊,應劭注云:"齊,利也。"資斧就利斧。《經典釋文》也説"子夏傳及衆家並作齊斧"。但是程《傳》卻把資斧二字分開講,資是貨財,斧是斧子。看來,這句話的講法有分歧。我同意資作齊字講,齊斧就是利斧。資斧是一件事,不是兩件事。雖然得到了鋒利的斧子,可以自我防衛了,但我的心還是不快的。我當指九四自身。《周易折中》引蔣悌生説:"凡卦爻陽剛皆勝陰柔,唯旅卦不然。二、五皆以柔順得吉,三、上皆以陽剛致凶。六爻六五最善,二次之;上九最凶,三次之。九四雖得其處,姑足以安其身而已,豈得盡遂其志。"蔣氏的解釋挺好。

《象》曰：旅于處，未得位也。得其資斧，心未快也。

六五，射雉一矢，亡。終以譽命。

　　　程《傳》説："如射雉一矢而亡之，發無不中，則終能致譽命也。"朱子《本義》説："雖不無亡矢之費，而所喪不多，終有譽命也。"《朱子語類》説："亡字正如秦無亡矢遺鏃之亡，不是如伊川之説。《易》中凡言終吉者，皆是初不甚好也。"我看朱熹的解釋比程《傳》要順一些。又，程《傳》説："五，君位。人君無旅，旅則失位，故不取君義。"這是對的。

《象》曰：終以譽命，上逮也。

　　　胡瑗説："六五，所謂柔得中乎外而順乎剛者也。柔順中正之德，爲上九所信，尊顯之命及之也。"《周易折中》按語説："六五有位而上九無位，不必以六五爲上九所尊顯也。蓋居高位便是上逮爾。此爻雖不以君位言，而亦主於大夫士之載贄而獲乎名位者。故曰上逮，言其地望已高也。"正好與胡氏的説法相反。程《傳》、朱子《本義》的説法不明確。

上九，鳥焚其巢，旅人先笑後號咷，喪牛于易，凶。

　　　旅卦遇剛不好，上九更不好。旅人初居上爲笑，爾後就要號咷，把牛也丟掉了，這作爲旅來説，是凶的。

《象》曰：以旅在上，其義焚也。喪牛于易，終莫之聞也。

巽☴☴巽下巽上

　　　《序卦》説："旅而无所容，故受之以巽。巽者人也。"巽字的含義，程《傳》釋作順，説："巽順於陽。"後來有許多人不同意程《傳》的説法。蔡清説："順字解巽字不盡。潛心懇到方爲巽也。程《傳》衹説順，然孔子不曰順，而每仍卦名曰巽，是必巽字與順字有辨矣。"《周易折中》按語説："巽，入也。……其在造化，則吹浮雲，散積陰者也。其在人心，則察幾微，窮隱伏者也。其在國家，則除姦慝，釐弊事者也。三者皆非人不能。卦之所以名巽者以此。"我看蔡清與《周易折中》的説法可從。

巽，小亨，利有攸往，利見大人。

　　《周易折中》引何楷説："凡巽之所以致亨，皆陽之爲也。所謂申命乃陽事也。有陽以巽之於上，故小亨。"《周易折中》按語説："亨之所以小者，如蠱則壞極而更新者，故其亨大，巽但修敝舉廢而已。觀卦爻庚甲之義可見也。天下之事，既察知之，則必見之於行，故曰利有攸往。非有剛德之人，不能濟也，故又曰利見大人。"

《彖》曰：重巽以申命。剛巽乎中正而志行。柔皆順乎剛。是以小亨，利有攸往，利見大人。

　　"重巽以申命"，解釋卦義。孔子學《易》，極重人事，他把巽爲風，風吹萬物，無所不入的自然現象歸結到社會政治上來，説巽卦有申命的意思。人君發佈詔令，亦如風之號，無所不入。俞琰説："巽之取象，在天爲風，在人君爲命。風者，天之號令，其入物也無不至。命者，人君之號令，其入人也，亦無不至。"《周易折中》按語説："頒發號令以象天之風聲，是已。然須知巽者人也，王者欲知民之休戚、事之利弊，則必清問於下而察之周，告誡於上而行之切，此其所以申命也。"

　　"剛巽乎中正而志行"指九五，"柔皆順乎剛"指初與四。項安世説："以卦體言之，'重巽以申命'，是小亨也。以九五言之，'剛巽乎中正而志行'，是利有攸往也。以初六、六四言之，'柔皆順乎剛'，是利見大人也。"李舜臣説："陰畫在二陽之下，有順乎陽剛之象。陽畫在二五之位，有巽乎中正之德。"義説："利見大人者，蓋指二、五以陽剛之畫處中正之位，而初、四二陰出而順從之，乃所以爲利也。"

《象》曰：隨風巽。君子以申命行事。

"隨風巽"，巽卦上下都是巽，如風之入物，無所不至，無所不順。君子學這一卦，要"申命行事"。俞琰説："既告誡之，又丁寧之，使人聽信其説，然後見之行事，則民之從之也，亦如風之迅速也。大抵命令之出，務在必行。"

初六，進退，利武人之貞。

初六這一爻，是陰柔而處於卑下之地位，優柔寡斷，不知進好退好，不能決斷，俞琰説："巽，申命行事之卦也。令出則務在必行。豈宜或進或退？初六卑巽而不中，柔懦而不武，故或進或退而不能自決也。若以武人處之，則貞固足以幹事矣，故曰'利武人之貞'。"

《象》曰：進退，志疑也。利武人之貞，志治也。

治與疑二字相應。疑，兩可不決，主意不定；治，志定不亂，或進或退，無有疑慮。

九二，巽在牀下，用史巫紛若，吉，无咎。

程《傳》説："牀，人之所安；巽在牀下，是過於巽，過所安矣。人之過於卑巽，非恐怯則諂説，皆非正也。二實剛中，雖巽體而居柔，爲過於巽，非有邪心也。恭巽之過，雖非正禮，可以遠恥辱，絶怨咎，亦吉道也。史巫者，通誠意於神明者也。紛若，多也。"

《象》曰：紛若之吉，得中也。

九二以剛爻居柔在下，在巽卦裏爲過巽之象，是不好的。但是，九二居中，有剛中之德，所以吉而无咎。

九三，頻巽，吝。

趙汝楳説："頻巽者，既巽，復巽，猶頻復也。"

《象》曰：頻巽之吝，志窮也。

六四，悔亡，田獲三品。

六四是陰爻，初六也是陰爻，所以六四無應。它的上邊是陽爻，下邊也是陽爻，乘承皆剛，處境是不利的，本應有咎。但是它也有有利的一面，它以陰爻居陰位，這在巽的時候是適宜的。所以程《傳》說："四之地本有悔，以處之至善，故悔亡而復有功。"沈該說："田獲三品，令行之效也。田，除害也。獲，得禽也。行君之令而致之民，將以興利除害也。害去利獲，令行而功著，是以田獲三品也。"

《象》曰：田獲三品，有功也。

九五，貞吉悔亡，无不利。无初有終，先庚三日，後庚三日，吉。

程《傳》說："甲者，事之端也。庚者，變更之始也。十干戊己爲中，過中則變，故謂之庚。事之改更，當原始要終，如先甲後甲之義。"胡炳文說："蠱者，事之壞。先甲後甲者，飭之使復興起。巽者，事之權。先庚後庚者，行之使適變通。"張清子說："甲者，十干之首，事之端也，胡謂之終則有始。庚者，十干之過中，事之當更者也，故謂之无初有終。況巽九五乃蠱六五之變，以造事言之，故取諸甲，以更事言之，故取諸庚。《易》於甲庚皆曰先後三日者，蓋聖人謹其始終之意也。"

《象》曰：九五之吉，位正中也。

九五是陰爻居陽位，居中得正，又是巽卦之主，所以得吉。

上九，巽在牀下，喪其資斧，貞凶。

《周易折中》按語說："資斧，古本作齊斧爲是，蓋因承旅卦同音而誤也。說卦'齊乎巽'。齊斧者，所以齊物之斧也。"王弼說："處巽之極，極巽過甚，故曰巽在牀下也，斧所以斷者也。過巽失正，喪所以斷，故曰喪其資斧。"

《象》曰：巽在牀下，上窮也。喪其資斧，正乎凶也。

巽在床下，巽過了，達到窮極的程度。巽本是好事，但巽過了頭，便變爲壞事。辦事失去決斷，是上九這一爻的正道。

所以，越是守正越不好，越凶。

兌☱兌下兌上

《序卦》說："巽者入也，入而後說之，故受之以兌。"這個說法看起來也有點牽強。"兌者說也"，可見這個兌原來就是說。兌、說本爲一字，猶如咸卦之咸與感是一個字一樣。有人把咸解釋爲無心之感，把兌解釋爲無言之說，是不對的。咸就是感，兌就是說嘛。

兌，亨，利貞。

說，亨，利貞。貞，正。利貞，利正。程《傳》說："爲說之道，利於貞正。"

《彖》曰：兌，說也。剛中而柔外，說以利貞。是以順乎天而應乎人。說以先民，民忘其勞。說以犯難，民忘其死。說之大，民勸矣哉！

"兌，說也。剛中而柔外，說以利貞"，這是就卦來說的。柔外，陰爻在外。程《傳》說："陽剛居中，中心誠實之象。柔爻在外，接物和柔之象。故爲說而能貞也。"

"是以順乎天而應乎人"，談到順天應人，下面的話是孔子的發揮。順乎天，就是順乎自然。應乎人，人都悅。

"說以先民，民忘其勞"，呂祖謙說："當適意時而說與處平安時而說，皆未足爲難。唯當勞苦患難而說，始見眞說。聖人以此先之，故能使之任勞苦而不辭，赴患難而不畏也。"統治者應率先任勞苦，民才能勉力順從而忘其勞。

"說以犯難，民忘其死"，這兩句話，還有上邊的兩句話，很重要，是爲統治階級說的。統治階級要人民忘其勞，忘其死，靠暴力不行，要用說，用喜悅。說，是說很小的事，但順天應人，說的作用可就大了。民能忘其勞，忘其死。孔子發揮了《易經》的思想。

《象》曰：麗澤，兌。君子以朋友講習。

　　朋友間相講習，總是説，是好呀。

初九，和兌，吉。

　　朱子《本義》講得對，初九"以陽爻居説體，而處最下，又無
係應"，没有應爻，所以和兌吉。程《傳》説："初雖陽爻，居説體
而處最下，無所係應，是能卑下和順以爲説，而無所偏私者也。
以和爲説，而無所偏私，説之正也。陽剛則不卑，居下則能巽，
處説則能和，無應則不偏，處説如是，所以吉也。"程、朱説法是
一樣的。

《象》曰：和兌之吉，行未疑也。

　　没有什麼疑的。

九二，孚兌，吉，悔亡。

　　九二剛爻得中。程《傳》説："二承比陰柔，陰柔小人也，説
之則當有悔。二剛中之德，孚信内充，雖比小人，自守不失。
君子和而不同，説而不失剛中，故吉而悔亡。"龔焕説："九二陽
剛得中，當説之時，以孚信爲説者也。己以孚信爲説，人不得
而妄説之，所以吉也。"

《象》曰：孚兌之吉，信志也。

　　《周易折中》引何楷説："初去三遠，不特志可信，而行亦未
涉於可疑。二去三近，行雖不免於可疑，而志則可信。"何楷講
這一爻，講得清楚。

六三，來兌，凶。

　　"來兌"，人們的講法不一樣。程《傳》認爲"來"指初與二
兩爻。《周易折中》引王宗傳説："六三居兩兌之間，一兌既盡，
一兌復來，故曰來兌。"《周易折中》按語説："三居内體，故曰
來。然非來説於下二陽之謂也。"它顯然不同意程《傳》的解

釋。六三稱來兌，上六稱引兌，查慎行《周易玩辭集解》引邱行
可説："三以柔居剛，動而求陽之悦，故曰來兌。上以柔居柔，
靜而誘陽之悦，故曰引兌。來兌之惡易見。"邱氏這個講法與
程、朱是一樣的，不過更好一些。

《象》曰：來兌之凶，位不當也。

九四，商兌未寧，介疾有喜。

朱熹《本義》説："九四上承九五之中正，而下比六三之柔
邪，故不能決而商度，所説未能有定。然質本陽剛，故能介然
守正，而疾惡柔邪也。"《周易折中》按語説："《易》中疾字皆與
喜對。故曰无妄之疾，勿藥有喜，又曰損其疾使遄有喜。以此
爻例之，則疾者謂疾病也。喜者謂病去也。四比於三，故曰介
疾，言介於邪害之間也。若安而溺焉，則其爲鴆毒大矣。唯能
商度所説而不以可説者爲安，則雖介疾而有喜矣。"

《象》曰：九四之喜，有慶也。

郭雍説："當兌之時，處上下之際，不妄從説，知所擇者也。
介然自守，故能全兌説之喜，喜非獨一身而已，終亦有及物之
慶也。"

九五，孚于剝，有厲。

陽剛得中正，與上六相比。程《傳》説："剝者，消陽之名，
陰消陽者也，蓋指上六，故孚于剝則危矣。以五在説之時而密
比於上六，故爲之戒。"

《象》曰：孚于剝，位正當也。

上六，引兌。

《周易折中》引劉牧説："執德不固，見誘則從，故稱引兌。"
又引毛璞説："所以爲兌者，三與上也。三爲内卦，故曰來；上
爲外卦，故曰引。"劉、毛講得不如邱行可講得那麼清楚。邱氏
強調上六引兌與六三來兌的不同。三以柔居剛，動而求陽之

悦，故曰來悦。來悦是公開的，易爲人察覺，所以它（六三）本身是凶的。上六以柔居柔，静而誘陽之悦，故曰引兑。引兑是隱蔽的，不易被察覺，所以比爻（九五）應當提防它。

《象》曰：上六引兑，未光也。

　　程《傳》說：“引而長之。”朱子《本義》說：“引下二陽相與爲說。”

第二十講　渙卦　節卦　中孚　小過

渙☰坎下巽上

《序卦》説："兑者説也,説而後散之,故受之以渙。"渙就是散。

渙,亨。王假有廟,利涉大川,利貞。

"王假有廟"的這個假字,在這裏可以作感講。天下離散,要靠廟來聚。廟是古代氏族、宗族團結、聚合的中心。族中有事都要到廟裏去辦。這個廟是宗廟。在渙的時候,利涉大川。如何去渙? 利貞。

《彖》曰:渙亨,剛來而不窮,柔得位乎外而上同。王假有廟,王乃在中也。利涉大川,乘木有功也。

"渙亨,剛來而不窮,柔得位乎外而上同",朱子《本義》説:"以卦變釋卦辭。"程《傳》説:"渙之成渙,由九來居二,六上居四也。"程《傳》實際上是在講卦變。王弼説:"二以剛來居內而不窮於險,四以柔得位乎外而與上同。內剛而無險困之難,外順而無違逆之乖,是以亨也。""上同"是同九五。

"王假有廟,王乃在中也",程《傳》説:"天下離散之時,王者收合人心,至於有廟,乃是在其中也。"

"利涉大川,乘木有功也",巽爲木,坎爲水,乘木有功,利涉大川。《周易折中》按語説:"王乃在中,謂九五居中,便含至誠感格之意。乘木有功,謂木在水上,便含濟險有具之意。"

《象》曰：風行水上，渙。先王以享于帝，立廟。

享帝是郊天，即祭天。立廟，立宗廟。這在古代，是統治階級聚合人心的最重要的辦法。

初六，用拯，馬壯，吉。

程《傳》説："馬謂二也。二有剛中之才，初陰柔順，兩皆無應。無應則親比相求。初之柔順，而托於剛中之才以拯其渙，如得壯馬以致遠，必有濟矣，故吉也。"

《象》曰：初六之吉，順也。

九二，渙奔其機，悔亡。

何謂機？程《傳》説："二目初爲機，初謂二爲馬。"二是馬，初是機。這是一種講法。《周易折中》引郭雍説："九二之剛，自外來而得中，得去危就安之義，故有奔其機之象。唯得中就安，故象傳所以言不窮也。"這是説初不是機，機謂九二自身。

《象》曰：渙奔其機，得願也。

《周易折中》引王宗傳説："當渙之時，以陽剛來居二，二安靜之位也。故有奔其機之象。"有這兩種説法。根據象傳的意思，機好像指九二自身。

六三，渙其躬，无悔。

六三與上九正應。程《傳》説："三在渙時，獨有應與，無渙散之悔也。然以陰柔之質，不中正之才，上居無位之地，豈能拯時之渙而及人也。止於其身可以無悔而已。上加渙字，在渙之時，躬無渙之悔也。"《周易折中》按語説："《易》中六三應上九，少有吉義。唯當渙時，則有應於上者，忘身徇上之象也。蹇之二曰王臣蹇蹇，匪躬之故，亦以當蹇難之時，而與五相應，此爻之義同也。"朱子《本義》認爲："陰柔而不中正，有私於己之象也。然居得陽位，志在濟時，能散其私，以得無悔。"有這些不同的解釋。

《象》曰:渙其躬,志在外也。

　　"志在外",指六三與上九應。程《傳》説:"志應於上,在外也。與上相應,故其身得免於渙而無悔。悔亡者,本有而得亡;無悔者,本無也。"渙其躬,就是渙其私心。

六四,渙其群,元吉。渙有丘,匪夷所思。

　　程《傳》與《朱子語類》講法不同。《朱子語類》同意蘇洵的説法。蘇洵説:"渙之六四曰渙其群,元吉。夫群者,聖人之所欲渙以混一天下者也。"朱熹説:"此説雖程《傳》有所不及,如程《傳》之説,則是群其渙,非渙其群也。"老蘇講對了。朱子《本義》説:"居陰得正,上承九五,當濟渙之任者也。下無應與,爲能散其朋黨之象。占者如是,則大善而吉。"朱子又説"渙有丘","能散其小群以成大群,使所散者聚而若丘,則非常人思慮之所及也"。《周易折中》按語説:"孔安國《書·序》云:'丘,聚也。'則丘字即訓聚。'渙有丘,匪夷所思',語氣蓋云,常人徒知散之爲散,不知散之爲聚也。散中有聚,豈常人思慮之所及乎!"渙是散,但散中還有聚的意思,這是常人想不到的。蘇洵和《周易折中》按語的解釋,看來更爲明通。

《象》曰:渙其群,元吉,光大也。

　　光大,言團結天下,小群聚合爲大群。

九五,渙汗其大號,渙王居,无咎。

　　號指號令。俞琰説:"散人之疾而使之愈者,汗也。散天下之難而使之愈者,號令也。""渙王居",解釋不同。朱子《本義》説:"渙王居,如陸贄所謂散小儲而成大儲之意。"

《象》曰:王居无咎,正位也。

　　王居不是如朱子所説,王居指人君。

上九,渙其血,去逖出,无咎。

《周易折中》引朱震説："逖,遠也。'去逖出',一本作'去
惕出'。然象曰'遠害',當從逖矣。"又引王申子説："以諸爻文
法律之,'渙其血',句也。渙其所傷而免於難。"又引俞琰説：
"當依爻傳作'渙其血'。上居渙終,去坎至遠,而無傷害。故
其象爲渙其血,其占曰无咎。"又引錢一本説："去不復來,逖不
復近,出不復入。其於坎血,遠而又遠,何咎之有!"

《象》曰：渙其血,遠害也。

　　《周易折中》引項安世説："上九爻辭,血與出韻叶,皆三字
成句,不以血連去字也。小畜之血去惕出,與此不同。此血已
散,不假更去。又惕與逖文義自殊。據小象言'遠害也',則逖
義甚明,不容作惕矣。卦中唯上九一爻去險最遠,故其辭如
此。"又説："散其汗以去滯鬱,散其血,以遠傷害。"講得很清
楚。

節☵ 兌下坎上

　　《序卦》説："渙者離也,物不可以終離,故受之以節。"節是
什麼意思?《雜卦》説："節,止也。"孔穎達説："節者,制度之
名,節止之義。制事有節,其道乃亨。"朱子《本義》："節,有限
而止也。"

節,亨。苦節不可貞。

　　孔穎達説："制事有節,其道乃亨,故曰節亨。節須得中,
爲節過苦,傷於刻薄,物所不堪,不可復正,故曰苦節不可貞
也。"程《傳》説："節有亨義,節貴適中,過則苦矣。節至於苦,
豈能常也,不可固守以爲常,不可貞也。"做事要有節度,有節
度方可亨通。節,也就是適中,恰到好處,不過分。過分了就
變成苦節了。苦節不可長久,亦即不可貞。查慎行《周易玩辭
集解》説："卦象分兩層。節則適中,有可亨之道。苦節則不

中，故不可貞。聖人欲維其道於不窮，故節之義不取苦而取甘，不於貞而於亨。貞字作久字解。"查氏講得更好一些。

《彖》曰：節亨，剛柔分而剛得中。苦節不可貞，其道窮也。説以行險，當位以節，中正以通。天地節而四時成，節以制度，不傷財，不害民。

"苦節不可貞，其道窮也"，程《傳》説："其道已窮極矣。"《周易折中》引黄淳耀説："合於中，即甘即亨。失其中，即苦即窮。苦與甘反，窮與亨反。"查慎行《周易玩辭集解》説："節貴乎中，過中則苦，節不可貞，不可貞便窮。"

"説以行險，當位以節，中正以通"，朱子《本義》説："又以卦德卦體言之，當位中正指五。"《周易折中》按語："説以行險，先儒説義未明。蓋節有阻塞難行之象，所謂險也。而其所以亨者，則以其有安適之善，而無拘迫之苦，所謂説也。當位以位言，中正以德言。當位則有節天下之權，中正則能通天下之志。此三句，當依孔氏爲總申彖辭之義。説則不苦，而通則不窮矣。蓋上文既以全卦之善言之，此義專主九五及卦德以申之，正與漸卦同例。"

"天地節而四時成，節以制度，不傷財，不害民"，這又是孔子作的一些發揮，由小看大。天地節，人類社會的政治也要節，制定制度加以節制，不傷財，不害民。這講的是政治。孔穎達説："天地以氣序爲節，使寒暑往來各以其序，則四時功成也。王者以制度爲節，使用之有道，役之有時，則不傷財，不害民也。"由此看出制度的重要性。

《象》曰：澤上有水，節。君子以制數度，議德行。

程《傳》説："澤之容水有限，過則盈溢，是有節，故爲節也。君子觀節之象，以制立數度。凡物之大小輕重高下文質，皆有數度，所以爲節也。數，多寡；度，法制。'議德行'者，存諸中

爲德，發於外爲行。人之德行，當議則中節。議謂商度求中節
也。"孔穎達説："數度謂尊卑禮命之多少。德行謂人才堪任之
優劣。君子象節以制其禮數等差，皆使有度；議人之德行任
用，皆使得宜。"

初九，不出户庭，无咎。

　　　澤上有水，水有行有止，水多了要排出。初九是從九來説
的。王申子説："陽剛在下，居得其正，當節之初，知其時未可
行，故謹言謹行，至於不出户外之庭，是知節而能止者，故无
咎。"

《象》曰：不出户庭，知通塞也。

　　　吴曰慎説："節兼通塞言，猶艮之兼行止言也。初九不出
户庭，知塞也，而兼言知通者，見其非一於止者也。二失時極，
則但知塞而不知通矣。"該通不通，凶。

九二，不出門庭，凶。

　　　《周易折中》引錢志立説："澤所以鍾水也。水始至則增其
防以潴之，初九是也。水漸盛則啓其竇以泄之，九二是也。二
與初同道，則失其節矣。"《周易折中》按語説："節卦六爻，皆以
澤水二體取義。澤者止，水者行。節雖以止爲義，然必可以通
行而不窮，乃爲節之亨也。初、二兩爻，一在澤底，一在澤中，
在澤底者，水之方潴，不出宜也。在澤中則當有蓄泄之道，不
可閉塞而不出也。"

《象》曰：不出門庭凶，失時極也。

　　　蘇軾説："水之始至，澤當塞而不當通。既至，當通而不當
塞。故初九以不出户庭爲无咎，言當塞也。九二以不出門庭
爲凶，言當通也。至是而不通，則失時而至於極。"郭雍説："初
爲不當有事之地，而二以剛中居有爲之位，其道不可同也。故
初以不出户庭爲知塞，而二以不出門庭爲不知通。知塞故无

咎,不知通則有失時之凶矣。"這裏邊也看出有辯證法。

六三,不節若,則嗟若,无咎。

　　《周易折中》引李彥章説:"臨之六三,失臨之道而既憂之,節之六三失節之道而嗟若,皆得无咎,《易》以補過爲善者也。"又引鄭汝諧説:"進乘二陽,處澤之溢,過乎中而不節者,三也。知其不節而能傷嗟以自悔,其誰咎之哉? 下體之極,極則當變,故發此義。"

《象》曰:不節之嗟,又誰咎也?

六四,安節,亨。

　　俞琰曰:"六三失位而處兑澤之極,是乃溢而不節,六四當位而順承九五之君,故爲安節。"《周易折中》按語説:"六四以柔正承五,故曰安節。安與勉對,蓋凡其制節謹度皆循乎成法而安行,非勉强以爲節者也。"

《象》曰:安節之亨,承上道也。

　　程《傳》説:"四能安節之義非一,象獨舉其重者,上承九五剛中正之道以爲節,足以亨矣。"

九五,甘節,吉。往有尚。

　　程《傳》説:"九五剛中正居尊位爲節之主,所謂當位以節,中正以通者也。在己則安行,天下則説從,節之甘美者也。其吉可知。以此而行其功大矣,故往則有可嘉尚也。"《周易折中》引趙汝楳説:"鹹苦酸辛,味之偏。甘,味之中也。甘受和,和者,節味之偏而適其中。行之以甘,人不吾病,而事以成,節之吉也。"

《象》曰:甘節之吉,居位中也。

上六,苦節,貞凶,悔亡。

　　程《傳》説:"固守則凶,悔則凶亡。悔,損過從中之謂也。

節之悔亡與它卦之悔亡，辭同而義異也。”

《象》曰：苦節貞凶，其道窮也。

　　胡炳文説：“五位中，故爲甘。上位極，故爲苦。彖曰節亨，五以之。曰苦節不可貞，上以之。”

　　《周易折中》引丘富國説：“象傳當位以節，故節之六爻以當位爲善，不當位爲不善。若以兩爻相比者觀之，則又各相比而相反。初與二比，初不出户庭則无咎，二不出門庭則凶。二反乎初者也。三與四比，四柔得正則爲安節，三柔不正則爲不節，三反乎四者也。五與上比，五得中則爲節之甘，上過中則爲節之苦，上反乎五者也。”又引陸振奇説：“觀下卦通塞二字，上卦甘苦二字，可以知節道矣。通處味甘，塞處味苦，塞極必潰，故三受焉。甘失反苦，故上受焉。”《周易折中》按語説：“下卦爲澤爲止，故初、二皆曰不出，三則澤之止而溢也。上卦爲水爲流，故四曰安而五曰甘。上則水之流而竭也。通塞甘苦，皆從澤水取義。”

中孚☲兑下巽上

　　《序卦》説：“節而信之，故受之以中孚。”這種説法，也有些牽强。

　　六十四卦的排列，裏邊有思想，基本上是這樣。但《易經》裏邊有些東西並不明確，並不那麽系統、那麽完整。大體上看，卦的排列是有思想的，如果細看，難免有些地方牽强。這一點祇能證明《易經》有一個發展的問題。《易經》裏邊包含着很豐富的思想，孔子把它講出來了。但是《易經》原來的思想很不够，孔子又作了補充、發揮。孔子作《易傳》，是對《易經》的一個發展，在原有基礎上又前進一步。我們對《序卦》應該這樣看，如果因爲有一點牽强，就否定了它，説六十四卦的排列次序本無思想意義，完全是《序卦》搞出來的，那是不對的。

康有爲説《序卦》膚淺,怎麼膚淺呢? 乾坤其《易》之門,乾坤其
《易》之緼,很深刻的嘛。但是一個卦一個卦都按必然性要求
起來,有些是牽強的。這是怎麼看的問題。我是這樣看的,
《序卦》是孔子作的,而原來是不是這樣呢? 恐怕大體上是這
樣。若一卦一卦地解釋《序卦》,就有牽強的。我們要看它反
映出來的思想。《易經》是有發展的,它原是卜筮之書,而孔子
所講的是思想,《易傳》就不是卜筮之書了,不是用來卜筮的。
裏邊雖也殘留着一些卜筮的東西,但總體上是講思想的。

中孚,豚魚吉,利涉大川,利貞。

　　朱子《本義》説:"孚,信也。爲卦二陰在內,四陽在外,而
二、五之陽皆得其中。以一卦言之爲中虛,以二體言之爲中
實,皆孚信之象也。又下説以應上,上巽以順下,亦爲孚義。"
所以叫中孚。它包含兩層意思,一中虛,一中實。豚魚吉,有
這樣解釋的,在動物裏,魚和豚没有知識,魚愚豚蠢,蠢猪嘛,
都是難感之物,中孚感動了豚和魚。中孚,利涉大川,利貞。

《象》曰:中孚,柔在內而剛得中,説而巽。孚,乃化邦也。豚魚吉,
信及豚魚也。利涉大川,乘木舟虛也。中孚以利貞,乃應乎天也。

　　"柔在內",強調陰爻。"而剛得中",指九二與九五。"説
而巽",爲卦下兌上巽。這樣,就孚信於民,民受感動,"乃化邦
也"。《周易折中》引王宗傳説:"以成卦觀之,在二體則爲中
實,在全體則爲中虛。蓋中不虛則有所累,有所累害於信者
也,中不實則無所主,無所主則又失其信矣,故曰中孚。"講得
挺好。"豚魚吉"是什麼意思呢?《周易折中》引了各家不同的
解釋。有把中孚和豚魚吉放在一起的,因爲中孚,所以豚魚
吉。象傳明確説出來了,所謂豚魚吉,信及豚魚也,也就是中
孚豚魚吉。"利涉大川,乘木舟虛也",這一卦裏,巽是木,又是
中虛,故有利涉大川,涉險難之象。"中孚以利貞,乃應乎天

也"，天在這裏還是指規律言。程《傳》説："天之道，孚貞而已。"朱子《本義》説："信而正，則應乎天矣。"

《象》曰：澤上有風，中孚。君子以議獄緩死。

看有沒有冤枉的，死罪者能否緩死。楊萬里説："風無形而能鼓幽潛，誠無象而能感人物。中孚之感，莫大於好生不殺。議獄者，求其人中之出；緩死者，求其死中之生也。"項安世説："獄之將決則議之，其既決則又緩之，然後盡於人心，王聽之，司寇聽之，三公聽之。"這就是所謂議獄。這在《禮記·王制》中有記載。項氏又説："旬而職聽，二旬而職聽，三月而上之，緩死也（這是根據《周禮》）。故獄成而孚，輸而孚。在我者盡，故在人者無憾也。"這是説，辦理案件，要有議獄緩死的步驟，以求慎重，不可遽下結論。

初九，虞吉，有它不燕。

"虞吉"，有兩種解釋。程《傳》與朱子《本義》把虞釋作度，即虞度。荀爽，還有一些人把虞釋作安。我的意見，還是釋作安好一些。荀爽説："虞，安也。初應於四，宜自安虞，無意於四，則吉。故曰虞吉也。有意於四則不安，故曰有它不燕也。"燕，也是安的意思。項安世講得更明白，他説："中孚六爻，皆不取外應，孚在其中，無待於外也。初九安處於下，不假他求，何吉如之。茍變其志，動而求孚於四，則失其安也。"《周易折中》按語同意荀、項的説法，它説："此卦之義，主於中有實德，不願乎外，故六爻無應者吉，有應者凶。初之虞吉者，謂其有以自守自安也。禮有虞祭，亦安之義也。燕亦安也。虞則燕，不虞則不燕矣。"這個説法很通。

《象》曰：初九虞吉，志未變也。

九二，鳴鶴在陰，其子和之。我有好爵，吾與爾靡之。

朱子《本義》説靡與縻同。這句爻辭在《繫辭傳》裏講了，

《繫辭傳》説："鳴鶴在陰，其子和之，我有好爵，吾與爾靡之。子曰，君子居其室，出其言善，則千里之外應之，況其邇者乎！居其室，出其言不善，則千里之外違之，況其邇者乎！言出於身而加乎民，行發乎邇，見乎遠。言行，君子之樞機。樞機之發，榮辱之主也。言行，君子所以動天地也，可不慎乎！"這是孔子發揮的。這句話到底應該怎樣講？"其子和之"是指誰？朱子《本義》説指九五，看起來是不對的。"在陰"，孔《疏》説："九二體剛，處於卦内，又在三、四重陰之下。"以爲指三、四兩爻。其子是誰呢？《周易折中》引張浚説："二處二陰下爲在陰，其子和之，謂初。"初九是其子。《周易折中》按語説："《易》例凡言子言童者，皆初之象。故張氏以其子和之爲初者，近是。"

　　"我有好爵，吾與爾靡之"，這句話也有不同解釋。好爵，《注疏》釋爲爵禄之爵，《周易折中》釋作旨酒。怎麼講對呢？我同意按爵禄講。孔《疏》講："九二體剛，處於卦内，又在三、四重陰之下，而履不失中，是不徇於外，自任其真者也。處於幽昧，而行不失信，則聲聞於外，爲同類之所應焉。如鶴之鳴於幽遠，則爲其子所和也。靡，散也。不私權利，唯德是與。若我有好爵，願與爾賢者分散而共之。故曰我有好爵，吾與爾靡之。"我看孔《疏》這段話講得挺好。

《象》曰：其子和之，中心願也。

　　這還是孚，還是信任。

六三，得敵，或鼓或罷，或泣或歌。

　　敵指上九而言，敵是配的意思。六三與上九應，自信不足，求於上九。人家鼓，他也鼓；人家罷，他也罷。人家泣，他也泣；人家歌，他也歌。《周易折中》引劉牧説："人唯信不足，故言行之間，變動不常如此。"《周易折中》按語講得還是好的。

它説：“諸爻獨三、上有應，有應者動於外也，非中孚也，人心動於外，則憂樂皆係於物。鼓罷泣歌，喻其不能坦然自安，蓋初九虞燕之反也。”

《象》曰：或鼓或罷，位不當也。

俞琰説：“六三居不當位，心無所主，故或鼓或罷而不定。若初九則不如是也。”

六四，月幾望，馬匹亡，无咎。

六居四，陰爻居陰位，朱子《本義》説：“六四居陰得正，位近於君，爲月幾望之象。馬匹謂初與己爲匹，四乃絶之而上以信於五，故爲馬匹亡之象。”這個講法我看還是可以的。

《象》曰：馬匹亡，絶類上也。

絶初而從九五。程《傳》説：“絶其類而上從五也。類謂應也。”《周易折中》按語説：“三與四，皆卦所謂中虛者也。其居內以成中虛之象同，其得應而有匹敵者亦同。然三心繫於敵，而四志絶乎匹者，三不正而四正也。又六四承九五者多吉，六三應上九者多凶。《易》例如此。”這樣講是不錯的。

九五，有孚攣如，无咎。

“攣如”，程《傳》與朱子《本義》講的就不一致。《本義》以爲九五“下應九二，與之同德”，攣如是專指九二講的。程《傳》説：“當以至誠感通天下，使天下之心信之，固結如拘攣然。”我看程《傳》講的要好一些，因爲九五是君位，所以要感動天下，不應是指九二。

《象》曰：有孚攣如，位正當也。

上九，翰音登于天，貞凶。

這個也有不同的解釋。朱子《本義》釋翰音爲鷄。《禮記·曲禮》説，“凡祭宗廟之禮”，“鷄曰翰音”。所以説，翰音就是雞。但別的人不這麼講。王弼説:"翰,高飛也。飛音者,音飛而實不從之謂也。居卦之上,處信之終,信終則衰,忠篤内喪,華美外揚,故曰翰音登于天也。"蘇軾説:"翰音,飛且鳴者也。處外而居上,非中孚之道,飛而求顯,鳴而求信者也。故曰翰音登于天。九二在陰而子和,上九飛鳴而登天,其道蓋相反也。"朱震説:"巽爲雞,剛其翰也,柔其毛也。翰,羽翮也。雞振其羽翮,而後出於聲,翰音也。"這與朱熹講的一樣。我看不必從朱熹釋作雞。王弼的解釋挺好,可從。

《象》曰:翰音登于天,何可長也。

小過䷽艮下震上

《序卦》:"有其信者必行之,故受之以小過。"

小過,亨,利貞。可小事,不可大事。飛鳥遺之音,不宜上,宜下。大吉。

小過,亨,但要利正。小過可小事不可大事,因爲是陰。"飛鳥遺之音,不宜上,宜下",小過有飛鳥之象,不宜上宜下,就是我們現在説的矯枉過正。程《傳》説:"過者,過其常也,若矯枉而過正。過,所以就正也。事有時而當然,有待過而後能亨者,故小過自有亨義。"

《象》曰:小過,小者過而亨也。過以利貞,與時行也。柔得中,是以小事吉也;剛失位而不中,是以不可大事也。有飛鳥之象焉,飛鳥遺之音,不宜上宜下,大吉,上逆而下順也。

"小過,小者過而亨也",程《傳》説:"陽大陰小。陰得位,剛失位而不中,是小者過也。故爲小事過,過之小小者,與小事有時而當過,過之亦小,故爲小過。"

"過以利貞,與時行也",雖過,不違背貞,與時行。"柔得中,是以小事吉也;剛失位而不中,是以不可大事也",這是對彖辭可小事不可大事的解釋。

　　"有飛鳥之象焉,飛鳥遺之音,不宜上宜下,大吉,上逆而下順也",程《傳》以爲"有飛鳥之象焉"一句不類彖體,蓋解者之辭,誤入彖中。有可能是這樣。六十四卦的彖傳中,沒有這樣的句子。我看程《傳》的說法還是有道理的。但也有人不同意,認爲飛鳥之象即中二陽爻象軀幹,上下陰爻象翼。"飛鳥遺之音,不宜上宜下,大吉",什麼意思呢? 因爲"上逆而下順也"。

《象》曰:山上有雷,小過。君子以行過乎恭,喪過乎哀,用過乎儉。

　　程《傳》說:"雷震於山上,其聲過常,故爲小過。"君子學小過這一卦,應該怎麼辦呢? "行過乎恭",恭過一點,没錯兒。"喪過乎哀",也没錯兒。"用過乎儉",也没錯兒。學習小過這卦,應該這樣。《周易折中》引晁說之說:"時有舉趾高之莫敖,故正考父矯之以循墻。時有短喪之宰予,故高柴矯之以泣血。時有三歸反坫之管仲,故晏子矯之以敝裘。雖非中行,亦足以矯時厲俗。"

初六,飛鳥以凶。

　　胡瑗說:"小過之時,不宜上。位在下而志愈上,故獲凶也。"項安世說:"初、上二爻,陰過而不得中,是以凶也。以卦象觀之,二爻皆當鳥翅之末。初六在艮之下,當止而反飛,以飛致凶,故曰飛鳥以凶。上六居震之極,其飛已高,則麗於網罟,故曰飛鳥離之凶。"項安世講得明白。

《象》曰:飛鳥以凶,不可如何也。

六二,過其祖,遇其妣;不及其君,遇其臣,无咎。

　　有些話不好懂。九三是它的父親,九四是它的祖父。六二過其祖,遇其妣。過其祖,是過九四。遇其妣,是遇六五。六五是陰爻,相當於妣,妣是祖母。《爾雅》說:"父爲考,母爲姒。"從古文字來看,母不稱姒,姒是祖母,甲骨文中姒都是指祖母,《詩經》也把姒作祖母用。但是後來有了變化,姒當母講了。這裏的姒,是指祖母,亦即六五。

"不及其君,遇其臣",王宗傳説:"六二或過或不及,皆適當其時與分,而不恣於中焉。此在過之道爲無過也,故曰无咎。"俞琰説:"遇姒而過於祖,雖過之君子不以爲過也。遇臣則不可過於君,故曰不及其君遇其臣。象言可小事不可大事,不宜上宜下,而六二柔順中正,故其象如此,其占无咎。"《周易折中》按語説:"此爻二五皆柔,有姒婦之配,無君臣之交,故取遇姒不及其君爲義。孫行而附於祖列,疑其過矣,然禮所當然,足適得其分也。無應於君者,不敢仰於君之象。然守柔居下,是臣節不失也。"

《象》曰:不及其君,臣不可過也。

小者有時而可過,臣之於君,不可過也。

九三,弗過防之,從或戕之,凶。

陽爻居陽位,過於剛,要防之。程《傳》説:"小過,陰過陽失位之時,三獨居正,然在下無所能爲,而爲陰所忌惡,故有當過者,在過防於小人。若弗過防之,則或從而戕害之矣,如是則凶也。三於陰過之時,以陽居剛,過於剛也。既戒之過防,則過剛亦在所戒矣。防小人之道,正己爲先,三不失正,故無必凶之義。能過防則免矣。三居下之上,居上爲下,皆如是也。"

《象》曰:從或戕之,凶如何也。

九四,无咎,弗過遇之,往屬必戒,勿用永貞。

九四,陽爻居陰位,程《傳》説:"四當小過之時,以剛處柔,則不過也,是以无咎。既弗過則合其宜矣,故云遇之,謂得其道也。若往則有危,必當戒懼也。往,去柔而以剛進也。勿用永貞,陽性堅剛,故戒以隨宜,不可固守也。方陰過之時,陽剛失位，則君子當隨時順處，不可固守其常也。四居高位，而無上下之交，雖比五應初，方陰過之時，彼豈肯從陽也，故往則有屬。"《周易折中》按語説："象傳，三四皆'剛失位而不中'，然九三純剛，故凶。九四居柔，故有无咎之義。然質本剛也，故又戒以當過遇之爲善。遇者，合人情，就事理。過遇，朱子所謂加意待之者是也。"

《象》曰：弗過遇之，位不當也。往屬必戒，終不可長也。

六五，密雲不雨，自我西郊，公弋取彼在穴。

"密雲不雨，自我西郊"，小畜已經講過了。程《傳》説："五以陰柔居尊位，雖欲過爲，豈能成功？如密雲而不能成雨，所以不能成雨，自西郊故也。"

"公弋取彼在穴"，"在穴"是什麽呢？是指六二。弋，射。鳥在穴，不是飛鳥。胡瑗説："弋者，所以射高也。穴者，所以隱伏而在下也。公以弋繳而取穴中之物，猶聖賢雖過行其事，意在矯下也。"錢志立説："小過所惡者，飛鳥也。鳥在穴而不飛，所謂不宜上而宜下者也。故公弋取以爲助。"朱子《本義》説："以陰居尊，又當陰過之時，不能有爲，而弋取六二以爲助。"

《象》曰：密雲不雨，已上也。

上六，弗遇過之，飛鳥離之，凶。是謂災眚。

孔《疏》説："以小人之身，過而弗遇，必遭羅網，其猶鳥飛而無托，必離繒繳，故曰飛鳥離之凶也。過亢離凶，是謂自災而致眚。"我看此爻可以從孔穎達的解釋。王弼説："小人之過，遂至上極，過而不知限，至於亢也。過至於亢，將何所遇？飛而不已，將何所托？災自已致，復言何哉！"王弼講的與孔《疏》一致，可從。

《象》曰：弗遇過之，已亢也。

亢，亢極。

第二十一講　既濟　未濟

既濟䷾離下坎上

　　既濟六爻都當位，剛柔正而位當。變到這個時候了，變完了。所謂乾坤毀，無以見《易》了。《易》不可見，好像説鬥爭發展到這個時候要結束了。那乾坤或幾乎息矣，一切都定了，不變了。但是，是幾乎息。息没息呢？没有息。所以既濟之後緊接着就是未濟。

　　未濟，《序卦》説得挺好。它説："物不可窮也，故受之以未濟終焉。""物不可窮也"，這個思想多麽重要，多麽深刻！把物的變化看作是無限的。有人説《易經》是循環論。哪有循環論，如果到既濟爲止，那可以説是循環論，但既濟下邊是未濟呀，而且《序卦》明明白白地説"物不可窮也"呀。

　　我看程《傳》解釋得挺好，可以先説説。程《傳》説："既濟矣，物之窮也。物窮而不變，則無不已之理。《易》者，變易而不窮也。故既濟之後，受之以未濟而終焉。未濟則未窮也，未窮則有生生之義。爲卦離上坎下，火在水上，不相爲用，故爲未濟。"這幾句話講得確實很好。我們看，乾坤到既濟未濟，這是一個發展的大的階段，或者説是一個鏈條、一個大的事物、大的過程。未濟，表示這個過程完了，下邊還有過程。但是《易經》祇能表示一個階段，怎麽能都講呢？所以《序卦》説"物不可窮也，故受之以未濟終焉"，講得很好。《雜卦》説："既濟，定也。"講得也很好。事物發展到既濟，到頭了，定了。《繫辭傳》説：“乾坤其《易》之緼邪？乾坤成列，而《易》立乎其中矣。乾坤毀，則无以見《易》。《易》不可見，則乾坤或幾乎息矣。”這幾句話裏邊有深刻的意義，可惜先前有些人講錯了。看來，《繫辭傳》怎樣讀很重要，應當按照《序卦》的意思讀。有些道理，既濟未講出來，在未濟講出來了。六十四卦的排列，是有思想意義的，有人不承認，看不出來有意義。其實《繫辭傳》説“乾坤其《易》之緼邪”，不是講出來了嗎！《繫辭傳》還説：“乾坤毀，則无以見《易》。《易》不可見，則乾坤或幾乎息矣。”這句話實際上就是講《易經》的結構排列。《易》有六十四卦，而孔子卻從中看到乾坤在《易經》中的地位、作用。《易經》的全部内容，在乾坤中都包括了。“乾坤其《易》之緼邪”，“乾坤成列，而《易》立乎其中矣”。有了乾坤，則“剛柔相摩，八卦相蕩，鼓之以雷霆，潤之以風雨”。我們説，乾坤就是對立統一，有統一有鬥爭，有運動、發展，形成了六十四卦。六十四卦也就是乾坤兩卦運動發展的結果。《序卦》説：“有天地然後萬物生焉。”有天地就是有乾坤。乾是純剛，坤是純柔。乾坤剛柔交錯，而變成六十四卦。正因爲這樣，蘇軾和程頤講卦變，才説各卦都是由乾坤變來的。蘇、程的講法是對的。“乾坤成列，而《易》立乎其中”嘛，“乾坤毀，則无以見《易》”，六十四卦變到既濟就要變完了，平衡了。這就是所謂既濟的時候了。

既濟，亨小，利貞。初吉終亂。

《彖》曰：既濟亨，小者亨也。利貞，剛柔正而位當也。初吉，柔得中也。終止則亂，其道窮也。

　　《易經》不認爲事物有完結的時候，事物總是發展的，這一個階段完了，下一階段就開始。所以，已經到了既濟的時候了，還認爲“初吉終亂”。“亨小”，有人認爲應是“小亨”，這是可能的，因爲《易經》傳鈔，其中有一些錯亂，是難免的。彖傳講“既濟亨，小者亨也”，好像也脱一個小字，應是“既濟小亨，小者亨也”，這個意思是明白的。“小者亨”，主要是柔得中。“利貞”，象傳說“剛柔正而位當也”，即六爻皆陽在陽位，陰在陰位。“初吉，柔得中也”，指六二而言，程《傳》說：“二以柔順文明而得中，故能成既濟之功。二居下體，方濟之初也，而又善處，是以吉也。”“終止則亂，其道窮也”，程《傳》說：“天下之事，不進則退，無一定之理。濟之終不進而止矣，無常止也，衰亂至矣。蓋其道已窮極也。九五之才非不善也，時極道窮，理當必變也。聖人至此奈何？曰唯聖人爲能通其變於未窮，不使至於極也，堯舜是也。故有終而無亂。”俞琰說：“人之常情，處無事則止心生；止則怠，怠則有患而不爲之防，此所以亂也。當知終止則亂，不止則不亂。”講得好。

《象》曰：水在火上，既濟。君子以思患而預防之。

初九，曳其輪，濡其尾，无咎。

曳其輪，程《傳》說：“初以陽居下，上應於四，又火體，其進之志銳也。然時既濟矣，進不已則及於悔咎，故曳其輪。”濡其尾，是指狐狸過河。《風俗通》說：“狐欲過河，無如尾何。”狐狸要過河，尾巴不好辦。《易》說濡其尾，過河一定要撅起尾巴。程《傳》說：“獸之涉水，必揭其尾。濡其尾則不能濟。”這樣，方可无咎。

《象》曰：曳其輪，義无咎也。

程《傳》說：“既濟之初，而能止其進，則不至於極，其義自无咎也。”

六二，婦喪其茀，勿逐，七日得。

這也是講不前進的意思。古代男人乘車是站着的，女人乘車才坐着。女人乘的車要有茀，茀是車之蔽。女人坐車，若是沒有茀，那就不能前進了。但是，喪了茀，也不要逐，七日就得了。什麽是“七日得”呢？程《傳》說：“卦有六位，七則變矣。

七日得，謂時變也。雖不爲上所用，中正之道，無終廢之理。不得行於今，必行於異時也。”

《象》曰：七日得，以中道也。

九三，高宗伐鬼方，三年克之，小人勿用。

　　　高宗伐鬼方，大概實有其事。高宗即殷高宗武丁。九三，陽爻居陽位，以剛居剛，又當既濟的時候，乃高宗伐鬼方之象。三年克之，説明打仗很不容易，打了三年。所以小象説，“三年克之，憊也”，疲憊不堪了。克了以後應是小人勿用，用小人易亂邦也。這是思患預防的意思。

《象》曰：三年克之，憊也。

六四，繻有衣袽，終日戒。

　　　程《傳》説：“繻當作濡，謂滲漏也。”漏水了，有衣袽，就可塞上了。程《傳》又説：“舟有罅漏，則塞以衣袽。”終日戒，仍有思患預防的意思。

《象》曰：終日戒，有所疑也。

九五，東鄰殺牛，不如西鄰之禴祭，實受其福。

　　　這有不同的解法。程《傳》和朱子《本義》都説東鄰爲陽，指九五；西鄰是陰，指六二。古祭用牛，殺牛是盛祭，禴是薄祭。東鄰殺牛不如西鄰之禴祭，這是講誠。究竟東鄰、西鄰指什麼呢？《周易折中》引潘士藻説：“五以陽剛中正，當物大豐盛之時，故借東鄰祭禮以示警懼。夫祭，時爲大，時苟得矣，則明德馨而黍稷可薦，明信昭而沼毛可羞，是以東鄰殺牛不如西鄰之禴祭。實受其福，在於合時，不在物豐也。東西者，彼此之詞，不以五與二對言。”他不同意程、朱的解釋，以東鄰西鄰爲彼此之詞。姚舜牧説：“人君當既濟時，享治平之盛，驕奢易萌，而誠敬必不足，故聖人借兩鄰以爲訓。若曰東鄰殺牛，何其盛也；西鄰禴祭，何其薄也。然神無常享，享於克誠。彼殺牛者反不如禴祭者之實受其福。信乎享神者在誠不在物,保治者以實不以文。此蓋教之以祈天保命之道。”另外還有一種解釋,在《禮記·坊記》中引用了這句話(東鄰殺牛,不如西鄰之禴祭),鄭玄《注》認爲“東鄰謂紂國中也,西鄰謂文王國中也”。把東鄰比作紂,把西鄰比作文王。看來這種解釋不怎麽好。潘士藻、姚舜牧的解釋還是好的。《周易折中》按語肯定潘、姚兩人的説法。

《象》曰:東鄰殺牛不如西鄰之時也。實受其福,吉大來也。

　　這裏很强調時字。

上六,濡其首,厲。

　　朱震説:“以畫卦言之,初爲始爲本,上爲終爲末。以成卦言之,上爲首爲前,初爲尾爲後。”濡其首和濡其尾可對照聯繫看。朱子《本義》説:“既濟之極,險體之上,而以陰柔處之,爲狐涉水而濡其首之象。”狐狸濡其首,狐狸過河,把腦袋都淹了。朱熹的解釋還是對的。

《象》曰:濡其首厲,何可久也。

未濟☲☵坎下離上

　　《序卦》:“物不可窮也,故受之以未濟終焉。”這句話有深刻的意義。意思是説,事物的發展是無限的。那個時候能認識到這種程度不容易。六十四卦的排列有這樣一個思想,而《序卦》能明確地把它講出來,這更不容易。六十四卦本身並未講它的排列次序問題,而《序卦》把它講出來了,“有天地然後萬物生焉”。乾坤兩卦在六十四卦的最前邊,講到未濟,又明確提出:“物不可窮也,故受之以未濟。”所以説,《易經》有這個思想,但是没有講出來,而《序卦》把這個思想明確地講出來了。這很不容易。程《傳》説:“既濟矣,物之窮也。物窮而不變,則無不已之理。《易》者,變易而不窮也。故既濟之後,受之以未濟而終焉。未濟則未窮也,未窮則有生生之義。"程《傳》的這段話講得很好,理解也是對的。康有爲説《序卦》膚淺,這是妄説,是不對的。

未濟,亨,小狐汔濟,濡其尾,无攸利。

　　在未濟時,還是有亨道的,還是能向前發展的。《周易折中》按語説:"小狐當從程《傳》之解。汔濟當從本義之解。要之是戒人敬慎之意。"我看這個講法是對的。爲什麼説小狐?程《傳》説:"狐能渡水,濡尾則不能濟。其老者多疑畏,故履冰而聽,懼其陷也。小者則未能畏慎,故勇於濟。"此則説爲什麼小狐濟也。"汔濟"是什麼呢?朱子《本義》説:"汔,幾也。幾濟而濡尾,猶未濟也。"程《傳》説:"汔當仡,壯勇之狀。"《書》曰:"仡仡勇夫。"程《傳》對汔字的講法,《周易折中》按語是不同意的。程《傳》説:"小者則未能敬慎,故勇於濟。"這樣講,是對的。整個意思是説,處於未濟的時代,可以亨,但要敬慎,若不敬慎,還是不能濟。《周易折中》按語肯定了程《傳》解小狐,朱子《本義》解汔作幾,看來是對的。朱子《本義》未解小狐。程《傳》解釋了爲什麼用小狐,解釋得挺好,這裏邊有個敬慎的意思。

《象》曰:未濟,亨,柔得中也。小狐汔濟,未出中也。濡其尾,无攸利,不續終也。雖不當位,剛柔應也。

　　"未濟,亨",爲什麼?因爲卦裏柔得中也,柔得中才能亨。《周易折中》引蔡淵説:"既濟之後必亂,故主在下卦而亨取二。未濟之後必濟,故主在上卦而亨取五。""小狐汔濟,未出中也",剛過未過,未出中。下卦是坎,還未出險。《朱子語類》説:"小狐汔濟,汔字訓幾,與井卦同。既曰幾,便是未出坎中。""濡其尾,无攸利,不續終也",過不去,不能續終,沒有過去。《周易折中》引郭鵬海説："既濟之吉,以柔得中。未濟之亨,亦以柔得中,則敬慎勝也。"强調敬慎。小狐缺乏敬慎,故濡其尾。但從卦位説,"雖不當位,剛柔應也","既曰不當位,又著剛柔之應,可見得人無不可濟之事"。

《象》曰:火在水上,未濟。君子以慎辨物居方。

　　這裏講的慎辨物居方,朱子《本義》説："水火異物,各居其所,故君子觀象而審辨之。"程《傳》説："水火不交,不相濟爲用,故爲未濟。火在水上,非其處也。君子觀其處不當之象,以慎處於事物,辨其所當,各居其方,謂止於其所也。"何楷説:"慎辨物者,物以群分也。慎居方者,方以類聚也。"是方以類聚、物以群分的意思。

初六,濡其尾,吝。

　　張振淵説:"卦辭所謂小狐正指此爻。"程《傳》説:"六以陰柔在下,處險而應四。處險則不安其居,有應則志行於上。然己既陰柔,而四非中正之才,不能援之以濟也。獸之濟水,必揭其尾。尾濡則不能濟。濡其尾,言不能濟也。不度其才力而進,終不能濟,可羞吝也。"意思與張振淵所説"新進喜事,急於求濟,而反不能濟,可吝孰甚焉"近似。這就是説,居未濟之初要敬慎,不可急於求濟。如果急於前進,還是不能成功的。

《象》曰:濡其尾,亦不知極也。

　　朱子《本義》説:"極字未詳,考上下韻亦不叶,或恐是敬字,今且闕之。"程《傳》説:"不度其才力而進至於濡尾,是不知之極也。"這些話的意思,我們知道,是要敬慎,不要輕進,但"不知之極也"似不妥。朱子《本義》的説法是有道理的。

九二,曳其輪,貞吉。

　　曳其輪,不進的意思。程《傳》説:"剛有凌柔之義,水有勝火之象。方艱難之時,所賴者才臣也。尤當盡恭順之道,故戒

曳其輪，則得正而吉也。"如果不讓進，倒曳其輪，則貞吉。程
《傳》又説："倒曳其輪，殺其勢，緩其進，戒用剛之過也。剛過
則好犯上而順不足。"《周易折中》引潘夢旂説："九二剛中，力
足以濟者也。然身在坎中，未可以大用，故曳其車輪不敢輕
進，待時而動，乃爲吉也。"

《象》曰：九二貞吉，中以行正也。

　　　　九二居中而不爲正。《周易折中》按語説："程子言正未必
中，中無不正。故凡九二、六五皆非正也，而多言貞吉者，以其
中也。唯此象傳釋義最明。"中無不正，《易經》最重視中。

六三，未濟征凶，利涉大川。

　　　　程《傳》説："三以陰柔不中正之才而居險，不足以濟，未有
可濟之道，出險之用，而征所以凶也。"征凶應不利，但卻説利
涉大川，所以朱子《本義》説："疑利字上當有不字。"我看有道
理，原來應是不利涉大川。因爲沒有不字，所以程《傳》與朱子
《本義》都按利涉大川講，不免有穿鑿附會的地方。《周易折
中》按語説："此爻之義最爲難明。"講得有道理。胡炳文説：
"六三居坎上，可以出險。陰柔非能濟者，故明言未濟征凶。"
這個講法是對的。但他沒講利涉大川一語。我看古人講此爻
利涉大川，無可從的。不過從"征凶"看，就是不利涉大川。
《易經》傳鈔，免不了有脫字。

《象》曰：未濟征凶，位不當也。

　　　　俞琰説："六爻皆位不當，而獨於六三曰位不當，以六三才
弱，而處下體之上也。"

九四，貞吉悔亡，震用伐鬼方，三年有賞于大國。

　　　　《周易折中》按語説："此伐鬼方亦與既濟同，而差一位
也。"既濟有高宗伐鬼方，是在九三；未濟在九四，差一位。"三
年克之，是已克也。震用伐鬼方，是方伐也。三年有賞于大

國,言三年之間賞勞師旅者不絶,非謂事定而論賞也。與師之
'王三錫命'同,不與師之'大君有命'同"。不一樣,它强調這
個區別,我看是好的,可從的。他與程《傳》説不一樣。"貞吉
悔亡",朱子《本義》説:"以九居四,不正而有悔也。能勉而貞,
則悔亡矣。"《周易折中》按語説:"三、四非君位,而以高宗之事
言者,蓋《易》中有論時者則不論其位。"

《象》曰:貞吉悔亡,志行也。

　　俞琰説:"爻以六三爲未濟,則九四其濟矣。是以其志行
也。"

六五,貞吉无悔。君子之光,有孚,吉。

　　程《傳》説:"五文明之主,居剛而應剛,其處得中,虚其心
而陽爲之輔。雖以柔居尊,處之至正至善,無不足也。既得貞
正,故吉而無悔。貞其固有,非戒也。以此而濟,無不濟也。
五文明之主,故稱其光。君子德輝之盛,而功實稱之,有孚也。
上云吉,以貞也。柔而能貞,德之吉也。下云吉,以功也。既
光而有孚,時可濟也。"這裏講兩個吉,講得很好。

《象》曰:君子之光,其暉吉也。

　　《周易折中》引張振淵的話説:"光而言暉,昭其盛也。貞
吉之吉,吉在五;暉吉之吉,吉在天下。"

上九,有孚于飲酒,无咎。濡其首,有孚,失是。

　　《周易折中》引石介説:"上九以剛明之德,是内有孚也。
在未濟之終,終又反於既濟,故得飲酒自樂。若樂而不知節,
復濡其首,則雖有孚,必失於此。此戒之之辭也。"程《傳》説:
"九以剛在上,剛之極也。居明之上,明之吉也。剛極而能明,
則不爲躁而爲決。明能燭理,剛能斷義。居未濟之極,非得濟
之位,無可濟之理,則當樂天順命而已。"我看石介的解釋比較
好。

《象》曰：飲酒濡首，亦不知節也。

　　《周易折中》總論説："鄭氏汝諧曰：'既濟初吉終亂，未濟則初亂終吉。以卦之體言之，既濟則出明而之險，未濟則出險而之明。以卦之義言之，濟於始者必亂於終，亂於始者必濟於終。天之道，物之理，固然也。'丘氏富國曰：'内三爻，坎險也。初言濡尾之吝，二言曳輪之貞，三有征凶，位不當之戒，皆未濟之事也。外三爻，離明也。四言伐鬼方有賞，五言君子之光有孚，上言飲酒无咎，則未濟爲既濟矣。'"這是講全卦，我看講得挺好。

結束語

《周易》經傳全部講完，現在我再講幾句，作爲結束語。

《易經》原來確實是卜筮之書。卜筮這個東西應該屬於宗教迷信，但是我們讀《易經》、《易傳》，裏邊有哲學思想。卜筮能產生哲學，這個問題，有許多人特別是過去否定《易傳》的人，是不理解的。他們認爲卜筮產生哲學這個事，是不可能的。五十年代我寫《易論》，裏邊有這個觀點，馮友蘭先生看了，就認爲不可能。實際上，卜筮與哲學之間沒有不可逾越的鴻溝。馬克思確實很明白地講過這個問題，那是在《資本論》裏講的。現在中譯本《馬克思恩格斯全集》第 26 卷共兩册，第 1 册第 26 頁，有那麼幾句話，在講經濟問題時順便提到哲學。馬克思這幾句話是這樣講的："這正像哲學一樣，哲學最初在意識的宗教形式中形成，從而一方面它消滅宗教本身，另一方面從它的積極內容來說，它自己還祇能在這個理論化的化爲思想的宗教領域內活動。"我看這段話對我們理解《周易》有用。《周易》是卜筮之書，卜筮之書產生了哲學，這是符合馬克思主義理論的。我們用這個思想作指導，來闡述卜筮與哲學的關係，卜筮產生哲學，是無可懷疑的。

這是一點。還有一點，我看前蘇聯學者柯斯文的《原始文化史綱》裏有一段話，在第 175 至 176 頁，他說："不可單純認爲這些魔法師祇是一些騙子，或心理上病態的、反常的人等。除了他們受過一定的訓練之外，大多數的魔法師是上了年紀的人，掌握了處世的經驗和知識，理解了不少自然界的事物，曉得了若干徵兆以及其他。所有這些，對他們的法術提供了一定的現實根據。"隔一段之後，他又説："魔法師的特徵，是大多數兼通巫祝，而巫祝的職業也是需要有若干實際知識。"過一段之後，他又講："最後，魔法師越來越把施術看成是自己的職業作爲收入的來源，因而越來越故意欺騙去求他們的人，終於成爲社會的寄生蟲。"柯斯文的這一段話，也是有事實根據的，或者也可以説是有普遍意義的。就這一點，結合中國歷史來看，卜的歷史是很長的。究竟什麼時候有卜，文獻没有明確記載。按一般的説法講，在氏族社會以後才有原始宗教，氏族社會以前没有。卜大概是在這個時候產生的。《左傳》説："筮短龜長。"龜長這句話，解釋是不一樣的。有的解釋爲筮的歷史短，龜的歷史長。我看這個解釋是對的。讀《左傳》，韓簡説："龜，象也。筮，數也。物生而後有象，象而後有滋，滋而後有數。"從這裏也可以看得出來，筮是在卜之後，先有卜而後有筮。有了卜之後，卜也是要發展的。《周禮·春官·大卜》講"大卜掌三兆之法，一曰玉兆，二曰瓦兆，三曰原兆"。和《連山》、《歸藏》、《周易》比比看，也是三種。易書是三種，卜書也是三種。三種卜書，"其經兆之體皆百有二十，其頌皆千有二百"。每一種卜書，也像易卦似的，裏邊估計也是用來解決人事、社會上的一些問題的，也不都是用來騙人的。卜書也是要發展的，但是現在失傳了，卜書是什麼樣的，我們不知道了。河南安陽發現的甲骨卜辭，辭有記載，但是用什麼來卜，怎樣卜，我們都不知道，原因是這些卜書没傳下來。甲骨片倒不是很重要的，書若能流傳下來，則是很重要的。現在祇能研究甲骨上的文字，或通過文字研究一些東西。至於這些文字是怎樣得出來的，它的好壞用什麼來判斷，没有辦法知道了，卜書失傳了。

至於筮，《易》就是筮，有筮而後有卦。《左傳》、《禮記》講到筮時，都用蓍草的蓍。現在《易傳》裏的《説卦》説："昔者聖人之作《易》也，幽贊于神明而生蓍，參天兩地而倚數。"這是蓍的一種具體的應用。"觀變于陰陽而立卦，發揮于剛柔而生爻"，我看這一段話對於蓍、卦、爻產生的先後，講得明白。但是從今天來看，《繫辭傳》

裹保存了筮法，又講到卦的問題。筮法，"天一地二，天三地四，天五地六，天七地八，天九地十。天數五，地數五，五位相得而各有合……"這是一個根本，就是對立統一。《繫辭傳》講到，卦，"是故《易》有大極，是生兩儀，兩儀生四象，四象生八卦"，這裹也有對立統一。從根本上說，是這樣，但如何應用卜筮，用它說明人事的問題，這就不簡單了。《周禮·春官·大卜》說："大卜掌三易之法，一曰《連山》，二曰《歸藏》，三曰《周易》。其經卦皆八，其別皆六十有四。"這三種筮書，其内容的表達，可以說都用卜筮的語言，像現在我們讀的《易經》六十四卦的語言一樣，但是在卜筮的語言裹邊蘊含着不簡單的思想。因爲要用它來解決人事的得失吉凶等，所以這都不是騙人的，它把一些思想蘊藏在裹邊。我們能够斷定它也是有發展的，由《連山》到《歸藏》，由《歸藏》到《周易》，這裹邊也有一個發展過程。《連山》的情況我們不知道。《歸藏》的情況，我們從《禮記·禮運》知道一些。《禮運》記孔子說："我欲觀殷道，是故之宋，而不足徵也，吾得《坤乾》焉。"從《坤乾》之義可以看殷道，可以看殷代的歷史，可見《坤乾》不是一個簡單的東西。就《坤乾》二字的排列看，是坤爲首，而《周易》是乾爲首。《史記·梁孝王世家》記竇太后講"殷道親親"、"周道尊尊"，那就不簡單了，不是單純的卜筮問題了，裹邊有豐富的思想。從《歸藏》又發展到《周易》。從現在所學的《易經》看，咸卦卦辭講取女吉，而在六爻爻辭裹卻不講取女吉。漸卦卦辭講女歸吉，而在六爻爻辭裹也不講這些東西。看來，爻辭與卦辭不一致，不像一個人作的。說卦辭是文王作，爻辭是周公作，合理，儘管没有什麼根據。我們從發展上看問題，從卦到爻，也是一個發展階段。《周禮》講三易經卦皆八，其別皆六十有四，没有講爻的產生，《說卦》講了。"觀變于陰陽而立卦，發揮于剛柔而生爻"，也是把爻放在後。我們看出來，這裹也是發展。

最後一點，我看孔子作《易傳》没有問題。《易經》是用卜筮語言作的，而孔子作《易傳》，用的就不是卜筮的語言，而是哲學的語言了。卜筮裏有的是神，《易傳》裏有的已不是神，而是人了。例如六十四卦的排列，《易傳》反復講："乾坤其《易》之緼邪？乾坤成列，而《易》立乎其中矣。乾坤毀，則无以見《易》。《易》不可見，則乾坤或幾乎息矣。""乾坤其《易》之門邪？乾，陽物也；坤，陰物也。陰陽合德而剛柔有體。"都是講這個問題。《序卦》講"有天地然後萬物生焉"，講到未濟的時候說："物不可窮也，受之以未濟終焉。"是講這個問題。《繫辭傳》說："是故剛柔相摩，八卦相盪，鼓之以雷霆，潤之以風雨，日月運行，一寒一暑。乾道成男，坤道成女。"又是講這個問題。從筮法講，"乾之策二百一十有六，坤之策百四十有四，凡三百有六十，當期之日。二篇之策萬有一千五百二十，當萬物之數也"，也是説明這個問題。《易傳》從這些方面很明確地講這個問題，是多麼不簡單呀。《繫辭傳》第一句說："天尊地卑，乾坤定矣。"我們由此可以看出，這是《周易》和《歸藏》的最大的不同。"天尊地卑"與"坤乾"大不一樣，倒了一個個兒。天尊地卑，就是君尊臣卑、男尊女卑、夫尊婦卑、父尊子卑，一系列的尊卑都出來了，貫穿在《易經》裏。"卑高以陳"是什麼？就是卦，一個卦從初到上，這裏就分出貴賤來了，五是君位，四是大臣之位，等等。這裏講的是什麼呢？是政治，是社會。學過六十四卦以後，明白了每一卦講的都是政治。先王怎麼的，侯怎麼的，君子怎麼的，都是大事，都是政治。

我們學《易》，還要重視當時的歷史條件，離不開歷史條件。無論自然科學、社會科學，都離不開歷史條件。《易》裏面講點數學，或者曆法，再深的沒有。1985年武漢《周易》討論會，據說搞數學的，搞各種學科的，都去了，以為《易經》像天書一樣，裏邊什麼都有。把《易經》看簡單了不對，但若把它神秘化，說它前知幾千年，後知幾千年，裏邊什麼都有，那也是不對的。《易經》講的是辯證法，是思想，這是當時歷史條件所許可的。中國如此，西洋也如此。歷史是發展的，我們總得根據當時的歷史條件去理解它，不能脫離歷史條件，這一點我們應該注意。我們學《易經》首先要注意歷史條件，不能説《易經》裏邊什麼都有了，不能這麼講。

　　《易經》原是卜筮之書，而到《易傳》，是發生了一個質變，一個大的變化。《易經》有它的外殼，它發展了，外殼扔掉了。《易傳》産生了。我們今天絶不可把《易經》還作爲卜筮之書來看待，我們是研究它的思想。我們學過了六十四卦，知道《易傳》是根據《易經》講的。《易傳》講的，都是《易經》裏有的。《易傳》不是離開《易經》，自己做文章，不是的。《易經》把它的思想隱藏在裏邊没講出來，是《易傳》把它給講出來了。《易傳》從繫辭、彖傳、象傳、文言、説卦、序卦、雜卦等各個方面講《易經》的思想，講得充充分分，很難得的。《易傳》講得很明白，再明白没有了，可是有的人不懂，不懂就是不懂嘛，這也不能怪後世人。我們今天不同了，我們學了馬克思主義，應該和古人、前人不一樣，我們應該把《周易》的本來面目搞清楚，我看也有可能把它搞清楚。我們一定要用辯證的觀點、發展的觀點，不能用形而上學的觀點，不能用民族虚無主義的觀點。我們研究《周易》，不能説今不如古，而是古不如今。應該有這種觀點，這要搞明確。我們學《周易》，是要批判繼承歷史文化遺産，還是這樣的問題。如果學《周易》要爲現在的經濟建設服務，那是極困難的。學習《周易》，當然有用，古爲今用，但不是直接的有用，是間接的有用。從直接上説，没有用；從間接上説，有用，問題是怎麼看。"文革"中，取消數學，取消歷史學，取消法學，認爲這些學科直接没有用，這樣看是不對的。我們不能説學《易經》没有用，没有用我們學它幹什麼？但是直接没有用，這是一個複雜的問題。

　　我們是先講《易傳》如《繫辭傳》等，後學六十四卦，學完六十四卦，再來學《繫辭傳》，應該理解更深刻了。

附　録

王弼《周易略例》

明　象

夫象者，何也？統論一卦之體，明其所由之主者也。

夫衆不能治衆，治衆者，至寡者也。夫動不能制動，制天下之動者，貞夫一者也。故衆之所以得咸存者，主必致一也；動之所以得咸運者，原必無二也。

物无妄然，必由其理。統之有宗，會之有元，故繁而不亂，衆而不惑。故六爻相錯，可舉一以明也；剛柔相乘，可立主以定也。是故雜物撰德，辯是與非，則非其中爻，莫之備矣！故自統而尋之，物雖衆，則知可以執一御也；由本以觀之，義雖博，則知可以一名舉也。故處璇璣以觀大運，則天地之動未足怪也；據會要以觀方來，則六合輻輳未足多也。故舉卦之名，義有主矣；觀其彖辭，則思過半矣！夫古今雖殊，軍國異容，中之爲用，故未可遠也。品制萬變，宗主存焉；彖之所尚，斯爲盛矣。

夫少者，多之所貴也；寡者，衆之所宗也。一卦五陽而一陰，則一陰爲之主矣；五陰而一陽，則一陽爲之主矣！夫陰之所求者陽也，陽之所求者陰也。陽苟一焉，五陰何得不同而歸之？陰苟隻焉，五陽何得不同而從之？故陰爻雖賤，而爲一卦之主者，處其至少之地也。或有遺爻而舉二體者，卦體不由乎爻也。繁而不憂亂，變而不憂惑，約以存博，簡以濟衆，其唯彖乎！亂而不能惑，變而不能渝，非天下之至賾，其孰能與於此乎！故觀象以斯，義可見矣。

明爻通變

夫爻者，何也？言乎變者也。變者何也？情偽之所爲也。夫情偽之動，非數之所求也；故合散屈伸，與體相乖。形躁好静，質柔愛剛，體與情反，質與願違。巧曆不能定其算數，聖明不能爲之典要，法制所不能齊，度量所不能均也。爲之乎豈在夫大哉！陵三軍者，或懼於朝廷之儀，暴威武者，或困於酒色之娛。

近不必比，遠不必乖。同聲相應，高下不必均也；同氣相求，體質不必齊也。召雲者龍，命呂者律。故二女相違，而剛柔合體。隆墀永嘆，遠壑必盈。投戈散地，則六親不能相保；同舟而濟，則吳越何患乎異心？故苟識其情，不憂乖遠；苟明其趣，不煩强武。能説諸心，能研諸慮，睽而知其類，異而知其通，其唯明爻者乎？故有善邇而遠至，命宫而商應；修下而高者降，與彼而取此者服矣！

是故，情偽相感，遠近相追；愛惡相攻，屈伸相推；見情者獲，直往則違。故擬議以成其變化，語成器而後有格。不知其所以爲主，鼓舞而天下從，見乎其情者也。

是故，範圍天地之化而不過，曲成萬物而不遺，通乎晝夜之道而無體，一陰一陽而無窮。非天下之至變，其孰能與於此哉！是故，卦以存時，爻以示變。

明卦適變通爻

夫卦者，時也；爻者，適時之變者也。

夫時有否泰，故用有行藏；卦有小大，故辭有險易。一時之制，可反而用也；一時之吉，可反而凶也。故卦以反對，而爻亦皆變。是故用無常道，事無軌度，動静屈伸，唯變所適。故名其卦，則吉凶從其類；存其時，則動静應其用。尋名以觀其吉凶，舉時以觀其動静，則一體之變，由斯見矣。夫應者，同志之象也；位者，爻所處之象也。承乘者，逆順之象也；遠近者，險易之象也。内外者，出處之象也；初上者，終始之象也。是故，雖遠而可以動者，得其應也；雖險而可以處者，得其時也。弱而不懼於敵者，得所據也；憂而不懼於亂者，得所附也；柔而不憂於斷者，得所御也。雖後而敢爲之先者，應其始也；物競而獨安於静者，要其終也。故觀變動者，存乎應；察安危者，存乎位；辯逆順者，存乎承乘；明出處者，存乎外内。

遠近終始，各存其會；辟險尚遠，趣時貴近。比復好先，乾壯惡首；明夷務暗，豐尚光大。吉凶有時，不可犯也；動静有適，不可過也。犯時之忌，罪不在大；失其所適，過不在深。動天下，滅君主，而不可危也；侮妻子，用顔色，而不可易也。故當其列貴賤之時，其位不可犯也；遇其憂悔吝之時，其介不可慢也。觀爻思變，變斯盡矣。

明　象

夫象者，出意者也。言者，明象者也。盡意莫若象，盡象莫若言。言生於象，故可尋言以觀象；象生於意，故可尋象以觀意。意以象盡，象以言著。故言者所以明象，得象而忘言；象者，所以存意，得意而忘象。猶蹄者所以在兔，得兔而忘蹄；筌者所以在魚，得魚而忘筌也。然則，言者，象之蹄也；象者，意之筌也。是故，存言者，非得象者也；存象者，非得意者也。象生於意而存象焉，則所存者乃非其象也；言生於象而存言焉，則所存者乃非其言也。然則，忘象者，乃得意者也；忘言者，乃得象者也。得意在忘象，得象在忘言。故立象以盡意，而象可忘也；重畫以盡情，而畫可忘也。

是故觸類可爲其象，合義可爲其征。義苟在健，何必馬乎？類苟在順，何必牛乎？爻苟合順，何必坤乃爲牛？義苟應健，何必乾乃爲馬？而或者定馬於乾，案文責卦，有馬無乾，則僞説滋漫，難可紀矣。互體不足，遂及卦變；變又不足，推致五行。一失其原，巧喻彌甚。從復或值，而義無所取。蓋存象忘意之由也。忘象以求其意，義斯見矣。

辯　位

案，象無初上得位失位之文。又，《繫辭》但論三五、二四同功異位，亦不及初上，何乎？唯乾上九《文言》云，"貴而无位"；需上六云，雖不當位。若以上爲陰位邪？則需上六不得云不當位也；若以上爲陽位邪？則乾上九不得云貴而無位也。陰陽處之，皆云非位，而初亦不說當位失位也。然則，初上者是事之終始，無陰陽定位也。故乾初謂之潛，過五謂之無位。未有處其位而云潛，上有位而云無者也。歷觀衆卦，盡亦如之，初上無陰陽定位，亦以明矣。

夫位者，列貴賤之地，待才用之宅也。爻者，守位分之任，應貴賤之序者也。位有尊卑，爻有陰陽。尊者，陽之所處；卑者，陰之所履也。故以尊爲陽位，卑爲陰位。去初上而論位分，則三五各在一卦之上，亦何得不謂之陽位？二四各在一卦之下，亦何得不謂之陰位？初上者，體之終始，事之先後也，故位無常分，事無常所，非可以陰陽定也。尊卑有常序，終始無常主。故《繫辭》但論四爻功位之通例，而不及初上之定位也。然事不可無終始，卦不可無六爻，初上雖無陰陽本位，是終始之地也。統而論之，爻之所處則謂之位；卦以六爻爲成，則不得不謂之"六位時成"也。

略例下

凡體具四德者，則轉以勝者爲先，故曰"元亨，利貞"也。其有先貞而後亨者，由於貞也。

凡陰陽者，相求之物也，近而不相得者，志各有所存也。故凡陰陽二爻，率相比而無應，則近而不相得；有應，則雖遠而相得。然時有險易，卦有小大。同救以相親，同辟以相疏。故或有違斯例者也，然存時以考之，義可得也。

凡《彖》者，統論一卦之體者也。《象》者，各辯一爻之義者也。

故履卦六三，爲兌之主，以應於乾，成卦之體，在斯一爻，故《彖》敍其應，雖危而亨也。《象》則各言六爻之義，明其吉凶之行。去六三成卦之體，而指説一爻之德，故危不獲亨而見咥也。訟之九二，亦同斯義。

凡彖者，通論一卦之體者也。一卦之體必由一爻爲主，則指明一爻之美以統一卦之義，大有之類是也。卦體不由乎一爻，則全以二體之義明之，豐卦之類是也。

凡言无咎者，本皆有咎者也，防得其道，故得无咎也。吉，无咎者，本亦有咎，由吉故得免也。无咎，吉者，先免於咎，而後吉從之也。或亦處得其時，吉不待功，不犯於咎，則獲吉也。或有罪自招，無所怨咎，亦曰无咎。故節六三曰："不節若，則嗟若，无咎。"《象》曰："不節之嗟，又誰咎也？"此之謂矣。

卦　略

䷂屯。此一卦，皆陰爻求陽也。屯難之世，弱者不能自濟，必依於强，民思其主之時也。故陰爻皆先求陽，不召自往；馬雖班如，而猶不廢；不得其主，無所馮也。初體陽爻，處首居下，應民所求，合其所望，故大得民也。

䷃蒙。此一卦，陰爻亦先求陽。夫陰昧而陰明，陰困童蒙，陽能發之。凡不識者求問識者，識者不求所告；暗者求明，明者不諮阻於暗。故童蒙求我，匪我求童蒙也。故六三先唱，則犯於爲女；四遠於陽，則困蒙吝；初比於陽，則發蒙也。

䷉履。《雜卦》曰："履，不處也。"又曰，履者，禮也；謙以制禮。陽處陰位，謙也。故此一卦，皆以陽處陰爲美也。

䷒臨。此剛長之卦也。剛勝則柔危矣，柔有其德，乃得免吝。故此一卦，陰爻雖美，莫過无咎也。

䷓觀之爲義，以所見爲美者也。故以近尊爲尚，遠之爲吝。

䷛大過者，棟橈之世也。本末皆弱，棟已橈矣。而守其常，則是危而弗扶,凶之道也。以陽居陰,拯弱之義也,故陽爻皆以居陰位爲美。濟衰救危,唯在同好,則所贍褊矣。故九四有應,則有它吝;九二無應,則無不利也。

䷠遯。小人浸長。難在於内,亨在於外,與臨卦相對者也。臨,剛長則柔危;遯,柔長故剛遯也。

䷡大壯。未有違謙越禮能全其壯者也,故陽爻皆以處陰位爲美。用壯處謙,壯乃全也;用壯處壯,則觸藩矣。

䷣明夷。爲暗之主,在於上六。初最遠之,故曰“君子于行”。五最近之而難不能溺,故謂之“箕子之貞,明不可息也”。三處明極而征至暗,故曰“南狩獲其大首”也。

䷥暌者,暌而通也。於兩卦之極觀之,義最見矣。極暌而合,極異而通,故先見怪焉,洽乃疑亡也。

䷶豐。此一卦明以動之卦也。尚於光顯,宣陽發暢者也。故爻皆以居陽位又不應陰爲美,其統在於惡暗而已矣。小暗謂之沛,大暗謂之蔀。暗甚則明盡,未盡則明昧;明盡則斗星見,明微故見昧。無明則無與乎世,見昧則不可以大事。折其右肱,雖左肱在,豈足用乎? 日中之盛而見昧而已,豈足任乎?